法藏知津

四編：佛教歷史與文獻研究專輯

杜潔祥 主編

第4冊

南朝僧尼與佛教中國化

夏德美 著

花木蘭文化出版社

國家圖書館出版品預行編目資料

南朝僧尼與佛教中國化／夏德美 著 — 初版 — 新北市：花木
蘭文化出版社，2015〔民 104〕
序 2+ 目 4+300 面；19×26 公分
（法藏知津四編：佛教歷史與文獻研究專輯　第 4 冊）
ISBN：978-986-254-970-4（精裝）
1. 僧伽　2. 佛教史　3. 南朝史
618　　　　　　　　　　　　　　　　　　　　　101014967

ISBN-978-986-254-970-4

9 789862 549704

法藏知津四編：佛教歷史與文獻研究專輯
第 四 冊　　　　　　　　　　　ISBN：978-986-254-970-4

南朝僧尼與佛教中國化

作　　者　夏德美
主　　編　杜潔祥
副總編輯　楊嘉樂
編　　輯　許郁翎
出　　版　花木蘭文化出版社
社　　長　高小娟
聯絡地址　235 新北市中和區中安街七二號十三樓
　　　　　電話：02-2923-1455／傳眞：02-2923-1452
網　　址　http://www.huamulan.tw 信箱 hml810518@gmail.com
印　　刷　普羅文化出版廣告事業
初　　版　2015 年 5 月
定　　價　四編 15 冊（精裝）新台幣 25,000 元
版權所有・請勿翻印

南朝僧尼與佛教中國化

夏德美　著

作者簡介

夏德美，1979 年出生於山東省青州市，2007 年畢業於北京師範大學歷史系，獲博士學位。2007 年至今在九三學社中央研究室工作，2011 年起在中國社會科學院世界宗教研究所做佛教史方面博士後，主要從事魏晉南北朝史、佛教史、近代史方面研究，先後在《中國歷史文物》、《煙臺大學學報》、《管子學刊》等刊物發表文章數篇。

提　要

　　佛教中國化是佛教研究的重要問題，南朝時期是佛教中國化的關鍵時期。在佛教中國化的進程中作為佛教文化承載者和傳播者的僧尼起著重要的作用。佛教中國化是在不同層面上進行的，既有理論層面上對印度佛教理論的選擇和發展，也有行為層面上僧尼在中國傳統文化影響下具體行為方式的變化。本文基本上以後者為重點來展現佛教中國化的進程。僧尼的行為方式多種多樣，本文主要選取其中與中國傳統文化最容易發生衝突的方面來展現南朝僧尼協調佛教與傳統文化的努力。

　　本文總體上分為三篇：上篇主要探討南朝僧尼與地方社會的關係。對血緣和地緣的關注是中國傳統地方社會的基本特色，因此，本文選取了孝親問題和鄉邑問題來展現南朝僧尼調和佛教倫理與傳統倫理的努力。在孝親問題上，雖然從根本上說，南朝僧尼在理論上並沒有超過印度佛教，但他們卻通過自己的行動與傳統倫理取得了妥協。在鄉邑問題上，由於各種現實的原因，南朝僧尼與鄉邑的關係也越來越密切。

　　中篇主要探討南朝僧尼與南朝政權的關係。既利用佛教中可以為其提供神學論證和現實服務的部分，又嚴格地將佛教控制在一定範圍內，這是統治者對佛教的一貫原則。南朝以前這些方面體現的還不是很明顯，南朝以後，隨著佛教的發展，統治者對佛教的態度也越來越明顯。佛教傳入中國後也不斷調整對統治者的態度，一方面，僧尼利用統治者來弘揚佛法，另一方面也要注意保持佛教的獨立姿態。這是僧尼整體對待政權的基本態度。但由於僧團內部的不統一，也有一些僧尼利用統治者謀取個人權勢或參與到統治者內部鬥爭中去。僧尼對統治者的態度在南朝時期日益複雜和明確，這時一方面是僧尼在政治上取得更多的權力，越來越多的僧尼與政權發生聯繫；另一方面也有不少僧尼有意表現對政治的疏離和清高。

　　下篇主要探討南朝僧尼與文化信仰方面的關係。首先探討了佛教宗教方面的問題。主要分析僧尼與宗法性宗教、民間宗教和道教的關係，來展現佛教與中國本土宗教的衝突和融合。接著本文以僧尼素食和捨身這兩個具體問題來展現宗教規範或神異性的行為所包含的文化資訊。隨著佛教對中國社會的不斷滲入，中國傳統的一些觀念和禮制與佛教也發生了衝突和融合。本文選取蔬食這一問題來展現這種衝突與融合。僧尼捨身是佛教宗教神秘性的一種體現，但在這個問題上，我們卻可以看到傳統社會宗教與政權的一種較量。

序

　　改革開放以來，佛教中國化逐漸成爲中國佛教研究中的一個熱點。在近30 年的時間裏，從佛教中國化的角度探索中國佛教發展演變各個階段、各個方面的研究成果已經不少，並且依然呈現出範圍不斷擴大，參與學者不斷增多的蓬勃勢頭。尤其是一些青年學者，在這方面取得了有品質的新成果。

　　應該看到，任何一種研究方法，探索進路或觀察角度，都會既有長處，又有難以克服的侷限性，從佛教中國化的角度研究中國佛教也不例外。一方面，我們並不贊同那種佛教中國化是僞命題的觀點；另一方面，我們也十分清楚，從佛教中國化的角度研究中國佛教有著明顯的適用範圍，並不奢望單從這個角度考察就能解釋整個中國佛教的所有問題。但是，從佛教中國化的角度考察中國佛教，的確有利於梳理域外佛教文化與中國固有文化之間錯綜複雜的關係，有利於探索佛教在中華傳統文化制約和誘導下的演變規律，有利於勾勒佛教成爲中國傳統文化有機組成部分的運行軌跡，有利於爲當代中華文化的對外弘揚提供參考和借鑒。這些正是佛教中國化研究的學術價值所在，現實意義所在，吸引力所在，生命力所在。

　　研究佛教中國化會涉及到許多方面的內容，僅從佛教自身的變革而言，就會涉及僧團的組織結構和制度，僧侶的生活方式、修行方式和傳教方式，教義理論和信仰模式，還可以涉及書法、繪畫、音樂、雕塑、建築等文化藝術的眾多門類。因此，佛教中國化的確是一個大課題。然而，在相關研究已經比較充分的情況下，要想在研究這個大課題上有進步，有突破，往往需要不忘從大處著眼，時時從小處著手，在對專門問題的精細研究中求得新發現，取得新收穫。夏德美博士的《南朝僧尼與佛教中國化》正是這樣做的。

　　本書的一個顯著特點就是，通過對具體問題的細緻探索，把南朝佛教中國化中某些重要內容的研究實質性地向前推進了一步。本書以孝親和鄉邑為切入點，探索知識僧尼如何在理論和實踐上為佛教倫理和儒家倫理消除矛盾、協調關係、建立溝通，並最終爭取獲得社會共識；本書通過分析知識僧尼或奮不顧身貼近權貴、或毫不猶豫疏離中央的各種激烈複雜的周旋活動，反映他們與統治者的雙向互動，揭示佛教與國家政權的關係；本書通過分析南朝僧尼與眾多中國本土神靈形式多樣的抗爭、衝突和接納活動，展示南朝僧尼調節佛教與中國固有宗教信仰關係的具體過程；本書通過論述南朝僧尼素食、捨身的觀念與實踐，探索佛教與中國本土文化在宗教信仰乃至生活習俗上的調適過程。本書通過對若干作用重大、影響深遠的具體問題的仔細研究，考察特定時期漢地僧尼怎樣從理論和實踐上把帶有鮮明異域烙印的某些宗教觀念、倫理觀念、政治觀念和生活習俗轉變成為具有中國特色的佛教文化形態，揭示這種佛教文化形態從不同層面展開，並且逐漸融入中國社會不同階層的實際狀況。

　　曹文柱教授是研究魏晉南北朝社會史的名家，夏德美博士在導師精通的學術領域中確定研究對象，捕捉新問題，提出新見解，大約會少一些無所適從的煩惱，多一些有所依傍的喜悅。同時，這也為她發揮自己謙虛、踏實、刻苦、嚴謹的學風特點開闢了廣闊的空間，其論文多有創建，多有新意也就是理所當然的事情了。

　　今年 9 月，夏德美博士進入中國社會科學院世界宗教研究所博士後科研流動站工作。前幾天，她說自己的博士論文即將出版，並希望我能寫一個小序。我在向她表示祝賀的同時，欣然應允。匆匆拜讀之後，寫了如上的讀後感，權作序。

魏道儒

2011 年 12 月 23 日

目

次

緒　論

一、選題意義

　　本文的研究對象是佛教中國化進程中的南朝僧尼。所謂的南朝既是一個時間概念也是一個地域概念，從時間上講，南朝是指從西元 420 年劉裕建宋到西元 589 年隋滅陳這 160 多年的時間；從地域上講，南朝是指宋、齊、梁、陳四代統治的地理空間。但是由於從西元 404 年劉裕起兵到西元 408 年劉裕就任揚州刺史、錄尚書事後，逐漸掌握了東晉的軍政大權，而且活躍於劉宋時期的僧尼很多出生於東晉，因此，本文在時間上有時也會上延至東晉末年。同時，本文對於那些出生於南朝，但主要活動時間在隋唐的僧尼也會有所涉及，在一些具體問題上甚至會涉及出生於隋唐以及宋代的僧尼。在地域上，由於南朝各個朝代統治的地區有很多變動，本文主要是指江南地區、淮南地區以及巴蜀地區。總之，本文認為判斷南朝僧尼的標準主要有兩個：從時間上講，是指主要生活在南朝這一歷史時期的僧尼；從地域上講，則凡是出生在南朝地域之內（僧尼籍貫）或在南朝有過較長的生活時段（僧尼駐錫地和活動地）以及主要師承關係在南朝的僧尼（主要指學成後北上的僧尼）都可以算作南朝僧尼。本文之所以不研究北朝，主要是因為，南北朝雖然在時間上具有同一性，在佛教發展的總體過程中也屬於一個階段，但由於地域和文化的關係，南北朝佛教在具體形態上存在很大的差異，湯用彤先生認為：「詳查羅什、慧遠之後，南北佛學亦漸分途。南方偏尚義理，不脫三玄之規範。」又曰：「自後政治上形成南北之對立，而佛教亦且南北各異其趣。於是南方偏重玄學義理，上承魏晉以來之系統。北方重在宗教行為，下接隋唐以後之宗

派。」〔註1〕因此本文主要以南朝佛教和南朝僧尼為研究對象。此外，在一些情況下，由於南北佛教的相通性，本文也會涉及北朝佛教和北朝僧尼。而南北朝以前的佛教雖然也具有地域特徵，但還不像南北朝那樣形成比較明顯的區別，那時各地佛教交流還比較頻繁，所以本文在涉及南北朝以前佛教時並沒有進行地域區分。

本文所謂的南朝僧尼實際上主要是指僧尼中的知識階層，在中國傳世的文獻中他們一般被稱為「名僧」或者「高僧」，之所以選擇他們作為研究對象，是因為他們在僧團中具有較高的位置（從名稱上看基本包括僧正、都維納、寺主、上座、法師、律師、經師、禪師等），都有一定的聲名，很多人還有很高的社會地位，擔任過國家的僧職或者寺院的主持，他們一般都與當時的皇室或士族名流有著一定的交往，一方面他們將佛法傳播於上層社會，取得他們的支持，另一方面他們又將上層社會的一些要求和習尚反映到佛教中，另外，他們還擔負著教導普通僧眾以及在民間傳播佛法的職責，因此他們對佛教的發展和傳播作出了相對重要的貢獻。更為重要的是作為知識階層，他們更系統地受過傳統文化的薰陶，對於佛教與傳統文化的差異更為敏感，他們的行為也更能反映出兩種文化的衝突與融合。同時「高僧」「名僧」作為僧尼中的佼佼者，他們也完全可以代表僧尼這一群體的文化價值取向。那些為數眾多的普通僧尼本應該也在本文研究範圍之內，但由於傳統文獻中下層人口的活動總是被記述者忽視或輕視，受材料限制，不免有無米之炊的尷尬。所以本文更多關注的是知識僧尼的活動。但為了行文的方便，本文採用南朝僧尼這一涵蓋性較大的名稱。

佛教大約產生於西元前 6 世紀的印度，在兩漢之際傳入中國。佛教在印度傳播了幾個世紀後就消失了，但傳入中國後卻逐漸融入中國社會，成為具有重要地位的文化體系。作為一種外來宗教和文化體系，佛教能夠在中國站穩腳跟並發揚光大，這與它不斷吸收中國本土文化因素並不斷做出調整是分不開的。這種吸收和調整使佛教在很多方面失去了印度佛教的面目，卻在很多地方具備了中國傳統文化的特點，這一過程通常被稱為佛教中國化的過程，不管對這一過程人們如何評價，佛教中國化的問題仍然是中國佛教史迺至中國文化史上的重要問題。

〔註1〕　湯用彤：《漢魏兩晉南北朝佛教史》，北京大學出版社 1997 年版，第 293、第 347 頁。

　　佛教的中國化主要探討佛教作爲一種外來宗教或文化體系如何在本土文化中生存的問題，關注更多的是此種宗教或文化體系本身的存在和發展。對這一問題的探討既可以爲一種異質文化適應本土社會提供途徑，也可以爲本土文化吸收外來文化提供借鑒。因此這一問題一直是佛教文化的研究重點之一，但綜觀目前的研究，大多數學者還是將佛教中國化作爲一個現成的概念使用，很少探討概念本身的問題，而且也很少關注佛教在不同層次上是否都存在中國化問題，以及中國化的具體方式（詳後）。在這個問題上臺灣學者勞政武的觀點比較具有借鑒意義，他指出：「佛教之全部可概括爲『三學』：戒、定、慧。茲分別來談：『戒學者，律藏之所詮』。傳來中國後改變得最多，即『中國化』得最多的，應該就是此『戒學』。『定學者，經藏之所論』。這部門就是禪定的功夫，到今天中國各派佛教修行，依然是《安般守意經》等爲歸依，可以說改變得最少，沒有什麼『中國化』可言的。『慧學者，論藏之所詮』。則正是牟氏（牟宗三，詳後）所說的沒有什麼『中國化』，只是『繼續發展』而已。」〔註2〕本文比較贊同其研究方法，也認爲對佛教中國化的問題要分清佛教的不同層次，在這裏，本文爲了研究方便參考勞先生的劃分將佛教分爲佛教理論（慧學）、佛教修行（定學）和僧尼行爲方式（它不僅指佛教戒律所規定的僧尼組織和個人行爲方式，還可以包括僧尼的一切行爲方式）三個層次，但在具體層次的中國化問題上筆者與勞先生的觀點並不完全相同。本文認爲佛教修行屬佛教內部的修行方式，在總體上不存在中國化的問題，但在中國僧尼中卻有借鑒傳統道術和道教修行方式的事例；僧尼行爲方式容易與外界發生直接的接觸，因此容易因所生活環境和習俗的不同而有變化，因此存在中國化的問題；佛教理論的問題比較複雜，一種哲學，在最初傳入一地時，當地人往往借助本地傳統的思維邏輯和名詞概念進行理解，所以這種哲學在傳入之初往往呈現很多本地文化的面貌，但這種哲學基本的思維方式卻很少改變，而且會隨著傳入深度和廣度的增加而逐漸呈現原來的面貌。佛教在中國的早期傳播正是這樣。另一方面佛教慧學體系龐雜、派別眾多，傳入中國後，有的派別發揚光大，有的則湮沒無聞。選擇哪種派別，中國僧眾和世俗社會具有很大的主動性，往往是依據傳統思維的習慣進行選擇，但這一派別自身的理論發展往往還是沿著原來的方向。

　　如果從總體上可以將佛教在中國發展的進程理解爲中國化程度不斷加深

〔註2〕　勞政武：《佛教戒律學》，宗教文化出版社1999年版，第9頁。

的過程，這一過程在不同歷史時期呈現出什麼樣的特點，佛教不同層面又有什麼不同的體現？這應該是研究佛教中國化不可避免的基本問題。

可以說佛教一傳入中國就開始了中國化的過程。中國佛教不同於印度佛教原有的面貌，而被揉進了中國文化的諸多因素，在理論上，佛教通過借助中國本土文化的語言，甚至思維方式使其逐漸被上層所接受；在修行上，僧尼也很注意吸收中國傳統的道術；在行為方式上，僧人也很注意通過模仿士大夫的名士風範而被後者接受。可以說正是借助於中國已有的文化背景佛教逐漸進入了中國上層社會，並在中國站穩了腳跟。

南朝時期，是佛教發展的關鍵時期，這時，佛教最終滲透到了社會的各個階層，從帝王將相，直到沒有文化的社會大眾，都被佛教所展現的特殊文化所吸引，佛教成為中國文化不可分割的組成部分。這一時期是在理論上佛教逐漸擺脫玄學影響，確立獨立地位的時期，卻也是僧尼行為上逐漸融入中國社會的時期。〔註3〕這種看似矛盾的現象卻是佛教在中國發揚光大的重要原因。在中國專制體制下，倫理、禮儀遠比哲學理論具有更為重要的地位，僧尼必須改變與傳統禮儀倫理明顯相背離的方面，纔能獲得發展理論的自由。另一方面僧尼對傳統倫理、禮儀和觀念的屈服，卻使佛教逐漸喪失相對獨立的地位，在理論發展的同時，卻逐漸失去在社會上的重要地位，而退居邊緣（這一過程隋唐以後纔完成）。可以說南朝就是僧尼逐漸取得最大的獨立，又逐漸屈從於傳統倫理、禮儀和社會觀念的重要時期。

本文關注的問題是南朝時期佛教中國化的具體狀況，藉以展現這一問題的視角主要是南朝僧尼的行為方式，主要探討成長於中國傳統文化背景下的中國僧尼是如何通過自己的行動將異質的印度佛教的倫理觀念、政治觀念、生活習俗以及宗教觀念改變成中國傳統所能接受的東西。佛教滲入中國是在不同層面上進行的，南朝僧尼與中國社會的接觸也是如此，既有對地方社會緩慢而持續地滲透，也有與國家政權之間激烈而複雜地周旋，還體現在文化信仰中各個具體問題上。本文對於南朝僧尼的行為方式不做全方位的描述，而是選取最能體現上述三個層面的重要問題做重點的論述，不求面面俱到。這首先是材料的侷限，應該說後世僧尼行為的一些特點，以及後世佛教的很多問題，其源頭很多都在南朝時期，但南朝時期的材料卻非常單薄，所以儘

〔註3〕 如果說兩晉時期有教養的僧尼為了進入上層社會曾模仿名士的行為的話，南朝僧尼卻更注重與一般社會倫理觀念和行為方式的協調，如對孝的踐行。

管很多問題非常有價值，卻很難做出深入的研究。也由於筆者個人學養有限不能將一些問題深入下去，所以只選擇其中比較有把握的方面，以求對南朝僧尼行爲的中國化有所體認。另外本文研究對象是佛教中國化進程中的南朝僧尼，側重的是中國傳統文化對僧尼行爲方式的影響，而佛教文化對中國人行爲方式的影響本文雖也有涉及，卻不是論述的重點。同時，佛教中國化是一個歷時的過程，但它所包含的每一項內容卻不是同步展開的，即使在僧尼行爲這一個層面上，很多具體行爲融入中國社會的進程也不一樣，所以很難劃出明確的時間界限。因此，本文雖以南朝爲中心，具體問題的討論卻會延伸較長的歷史時段。

此外，本文涉及到的另一個重要概念就是中國本土文化，所謂中國本土文化主要是指中國本土自生自長的文化體系或文化觀念，當然本土文化與外來文化只是相對的概念，二者之間在長期的歷史過程中難免互相影響，因此很難有截然分明的界限。本文所謂的中國本土文化主要是相對於佛教而言，是指沒有受佛教影響的中國固有的文化體系或觀念。中國本土文化本身就是一個變數，在不同的歷史時期內往往呈現出很大的差異，但就本文所研究的歷史時段內，中國本土文化的一些基本觀念還是具有很大的連續性，這也是本文展開論述的一個重要基點。

二、研究現狀

本文的研究視角是通過對南朝僧尼行爲方式的分析體現佛教中國化的具體狀況，目前學術界還沒有從這一角度進行研究的系統著作，當然由於本文是圍繞一個問題的散點式研究，其中很多問題一些著作和文章都有所涉及，因此，本文準備在文章具體章節中體現學術界已有的觀點。這裏僅就本文涉及的幾個重要相關問題，綜述一下學術界的研究現狀。

（一）佛教中國化問題研究

對於這個問題，前輩學者大致有三類不同的看法：（一）認爲佛教傳入中國後在很多層面上都存在中國化問題。持有這種看法的人往往是在非常寬泛的意義上使用佛教中國化這一概念的，他們雖也將佛教看成一個多層次的文化體系，卻沒有具體區分哪些層次上存在中國化以及中國化的程度如何。應該說大多數學者對佛教中國化的研究是在這個意義上進行的，他們一般將佛

教中國化作爲一個現成的概念加以運用，在研究中主要側重解釋以下問題：

1、佛教中國化的進程。這是學術界對佛教中國化問題研究的重點問題，很多學者提出了自己的看法，如洪修平認爲從理論上看，佛教中國化的過程大致經歷了三個階段：第一、開始階段（從佛教初傳到兩晉時期），第二、完成階段（從南北朝到隋唐五代），第三、佛教中國化表現出新特點（從北宋到近代）。〔註4〕此外，王琰《東漢、魏晉時期佛教漢化問題芻議》（《遼寧大學學報》，1987年第2期）、陳永力《佛教中國化過程試析》（《貴州民族學院學報》，1994年第1期）、宋玉波《略論佛教中國化與中國傳統文化的發展》（《西北大學學報（哲學社會科學版）》，2004年11月）等文都對這一問題進行了探討；

2、佛教中國化的原因背景。魏承思認爲佛教之所以能實現中國化，是因爲佛教本身和中國文化兩方面的原因，既有佛教的依附和迎合，也有中國文化對佛教的需要。〔註5〕劉曙東《佛教中國化的原因及意義》（《常德師範學院學報》，1999年第4期）、鄧聯合《佛教爲什麼能夠被中國化》（《南京師範大學學報》，2001年第2期）、劉立夫《論夷夏之爭對中國佛教的影響》（《宗教學研究》，2000年第4期）、屈小強《試論佛教中國化的世俗基礎》（《天府新論》）都涉及到這一問題；

3、佛教中國化的特點。涉及這一問題的文章主要有趙世瑜《也說佛教的中國化》（《光明日報》，1990年12月19日）、歐人、王世勇《佛教中國化問題管窺》（《天中學刊》，1999年第1期）、裴俊《佛教中國化的歷史特徵》（《湖北三峽學院學報》，1997年11月）、韓煥忠《佛教中國化的形式和內容》（《青島科技大學學報（社會科學版）》，2002年第4期）、謝路軍《試析佛教的中國化》（《北方工業大學學報》，1999年6月）。當然，也有一些學者注意從不同層面研究佛教的中國化，如方立天《佛教倫理中國化的方式和特點》一文從佛教倫理的角度探討佛教中國化問題；〔註6〕楊維中在《論佛教的中國化與佛教制度的中國化》一文中指出：「佛教的中國化不僅僅是在義理層面進行的。制度層面的中國化實際上更爲重要。」〔註7〕側重從制度方面探討佛教中國化。也有一些學者從具體問題出發探討佛教的中國化，如趙克堯等從觀音變

〔註4〕 參見《佛教的中國化與僧肇的哲學思想》，《復旦大學學報》，1988年第4期。
〔註5〕 參見魏承思：《中國佛教文化論稿》，上海人民出版社1991年版，第14頁。
〔註6〕 《哲學研究》，1996年第6期。
〔註7〕 《安徽大學學報》，2004年7月。

性看佛教中國化，〔註8〕岳輝從關於「沙門不敬王者」的爭論看佛教的中國化，〔註9〕等等。

　　（二）認為不存在佛教中國化問題。持這種觀點的主要有牟宗三，牟先生不承認佛教的中國化，認為：「近人常說中國佛教如何如何，印度佛教如何如何，好像有兩個佛教似的。其實只是一個佛教之繼續發展。這一發展是中國和尚解除了印度社會歷史習氣之制約，全憑義理而立言。」又說：「嚴格講，佛教並未中國化而有所變質，只是中國人講純粹的佛教，直稱經論義理而發展，發展至圓滿境界。……即使如禪宗之教外別傳，不立文字，好像是中國人所獨創，然這亦是經論所已含之境界，不過中國人心思靈活，獨能盛發之而已。其盛發之也，是依發展之軌道，步步逼至者，亦非偶然而來也。何嘗中國化？」〔註10〕這是側重純粹的佛教哲學義理，單純從佛教義理發展分析得出的結論，並沒有考慮作為一種宗教和倫理體系的佛教在中國的發展狀況。

　　（三）只在某些層面上承認佛教的中國化，以勞政武的觀點為代表。這類觀點從佛教的不同層面分析佛教中國化問題，避免了概念的含混不清，對於問題的研究無疑更加深入，也為本文的分析提供了借鑒。

　　需要補充的是世俗學者從中國本土文化的包容性出發，對佛教中國化往往給予高度的評價，佛教高僧大德則往往有感於佛教中國化背離了印度佛教的本意而頗有微辭，早在唐代，西行求法的義淨法師就對中土僧尼不同於印度僧徒的一些行為方式頗多微辭，在其《南海寄歸內法傳》中詳細地進行對比。近代太虛法師對佛教在中國的際遇更是深表歎息，他說：「佛教之來中國，以先有軌範人生之儒教，與祭天、祀鬼、求神仙之道教。故承受發揮者雖在大乘思想，然以人生社會已為儒化所專有，故佛法應乎少數儒道之玄學者，則為禪宗與天台、賢首，遊方之外；應乎一般民眾之習俗者，則由淨土、密宗而流為專度亡靈及鬼神福禍之迷信。隨俗之習，而真正之佛法未能成中國之人群化也。且反受中國宗法社會、家族制度之影響，而將原來六和僧眾之僧團，亦化成變態之家族制。」〔註11〕

〔註8〕　趙克堯：《從觀音的變性看佛教的中國化》，《東南文化》，1990 年第 4 期。
〔註9〕　岳輝：《從魏晉南北朝時「沙門不敬王者」的爭論看佛教的中國化》，《宗教學研究》，2000 年第 2 期。
〔註10〕　牟宗三：《佛性與般若》（上），臺灣學生書局 1993 年修訂版，第 4 頁。
〔註11〕　太虛：《人生佛學的說明》，黃夏年主編《太虛集》，中國社會科學出版社 1995年版，第 227 頁。

（二）南朝僧尼研究

僧尼是南朝重要的社會群體之一，但由於以往對佛教的研究主要是從哲學方面入手，還沒有對於南朝僧尼群體的總體性研究。只有一些專著或論文涉及到這一方面。李富華《中國古代僧人生活》、白化文《寺院與僧人》、程杞國《中國僧人》等專著都涉及到這一時期僧人生活的某些方面。《中國早期比丘尼研究》（西北大學碩士論文）對於早期的比丘尼進行了較為系統的研究，這篇論文的研究為本文提供了重要的借鑒。另外，蔡鴻生《尼姑譚》（中山大學出版社 1995 年版）、李哲良《中國女尼》也都涉及到早期的比丘尼。王青在《東漢魏晉南北朝時期職業教徒的階層分析》（《中國史研究》，1997 年第 1 期）一文中涉及到南朝佛教徒的出身階層和出家原因。夏侃的《南北朝佛教教團階級結構述論》（《許昌師專學報》，1994 年第 2 期）則分析了南北朝佛教教團的階級構成。另外李文才的《〈高僧傳〉所見部分東晉南朝巴蜀地區僧人事蹟及推論》（《河北大學學報》，2002 年第 2 期）、鍾仕倫的《論南下高僧以及對美學、文學發展的影響》（《社會科學研究》，1995 年第 6 期）、杜鬥城的《魏晉南北朝時代河西僧人的西行與南下》（《西北民族學院學報》，1982 年第 4 期）、王小明的《「尼傳」與「尼史」——《比丘尼傳》淺論》（《法音》，2000 年第 2 期）、張子開的《〈比丘尼傳〉所見蜀地尼僧傳記及其語言學價值》（《宗教學研究》，1999 年第 2 期）、楊孝蓉的《從〈比丘尼傳〉看劉宋時期尼僧概況》（《宗教學研究》，1997 年第 3 期）及《中國歷史上的比丘尼》（《法音》，1998 年 2 月）宋仁桃的《淺議魏晉南北朝時期女性出家之現象》（《江南社會學院學報》，2002 年 9 月）等都涉及到南朝僧尼的某些方面，對本文研究有一定的借鑒和啟發。但這些研究或者是局部的僧尼群體，或者是僧尼群體的某些方面，還沒有將南朝僧尼（這裏主要是指僧尼中的知識階層）作為一個整體進行研究，而且也大都沒有涉及到僧尼行為方式和中國化問題，這就為本文的研究留下了空間。

另外，魏晉南北朝時期是佛教發展的重要時期，這一時期出現了很多對佛教發展做出傑出貢獻的僧尼，他們的思想極大豐富了中國佛教思想，同時他們作為僧尼中最傑出的一部分，其行為往往是其他僧尼的典範。對於這些僧尼的個體研究一直是佛教史研究的重點之一。首先各種佛教史著作中都涉及到這些人物的佛教思想和在佛教史上的貢獻，如湯用彤的《漢魏兩晉南北朝佛教史》、呂澂的《中國佛學源流略講》、任繼愈主編的《中國佛教史》、杜

繼文、魏道儒等主編的《佛教史》、郭朋的《漢魏兩晉南北朝佛教》等等；其次，關於他們的專門研究也非常豐富，如胡中才《彌天釋道安》（香港新世紀出版社 2004 年版）、方立天《慧遠及佛學》（中國人民大學出版社 1984 年版）、李幸玲《廬山慧遠研究》（博士論文）、曹虹《慧遠評傳》（南京大學出版社 2002 年版）、劉貴傑：《竺道生思想之研究：南北朝時代中國佛學思想之形成》（臺灣商務印書館 1984 年版）、劉果宗：《竺道生之研究》（臺灣文津出版社有限公司 2003 年版）等等，這些研究主要還是側重這些高僧的思想，但也涉及到他們的生平經歷，可以為本文的研究提供方便。

（四）佛教材料的文獻研究

一般認為佛教文獻沒有正史那樣可靠，而佛教文獻所記載的事件在正史中又很少提到，所以對佛教文獻所記載材料的考辨是本文研究的一項重要工作，因此對佛教文獻的研究也是本文參考的重要內容。實際上學術界對涉及南朝佛教的文獻研究並沒有太多關注，現在能看到的只有對《高僧傳》、《弘明集》、《廣弘明集》以及一些靈驗記的研究。

對於《高僧傳》的研究，主要有鄭鬱卿的專著《〈高僧傳〉研究》（臺北：文津出版社 1987 年版）、黃先炳博士論文《〈高僧傳〉研究》以及芮沃壽（A. F. Wright）的《慧皎〈高僧傳〉》（京都大學出版社 1954 年版）。

對於《弘明集》、《廣弘明集》研究：劉立夫的《弘道與明教——〈弘明集研究〉》（中國社會科學出版社 2004 年版）主要探討了《弘明集》的思想內容、版本特色、作者，以及《弘明集》涉及的主要問題，如因果報應之爭、形神之爭、夷夏之辨、沙門與王權之爭等。這部著作還用很大的篇幅考釋了《弘明集》中涉及的典故。李小榮《〈弘明集〉〈廣弘明集〉述論稿》（巴蜀書社 2005 年版）主要涉及三方面的內容：一、這兩部書涉及的佛教史，如《牟子理惑論》的時間、眞僞、反映的佛教初傳的狀況以及永平求法問題；二、這兩部書討論的主要思想內容，如夷夏論、因果報應論、形神論；三、涉及到的佛教經典問題，如道教經典與佛教經典的關係問題，《弘明集》材料來源和撰集經過等等。

對於靈驗記的研究，主要有劉亞丁的博士論文《靈驗記研究》，裘蒂光的《動物精怪故事的演變與佛教文化的影響》（《中國文學研究》，1994 年第 4 期）、吳維中《志怪與魏晉南北朝宗教》（《蘭州大學學報》，1990 年第 2 期）、（蘇）葉馬克《論王琰的〈冥祥記〉佛教短篇小說》（《世界宗教研究》，1991

年第 3 期)、王連儒《漢魏六朝志怪中的佛教懲勸》(《聊城師範學院學報》,
1998 年第 4 期)、李希運《論魏晉南北朝佛教志怪的傳佈》(《淄博學院學報》,
1999 年第 2 期)等等。這些既涉及到靈驗記的文獻研究,更注重靈驗記所反
映的思想內容。

　　總之,對各種佛教文獻的研究,為本文提供了重要的背景和便利。本文
在行文中會借鑒這些學者的研究成果。

三、研究思路和論文結構

　　僧尼是佛教中國化的推動者,也是體現者。如何促使佛教為中國社會接
受,如何使佛教發揚光大,這不僅關係著佛教的前途,也與僧尼自身的生存
密切相關,因而也是僧尼最關注的問題。但以往對佛教中國化的研究卻很少
注意到僧尼的主體地位,本文正是試圖通過這一研究體現「人」的主動性,
體現中國僧尼這一特殊的群體在本土文化和自己所宗奉的異域文化之間如何
矛盾、調和並最終通過自己的行動得到內心的和諧及社會的認可。在普遍意
義上本文也試圖展現在文化的衝突融合中,「人」所處於的境況以及所具有的
主動性。

　　本文的總體架構,在橫向上力圖體現僧尼與中國社會各個層面的關係(社
會、國家與文化);在縱向上,力圖體現南朝以前、南朝時期以及南朝以後僧
尼行為的一種發展變化,也力圖體現印度佛教與漢傳佛教的一種差異(佛教
中國化的進程)。本文總體結構上分為上、中、下三篇,上篇側重於探討僧尼
通過對一些中國傳統倫理觀念的吸收滲入中國地方社會的過程;中篇側重於
探討僧尼通過各種方式取得國家政權認可支持的過程;下篇側重於探討僧尼
的文化信仰與中國本土文化信仰的交融。在每一篇中,本文不採取嚴密系統
的結構,而只選取幾個有代表性的問題展開論述,在具體論述中努力體現印
度佛教與中國傳統觀念的差異,南朝以前與南朝時期僧尼行為的差異。筆者
認為這三篇具體內容雖然相對獨立,但聯合起來卻可以比較立體地體現南朝
僧尼的行為特色,展現佛教中國化的廣度和深度。

　　下面介紹三篇的具體內容:

　　上篇　南朝僧尼與地方社會

　　本篇選取在中國傳統地方社會中具有重要地位的孝親問題和鄉邑問題作
為切入點,主要探討信奉佛教的僧尼是如何通過處理佛教倫理與本土倫理之

間的矛盾，來爭取地方社會的認可和信仰的。

　　中篇　　南朝僧尼與國家政權

　　本篇主要探討僧尼與政權的關係。主要分析統治者對佛教的各種態度以及僧尼作出的各種回應，展現傳統體制下，僧尼如何爲佛教的發展贏得相對的獨立，以及這種體制對僧尼行爲方式潛移默化的影響。此外這一部分還涉及僧尼與傳統士人之間的關係，展現他們同樣作爲知識階層境遇的相同和相異。

　　下篇　　南朝僧尼與文化信仰

　　本篇首先探討南朝僧尼對中國本土傳統神靈的態度，然後選取素食和捨身這兩個具體問題來探討僧尼處理佛教與傳統文化信仰的方式和過程。

　　這三個層面在邏輯上應該有先後的順序，佛教作爲一種異質文化，傳入中國後首先接觸的應該是地方社會，是其獨特的倫理形式引起傳統社會的關注；待其在中國社會具備一定的實力後纔會引起國家政權的重視；文化信仰層面的交鋒也必須在佛教發展到一定階段，具備了相當多的信仰者，纔敢明確提出自己的觀念。但由於中古時期只有引起統治者注意的事件纔會進入傳統史學的視野，這種社會史料的缺乏，使我們很難看出這種明確的邏輯順序。這裏只能做一種大致的區分。

上篇　南朝僧尼與地方社會

　　僧尼要想在地方社會站穩腳跟，一方面要依靠宗教許諾盡可能多地吸取信眾，另一方面要消除地方社會的猜忌，取得其認可和支持。佛教信眾在社會中畢竟佔比較小的部分，第二方面的工作就顯得更為重要，同時處理好了第二方面的工作也有利於佛教吸取更多的信眾。處理第二方面工作的關鍵就是更好地協調佛教倫理與中國傳統倫理之間的關係。

　　倫理是指人與人之間的關係，以及處理人們之間相互關係的原則。倫理實際上包括兩個層次：一是事實或行為上的，也就是人與人之間的關係；一是思想理論上的，即處理人們之間相互關係的原則。倫理在宗教體系中佔有重要位置，也是最容易被外界所感受的部分，因此宗教倫理也是在宗教與異質文化的衝突中最容易受到攻擊並最可能改變存在形式的部分。佛教倫理也是如此，佛教傳入中國社會後，正是其特殊的倫理形態最先引起了地方社會的反對，而佛教之所以能在中國站穩腳跟，也是因為其在倫理方面很好地協調了與中國本土傳統倫理之間的關係。中國傳統地方社會有著自己比較一貫的倫理形態，中國傳統倫理中對血緣和地緣有著特別的關注。關注血緣引發出對「孝」的一貫重視，關注地緣則引發出對出生地的特殊情感。傳統倫理本身也在不斷發展變化，特別是佛教傳入後，傳統倫理逐漸吸取佛教的某些方面，到宋代三教合一後，傳統倫理與此前相比，已經有了較大的差異，但對血緣和地緣的關注則始終未變。本文就選取孝親和鄉邑這兩個傳統社會中最基本的倫理問題來探討佛教倫理是如何與之衝突並融合的。而由於倫理最容易被直接感知的特點，也由於南朝與北朝的同時性，佛教倫理與本土倫理之間的衝突在南北兩個地域內，相同處遠遠大於相異性，所以在這個問題上，我們會參考北朝的材料來做補充。

第一章 南朝僧尼的孝親觀念和實踐

第一節 中國傳統孝親觀

孝在中國傳統地方社會具有非常重要的地位，《說文》解釋「孝」字曰：「孝，善事父母者。從老省，從子，子承老也。」父母養育子女，子女贍養、孝敬年老的父母，這是天經地義的事。但孝作爲一種基本的社會倫理規範卻是在西周時期伴隨著宗法制的確立而形成和發展起來的。西周時期孝的主要內容包括事養父母和祭祀祖先兩個方面，後來孝的內容有所發展，《論語‧爲政》篇中指出：「今之孝者，是謂能養。至於犬馬，皆能有養。不敬，何以別乎？」從而將尊敬父母列爲「孝」的一個重要內容。《論語‧學而》又指出「孝」還不能違背父母的意願，「父在觀其志，父沒觀其行。三年無改於父之道，可謂孝矣。」在早期儒家經典中，也提到了父母對子女的義務，即「父慈」，纔能「子孝」，並且也不要求子女對父母絕對服從，如果父母有不義之舉，子女應該諫止，「子之事親也，三諫而不聽，則號泣而隨之。」〔註1〕「父有諍子，則身不陷於不義，故當不義，則子不可以不爭於父。」〔註2〕但是這一傳統到後來逐漸喪失，董仲舒提出三綱五常，以「父爲子綱」之後，中國傳統社會的孝就更強調子女對父母的服從了。

南北朝以前（包括南北朝）中國傳統社會的孝具有以下特徵：

一、孝與政治緊密聯繫在一起。在西周宗法社會中整個國家政治制度就

〔註1〕〔清〕朱彬撰《禮記訓纂》卷2《曲禮下》，中華書局1996年版，第68頁。
〔註2〕《孝經‧諫諍章》，《十三經注疏》本。

是建立在血緣關係基礎上的，孝對於社會秩序的維持起著至關重要的作用。秦漢以後，宗法制度作為一種政治制度雖然消失了，但宗法社會的一些觀念卻保存下來，對於血緣關係的重視就是其中之一，這不僅體現在此後官僚政治體制下，用人政策方面經常出現的「任人唯親」，也表現在帝國統治者主動提倡「以孝治國」，因而個人「孝」的行為往往會帶來極高的榮譽，甚至是政治上的陞遷。

二、非常重視「孝」的形式，「孝」與「禮」緊密結合。傳統中國是一個禮法社會，禮在社會中佔有重要位置，而各種社會倫理都由具體的禮儀來表現。關於孝的禮儀有很多，比如父母喪禮中，有很多細緻的規定，而平時父母與子女的相處中，子女也要履行各種禮節來盡孝。此外，中國傳統社會的孝還非常重視保持身體的完整性，認為子女「身體髮膚，受之父母，不敢毀傷，孝之始」。〔註3〕

三、常強調子女應該延續家族的血緣，所謂「不孝有三，無後為大」。

第二節　印度佛教孝親觀

父母與子女的關係是倫理中最為重要的一倫，孝敬父母在任何文化傳統中都受到特別的重視。佛教作為一種宗教，要解決的基本問題就是人與神之間，以及人與人之間的關係。其中人與神之間的關係構成了佛教的神學體系，而人與人之間的關係則構成了佛教倫理的主要內容。在佛教倫理中父母與子女的關係也被放在重要地位。佛教倫理的實踐者實際上包括兩類人，即出家五眾和在家二眾。但從廣義上說，只要信仰佛教的人都可以算作佛教倫理的實踐者，而不一定只侷限於受過佛教戒律的僧尼和居士。同時佛教作為一種宗教，其倫理宣傳的對象必然包括所有人。因此實際上可以把佛教倫理區分為針對世俗社會的倫理和針對出家僧尼的倫理兩種。下面我們分別論述在孝親方面，佛教倫理對兩類人的具體要求。

一、針對世俗社會的孝親觀念

佛教雖然是一種出世的宗教，但對於世俗的倫理，並沒有完全反對，而是將其融入自己的體系中。對於父母與子女的關係這一人類最基本的關係，

〔註3〕《孝經‧開宗明義章》。

佛教也給予了充分的關注。首先，佛教強調子女應該對父母承擔義務。佛教認爲，父母生育子女非常艱辛，「親之生子，懷之十月，身爲重病。臨生之日，母危父怖，其情難言。既生之後，推燥臥濕，精誠之至，血化爲乳。摩拭澡浴，衣食教詔。禮賂師友，奉貢君子。子顏和悅，親亦欣豫。子設慘戚，親心焦枯。出門愛念，入則存之。心懷惕惕，懼其不善。親恩若此，何以報之。」〔註4〕父母的養育之恩，如此浩大，子女應該竭盡所能孝敬父母。關於子女應該對父母承擔何種義務，佛教經典有各種記載：

《中阿含經·大品善生經第十九》：

子當以五事奉敬供養父母。云何爲五？一者增益財物，二者備辦眾事，三者所欲則奉，四者自恣不違，五者所有私物盡以奉上。子以此五事奉敬供養父母。〔註5〕

《長阿含經·佛說長阿含第二分善生經第十二》：

夫爲人子，當以五事敬順父母。云何爲五？一者供奉，能使無乏；二者凡有所爲，先白父母；三者父母所爲，恭順不逆；四者父母正令，不敢違背；五者不斷父母所爲正業。〔註6〕

兩部經典都強調了子女應該在物質上奉養父母和在精神上尊重父母、不違背父母意願。佛教甚至還用宗教輪迴報應的理論來強化這一觀念，認爲孝敬父母是可以獲得少病報應的行爲之一，〔註7〕還指出孝敬父母可以增加人類總體的善業，據《長阿含經》卷二十二，佛陀在解釋月八日齋緣由時指出，這一天四天王會派使者巡視人間，「世間有人孝順父母、敬事師長、勤修齋戒、施諸窮乏者。四天王聞已，即大歡喜。唱言：『善哉！我聞善言。世間迺能有孝順父母、敬事師長、勤修齋戒、布施貧乏。增益諸天眾，減損阿須倫眾。」〔註8〕

另一方面，父母對於子女也需要承擔各種責任：

《中阿含經·大品善生經第十九》：

父母亦以五事善念其子。云何爲五？一者愛念兒子，二者供給無乏，

〔註4〕　《佛說孝子經》卷1，《大正藏》卷16，第780頁中。

〔註5〕　《中阿含經》卷33，《大正藏》卷1，第641頁上。

〔註6〕　《長阿含經》卷11，《大正藏》卷1，第71頁下。

〔註7〕　《分別善惡報應經》卷1：「復云何業獲報少病?有十種業。何等爲十：一不損有情，二勸他不損，三不隨喜損，四不讚歎損，五離慶快損，六孝養父母，七尊重師長，八不結宿冤，九施僧安樂，十施藥飲食。」《大正藏》卷1，第896頁下。）

〔註8〕　《大正藏》卷1，第134頁中。

三者令子不負債，四者婚娶稱可，五者父母可意所有財物盡以付子。〔註9〕

《長阿含經‧佛說長阿含第二分善生經第十二》：

> 父母復以五事敬親其子。云何爲五？一者制子不聽爲惡，二者指授示其善處，三者慈愛入骨徹髓，四者爲子求善婚娶，五者隨時供給所須。〔註10〕

概括起來，父母對子女主要應該在情感上愛念子女，在經濟上供給所需，在道德上教之以善，在個人生活上要爲其找到合適的婚娶對象。

總之，在佛教看來父母與子女的關係是相互的，子女應孝敬父母，這是主要的方面，同時父母也應該愛念子女。如果父母不愛念子女，就不應該得到子女的贍養和尊敬。〔註11〕這與中國傳統的孝親觀有著很大的差距。

二、針對出家僧尼的孝親觀念

佛教修行的根本目標是不生，超脫六道輪迴，達到一種涅槃的境界。僧尼出家，就是要擺脫世俗的羈絆，修成正果。佛教爲了說明出家的合理性，先從理論上證明父母與子女的關係不過是寄住須與的關係：「子非父母所致，皆是前世持戒完具，迺得做人。」而且「眾生無始生死，長夜輪轉，不知苦之本際。無有一處無父母、兄弟、妻子、眷屬、宗親、師長者。是故，比丘，當如是學：斷除諸有，莫令增長。」〔註12〕既然所有人都處在不斷的流轉中，到處都是父母，沒有必要特別關注現在的父母，只有把一切看破，修學佛道，纔能擺脫輪迴之苦。這是佛教的究竟義。但佛教非常注重傳教的方便性，並不是在所有情況下都宣揚其究竟義，而是注意根據人們的認識程度和現實的具體情景採取方便說法。既然父母子女關係是人倫之大者，是最難破除的世俗關係之一，即便是對於出家的僧尼，佛教也照顧到了這種關係的特殊性。在出家這一問題上，佛陀規定必須得到父母的同意，纔能出家。〔註13〕另外

〔註9〕 《中阿含經》卷33，《大正藏》卷1，第641頁上。

〔註10〕 《長阿含經》卷11，《大正藏》卷1，第71頁下。

〔註11〕 參見中村元：《儒教思想對佛典漢譯帶來的影響》，《世界宗教研究》，1982年第2期。

〔註12〕 《雜阿含經》卷34，《大正藏》卷2，第243頁上。

〔註13〕 《十誦律》卷21：(《大正藏》卷23，第152頁下。)「佛在迦毗羅婆城。爾時淨飯王詣佛所，頭面禮佛足一面坐，合掌白佛：『大德，與我願。』佛言：

佛教戒律中有很多規定都體現了僧尼與親人之間的特殊關係，如「若比丘從非親裏比丘取衣，尼薩耆波逸提。……親裏，父母姊妹若女迺至七世因緣。」「若比丘從非親裏居士居士婦乞衣者，尼薩耆波逸提。」〔註14〕僧尼不能從非親裏之人處獲得經濟和物品的支援，反過來正好說明僧尼可以從自己的父母兄弟姊妹中獲得這些支持。

　　爲了避免與世俗倫理發生衝突，佛教認爲出家僧尼也應該孝敬父母，只不過出家人的孝不同於在家人的孝，在家人之養親，「甘露百味以恣其口，天樂眾音以娛其耳，名衣上服光耀其身，兩肩荷負周流四海，訖子年命以賽養恩。」而出家人應該「能令親去惡爲善，奉持五戒，執三自歸，朝奉而暮終者，恩重於親乳哺之養、無量之惠。若不能以三尊之至化其親者，雖爲孝養，猶爲不孝。」並且認爲這種孝纔是眞正的孝，「覩世無孝，唯斯爲孝耳！」〔註15〕

　　同時，佛教認爲「佛、法、僧」爲三寶，世俗之人應該尊敬三寶，所以世俗的父母對於出家的子女也應該尊重，如佛陀出家後，一次他的父親想見他，「是時，世尊復作是念：若眞淨王躬自來者，此非我宜。我今當往，與共相見。所以然者，父母恩重，育養情甚。是時，世尊將諸比丘眾，往詣城門，飛在虛空，去地七仞。是時，眞淨王見世尊端政無比，世之稀有，諸根寂靜，無眾多念，身有三十二相、八十種好。而自莊身，發歡喜之心，即便頭面禮足。……」〔註16〕佛陀顧念父母養育之恩，親自去見父王，但淨飯王有感於佛陀的莊嚴威儀而對佛陀行禮尊敬，這應該是世俗父母尊敬出家子女的濫觴。

　　總之，佛教倫理中的孝親觀念可以在兩個層次上進行理解：一方面，佛教修行的根本目的是擺脫輪迴，不要對世俗社會有任何執著，因此要求僧尼擺脫父母家庭的羈絆。而且從佛教根本教義看，過去父母無處不在，也沒有必要特別關注現在父母，所以關於孝的倫理在佛教中並不佔有重要的地位，

『憍曇，佛不與汝過願。』王言：『可得願與我？』佛言：『可得願當與。今求何等願？』王言：『佛出家時，我心愁憂，不忍不喜。難陀、羅睺羅後諸子出家時，我心愁憂，不忍不喜。今佛與我願：父母不放，不得與出家。何以故？父母恃子爲榮。』佛言：『憍曇，我本心念，亦欲與諸比丘結戒：父母不放，不得與出家。』爾時佛與淨飯王，種種說法，示教利喜已，默然。王聞法已，從坐起，頭面禮佛足，繞佛而去。王去不久佛以是因緣集僧，集僧竟，語諸比丘：『從今父母不放，不得與出家。若與出家，得突吉羅罪。』」

〔註14〕　《十誦律》卷6，《大正藏》卷23，第42頁中。
〔註15〕　《佛說孝子經》卷1，《大正藏》卷16，第780頁中。
〔註16〕　《增一阿含經》卷15，《大正藏》卷2，第623頁中。

體現孝的經典在佛教經典中數量也不多；另一方面，現實的情況是出家修行者只是社會成員的一部分，世俗的倫理道德還是大多數人要面對的，佛教作為一種普世的宗教，也不能對世俗的倫理視而不見，因此在其孝親觀中要將世俗倫理容納在內。況且從現實來看父母與子女之間確實有著特殊的關係，佛教也必須從易見的事實出發來確立自己的倫理體系。同時僧尼作為社會的成員，其行為也脫離不出整體社會規範的束縛，所以佛教也照顧到了僧尼與在家父母之間的關係。

第三節　佛教孝親觀與中國傳統孝親觀的交鋒

佛教傳入後，在孝親問題上與中國傳統孝親觀產生了矛盾，並由此引發了各種爭論。正如業露華所言：「正是這些區別差異，纔造成中國思想發展史上多次出現的儒佛道之間的鬥爭，而彌合這些矛盾和差異，則是佛教在中國求得發展的關鍵。」〔註17〕從《牟子理惑論》到孫綽《喻道論》再到慧遠的《沙門不敬王者論》，都可以看到世俗倫理就孝親問題對佛教提出的責難。其實就子女應該孝敬父母這一點，佛教與中國傳統倫理並沒有太大區別，只是在如何孝敬的問題上，佛教有兩個層次：一是出家人的孝，一是在家人的孝。只就佛教關於世俗社會的孝親觀來看，其內容與中國傳統的孝親觀也沒有根本的區別（只是中國傳統孝親觀更強調子女對父母的服從，並且更注重形式上的孝），兩者之所以產生激烈的衝突，是因為佛教在承認世俗倫理的基礎上試圖建立一個高於世俗倫理的宗教世界，而中國傳統社會則以自己的倫理框架來衡量佛教的倫理，從而反對那種超越的宗教世界的存在。

關於佛教孝親觀與中國傳統孝親觀衝突和調和的具體過程，學術界多有研究，如業露華《中國佛教倫理思想》第六章、慧天《中國社會的佛教倫理形態》〔註18〕、方立天《佛教倫理中國化的方式和特點》〔註19〕等都對這一問題有較多的論述，本文不再重複，本文主要關注的是雙方論辯過程中體現的兩種文化的不同思維方式。關於崇佛者和佛教學者針對反佛者的責難採取的反駁方式，很多學者已經論述。據業露華《中國佛教倫理思想》一書總結，主要有四種方

〔註17〕　業露華：《中國佛教倫理思想》，上海社會科學院出版社2000年版。
〔註18〕　張曼濤主編《佛教與中國思想及社會》，北京圖書館出版社1978年版，第205頁。
〔註19〕　《哲學研究》1996年第6期。

式：〔註20〕一、盡力譯出佛教中有關講父母之恩及孝道的經典；二、託名佛說而編造一些經典；三、援儒入佛；四、直接闡述佛教的倫理思想和佛教的孝親觀。這裏只分析佛教方面對世俗社會一些重要責難的論辯特點。

在孝的問題上世俗社會對佛教的責難主要集中在三個方面：沙門剃髮問題、沙門不養父母和無後問題以及沙門不拜君親問題，我們可以看出這三個問題與上文提到的中國傳統孝親觀的三個特點密切相關，剃髮屬於形式問題，無後則是延續家族血統的問題，不拜君親則與政治密切相關。能否在這三個方面消除世俗社會的質疑，對佛教的發展意義重大，因此佛教方面在回答這些質疑時非常注重論辯的技巧，這裏我們就通過分析這些技巧探討一下佛教在理論上調和傳統孝親觀的一些特點。慧天將佛教方面的回答分成消極辯答和積極辯答〔註21〕兩個方面，這裏沿用這一概念，並進一步界定所謂消極辯答是指那種避開直接的回答，而採用儒家推崇的極端事例來轉移問題，從而論證佛教並沒有違背儒家原則的回答方式，積極辯答則是直接給出佛教的孝親觀。

關於沙門剃髮問題：

牟子〔註22〕辯答道：

> 昔齊人乘舡渡江，其父墮水，其子攘臂捽頭，顛倒使水從口出，而父命得蘇。夫捽頭顛倒，不孝莫大，然以全父之身。若拱手修孝子之常，父命絕於水矣。孔子曰：「可與適道，未可與權。」所謂時宜施者也。且《孝經》曰：「先王有至德要道。」而泰伯祝髮文身，自從吳越之俗，違於身體髮膚之義。然孔子稱之，其可謂至德矣。仲尼不以其祝髮毀之也。由是而觀，苟有大德，不拘於小。沙門捐家財棄妻子，不聽音視色。可謂讓之至也，何違聖語不合孝乎？豫讓吞炭漆身，聶政剝面自刑，伯姬蹈火，高行截容。君子以為勇而死義，不聞譏其自毀沒也。沙門剔除鬚髮，而比之於四人，不已遠乎。〔註23〕

這段回答顯然屬於消極辯答，實際包括兩個層次：一、從經與權的角度展開論述，這種論述雖然可以為僧尼剃髮提供一種依據，但實際上是將傳統孝道作

〔註20〕業露華：《中國佛教倫理思想》，第162～163頁。

〔註21〕慧天：《中國社會的佛教倫理形態》，張曼濤主編《佛教與中國思想及社會》，第217頁。

〔註22〕關於牟子其人，及《牟子理惑論》的真偽及年代，學術界多有爭論，但牟子為信佛之人，《牟子理惑論》為漢地較早的佛教著作，則為大多數學者所公認。

〔註23〕《弘明集》卷1，《大正藏》卷52，第2頁下。

爲「經」將出家當成「權」，並不符合佛教的原意，最終也不利於確立佛教在中國社會的地位；二、從實質與形式的角度論述，認爲「苟有大德，不拘於小」，這是以後佛教方面進行辯答的重要方式，但在這裏卻是經過曲折的途徑來表現的，牟子還沒有直接利用實質比形式更爲重要這一觀點，而是通過列舉儒家推崇的賢人也有毀身的行爲這種比較經驗的方式來論述佛教並不違背儒家倫理。此後對這一問題的回答也往往沿著牟子的思路。如晉孫綽〔註24〕《喻道論》：「周之泰伯遠棄骨肉，托跡殊域，祝髮文身，存亡不反，而論稱至德，書著大賢。誠以其忽南面之尊，保沖靈之貴，三讓之功遠，而毀傷之過微也。故能大革夷俗，流風垂訓。夷齊同餓首陽之下，不恤孤竹之胤，仲尼目之爲仁賢。評當者，寧復可言悖德乎？梁之高行毀容守節，宋之伯姬順理忘生，並名冠烈婦，德範諸姬，秉二婦之倫，免愚悖之譏耳。率此以談，在乎所守之輕重可知也。」〔註25〕梁代劉勰〔註26〕雖然仍引用泰伯等事例，但他的回答卻具有了積極的意義：「夫佛家之孝所包蓋遠，理由乎心，無繫於髮。若愛髮棄心，何取於孝？昔泰伯、虞仲斷髮文身，夫子兩稱至德。中權以俗內之賢，宜修世禮，斷髮讓國，聖哲美談。況般若之教，業勝中權；菩提之果，理妙克讓者哉？理妙克讓，故捨髮取道；業勝中權，故棄跡求心。準以兩賢無缺於孝，鑒以聖境夫何怪乎？」〔註27〕劉勰先指出佛教的孝意義高遠，關鍵在於孝心。然後指出泰伯、虞仲斷髮文身，孔子尚且稱其爲「至德」，更何況佛教高於儒家，僧尼剃髮也就沒什麼可奇怪的。可見他已經以佛教爲主體，引用儒家觀點來證明佛教禮儀。可以說佛教方面對這一問題的解釋是不斷深入的，由此我們也可以看出佛教在中國逐漸強大的事實。

關於不孝養父母及無後問題：

牟子對這個問題的回答仍然是消極的，他先指出有所得必有所失，然後列舉許由、夷齊無後而孔子仍然讚賞他們，以此論證沙門不孝養父母和無後也是不足爲奇的。〔註28〕孫綽卻已經開始進行積極的論述：

〔註24〕孫綽，正史中無專門傳記，在佛教史料《高僧傳》、《弘明集》中多次引用其對佛教人物的評價和關於佛教的文章，對佛教多有贊助之功，則可以將其看作佛教方面的代表。

〔註25〕孫綽：《喻道論》，《弘明集》卷3，第17頁中。

〔註26〕劉勰，據《梁書》卷50《文學傳下》，少依沙門僧祐，曾刊定定林寺經藏，後出家爲僧。我們完全可以將其視爲佛教方面代表。

〔註27〕劉勰《滅惑論》，《弘明集》卷8，第49頁下。

〔註28〕《牟子理惑論》，《弘明集》卷1，第3頁上。

夫父子一體，惟命同之。故母疾其指，兒心懸駿者，同氣之感也，其同無間矣。故唯得其歡心，孝之盡也。父隆則子貴，子貴則父尊。故孝之爲貴，貴能立身行道，永光厥親。……（釋迦成佛後）還照本國，廣敷法音。父王感悟，亦昇道場，以此榮親，何孝如之？於是後進之士，被服弘訓，思濟高軌，皆由父母不異所尚，承歡心而後動耳。若有昆弟之親者，則服養不廢，既得弘修大業而恩紀不替，且令逝沒者得福報以生天，不復顧歆於世祀，斯豈非兼善大通之道乎？夫東鄰宰牛，西鄰禴祀，殷美泰稷，周尚明德，興喪之期，於茲著矣。佛有十二部經，其四部專以勸孝爲事，殷勤之旨，可謂至矣。〔註29〕

這段話指出孝在於「立身行道，永光厥親」，釋迦成佛後，宣揚佛法使父母信悟，給父母帶來榮耀，這就是孝；一般人出家要得到父母的許可，所以出家並不違背孝；出家修道也可以使父母得到榮耀，還能讓去世的親人得到好的報應；佛教中講孝道的經典也非常多。孫綽的論述雖然有很多儒家的影響，但已經注意從佛教本身的理論出發進行探討。對這一問題進行系統回答的是釋慧遠，他最先明確指出出家和在家的不同，關於他的具體論點，我們將在下一個問題中一起論述。

關於沙門不拜君親問題：

這個問題與政治緊密相連，而且更強調的是沙門對王者的敬拜，只有在佛教發展到一定程度與政治產生較大衝突時纔凸現出來，所以從現有文獻看，東晉時期這一問題纔作爲一個政治問題被提出來。這裏主要分析東晉高僧釋慧遠的《沙門不敬王者論》所涉及到的孝親方面的問題，在這篇文章裏慧遠比較系統地介紹了佛教的孝親觀。慧遠指出佛教的倫理有不同的層次：「原夫佛教所明大要，以出處爲異。」對在家者而言：

在家奉法，則是順化之民，情未變俗，迹同方內。故有天屬之愛，奉主之禮。禮敬有本，遂因之而成教。本其所因，則功由在昔。是故因親以教愛，使民知有自然之恩；因嚴以教敬，使民知有自然之重。二者之來，寔由冥應。應不在今，則宜尋其本。故以罪對爲刑罰，使懼而後慎；以天堂爲爵賞，使悦而後動。此皆即其影響之報而明於教，以因順爲，通而不革其自然也。何者？夫厚身存生，以

〔註29〕孫綽《喻道論》，《弘明集》卷3，第17頁上、中。

有封為滯累。根深因在，我倒未忘，方將以情欲為苑囿，聲色為遊觀，沉湎世樂，不能自免而特出。是故教之所撿，以此為崖，而不明其外耳。其外未明，則大同於順化。故不可受其德而遺其禮，沾其惠而廢其敬。是故悅釋迦之風者，輒先奉親而獻君，變俗投簪者，必待命而順動。若君親有疑，則退求其志，以俟同悟。斯迺佛教之所以重資生助王化於治道者也。〔註30〕

慧遠指出：佛教中關於世俗社會的倫理是依據世俗社會的自然之情制定的，這種倫理要求在家者遵守世俗的禮制，要愛親敬主；佛教還通過天堂地獄等宗教說法來鞏固世俗倫理，又通過規定出家必須得到父母（為官者要得到君主）的同意來維護世俗的權威。但是慧遠也強調這種世俗倫理還不是佛教的最終目標，而是由於人們「根深因在」的一種方便說法。對於出家者，慧遠認為：「是故凡在出家，皆遯世以求其志，變俗以達其道。變俗則服章不得與世典同禮，遯世則宜高尚其跡。夫然，故能拯溺俗於沉流，拔幽根於重劫。遠通三乘之津，廣開天人之路。如令一夫全德，則道洽六親，澤流天下。雖不處王侯之位，亦已協契皇極，在宥生民矣。是故內乖天屬之重而不違其孝，外闕奉主之恭而不失其敬。從此而觀，故知超化表以尋宗，則理深而義篤。照泰息以語仁，則功末而惠淺。若然者，雖將面冥山而旋步，猶或恥聞其風。豈況與夫順化之民，尸祿之賢，同其孝敬者哉？」出家者可以不必遵守世俗的形式（在此慧遠並沒有深入解釋不遵守形式的原因，所以劉勰在形式問題上還有發揮的餘地）。僧尼的孝在「道洽六親，澤流天下」。可見慧遠的基本思想仍沒有超出印度佛教已有的倫理範圍，不過是對佛教已有思想的更明確更中國化的表達而已。

通過以上分析我們可以看出，佛教傳入中國後，對反佛者而言，一方面是佛教經典的翻譯不系統，另一方面，也許更為重要的是中國傳統社會更關注現實政治問題，而缺少理論探討的興趣，反佛者在沒有系統瞭解佛教孝親觀的情況下，就對其展開了激烈的攻擊，而這種攻擊主要側重的是形式問題和政治問題。對信佛者而言，佛教傳入早期也同樣面臨著經典翻譯不系統和受中國傳統文化影響兩個問題，他們對佛教的孝親觀也缺乏全面的認識，因此他們對反佛者的回應往往是消極而經驗的。隨著佛教的發展，佛教方面本身對佛教孝親觀纔有了比較明確的認識，但面對中國社會的傳統倫理和思維習慣，他們的解釋

〔註30〕《弘明集》卷5，《大正藏》卷52，第30頁上。

也具有中國傳統文化的印跡，如孫綽認爲出家修行悟得無上之道，即能榮親耀祖，還可以爲祖先祈福等。〔註31〕但此後反佛者卻無視佛教孝親觀在理論上的逐漸完備，仍然反覆提出類似的責難。而佛教方面的回答也始終沒有超出慧遠的解釋，如宋釋慧通曰：「若迺煙香夕臺韻法晨宮，禮拜懺悔，祈請無輟。上逮歷劫親屬，下至一切蒼生。若斯孝慈之弘大，非愚瞽之測也。」〔註32〕劉勰曰：「故知瞑息盡養，則無濟幽靈。學道拔親，則冥苦永滅。審妙感之無差，辯勝果之可必。所以輕重相權，去彼取此。」〔註33〕

　　可見，雖然從理論上看佛教的孝親觀與中國傳統的孝親觀確實存在著一定差異，但由於佛教理論具有邏輯上的優越性，在理論上反佛者從一開始就很容易被攻破。在這方面佛教徒或者崇佛者對傳統孝道的融合並沒有改變佛教孝道倫理的基本內容。在純粹理論的層面，如果說佛教孝親觀在魏晉南北朝有什麼發展的話，那就是那些分散在不同佛經中關於孝的論述得到了更爲清晰條理的說明，其在佛教中的地位得到更大的重視，而那些明顯不符合中國傳統孝親觀的理論則不被強調，如關於父母對子女的責任等。但由於理論問題並不是反佛者關注的重點，反佛者從理論上看來簡單的反覆責難並不是毫無意義。從目的上看，反佛者之所以在這個問題上反覆糾纏，並不是爲了尋求理論上的解脫，而是因爲孝與中國傳統政治結合在一起，只有維護孝的形式纔能使傳統政治的根基不動搖，因此這個問題一開始就是一個政治問題。也正因爲這種嚴重性，佛教方面雖然在理論上佔有優勢，但在另一些方面（對一種宗教而言，純粹的理論並不比這些方面更爲重要）卻不得不作出調整。而由於反佛者更關注形式問題，佛教倫理在中國的發展也更多是在形式上做了調整，這種調整很大程度上是通過僧尼的具體行爲來實現的。

第四節　南朝僧尼的孝親行爲

　　南朝是佛教發展的重要時期，也是傳統社會比較重視「孝」的時代之一。前面已經提到孝在中國傳統社會具有重要意義，特別是漢代推行「以孝治天下」以後，孝的地位更爲重要。兩晉時期，一方面由於司馬氏的即位相當程度上靠

〔註31〕具體論述參見孫綽：《喻道論》，《弘明集》卷2，第16頁中。
〔註32〕宋釋慧通：《駁顧道士夷夏論》，《弘明集》卷7，第46頁上。
〔註33〕劉勰：《滅惑論》，《弘明集》卷8，第49頁下。

的是權詐,「忠」的觀念已不足以引起人們的共鳴,所以司馬氏政權極力提倡孝,以此作為統治的依據;另一方面,隨著門閥大族的興起,孝在維護門閥利益中扮演著越來越重要的角色。南朝時期經過一段時期的積累和統治者的提倡,孝更是得到進一步的重視,普慧指出:「此時的儒家經學與兩漢的相比已經有了很大的變化,這就是在『忠』與『孝』這兩個宗法一體化社會的兩大思想支柱的體系中,把『孝』抬高到了第一位,而『忠』被降到了第二位。」〔註34〕這時社會重孝的一個重要表現,〔註35〕就是《孝經》得到更多的重視,這可以從三個方面得到體現:一、到南朝《孝經》已經成為兒童的啓蒙讀物之一,如南齊顧歡,「八歲,誦《孝經》、《詩》、《論》。」〔註36〕梁鄱陽忠烈王恢,「年七歲,能通《孝經》、《論語》義,發摘無所遺。」〔註37〕伏挺,「幼敏寤,七歲通《孝經》、《論語》。」〔註38〕據《續高僧傳·釋慧約傳》「(慧約)七歲便求入學,即誦《孝經》、《論語》」,〔註39〕則《孝經》應該也是這時學堂裏的入門書。二、很多人死時以《孝經》陪葬,如南齊張融死前言當左手執《孝經》、《老子》,右手執《小品》、《法華》。三、對《孝經》的注疏非常多,梁武帝撰有《孝經講疏》和《制旨孝經義》,〔註40〕並且多次向朝臣學士「自講《孝經》」,〔註41〕又專門設置《孝經》助教一人,生十人,以研究宣傳他所撰《制旨孝經義》。明山賓著《孝經喪禮服義》十五卷。〔註42〕陳周弘正著《孝經疏》兩卷,〔註43〕王元規著《孝經義記》兩卷。〔註44〕流風所及,佛教僧尼和道教道士也有注《孝經》者,如劉宋釋慧琳注《孝經》〔註45〕、梁代高僧釋寶唱〔註46〕和著名道士陶弘

〔註34〕普慧:《南朝佛教與文學》,中華書局 2002 年版,第 2 頁。
〔註35〕南朝重孝行的表現有很多,在本文其他章節裏我們也能看到,如居喪過禮情況非常之多等等。爲了避免重復,這裏只突出一個方面。
〔註36〕《南齊書》卷 54《顧歡傳》,第 926 頁。
〔註37〕《梁書》卷 22《太祖五王傳》,第 348 頁。
〔註38〕《梁書》卷 50《文學傳下》,第 719 頁。
〔註39〕《續高僧傳》卷 6《釋慧約傳》,《高僧傳合集》上海古籍出版社 1991 年版,第 148 頁下。
〔註40〕《梁書》卷 3《武帝紀》下,第 96 頁。
〔註41〕《梁書》卷 36《朱異傳》,第 538 頁。
〔註42〕《梁書》卷 27《明山賓傳》,第 405 頁。
〔註43〕《陳書》卷 24《周弘正傳》,第 310 頁。
〔註44〕《陳書》卷 33《儒林傳》,第 44 頁。
〔註45〕《宋書》卷 97《夷蠻傳》,第 2391 頁。
〔註46〕《續高僧傳》卷 1《釋寶唱傳》:「自《禮記》、《古文周書》、《左傳》,莊、老諸子,《論語》、《孝經》,往哲所未詳悉,皆爲訓釋。」第 107 頁中。

景也都注過《孝經》。〔註47〕而僧尼注《孝經》本身也是僧尼調節佛教倫理與傳統倫理的一種方式。

　　雖然佛教的孝親觀在南北朝社會並沒有理論上的實質發展，但由於專制體制下，教權不能獨立存在，僧尼也被置於國家的權力體系之下，因此他們的行爲必然會受到傳統孝親觀的影響，在政治和社會輿論的壓力下，特別是在南朝重孝的社會背景下，僧尼在形式上不能不有所改變。可以說，在孝親問題上，是僧尼的行爲，而不是佛教的理論實現了中國化。按照佛教的教義，出家人雖然也應該尊敬父母，並且可以從父母處索要衣食，但他們對父母不再承擔經濟上的義務，在情感上也不能再留戀父母，不必有具體的孝的行爲，而只是通過佛教修行爲父母帶來更好的業報。南朝以前由於佛教發展還比較有限，中國僧尼在中國文化傳統中成長，其行爲也難免帶有本土文化重孝的特點，〔註48〕但由於這時在基本倫理問題上僧尼主要還是模仿外國高僧的行爲，〔註49〕在孝的問題上也更多保持印度佛教的特點，如安令首尼出家前，「聰敏好學，言論清綺，雅性虛淡，不樂人間，從容閑靜，以佛法自娛，

〔註47〕陶翊：《華陽陶隱居先生本起錄》，《雲笈七籤》卷170，中華書局2003年版，第2327頁。

〔註48〕據《高僧傳》記載這時的很多高僧在出家前重孝行，如：《高僧傳》卷1《康僧會傳》（第15頁）：「康僧會，其先康居人，世居天竺，其父因商賈移於交趾。會年十餘歲，二親並終，至孝服畢出家。」《高僧傳》卷5《竺法曠傳》（第205頁）「竺法曠，姓皋，下邳人，寓居吳興，早失二親，事後母以孝聞。家貧無蓄，常躬耕壟畔，以供色養。及母亡，行喪盡禮，服闋出家。」《高僧傳》卷4《于道邃傳》（第169頁）：「于道邃，燉煌人，少而失陰，叔親養之。邃孝敬竭誠，若奉其母。至年十六出家，事蘭公爲弟子。」《高僧傳》卷6《釋道恒傳》（第246頁）：「恒少失二親，事後母以孝聞，家貧無蓄，常手自畫績，以供贍奉，而篤好經典，學兼宵夜。至年二十，後母又亡，行喪盡禮，服畢出家。」《比丘尼傳》卷1《曇備尼傳》（第964頁）：「曇備，本姓陶，丹陽建康人也。少有清信，願修正法，而無有昆弟，獨與母居。事母恭孝，宗黨稱之。年及笄嫁，徵幣弗許，母不能違，聽其離俗。」這表明僧尼在出家前受到傳統文化的薰陶，而這種薰陶也會對其出家後的行爲有一定的影響。

〔註49〕關於這一點，東晉後期，桓玄在《桓玄與王令書論道人應敬王事》中有一段材料可以證明：「曩者晉人略無奉佛，沙門徒眾皆是諸胡。且王者與之不接，故可任其方俗，不爲之檢耳。」（《弘明集》卷12，《大正藏》卷52，第81頁中。）如果桓玄所指晉人包括東晉，則顯然其說法存在錯誤，即使只指西晉也不準確，雖然西晉直到東晉初期奉佛的漢人不算太多，也絕不是「略無奉佛」，但其中「任其（指印度或西域佛教）方俗」即基本上不干涉僧尼的行爲方式，則道出了歷史的真實。當時漢族出家人，必然也極力模仿其外國師僧。

不願求娉。父曰：『汝應外屬，何得如此？』首曰：『端心業道，絕想人外，毀譽不動，廉正自足。何必三從，然後爲禮？』父曰：『汝欲獨善一身，何能兼濟父母？』首曰：『立身行道，方欲度脫一切，何況二親耶？』」〔註 50〕令首要出家，父親不同意，理由是出家只能獨善一身，不能兼濟父母，令首的回答是學習佛法就是要度脫一切，這其中自然包括父母，也就是說自己出家雖然形式上不再孝敬父母，但通過修行佛法可以幫助父母解脫，這正是佛教最崇尚的孝。這時，從總體上看僧尼對中國傳統的孝行還不是很重視，一些僧尼甚至以不動親情爲高。《高僧傳・釋法顯傳》：「釋法顯，姓龔，平陽武陽人，有三兄，並髫齔而亡，父恐禍及顯，三歲便度爲沙彌。居家數年，病篤欲死，因以送還寺，信宿便差。不肯復歸。其母欲見之不能得，後爲立小屋於門外，以擬去來。十歲遭父憂，叔父以其母寡獨不立，逼使還俗，顯曰：『本不以有父而出家也，正欲遠塵離俗，故入道耳。』叔父善其言，迺止。頃之，母喪，至性過人，葬事畢，仍即還寺。」〔註 51〕釋法顯三歲便被度爲沙彌，從小便處於佛教氛圍下，對於孝行不是很重視，以至於母親想見都見不到，父親死後，更是不肯還俗，這正是印度佛教徒的行爲方式。但這裏也已經顯現了中國世俗社會對佛教的影響，如其叔父逼使還俗，其母喪後，法顯要爲其服喪等。

南朝以來，隨著佛教在中國的發展和深入，僧尼的行爲逐漸帶有更多中國世俗社會的特徵，他們的孝親行爲越來越明顯。主要表現在以下方面：

一、出家之前重孝行

僧傳中記載的出家之前重孝行的南朝僧尼越來越多，他們的孝行大致可以分爲三類：

（一）一般的孝敬父母（也包括兄弟姐妹），如釋法期，「姓向，蜀都脾人。早喪二親，事兄如父。十四出家。」〔註 52〕釋慧曠，「俗姓曹氏，譙國人也。其後別派，今爲襄陽人焉。祖亮宗，梁給事黃門侍郎、衛尉卿。父藹，直閣將軍。曠秀氣標於弱歲，天然孝敬，率性高廉。十二出家。」〔註 53〕釋法朗，「爰在齠

〔註 50〕《比丘尼傳校注》卷 1《安令首尼傳》，〔梁〕釋寶唱著，王孺童校注，中華書局 2006 年版，第 7 頁。

〔註 51〕《高僧傳》卷 3《釋法顯傳》，第 87 頁。

〔註 52〕《高僧傳》卷 11《釋法期傳》，第 419 頁。

〔註 53〕《續高僧傳》卷 10《釋慧曠傳》，第 183 頁下。

齔，卓出凡童。孝敬純備，志操貞立。」〔註54〕釋僧遷，「姓嚴，吳郡吳人，孝敬夙彰。」〔註55〕（二）父母去世後守喪盡禮或過禮，如道壽尼，「未詳何許人也。清和恬寂，以恭孝見稱。幼受五戒，未嘗起犯。元嘉中遭父憂，因毀邁疾，自無痛癢，唯黃瘠骨立，經歷年歲，諸治不瘳。因爾發願，願疾愈，得出家。立誓之後，漸得平復，如願出俗，住祇洹寺。」〔註56〕寶賢尼，「本姓陳，陳郡人也。十六丁母憂，三年不食穀，以葛芋自資，不衣繪纊，不坐床席。十九出家，住建安寺。」〔註57〕釋僧鏡，「姓焦，本隴西人。遷居吳地。至孝過人，輕財好施。家貧母亡，太守賜錢五千，苦辭不受。迺身自負土，種植松柏，廬於墓所。泣血三年，服畢出家。」〔註58〕釋安廩，「姓秦氏，晉中書令靖之第七世也，寓居江陰之利成縣焉。十三偏艱，孝知遠近，斷水骨立，聞者涕零。」〔註59〕（三）早有出家之志，通過孝行得到允許，如僧猛尼，「本姓岑，南陽人也。遷居鹽官縣，至猛五世矣。曾祖率，晉正員郎餘抗令，世事黃老，加信敬邪神。猛幼而慨然，有拔俗之志。年十二，父亡，號哭吐血，絕而復蘇。三年告終，示不滅性，辭母出家。」〔註60〕釋慧進，「姓鮑氏，潞州上黨人。弱歲辭親，慕從緇侶，修習戒檢。極用偏功，將欲剪削。父母留戀，遂停俗里。以仁孝見知。年至三十，鄉閭覩其精苦，潔身斷愛，無思妻累，迺共白其所親，委其元度。方任出家。」〔註61〕

　　前兩類情況下，僧尼行孝行時未必想到以後要出家，他們的孝行與佛教還沒有多大的關係。但一方面僧尼出家前的孝行也會對他們出家後的一些行為產生一定的影響，這正體現了傳統孝親觀對僧尼的影響。另一方面對這兩類情況的頻繁記述也表明了同樣是僧人（《高僧傳》、《比丘尼傳》的作者都是南朝僧人，《續高僧傳》的作者是唐代僧人）的僧傳作者減少佛教與世俗倫理矛盾的努力。他們試圖表明佛教徒本身就是實踐孝行的典範，他們出家只是為了追求更高的目標。第三類情況，這些僧尼已有出家之志，他們的孝行體現了緩和世俗倫理與佛教倫理的努力，含有通過孝行爭取早日出家的目的，

〔註54〕《續高僧傳》卷7《釋法朗傳》，第157頁中。
〔註55〕《續高僧傳》卷6《釋僧遷傳》，第155頁中。
〔註56〕《比丘尼傳校注》卷2《道壽尼傳》，第60頁。
〔註57〕《比丘尼傳校注》卷2《寶賢尼傳》，第108頁。
〔註58〕《高僧傳》卷7《釋僧鏡傳》，第293頁。
〔註59〕《續高僧傳》卷7《釋安廩傳》，第160頁中。
〔註60〕《比丘尼傳校注》卷3《僧猛尼傳》，第128頁。
〔註61〕《續高僧傳》卷23《釋慧進傳》，第296頁下。

事實上大多數人的努力也得到了世俗社會的認可，並最終能夠出家。上引釋慧進欲出家，因父母留戀而留居俗里，通過自己的孝行，感動鄉閭，於是鄉閭勸其父母任其出家，便是極好的例子。

二、出家後仍思念或供養親人

南朝時期，很多僧尼出家後，仍思念或供養親人，〔註62〕曇暉尼因為思念母親，「固請還鄉。」〔註63〕因為對父母親人的思念，很多人出家後仍回家探親，如釋智琰，「……因還故里，觀省二親。仍於本寺開弘經法。」〔註64〕又如《續高僧傳·釋惠澄傳》：「澄以違親歲久，迺暫定省。而番禺（澄故鄉）四眾，向風欽德，迎請重迭，年年轉倍。以普通四年隨使南返。」〔註65〕僧尼出家，本以遠絕俗累為高，可在南朝卻有一些僧尼明確表達對親人的思念之情，甚至回家探親，而僧尼傳記的記載者對此也津津樂道，正表明佛教徒在行為上對佛教倫理與中國傳統倫理的調和。

關於出家後，仍然供養親人，如慧木尼，「母老病，口中無齒，木嚼脯飴母。」〔註66〕善妙尼，「有妹，婿亡孀居，無所依託，攜一稚子，寄其房內。」〔註67〕釋道慧，「慧以母年老，欲存資奉，迺移憩莊嚴寺。」〔註68〕釋羅雲，「生緣在神山之下，一夏居止靜處思玄，母日，自齎登上供設。有問其故，答曰：『即此為報母之劬勞也。』」〔註69〕印度佛教中，僧尼與親人也有特殊的關係，如前面提到僧尼可以從親裏比丘、比丘尼或居士、居士婦處得到衣物等，佛教傳入後，中國僧尼在經濟上依靠家庭供給的情況也存在，《續高僧傳·釋法開傳》：「開少聰敏，家業貧窶，身服不充，食噉粗澀。同學僧流、曇誕，家有盈財，服玩奢麗，並從貞受業。屢有年勞，及鉤深造微，未有逮開者也。而流、誕自恃優饒，甚相輕忽。開懷快然，遂負帙西遊，住禪岡寺。」〔註70〕法開和同學僧流、曇

〔註62〕 這裏「親人」不僅僅指父母，也包括一切有血緣關係的親人，對這些親人的關注也可以看作是「孝」的延伸。
〔註63〕 《比丘尼傳校注》卷4《曇暉尼傳》，第182頁。
〔註64〕 《續高僧傳》卷14《釋智琰傳》，第212頁中。
〔註65〕 《續高僧傳》卷5《釋惠澄傳》，第145頁中。
〔註66〕 《比丘尼傳校注》卷2《慧木尼傳》，第72頁。
〔註67〕 《比丘尼傳校注》卷2《善妙尼傳》，第84頁。
〔註68〕 《高僧傳》卷8《釋道慧傳》，第305頁。
〔註69〕 《續高僧傳》卷9《釋羅雲傳》，第173頁。
〔註70〕 《續高僧傳》卷6《釋法開傳》，第153頁下。

誕因爲家庭經濟狀況不同而導致他們自身的生活狀況不同，正表明他們的供養很大程度上來自家庭的供給。但僧尼供養父母的情況在印度佛教並不存在，而這正是中國僧尼重視孝親的重要表現。

三、出家後爲親人奔喪或守喪

　　印度僧尼並沒有爲親人守喪的習慣，唐代高僧義淨曾親自西行求法，並依據自己在印度的諸多見聞專門寫成《南海寄歸內法傳》一書，對中國佛教中違背印度佛教的一些行爲提出批評，書中對中國僧尼守喪這一行爲非常不滿，指出「又復死喪之際，僧尼漫設禮儀。或復與俗同哀將爲孝子。或房設靈機，用作供尊。或杜哭杖，或寢苦廬。……豈容棄釋父之聖教，逐周公之俗禮，號眺數月，布服三年者哉！」〔註71〕可見直到唐代印度僧尼都沒有爲親人守喪這一傳統。但在中國傳統社會守喪對僧尼卻有著很深的影響。義淨所提到的現象在南北朝時期已經出現了。《高僧傳·釋智稱傳》：「釋智稱，……稱辭家入道，務遣繁累。常絕慶弔，杜人事。每有凶故，秉戒節哀。唯行道加勤，以終舁功之制。」〔註72〕《南齊安樂寺律師智稱法師行狀》也說智稱「少壯居家，孝子惟友，脫屣四攝，愛著兩忘，親黨書介，封而不發，內恕哀戚，抑而不臨。常曰：『道俗異，故優陀親承音旨，寧習其言而忽其教？』煩惱呴濡，蕭然頓遣。」〔註73〕智稱爲了修行而「絕慶弔、杜人事」，可見他是被作爲「務遣繁累」「愛著兩忘」的典型來被描述和推崇的，但他還是要通過勤修來爲親人「終舁功之制」，可見爲親人守喪這一觀念非常牢固，而智稱受到特別的表彰，或許正表明當時不能「絕慶弔、杜人事」的僧尼不在少數。文獻記載也顯示南朝以後，出家後仍爲親人奔喪或守喪的僧尼越來越多，如釋寶唱，「將及三十，天蔭既崩，喪事云畢，建武二年擺撥常習，出都專聽。」〔註74〕釋法願，「永明二年願遭兄喪，啓乞還鄉。至鄉少時，敕旨重迭。願後出，憩在湘宮。」〔註75〕釋智聚，「至德三年，丁外母憂。泣血銜哀，殆將毀滅。因此言歸舊里，止於東山精舍，善說不休，法輪常轉。」

〔註71〕　王邦維：《南海寄歸內法傳校注》，中華書局1995年版，第107頁。
〔註72〕　《高僧傳》卷11《釋智稱傳》，第439頁。
〔註73〕　《南齊安樂寺律師智稱法師行狀》，《廣弘明集》卷23，《大正藏》卷52，第269頁中。
〔註74〕　《續高僧傳》卷1《釋寶唱傳》，第106頁下。
〔註75〕　《高僧傳》卷13《釋法願傳》，第518頁。

〔註76〕釋慧約,「約孝通冥感,思歸遄返,二親喪亡,並及臨訣,孺慕嬰號,不交人世,積時停鄉,以開慈道。」〔註77〕

有的僧尼甚至為了守喪而「不預法事」,《續高僧傳‧釋法護傳》:「及至受戒,仍遭父憂,居喪房內,經涉四載,不預法事,禮畢羸瘠,不堪隨眾。」〔註78〕法護對孝道的遵守已經超過對佛法的修行。也有僧尼因為親人去世而「捨法還家」,《續高僧傳‧釋真玉傳》:「後遭母憂,捨法還家,廬於墓側,哀毀過禮,茹菜奉齋。伏塊持操,三年野宿。鄉黨重之。後服闋附道,修整前業。」〔註79〕還有一些僧尼因為親人去世不能奔喪而「杜塞講說」,《高僧傳‧釋寶亮傳》:「及本親喪亡,路阻不得還北,因屏居禪思,杜講說、絕人事。齊竟陵文宣王,躬自到居,請為法匠。亮不得已而赴。」〔註80〕釋寶亮因為不能為親人奔喪,而屏居禪思,杜絕講說,直到竟陵王親自邀請,纔重新講法,可見親情在他心目中佔有重要位置。又如釋法申,「遭本親遠喪,道途迴阻,有礙士歸,因而屏絕人事,杜塞講說。」〔註81〕法暢也是因為不能為親人奔喪而停止講法。

為親人守喪是孝行的重要表現,喪禮在中國傳統社會具有特殊重要的意義,喪禮不僅有著嚴格的等級規範,而且違背喪禮的規定就會得到社會輿論的譴責,為官者甚至會得到政治處分。中國僧尼正是通過為親人守喪的行為來彌縫佛教與中國傳統倫理的矛盾,而且他們的行為也確實能取得一些實效,如釋真玉因為守喪過禮,得到鄉黨的重視,這可能不僅給他帶來聲譽,還能得到更多的供養。

四、孝敬師長

中國傳統社會中,對親人的孝敬往往擴展到對師長的孝敬上。特別是兩漢以後隨著門生故吏的發展,門生故吏孝敬師長甚至為師長服喪逐漸成為一種制度。〔註82〕在這種社會觀念影響下,僧尼對父母的孝敬也擴展到對師僧

〔註76〕《續高僧傳》卷10《釋智聚傳》,第183頁中。
〔註77〕《續高僧傳》卷6《釋慧約傳》,第148頁下。
〔註78〕《續高僧傳》卷5《釋法護傳》,第140頁下。
〔註79〕《續高僧傳》卷6《釋真玉傳》,第155頁上。
〔註80〕《高僧傳》卷8《釋寶亮傳》,第336頁。
〔註81〕《續高僧傳》卷5《釋法申傳》,第140頁中。
〔註82〕參見韓國河:《秦漢魏晉喪葬制度研究》,陝西人民出版社1999年版,第58

的孝敬上，如淨秀尼，「事師竭誠，猶懼弗及；三業勤修，夙夜匪懈；僧使眾役，每居其首。」〔註83〕釋慧璿，「姓吳，揚州江都人也。……孝謹天然，罔由師訓，隨從奉敬，初無乖越。每從榮遊履諸寺，一無敢出離，便於榮所臥床下席地而伏。斯例非一。」〔註84〕釋曇遵，「光師終日，遵在齊州，初聞哀問，不覺從床而墜，口中流血。其誠孝動人，如此之類也。」〔註85〕不少僧尼也為師僧服喪，如釋僧旻，「16歲，師亡，哀容俯仰，喪禮畢移住莊嚴，師曇景。」〔註86〕釋慧約，「靜（慧約師）亡，盡心喪之禮，服闋後，卻粒嚴栖，食松木。」〔註87〕

　　雖然佛教也講究尊重師長，並認為尊重師長是十種可以得到少病報的行為之一。〔註88〕但印度僧團中僧尼與師長的關係比較平等和自由，僧尼並不需要絕對服從師長，如果師長有錯誤，僧尼是應該提出批評的。《十誦律》中關於達摩不從其師，並揭露其師之兄長違戒行為的故事正說明了這一點。〔註89〕中國早期僧尼師徒關係相對平等，僧尼可以師從多人的現象也應該與印度的傳統有很大的關係。南北朝時期應該說這種傳統在很大程度上仍被保留，但在師徒關係上受中國傳統師徒關係的影響已經出現了很多變化，上面提到的淨秀尼，「事師竭誠，猶懼弗及。」〔註90〕釋慧璿，「隨從奉敬，初無乖越。每從榮遊履諸寺，一無敢出離。」表明師徒之間的等級性已經得到強化，而為師僧守喪更是一種中國特色的行為。

　　還有一些高僧主動教導世俗社會重視孝親，如上面提到的釋智稱，「末方沙門慧始，請稱還鄉講說。親里知舊，皆來問訊。悉殷勤訓勖，示以孝慈。」〔註91〕此外，南朝僧尼的孝親觀雖然受傳統孝親觀的影響，但畢竟帶有佛教

　　頁。
〔註83〕《比丘尼傳校注》卷4《淨秀傳》，第164頁。
〔註84〕《續高僧傳》卷23《釋慧璿傳》，第293頁下。
〔註85〕《續高僧傳》卷8《釋曇遵傳》，第164頁下。
〔註86〕《續高僧傳》卷5《釋僧旻傳》，第142頁中。
〔註87〕《續高僧傳》卷6《釋慧約傳》，第149頁上。
〔註88〕《分別善惡報應經》卷1：「復云何業獲報少病？有十種業。何等為十？一、不損有情，二、勸他不損，三、不隨喜損，四、不讚歎損，五、離慶快損，六、孝養父母，七、尊重師長，八、不結宿冤，九、施僧安樂，十、施藥飲食。」（《大正藏》卷1，第896頁下。）
〔註89〕參見《十誦律》卷14，《大正藏》卷23，第104頁。
〔註90〕《比丘尼傳校注》卷4《淨秀尼傳》，第164頁。
〔註91〕《高僧傳》卷11《釋智稱傳》，第438頁。

的特色，這可以體現在一些造像記上。南朝有石刻之禁，流傳下來的石刻材料非常少，造像記也遠沒有北朝那麼多，但從幾種僅存的南朝僧尼造像記中我們也可以看到僧尼的孝親觀：

> 梁中大同元年太歲丙寅十一月五日，比丘釋慧影奉爲亡父母並及七世久遠出家師僧並及自身廣及六道四生一切眷屬，咸同斯福。(慧影造像記　梁中大同元年（546）十一月五日造　在江蘇吳縣)〔註92〕

> 永明八年庚午歲十二月十九日，比丘釋法海與母爲亡父造彌勒成佛石像一軀，願現在眷屬七世父母，龍華三會，□登初首，一切眾生普同斯願。

> 天監三年甲申三月三日，比求釋法海奉爲亡母亡秭造無量壽石像，願亡者乘此福去離危苦，上升天堂，與諸賢聖而爲眷屬，廣及一切眾生等，成無上正覺。

> 中大通二年七月八日，比丘晃藏奉爲亡父母敬造釋迦石像一軀，藉此善因，願七祖先靈一切眷屬皆得離苦，現在安穩。三界六道普同斯誓。〔註93〕

> 中大通四年八月一日，繁東鄉齊建寺比丘釋僧鎮發心，敬造釋迦石像一軀，願生生世世因眞出家，離一切苦，得一切樂。過去者升天，現在者安穩。無諸彰礙，廣及六道，普同此願。爲亡父母造。〔註94〕

這五種造像記的造像對象都是逝去的親人，祈願內容細緻劃分可以有：參與龍華三會（彌勒在龍華樹下講法）、脫離一切苦、修成正覺等。可見這些僧人正是用佛教的孝親觀來實現對父母的孝，即希望父母能借助自己的宗教修行和供養行爲，得到宗教上的解脫。

餘　論

可以說，單純從理論上看，佛教孝親觀在南朝以前（包括南朝）的發展

〔註92〕北京圖書館金石組編：《北京圖書館藏中國歷代石刻彙編》，中州古籍出版社，1989年版。

〔註93〕2、3、4據《巴蜀佛教碑文集成》，巴蜀書社2004年版。

〔註94〕據《四川歷代碑刻》，高文、高成剛編，四川大學出版社1990年版，第86頁。

很大程度上只是原有理論的清晰化，而沒有超越佛教的基本教義。但是僧尼在世俗輿論的壓力下，不得不調整自己的行為方式，以取得世俗社會的認可。〔註95〕因此是南朝僧尼的行為而不是佛教的理論更多地體現了一些不同於印度佛教徒和中國早期佛教徒的特點。在這個問題上，北朝與南朝也有相似之處，在理論上「孝」的問題也經常成為世俗社會責難和干涉佛教的藉口，特別是北朝政權對佛教的控制力強，違背傳統「孝」的行為在政權干預佛教時往往成為佛教的一種罪狀，周武帝平齊後，欲滅佛法，下詔曰：「父母恩重，沙門不敬，悖逆之甚，國法不容，並退還家，用崇孝治。」〔註96〕因此北朝僧尼也從理論上論證出家與孝親並不矛盾，如被迫還俗的北周僧人王明廣反駁衛元嵩道：「忠臣孝子義有多途，何必躬耕，租丁為上？《禮》云：『小孝用力，中孝用勞，大孝不匱。』沙門之為孝也，上順諸佛，中報四恩，下為含識。三者不匱，大孝一也。」〔註97〕行為上北朝僧尼也很重視孝行，如釋靈裕，「年十五潛欲逃世，會丁父艱，便從世疾，苫塊縈轉，杖而能起。服畢厭俗，心猛不敢辭母，默往趙郡應覺寺，投明寶二禪師而出家焉。」〔註98〕這是出家前重孝行；再如釋道安，「初安之住中興，攜母相近，每旦出覲，手為煮食，然後上講。雖足侍人，不許兼助。迺至折薪汲水，必自運其身手。告人曰：『母能生養於我，非我不名供養。』」〔註99〕釋道紀，「故其撰集，名為《金藏論》也。……論成之後，與同行七人，出鄴郊東七里而頓。周匝七里，士女通集，為講斯論。七日一遍。往必荷擔，不恥微行。經書塔像為一頭，老母掃帚為一頭。齊佛境內，有塔斯掃。每語人曰：『經不云乎，掃僧地如閻浮，不如佛地一掌者，由智田勝也。親供母者，以福與登地菩薩〔註100〕齊也。』故其孝性淳深，為之縫補衣著食飲，大小便利必身經理，不許人兼。

〔註95〕　這只是就僧尼整體而言，不排除個別僧尼重視孝親是個人性格或早年所受傳統孝親觀的影響，但對僧尼整體而言，出家後本來有佛教的一套倫理規範，其採取世俗的孝親行為帶有一種被動性。而且這種情況南朝時期才比較普遍，不能僅從早年所受傳統文化影響和個人性格方面進行解釋。

〔註96〕　釋慧遠：《周祖平齊召僧敘癈立抗拒事》，《廣弘明集》卷10，《大正藏》卷52，第153頁中。

〔註97〕　《周天元立有上事者對衛元嵩》，《廣弘明集》卷10，《大正藏》卷52，第158頁下。

〔註98〕　《續高僧傳》卷9《釋靈裕傳》，第175頁上。

〔註99〕　《續高僧傳》卷24《釋道安傳》，第207頁中。

〔註100〕　登地菩薩是指入初地即歡喜地行位之菩薩。

有或助者。紀曰:『吾母也,非他之母。形骸之累並吾身也,有身必苦,何得以苦勞人?所以身爲苦先,幸勿相助。』因斯以勵道俗,從者眾矣。」〔註101〕這是出家後,繼續奉養親人,並起到勸勵道俗的作用;釋僧瑋,「姓潘,汝南平輿人也。……天和五年,以葬母東歸。敕使爲安州三藏。」〔註102〕釋法通,「未幾丁母憂,出山歸葬,事了返山。」〔註103〕這是出家後,爲親人奔喪守孝。此外,還有一些僧人度自己的親人出家,如釋法上「忽聞父病,尋往覲之。既至即愈。一宿同止,明旦赴洛,度母及姊。」〔註104〕度親人出家在佛教看來是最大的孝親,世俗社會未必認同,但至少表明佛教徒對佛教孝親觀的踐行。但總體而言,北朝僧尼的重孝行爲在僧傳中比較少見,這除了僧傳中北朝僧尼人數比較少外,更重要的可能是因爲北朝在少數民族統治下,對孝親的形式不像南朝那麼重視。

南朝僧尼順從世俗倫理重視孝親的行爲促進了中國社會對佛教的接受,也使僧尼得到世俗社會的尊重,甚至會帶來現實的好處,《續高僧傳・釋道冑附道興傳》:「母爲賊掠將去,離城六十里,興沒命尋逐。至已被傷,未絕。賊見曰:『此僧誠爲至孝,逐母至此。』便不盡命,洒背負母還城,城中咸怪,賊路兇險,何因得返。」〔註105〕釋道興因爲拼命追還母親,而得到盜賊的敬重,並由此保全母親的性命,可見孝的觀念已經深入社會人心,僧尼重孝行更容易得到社會的認同。同時在僧尼的影響下,世俗社會也將佛教與傳統孝道結合在一起,如南北朝時期爲父母造寺造像祈願等頗爲風行。南北朝都有佛教造像,但南朝由於有石刻之禁,造像較少,北朝造像卻大量存在,關於北朝造像所反映的民眾信仰,侯旭東已經進行過詳盡的研究。〔註106〕南朝造像反映的民眾心理與北朝也無太大差異,這裏不再詳細論述,僅引幾塊南朝造像記:

元嘉廿五年太歲□子始康□晉豐縣□熊造一□　量佛相□光　高二尺一石佛□父母並熊及兒子起願　量壽佛國生七月廿三日立。〔註107〕

〔註101〕《續高僧傳》卷31《釋道紀傳》,第376頁中。
〔註102〕《續高僧傳》卷16《釋僧瑋傳》,第237頁中。
〔註103〕《續高僧傳》卷27《釋法通傳》,第338頁上。
〔註104〕《續高僧傳》卷8《釋法上傳》,第165頁。
〔註105〕《續高僧傳》卷23《釋道冑附道興傳》,第297中。
〔註106〕關於北朝造像記所反映的北朝民眾的信仰世界,侯旭東已經做過詳盡的研究,參見《五、六世紀北方民眾佛教信仰》,中國社會科學出版社1998年版。
〔註107〕《北京圖書館藏中國歷代石刻拓本彙編》。

大同十一年十月八日，佛弟子張元爲亡父母敬造釋迦多寶石像，並藉茲功德，願過去者早登瑤土，奉觀諸佛。現在夫妻男女一切眷屬無諸鄣礙，願三寶 應 諸夫 自身。〔註108〕

大樑天監十六年歲在丁酉十二月初八日，佛弟子陳慶之敬造觀音銅像一軀，上爲七世父母同生佛國，一切眷屬，咸同斯福。〔註109〕

關於佛寺，據《南朝佛寺志》南朝著名的寺院中有不少就是爲父母所造，如報恩寺，「元嘉二年，文帝爲高祖並建也。」〔註110〕禪岡寺，「宋孝建二年蕭惠開爲父思話而造也。惠開家世奉佛，凡爲父造四寺。」〔註111〕智度寺，「天監元年，武帝爲母獻后造是寺，以資冥祐焉。」〔註112〕大愛敬寺，「梁普通元年，武帝爲太祖文宣帝造。」〔註113〕慈覺寺，「梁昭明太子爲母丁貴嬪造。」〔註114〕另外，孝敬寺也是子女爲父母所造，據《古刻叢鈔》這是公上璉爲亡母楊叔女所立的寺院，《古刻叢鈔》保留了孝敬寺的寺志，其文曰：「梁大同六年太歲庚申五月十五日壬戌，菩薩戒弟子公上璉奉爲亡母楊叔女捨所居宅□僧伽藍，皇帝□齎名孝敬寺，願諸佛菩薩，龍天□神，常加護衛，寺舍安立，僧眾□□證明弟子璉建立功德，藉此善根，七世久遠，眷屬塚墓，窆貼□亡殃，永使斷絕，同生□方無量壽國，沐浴□□□□□通悟無生忍，六道四生，皆得解脫，共登菩提，入正覺路，現世兒孫長幼，並願安隱，無餘煩惱鄣礙，□中妙願，皆悉果遂。」〔註115〕從這段志文中，我們可以很清楚地看到佛教對世俗孝親觀的影響。此外，南齊時蜀涪陵還有喪思寺，〔註116〕從名稱上看，應該也是爲父母或其他親人乞福而造。

最後，我們必須清楚僧尼順從世俗倫理注重孝親的一些行爲只是佛教的一

〔註108〕成都市文物考古工作隊：《成都市西安路南朝石刻造像清理簡報》，《文物》1998年第 11 期。
〔註109〕《四川歷代碑刻》，第 84 頁。
〔註110〕〔清〕孫文川、陳作霖：《南朝佛寺志》卷上，江蘇廣陵古籍刻印社本，第 139 頁。
〔註111〕〔清〕孫文川、陳作霖：《南朝佛寺志》卷上，第 168 頁。
〔註112〕〔清〕孫文川、陳作霖：《南朝佛寺志》卷下，第 270 頁。
〔註113〕〔清〕孫文川、陳作霖：《南朝佛寺志》卷下，第 316 頁。
〔註114〕〔清〕孫文川、陳作霖：《南朝佛寺志》卷下，第 327 頁。
〔註115〕《全梁文》卷 67《孝敬寺志》，第 3354 頁上。
〔註116〕紀德眞「釋迦造像記」中有：「於涪陵喪思寺就穎法師造。」（《全齊文》卷 24，第 2924 頁。）

種方便法門，而不是其根本教義。佛教強調要破除貪、瞋、癡三毒，而貪戀親情正是佛教要破除的重要內容。過分重視孝親不利於佛教徒的修行，這也不是正統佛教徒所提倡的，對於當時一些僧人因過分重視孝親，而採取的一些極端行為，一些高僧也曾提出糾正，據記載釋法雲，「性靈誠孝，勞於色養，及居母憂，毀瘠過禮，累日不食，殆不勝喪。」對此僧旻勸他說：「聖人製禮，賢者俯就，不賢者企及。且毀不滅性，尚出儒宗，況佛有至言，欲報生恩，近則時奉顏儀，使物生悅，遠則啟發菩提，以導神識，又云恩愛重賊，不可寬放。寬放此者，及所親愛，墮於惡道，惟有智者，以方便力善能治制，則惠兼存沒，入諸善趣矣，宜思遠理，使有成津，何可恣情同於細近耶？」〔註117〕僧旻對法雲的批評正是依據佛教的基本理論，在兩個層次上（出家和在家）展開論述，所謂「況佛有至言，欲報生恩，近則時奉顏儀，使物生悅，遠則啟發菩提，以導神識」。出家人的孝應該在於後者，而且「恩愛重賊，不可寬放」，從根本上講恩愛來源於三毒之中的貪和愛，這是佛教所反對的執著之心，是修行的根本障礙。最後僧旻又用報應說強調恩愛過分反而會得到不好的報應。在這段論述中我們還可以看到雖然僧旻主要運用佛家觀點，但在一開始也運用了儒家「毀不滅性」的觀點，可見當時的佛教徒非常注重與儒家倫理的協調。另外，從佛教徒與親人的關係來看，直到唐朝僧尼基本上都是不拜父母的，「卿已出家號曰道人，父母不敬，世帝不臣，普天同奉，事之如神。」〔註118〕這是晚唐以前佛教界的一種共識。而宋代以後在中國世俗社會的壓力下，中國佛教倫理中更多強調了孝，混淆了佛教出家倫理和在家倫理之間的界限，雖然從一方面看這表明佛教更多地融入中國社會，另一方面也表明義理佛教的衰落。

〔註117〕《續高僧傳》卷 5《釋法雲傳》，第 144 頁上。
〔註118〕《續高僧傳》卷 24《釋道安傳》，第 307 頁下。

第二章　南朝僧尼與鄉邑

　　地緣關係是中國傳統社會關係的重要一環，對地緣的重視是傳統地方社會的重要特徵。體現在人們的行為中，就是對出生地——鄉邑的特別關注。鄉、邑最初分別是指一種具體的區域單位，按《周禮‧地官‧大司徒》「五州為鄉」，一鄉有萬二千五百家，〔註1〕後來鄉的具體範圍發生變化，歷代不同。邑，「九夫為井，四井為邑，四邑為丘，四丘為甸，四甸為縣，四縣為都。」〔註2〕鄉邑合稱，則往往是對人們出生地的一種泛指，其範圍在兩漢魏晉南北朝時期一般是指郡、縣或縣以下的區域。《後漢書‧謝弼傳》：「謝弼字輔宣，東郡武陽人也。中直方正，為鄉邑所宗師。」〔註3〕此處鄉邑應該指縣。《晉書‧楊方傳》：「楊方，字公回。少好學，有異才。初為郡鈴下威儀，公事之暇，輒讀《五經》，鄉邑未之知。」〔註4〕此處鄉邑指郡。南朝時期，特別是南朝後期，由於南北對立，南北地域文化逐漸出現很大差異，因此對南北對立政權不同地域的重視也可看作是鄉邑情感的一種表現。例如梁滅後，齊王逼令梁朝僧人釋亡名還俗，亡名上書稱：「且鄉國殄喪，宗戚衰亡。」〔註5〕則此處鄉國就是指梁朝。在中國傳統鄉土社會，士人與鄉邑有著密不可分的關係。個人的陞沉榮辱往往與鄉邑密切相關，個人的成敗也往往關係著鄉邑的發展。自漢代實行察舉徵闢制後，士人能否進入仕途在制度上與鄉邑發生

〔註1〕　《周禮正義》卷19《地官‧大司徒》，孫詒讓撰，中華書局1987年版，第750頁。

〔註2〕　《周禮正義》卷20《地官‧小司徒》，第786頁。

〔註3〕　《後漢書》卷57《謝弼傳》，第1858頁。

〔註4〕　《晉書》卷68《楊方傳》，第1831頁。

〔註5〕　《歷代三寶記》卷11，《大正藏》，第49冊。

了直接的關係。魏晉南北朝在選官方面實行九品中正制，雖然這種制度後來出現很多弊端，甚至一度出現「上品無寒門，下品無勢族」〔註6〕的局面，但在這種制度下，個人品級與鄉邑仍然聯繫在一起，鄉里評議對於士人的進退還是具有很大作用。而且在門閥制度下，士族爲了自我標榜，「兢以姓望所出，邑里相矜」，〔註7〕整個社會都很重視鄉邑。但印度社會和印度佛教對鄉邑卻沒有特別的關注，因此佛教傳入中國後在鄉邑問題上，雙方逐漸產生衝突，僧尼作爲佛教信徒和傳統社會的一分子，如何處理與鄉邑的關係，關係到佛教能否在中國社會深入發展。

第一節　南朝僧尼與鄉邑關係的密切

　　佛教剛開始傳入中國的一段時間內，佛教勢力有限，其發展必須依賴於一些高僧的積極宣傳，而這時高僧數量又比較少，需要經常到不同地區弘法，漢末高僧安世高由北至南弘法的事實可以充分說明這一點。〔註8〕同時正如第一章所提到的由於中國佛教這時還沒有獨立性，高僧在行爲上又極力模仿印度或西域僧人，所以他們很少一直呆在鄉邑，而往往集中於重要的地區，如都城或較繁榮的地區，並且經常變動，以擴大佛教勢力，如釋道安、慧遠等。而佛教要求僧人忘卻塵世的煩累，無差別地看待一切，對鄉邑也沒有特別的重視。

　　南朝之前，遇到重大政治變故時也有高僧返鄉。如《高僧傳・釋道祖傳》：「釋道祖，吳國人也，……及玄輔正，欲使沙門敬王，祖迺辭還吳之臺寺。有頃，玄簒位，敕郡送祖出京，祖稱疾不行，於是絕迹人事，講道終日，以晉元熙元年卒，春秋七十二矣。」〔註9〕釋道祖是吳國人，廬山慧遠的弟子，曾在京師講法，後遇桓玄之亂，便辭還鄉邑，並終老於此。又如《高僧傳・耆域傳》：「天竺人……洛陽兵亂，辭還天竺。」〔註10〕耆域是天竺高僧，來中國宣揚佛法，遇亂後，返回本國。

　　但總體而言在這一時期，高僧與鄉邑的關係並不特別顯著，從文字上看，僧傳中很少提到「鄉」、「鄉邑」等字，而且高僧的主觀意識中也很少有鄉土

〔註6〕　《晉書》卷85《劉毅傳》，第1274頁。
〔註7〕　《史通・邑里篇》，江蘇廣陵古籍刻印社1987年影印本。
〔註8〕　參見《高僧傳》卷1《安清傳》，第4頁。
〔註9〕　《高僧傳》卷6《釋道祖傳》，第238頁。
〔註10〕《高僧傳》卷9《耆域傳》，第365頁。

之情。他們返回鄉邑大都是客觀形勢造成，往往不是個人主動的選擇。這些都表明在南朝之前，佛教雖然已經進入中國社會，並得到一定程度的發展，但總體而言還是一種外來文化，與中國本土文化還沒有很好地結合起來。

南朝時期，隨著佛教在中國的進一步發展，高僧與所出生的鄉邑之間的關係越來越密切，這充分體現了佛教爲了適應中國的具體情況，逐漸與中國傳統倫理相結合，逐漸中國化的過程。

南朝時期很多高僧對鄉邑具有特殊的情感，有的甚至念念不忘，如劉宋時期的比丘尼法盛，「本姓聶，清河人也。遭趙氏亂，避地金陵。以元嘉十四年於建福寺出家。才識慧解，率由敏悟。自以桑榆之齒，流寓皇邑，雖復帝道隆寧，而猶懷舊土，唯有探頤玄宗，迺可以遣憂忘老耳。遂從道場寺偶法師受菩薩戒。」〔註11〕據本傳，法盛尼卒於元嘉十六年，年72，則其出家時已70歲，她年老之時歷經喪亂，由北之南，出家的目的迺是想通過佛教的修行來慰藉思鄉之苦，可見她對鄉邑情感之深。又如釋慧曉：

> 北遊齊壤，居止靈巖，數十年間，幽閒精業，眾初不異之也。及鄉民有任山荏令者，曉去鄉歲久，思問親親。行至縣門，使人通令。令正對客，未許進之。踟躕之間，又催通引。客猶未散，令且更延。曉悟曰：「非令之爲進退，迺吾之愛憎耳，豈鄉壤之可懷耶？」命省事取紙援筆，而裁釋子賦。紙盡辭窮，告曰：「若令問覓，可以此文示之，吾其去矣。」〔註12〕

僧傳中沒有記載慧曉的出生地，但僧傳說他「北遊齊壤」，可見他應該原來在南朝，他到北朝後幽居幾十年，仍然懷有思鄉之情，甚至打算向來自同鄉的官員詢問鄉邑和親人的情況。雖然最後他悟出作爲僧人不應以鄉壤爲懷，而沒有去見縣令，但他對鄉邑思念之深已躍然紙上。

正是出於這種對鄉邑的特殊情感，南朝時期很多僧尼對鄉邑給予了特別的重視。本來按照佛教的要求，僧尼應該以弘法爲己任，不應該居於一隅。《高僧傳・釋寶亮傳》：「釋寶亮，本姓徐氏。其先東莞冑族，晉敗避地於東萊弦縣。亮年十二出家，師青州道明法師。明亦義學之僧，名高當世。亮就業專精，一聞無失。及具戒之後，便欲觀方弘化。每惟訓育有本，未能遠絕緣累。明謂曰：『沙門去俗以宣通爲理，豈可拘此愛網，使吾道不東乎。』亮感悟，

〔註11〕《比丘尼傳校注》卷2《法盛尼傳》，第47頁。
〔註12〕《續高僧傳》卷17《釋慧命附釋慧曉傳》，第242頁中。

因此客遊。」﹝註13﹞釋寶亮因爲眷顧鄉土和師生之情，不肯遠離家鄉。他的師傅對此提出批評，寶亮由此而客遊弘化，可見佛教本來是要求僧尼弘通傳法，而不能只顧鄉邑的。此外，僧傳還通過帶有神異性的故事來宣揚弘法的必要，如《續高僧傳·釋警韶傳》：「有沙門道林。請（警韶）留鄉土，迺夢韶舌相廣長，而欲將斷。既寤深惟，留戀斯成墜失，愧悔前請，便勸出都。」﹝註14﹞這個故事意在說明僧尼如果不廣泛弘法，對佛教和僧尼本人都會造成很大的損失，因此大多數僧尼都會離開鄉邑進行弘法。但南朝時期，卻有很多高僧因各種目的而短期或長期地返居鄉邑。無論是從返鄉僧尼的人數還是從僧尼返鄉的目的，我們都可以看出僧尼與鄉邑關係的密切，下面將分別論述之。

一、南朝返鄉僧尼人數明顯增加

筆者依據《高僧傳》、《續高僧傳》和《比丘尼傳》進行了統計，僧傳正傳中提到的南朝僧尼大致有 250 人左右（一些雖然生活在南朝，但主要事蹟在隋唐的以及那些在南朝生活時間很短的，不計在內），其中長期或短期返回鄉邑的有 39 人，佔接近六分之一，而此前高僧返鄉只是個別的事例，可見南朝僧尼與鄉邑關係的密切。同時南朝返鄉高僧人數在不同時期是不平衡的：宋（2 人）、齊（6 人）、梁（11 人）、陳（20 人）。﹝註15﹞從總體上看，越到後來，高僧返回鄉邑的現象越明顯（參見附表一）。

二、南朝僧尼返鄉目的日趨多元

南朝僧尼與鄉邑關係的密切還表現爲，僧尼返鄉的目的非常多元。有的僧尼返鄉是爲了在本鄉弘法，如：釋慧哲，「及講三論，俊朗之響重光先價，引眾溯流，屈於本邑，住城西望楚山光福禪房下龍泉寺，常以弘法爲務。《涅槃》、《三論》遞互相續，學士三百餘人，成器傳燈可有五十。」﹝註16﹞這是

﹝註13﹞《高僧傳》卷8《釋寶亮傳》，第336頁。
﹝註14﹞《續高僧傳》卷7《釋警韶傳》，第159頁下。
﹝註15﹞這種統計是按照高僧卒年來確定朝代的。但由於很多高僧經歷過不同的朝代，而其返還鄉邑的行爲有時很難確定是在哪個朝代，而且各個朝代長短不一，每個朝代高僧總數存在差異，所以這些數據只能體現總體上的一種趨勢，而不能看作精確的統計。
﹝註16﹞《續高僧傳》卷9《釋慧哲傳》，第174頁中。

僧尼返鄉的主要目的，體現了僧尼將佛教與鄉邑聯繫起來的努力，對於佛教在中國的發展提供了便利。關於這個問題在後面的論述中會有更多的體現。

有的僧尼返鄉是為了省親或奔喪，這也是僧尼返鄉的重要目的之一，在第一章中探討孝親問題時已經論述，這裏不再贅述。

有的僧尼返鄉是為了受戒，如釋警韶，「姓顏氏，會稽上虞人。學年入道，事叔僧廣以為師範。廣律行貞嚴，當時領袖。初韶遊都聽講，便能清論。年登冠肇，還鄉受戒。」〔註17〕根據警韶「年登冠肇，還鄉受戒」，則其返鄉是為了受具足戒。具足戒是僧尼戒律中最重要的戒律，僧尼只有受過具足戒纔能成為比丘或比丘尼，纔是真正意義的出家人。因此對僧尼而言，受具足戒具有重要的意義。警韶在受具足戒之前，已經跟隨叔父僧廣學法，而且曾經到佛法興盛的建康聽講。但他受具足戒時仍需要返鄉，這表明僧人與鄉邑的關係已經得到一種承認，或者已經有某種規定，僧人應該在本鄉受具足戒，由於材料缺乏，只能推斷，但這段材料至少說明南朝已經有將僧人與鄉邑聯繫起來進行管理的可能。

有的僧尼返鄉是為了揚名，如釋法開，少年出家，因家境貧窮受到同學的輕視，於是決意四處遊學，成名後返回鄉邑，致使原來輕視他的人「永相隱避，以至於死」。〔註18〕可見他返鄉多少是為了在鄉邑揚名，以報少時之恥。又如釋慧榮，「姓顧氏，會稽山陰人也。梁高祖大通年，辭親出聽。……惟以法事，餘全無敘。鄉邑二親哀其弱喪，數因行李寄以書信。榮得而焚之，顧諸友曰：『余豈不懷乎，廢余業也。書中但二字耳，復何開乎？』人問是何。答：『吉凶也。』如此積功三十餘載。不號義龍誓無返跡。自是專業勇鎧，聲稱彌遠。……後與諸徒還歸故邑。」〔註19〕慧榮外出遊學就是為了成名，為此甚至採取非常極端的方式，連鄉邑二親的書信都不看，成名後，他返鄉講說，更是帶有中國傳統的「衣錦還鄉」的意味。

也有僧尼返鄉是為了逃避聲名或歸隱，如釋法恭，「……後言遊建業，歷詢宗匠，深疑碩難，每袪懷抱，固有無得之道大弘，遺名之情斯著，迺旋軫舊壤，幽居於武丘山焉。」〔註20〕釋法恭是吳郡吳人，而武丘山位於吳境內，

〔註17〕　《續高僧傳》卷7《釋警韶傳》，第159頁下。
〔註18〕　《續高僧傳》卷6《釋法開傳》，第153頁下。
〔註19〕　《續高僧傳》卷8《釋慧榮傳》，第168頁下。
〔註20〕　《續高僧傳》卷14《釋法恭傳》，第215頁中。

法恭爲了逃避聲名，返回鄉邑，隱居在武丘山上。

此外還有很多高僧因爲政治變故而返回鄉邑，這雖然帶有被迫性，但遇有政治變故時僧尼返鄉正是他們心底鄉土意識的呈現。這種情況也往往與僧尼其他返鄉目的結合在一起，在後面的論述中可以充分體現出來。

三、僧尼返鄉的主動性更強

從主觀意識上講，南朝僧尼對鄉邑的重視也更趨明顯。南朝初期僧尼一般還沒有主動意識到與鄉邑的關係，他們即使曾經返回鄉邑也只是把鄉邑當作一個普通地區，並沒有特別注重鄉邑之情：

> 釋僧鏡，姓焦，本隴西人，遷居吳地。……住吳縣華山。後入關隴，尋師受法，累載方還。停止京師，大闡經論，司空東海徐湛之，重其風素，請爲一門之師。後東反姑蘇，復專當法匠。臺寺沙門道流，請停歲許。又東適上虞徐山，學徒隨往百有餘人。化洽三吳，聲馳上國。〔註21〕

> 釋智林，高昌人，初出家爲亮公弟子。幼而崇理好學，負裹長安。振錫江豫，博採群典，特善《雜心》。……後辭還高昌。〔註22〕

> 釋慧基，姓偶，吳國錢塘人。……還止錢塘顯明寺。頃之，進適會稽，仍止山陰法華寺。尚學之徒，追蹤問道。於是遍歷三吳，講宣經教。學徒至者千有餘人。〔註23〕

據陳垣先生《釋氏疑年錄》考證，釋僧鏡卒於宋元徽（473～477）中；釋智林生活時段爲409～487年，釋慧基爲412～496年。〔註24〕可見以上高僧主要生活在宋、齊時期，屬於南朝前半期。釋僧鏡家在吳縣，釋慧基是錢塘人。他們成名後，都曾在三吳弘法。三吳是指吳興、吳郡、會稽三郡，據《宋書・地理志》，劉宋時期吳縣屬於吳郡，錢塘也屬於吳郡，〔註25〕慧基傳稱吳國錢塘只是沿用舊稱。所以僧鏡、慧基都曾在鄉邑弘法，但他們卻沒有特別注重鄉邑之情。釋智林返回高昌，僧傳中也沒有給出具體理由。因此可以說，他們雖然曾經返

〔註21〕《高僧傳》卷7《釋僧鏡傳》，第293頁。
〔註22〕《高僧傳》卷8《釋智林傳》，第309頁。
〔註23〕《高僧傳》卷8《釋慧基傳》，第323頁。
〔註24〕陳垣：《釋氏疑年錄》卷1，中華書局1964年版，第17～23頁。
〔註25〕《宋書》卷35《州郡志》，第1031頁。

鄉，但在主觀上並沒有對鄉邑特別重視，而是帶有隨緣施化的意味。

可是到了南朝後期，高僧為本鄉宣揚佛法的意識卻越來越強烈，很多高僧都將弘法與鄉邑聯繫起來，他們或者為了本鄉佛法的發展而外出求學，如釋慧成，「進具後，為荊南佛法希鮮，承都下大弘法席，有心遠慕，遂因商舡往造建業。正值成實云講，學者肩聯。一聽十年，文理略盡，將施本邑。」〔註26〕或者在外成名後，以回鄉弘法為己任，如釋羅雲，「南郡松滋人。……雲以三論奧義未被荊南（南郡屬於荊南），二障多阻。誓當弘演。……雲創還鄉寺，乘此應機，居端座為請益之師，吐清言為住法之首。」〔註27〕這些都表明在很多僧尼心目中鄉邑已經具有了特殊重要的位置。

南朝後期，僧人學成返鄉似乎成為一種普遍現象，政府對這些僧人甚至進行檢查和控制，《續高僧傳·釋曇瑗傳》：「（陳）宣帝下詔國內：初受戒者，夏未滿五，皆參律肆，可於都邑大寺廣置德場。仍敕（曇）瑗總知監檢，明示科舉。……其有學成將還本邑。瑗皆聚徒，對問理事，無疑者，方洒遣之。」〔註28〕釋曇瑗是陳朝有名的律學大師，陳宣帝下詔國內學成返鄉的僧人必須由曇瑗進行監檢。監檢返鄉僧人由皇帝下詔，並由律學大師親自執行，表明這件事具有極為重要的意義，也表明學成返鄉僧尼中冒濫現象比較嚴重，而這正說明僧尼返鄉已經形成一定的規模。

此外，高僧與鄉邑關係越來越密切還體現在「報地恩」觀念的出現上。「報地恩」一詞最早出現於梁末：

> 釋慧暅，姓周氏。其先家本汝南，漢末分崩，避地江左，小震是宅，多歷年世，今為義興陽羨人也。……值梁室版蕩，京寺荒殘，迺裂裳杖錫來止南徐，寔報地恩，兼修法事。〔註29〕

> 釋警韶，姓顏氏，會稽上虞人。……梁樂陽王於荊立位，遣信遠迎楚都弘法。韶念報地之重，來敕遂乖。〔註30〕

應該說梁末的社會動盪，激發了高僧更深的鄉土之情，他們將中國傳統觀念融會於佛教倫理之中，提出了「報地恩」的觀念。釋慧暅借「京寺荒殘」而返鄉，「寔報地恩，兼修法事」；釋警韶「念報地之重」而違抗權貴，這既是高僧在複

〔註26〕《續高僧傳》卷16《釋慧成傳》，第236頁中。
〔註27〕《續高僧傳》卷9《釋羅雲傳》，第173頁下。
〔註28〕《續高僧傳》卷22《釋曇瑗傳》，第287頁中。
〔註29〕《續高僧傳》卷9《釋慧暅傳》，第174頁中。
〔註30〕《續高僧傳》卷7《釋警韶傳》，第159頁下。

雜的政治形勢中避免捲入政治漩渦的手段，也體現了鄉邑之情越來越受到高僧的重視。有的高僧甚至將地恩置於親情之上，如釋慧曠「後於湘郢二州累載弘道，雖親覺久忘而地恩待報。以陳至德元年，言旋舊邑。」〔註31〕慧曠可以忘記親情，卻仍然記得「地恩」，正表明他對鄉邑的重視。此外，僧傳中涉及到「報地恩」的還有以下幾處：《續高僧傳·釋智琳傳》：「既洽聞持，將弘傳授，瞻言鄉縣，思報地恩。以陳太建十年，旋於舊里。」〔註32〕《續高僧傳·釋慧弼傳》：「隋師伐罪，陳運受終，思報地恩，言旋故里。」〔註33〕總體說來，越是在政治動盪時期，「報地恩」的觀念體現得越明顯，這也體現了現實政治對於促進佛教中國化的作用。

另外，表現在文本上，成書於梁代的《高僧傳》很少提到「鄉」或「鄉邑」、「鄉壤」，而唐代道宣的《續高僧傳》中則比比皆是。慧皎與道宣同為僧人，二書的這種不同，也體現了鄉邑在僧尼心目中地位的上升。

總之，南朝時期僧尼由隨緣施化的返還鄉邑，到主動為鄉邑弘法，再到形成一種重要的佛教倫理觀念——報地恩，這充分體現了僧尼與鄉邑關係越來越密切的趨勢，而這正是佛教中國化的具體體現。此後僧尼與鄉邑的關係日益發展，到隋代時帝王已經充分意識到這種關係並不斷加以利用。如隋文帝為了表示對釋法論的尊崇，在法論死後，敕令傳葬其鄉邑。〔註34〕此外，隋文帝在仁壽年間敕令僧尼送舍利於各地建塔時，一般也是讓僧尼去各自的鄉邑。〔註35〕

第二節　南朝僧尼與鄉邑關係密切的原因

南朝僧尼與鄉邑之間的關係越來越密切，從僧尼方面講是他們不斷調整佛教倫理與中國傳統社會倫理觀念的結果；而從中國傳統社會方面講，也是中國社會各階層不斷將自己的傳統和觀念施加於佛教的結果。關於前者前面已有論述，這裏不再贅述。關於後者，東晉高僧釋慧受的經歷可以很好地說

〔註31〕《續高僧傳》卷10《釋慧曠傳》，第183頁下。
〔註32〕《續高僧傳》卷10《釋智琳傳》，第184頁上。
〔註33〕《續高僧傳》卷九《釋慧弼傳》，第175頁中。
〔註34〕《續高僧傳》卷12《釋法論傳》，第180頁上。
〔註35〕參見《續高僧傳》釋僧粲（卷9，第180頁中）、釋玄鏡（卷28，第349頁上）、釋僧範（卷28，第349頁中）等傳記。

明。《高僧傳·釋慧受傳》：「釋慧受，安樂人，晉興寧中（363～365 年）來遊京師。……坦之即舍園爲寺，以受本鄉爲名號，曰安樂寺。」〔註 36〕士人的施捨是早期寺院的主要來源，一般而言士人對於所施捨的寺院具有一定的權利，如選擇僧人作爲寺主等。以上材料表明施捨者對於決定寺名也具有一定的權利，王坦之以慧受本鄉爲寺名，想要表達對慧受的一種尊重，這正表明世俗之人用世俗觀點來衡量，從而將僧尼與其鄉邑直接聯繫起來，而這對於促進僧尼與鄉邑的關係無疑也具有重要作用。

南朝僧尼與鄉邑關係的密切還有著更爲直接、更爲現實的原因，主要是僧尼與鄉邑之間逐漸相互依存以及當時政治形勢的需要。

一、高僧與鄉邑相互依存

前面已經提到在中國傳統鄉土社會中，士人與鄉邑有著密切的關係，由於高僧與士人有很多相似之處，〔註 37〕在這種文化傳統中，高僧與鄉邑也逐漸形成一種相互依存的關係，一方面，高僧雖然在一定程度上脫離世俗社會，但由於南朝佛教流行，世俗社會各個階層對佛教都充滿了景仰和崇拜，因此僧尼的名望也成爲鄉邑的一種重要資源，能夠爲鄉邑帶來很大的榮耀，如釋僧旻（吳郡富春人），「後吳郡太守張充，吳興太守謝覽，各遣僚佐至都表上延請。有敕給船仗資糧發遣。二郡迎候，舟檝滿川。京師學士，雲隨霧合。中途守宰，莫不郊迎。晉陵太守蔡撙，出侯門迎之，歎曰：『昔仲尼素王於周，今旻公又素王於梁矣。』」〔註 38〕張充、謝覽等地方長官利用行政手段邀請出生於本地的高僧，這不僅提高了高僧的名望，而且「中途守宰，莫不郊迎」，爲地方作了很好的宣傳，極大地提高了地方的聲名。

另一方面，鄉邑可以爲僧尼提供物質和輿論支援，如前引釋慧榮，他在京城學法之時，鄉邑二親「數因行李寄以書信」，可見他們是不斷給他提供物質支援的，慧榮學成後返鄉，「本邑道俗欲光其價，而忌其言令也，大集諸眾，令其豎義。」〔註 39〕本邑道俗組織法會，爲擴大其聲名製造機會，可見鄉邑

〔註 36〕　《高僧傳》卷 13《釋慧受傳》，第 481 頁。
〔註 37〕　余英時先生曾經指出，魏晉南北朝時期的高僧更能體現士的精神，承擔著社會教化的責任。參見余英時：《士與中國文化·自序》，上海人民出版社 1990 年版，第 10 頁。
〔註 38〕　《續高僧傳》卷 5《釋僧旻傳》，第 143 頁上。
〔註 39〕　《續高僧傳》卷 8《釋慧榮傳》，第 168 頁上。

對他的支持。還有很多高僧是先在本鄉成名，纔得到朝廷或其他地方僧俗的尊重或邀請，如釋法申，「本姓呂，任城人也。……頃之而大明成論，譽美州鄉。值宋泰始之初，莊嚴寺法集，敕請度江，住安樂寺。」〔註40〕釋法申得到朝廷的重視，與他在鄉邑的聲譽是分不開的。

鄉邑父老還會通過製造神異爲本鄉僧尼尋求聲名。《續高僧傳・釋寶瓊傳》：「便辭還鄉之建安寺。上黃侯曄分竹此邦，每深尊敬，情兼師友。彼郡一旦老少相喧競云，建安伽藍白龍出現，奔排到寺，惟見瓊講。有識之士異而目之爲『白瓊』焉。」〔註41〕寶瓊後來之所以聲名遠播，與鄉邑老小的神異宣傳是密不可分的。

即使遠離鄉邑，鄉黨也可以爲本鄉僧尼的成名製造輿論。《續高僧傳・釋慧約傳》：「齊給事中婁幼瑜，少有學術，約之族祖也，每見輒趣爲禮。或問：『此洒君族下班，何洒恭耶？』瑜曰：『菩薩出世，方師於天下，豈老夫敬致而已。』時人未喻此旨。惟王文憲深以爲然。」〔註42〕婁幼瑜身爲朝廷官員，又是慧約的長輩，他對慧約恭敬致禮，認爲他是「菩薩出世」，這對於提高慧約的名望無疑具有重要意義。

總之，在中國宗法性鄉土社會中，僧尼與鄉邑之間的關係，越來越體現中國社會的特色，越來越表現出一種互惠互利的關係，而這也是佛教中國化的一種具體表現。

二、政治形勢對僧尼與鄉邑關係的影響

東晉十六國時期北方戰亂不已，出生在北方的高僧多南下或西上（長安或涼州），很難再與鄉土發生聯繫。南北朝時期南北方都相對穩定，南北朝僧人的地域特徵越來越明顯，尤其是當發生政治變故，僧尼被迫離開鄉壤的時候，他們對於鄉邑的情感就更能體現出來。

北周滅法，曾使很多僧尼爲了避難而南下，但是隋朝統一後，他們便大都重返北方，而很少留在南方。如釋寶儒，「幽州人也，童子出家，遊博諸講，居無常準，惟道是務。後至鄴下，依止遠公。《十地》微言頗知綱領。值周喪法寶，南歸在陳。達命清通，亟振名譽。自隋氏戡定，文軌大同，便歸洛汭。

〔註40〕 《續高僧傳》卷5《釋法申傳》，第140頁中。
〔註41〕 《續高僧傳》卷7《釋寶瓊傳》，第159頁上。
〔註42〕 《續高僧傳》卷6《釋慧約傳》，第149頁上。

還師於遠。」〔註43〕又如釋慧遷，「瀛州人，……齊亡法毀，南奔陳國。大隋革運，又歸鄉壞。行經洛下，還附遠焉。故業新聞備塡胸臆。及遠入關從而來至，住大興善。」〔註44〕

　　陳隋之際北方僧尼返還北方，除了故土之思外，還因爲南北佛教側重不同，北方僧尼在南方很難得到重視。《續高僧傳‧釋寶儒傳》：「釋慧最，瀛州人也。初聽涅槃，遊學鄴下，因聞即講，曾未經遍，而言議綸綜，綽爾舒閑。故爲同席諸賢之所歎仰。周滅齊日，南奔江表，復習慧門，頗通餘論。且自北僧在陳，多乖時俗，惟最機權內動，不墜風流，多爲南方周旋膠漆。隋室定天，中原安泰，便觀化輦掖，參聽異聞。」〔註45〕可見北僧在南朝多得不到重視，只有像慧最那樣習得南方高僧的風尙纔能得到認可。北僧在南方有時甚至會顛沛流離，非常淒慘，如釋善冑，「瀛州人，……齊破投陳，奔造非數。年屢薦餒，告乞是難，日濟一餅，纔充延命，形極羸悴，眾不齒錄。」〔註46〕所以隋初他便返回北方。

　　陳滅後，南方局勢比較混亂，建康佛教受到沉重打擊，《續高僧傳‧釋慧頵傳》對此進行了較爲詳細的描述：「及天厭陳德，隋運克昌，金陵講席，掃土俱盡。」金陵講席已經破落，此地高僧或者北上，或者東歸，「……自有陳淪沒，物我分崩，或漏網以東歸，或入籠而北上。」〔註47〕北上者多是被徵召，很多出於無奈。他們之中很多人即使北上，鄉邑之思卻經常縈繞心中，一旦機緣巧合，也會重返南土，如《續高僧傳‧釋慧越傳》：「釋慧越，嶺南人，住羅浮山中。……隋煬在蕃搜選英異。開皇末年，遣舍人王延壽，往召追入晉府慧日道場。並隨王至京，在所通化。末還揚州，路中感疾而卒。」〔註48〕東歸者則很多是出生於吳地，藉時局混亂返還鄉邑。如釋道慶，「其先廣陵。後進度江家于無錫。……及陳祚云亡法朋雕散。東歸無錫居鳳光寺。」〔註49〕釋智凱，「字德安，姓陳氏，穎川人也。有晉遷都，寓居荆州之華容焉。……及金陵敗覆，策

〔註43〕　《續高僧傳》卷10《釋寶儒傳》，第187頁上。
〔註44〕　《續高僧傳》卷12《釋慧遷傳》，第200頁中。根據《續高僧傳》因北周滅法而南下，陳平後又返回鄉邑的高僧還有很多，參看附表。
〔註45〕　《續高僧傳》卷10《釋寶儒傳》，第187頁上。
〔註46〕　《續高僧傳》卷12《釋善冑傳》，第199頁中。
〔註47〕　《續高僧傳》卷14《釋慧頵傳》，第215頁上。
〔註48〕　《續高僧傳》卷17《釋慧越傳》，第248頁上。
〔註49〕　《續高僧傳》卷12《釋道慶傳》，第201頁中。

杖荊湘……又上渚宮鄉壤，以答生地恩也。」〔註50〕釋智周，「字圓朗，姓趙氏，其先徐州下邳人。有晉過江，居於婁縣之曲阜也。……自金陵失馭，安步東歸。」〔註51〕

本章結語

南朝時期，高僧與鄉邑之間的關係越來越體現中國鄉土社會的特色。很多高僧雖然離開鄉邑，但也不忘鄉邑之情，還會暫時或長久地返回鄉邑。雖然他們返鄉的具體目的不同，但主要還是爲了在鄉邑弘揚佛法。高僧和鄉邑之間逐漸形成一種相互依存的關係，而這種關係在南朝後期特殊的政治形勢下得到進一步的加強。

但另一方面我們還應該看到，重視鄉邑在佛教看來畢竟是一種「俗累」，因此佛教並沒有過分提倡，有時還要提出一些反對意見，如前面提到的釋慧命，最終還是領悟到不能懷念鄉壤，而潛遁。〔註52〕

筆者依據《高僧傳》、《續高僧傳》和《比丘尼傳》對南北朝時期返鄉僧尼進行了全面的統計，發現在這個問題上南朝與北朝並不存在太大的差異，南北朝時期離鄉後，又返回鄉邑的高僧共 67 人，僧傳正傳中提到的南北朝僧尼大致有 430 多人，返鄉僧尼佔六分之一強。其中北朝 28 人（僧傳中主要的北朝高僧有 180 左右），南朝 39 人（南朝高僧 250 人左右），南北方返鄉人數比例基本平衡，可見南北佛教由於時代的一致，具有很多共同點。從時間上看，南北朝返鄉高僧人數在不同時期是不平衡的：南朝：宋（2 人）、齊（6人）、梁（11 人）陳（20）；北朝：魏：（2 人）、北齊（13 人）、北周（13 人）。從總體上看，南朝和北朝都是隨著時間的推移，僧尼返回鄉邑的現象日趨明顯（參見附表一）。

因此我們可以根據北朝僧尼的一些材料來豐富對南朝僧尼與鄉邑關係的認識。

從返鄉目的看，北朝高僧返鄉目的也非常多元，返鄉弘法者，如釋慧順：

姓崔，齊人侍中崔光之弟也。少愛儒宗，統知雅趣。長厭塵網，爲

〔註50〕《續高僧傳》卷 17《釋智凱傳》，第 234 頁下。
〔註51〕《續高僧傳》卷 19《釋智周傳》，第 260 頁上。
〔註52〕《續高僧傳》卷 17《釋慧命傳》，第 241 頁上。

居士焉。初聽《涅槃》，略無遺義。因講而睡，聞有言曰：「此解迺明，猶未爲極。」心遂遲疑，伺決其病。承都下有光律師者，廣涉大乘，文無不曉。因往洛陽。時年二十有五，即投光而出家焉，寓於門下。……年將知命，欲以大法弘利本鄉。即傳歸戒，情無不愜。隨有講會，眾必千餘。精誠之響，廣流東夏。故齊趙瀛冀有奉信者，咸稟其風焉。〔註53〕

崔光爲北齊侍中，出身於北方高門清河崔氏，是當時北方有名的士人。〔註54〕釋慧順爲崔光之弟，則他也是出身於高門大族，具有良好的家學淵源，可以說他是深受儒學薰陶的佛教徒。漢地佛教主要是大乘，大乘佛教講究普渡眾生，要求僧人不斷弘傳佛法，但卻沒有特別強調弘利本鄉，而儒家思想注重鄉土之誼，釋慧順既是佛教高僧，又出身大族，「少愛儒宗」，深受儒家影響，他將二家精神有機結合，注重「以大法弘利本鄉」，這充分體現了中國僧人行爲的中國化。

返鄉奔喪者，如釋眞玉，「年將壯室，振名海岱。後遭母憂，捨法還家，廬於墓側。哀毀過禮，茹菜奉齋。」〔註55〕

返鄉受戒者，如釋慧光，「姓楊氏，定州盧人也。年十三隨父入洛。四月八日，往佛陀禪師所，從受三歸。陀異其眼光外射如焰，深惟必有奇操也，苦邀留之且令誦經。光執卷覽文曾若昔習，旁通博義窮諸幽理，兼以劇談謔詭態新奇，變動物情，時談逸口。至夏末，度而出家。……陀曰：『此沙彌非常人也，……』……及年登冠肇，學行略周，嘗聞言不通華，發戒便阻，迺往本鄉進受具足。」〔註56〕

僧尼的行爲也會感悟親人鄉黨，從而使他們出家，壯大佛教的力量。《續高僧傳·釋智舜傳》：「所親之中，見其彌敬，十人出家，並依舜行，練心節量，躡武揚風。」〔註57〕

僧尼還可以促進地方教化，如《續高僧傳·釋僧妙傳》：「化行河表，重敬莫高，延及之鄉，酒肉皆絕。現生蔥韭，以土掩覆，並非由教令，而下民

〔註53〕　《續高僧傳》卷8《釋慧順傳》，第164頁下。
〔註54〕　《魏書》卷67《崔光傳》，第1487頁。
〔註55〕　《續高僧傳》卷6《釋眞玉傳》，第155頁上。
〔註56〕　《續高僧傳》卷22《釋慧光傳》，第286頁上。
〔註57〕　《續高僧傳》卷17《釋智舜傳》，第249頁上。

自徙其惡矣。」〔註58〕下民因爲高僧的品行而「自徙其惡」，這對地方社會無疑具有積極的作用。

鄉邑也很尊崇本鄉成名的高僧，而這對於進一步提高僧人的名氣也有很大作用。如《續高僧傳‧釋法誠傳》：「姓樊氏，雍州萬年人。童小出家，止藍田王效寺。事沙門僧和。和亦鄉族所推，奉之比聖。」〔註59〕

鄉邑也可以爲僧人成名提供物質和輿論支援。《續高僧傳‧釋慧遠傳》：「(高都人)返就高都之清化寺焉，眾緣歡慶，歎所未聞，各出金帛，爲之興會，講堂寺宇一時崇敞。韓魏士庶，通共榮之。」〔註60〕眾緣是佛教用語，可以指一切人和事，這裏指高都地區贊助佛法的人，慧遠返鄉後，鄉邑贊助佛法之士各出金帛爲其修造寺宇，這是鄉邑對高僧的物質支持。而「韓魏士庶」，以其爲榮，又極大地提高了慧遠的聲譽。

已成名的高僧還會爲同鄉其他僧人提供機會，《續高僧傳‧釋靜藏傳》：「釋靜藏，⋯⋯年二十三發弘誓曰：『丈夫出俗，紹釋爲氏，豈不欲義流天下，名貫玄班者乎？』承鄉壤大德遠法師，敕召在京弘化爲務，便往從之。未至值遷，果非本遂。迺遍諸法席，聽採經論。』」〔註61〕釋靜藏赴京是爲了成名，他要依從的高僧是本鄉已經成名的遠法師，雖然沒能趕上，但可以看出，對於很多高僧而言，同鄉之情是很重要的，同鄉高僧的薦引提攜也是高僧成名的一種重要途徑。

〔註58〕《續高僧傳》卷8《釋僧妙傳》，第166頁下。
〔註59〕《續高僧傳》卷29《釋法誠傳》，第363頁上。
〔註60〕《續高僧傳》卷8《釋慧遠傳》，第170頁上。
〔註61〕《續高僧傳》卷13《釋靜藏傳》，第203頁下。

中篇 南朝僧尼與國家政權

第三章　南朝僧尼與南朝政權

　　秦漢以後中國就建立了中央集權的官僚帝國體系。在這種體系下，國家政權在社會生活中佔有重要地位。南朝時期是門閥政治向皇權政治回歸的時期，如何利用已有和新出現的思想資源擺脫門閥政治的影響，為皇權政治的重新鞏固提供政治理念，是以南朝帝王為首的統治者面臨的重要問題。〔註1〕作為一種外來宗教文化，佛教在中國傳播受到的最直接的阻礙就是國家政權的干涉，如何處理好與政權之間的關係是僧尼面對的重要問題。南朝時期是佛教迅速發展的時期，如何利用政權鞏固佛教已經取得的成果，避免與政權的衝突是佛教僧尼必須首先解決的問題。在這種情況下，統治者逐漸認識到佛教的統治功能並進一步對之加以利用，僧尼也越來越依靠政權的力量來維護自身的權益，二者之間通過互相利用而更加緊密地結合在一起。但皇權的加強畢竟不允許絕對超越其統治的異己力量，因此，統治者對佛教和僧尼的控制也越來越嚴厲；作為一種出世的宗教，佛教也不贊同其教徒過多地與政治糾纏在一起，僧尼也越來越體現出對政治的審慎。於是我們看到一方面僧尼與政權越來越緊密地結合，另一方面二者之間越來越謹慎地互相防範，這實際上正是一個問題的兩個方面。當然這只是總體的傾向，在這一過程中，由於統治者個人和不同僧尼的性格各不相同，二者之間的互相利用、控制與反控制也呈現出錯綜複雜的態勢。

　　應該說，自東漢末年中央集權崩潰，直到隋唐重新建立統一的帝國體系，在魏晉南北朝幾百年的歷史時期內，中央政權的控制力是相對薄弱的。而佛

〔註1〕　關於「門閥政治」和「皇權政治」的內涵與理論解釋，本文這裏借鑒了田餘慶先生《東晉門閥政治》一書所提供的觀點。

教也是在這個時候獲得較大的發展，有時甚至取得了抗衡王權的地位。但佛教最終還是屈服於政權，傳統的政治體制還是無法容納獨立的教權，由此可見中國傳統文化的力量，以及這種文化所特有的歷史慣性。在與政權的關係上，佛教如何達到頂峰，又如何最後屈服，通過對南朝僧尼與南朝政權關係的分析，也許我們可以有更明確的認識。

第一節　印度佛教徒與政權的關係

印度佛教僧團與政權的關係，經歷了一個不斷變化的過程。從理論上講，早期佛教比較強調個人的修行，在與政權的關係上比較超越，而且當時的印度社會也沒有形成專制王權，國王和貴族，在很大程度上只是僧團比較大的供養者而已。〔註2〕當然一個地方政權支持與否對佛教在此地的傳播有重要影響，因此早期僧團也很注意調節與世俗政權的關係，對國王和貴族表現了一定的尊重。比丘九十波逸提戒中有一條關於比丘除非特殊情況不能少於半個月洗澡的規定，這條戒律的制戒因緣是瓶沙王因信奉佛法，請比丘在自己所用池水中洗澡，結果比丘經常來洗，致使國王無法洗澡，佛陀知道了這件事情，纔作出以上規定。〔註3〕這正體現了佛教對王權的尊重。佛教也試圖通過宗教的規定對王權有所補益和限制。《增一阿含經》記載了國王不得久存的十種行為和能夠久存的十種行為，這些行為包括了國王個人行為、與大臣的關係以及對百姓的態度等。〔註4〕

〔註2〕　韋伯也認為「原始佛教根本就是非政治的；與政治權力的內在關係，幾乎毫無蛛絲馬跡可尋。然而，最先出現變化的，就是最後這一點。」（《印度的宗教》馬克斯·韋伯著，康樂、簡惠美譯，臺北：遠流出版社事業公司1996年版，第378頁。）

〔註3〕　《十誦律》卷15《大正藏》卷23，第109頁下。

〔註4〕　《增一阿含經》卷42：「爾時，世尊告諸比丘：若國王成就十法者，不得久存，多諸盜賊。云何為十？于時國王慳貪，以小輕事，便興瞋恚，不觀義理，若王成就初法，則不得久存，國饒盜賊；復次，彼王貪著財物，不肯庶幾，是謂國王成就此二法，則不得久存；復次，彼王不受人諫，為人暴虐，無有慈心，是謂第三法，不得久存；復次，彼王枉諸人民，橫取繫閉，在牢獄中，無有出期，是謂第四法，不得久存；復次，國王非法，相佐不案正行，是謂五法，不得久存；復次，彼王貪著他色，遠離己妻，是謂彼王成就六法，不得久存；復次，國王好喜嗜酒，不理官事，是謂成就七法，不得久存；復次，國王好喜歌舞戲樂，不理官事，是謂第八法，不得久存；復次，國王恒抱長患，無有強健之日，是謂第九之法，不得久存；復次，國王不信忠孝之臣，

　　但總體而言，佛教僧團在早期佛教時期是獨立於政權的宗教組織，雖然難免與政權發生關係，但卻不受政權的控制。一般說來，國王和貴族是僧團最大的供養者，僧團雖然也向他們說法佈道，但是僧團以自己的信仰為前提，很注意保持與政權的關係。《增一阿含經・結禁品》記載，佛陀告訴比丘，親近國家有十種非法，在下面十種情況下，如果沙門親近國家，人民就會懷疑是沙門所為：大臣叛逆；國家亡失財寶；國王女年在盛時，猶未出適，身便懷妊；國王身抱重患；中他人藥；大臣各共競諍，共相傷害；二國共鬥，各爭勝餘；國王本好惠施，與民分財，後便吝悔，不肯惠施；國王恒以正法，取民財物，後復非法取民財寶；國土人民普得疫病，皆由宿緣。〔註5〕可見早期佛教是不贊同僧尼親近政權的。

　　早期佛教經典中有不少關於轉輪王統治的記載。這些記載指出統治者如果按照佛法進行統治就會成為轉輪王，到時會出現七寶，國泰民安。〔註6〕這體現了佛教對社會政治的一種關注，但早期僧團一般沒有主動通過統治者推行佛教意識形態〔註7〕的行為，這種狀況到部派佛教時期有所改變。著名的阿

翅羽甚少，無有強佐，是謂國王成就此十法，不得久存。」（《大正藏》第 2 卷，第 777 頁中）

《增一阿含經》卷 42：「若國王成就十法，便得久住於世。云何為十？於是，國王不著財物，不興瞋恚，亦復不以小事，起怒害心，是謂第一之法，便得久存；復次，國王受群臣諫，不逆其辭，是謂成就第二之法，便得久存；復次，國王常好惠施，與民同歡，是謂第三以法取物，不以非法，是謂第四之法，便得久存；復次，彼王不著他色，恒自守護其妻，是謂成就第五之法，便得久存；復次，國王亦不飲酒，心不荒亂，是謂成就第六之法，便得久存；復次，國王亦不戲笑，降伏外敵，是謂成就第七之法，便得久存；復次，國王案法治化，終無阿曲，是謂成就第八之法，便得久存；復次，國王與群臣和睦，無有競爭，是謂成就第九之法，便得久存；復次，國王無有病患，氣力強盛，是謂第十之法，便得久存，若國王成就此十法者，便得久存，無奈之何。（第 778 頁上）

〔註5〕《增一阿含經》卷 42，《大正藏》第 2 卷，第 777 頁上。

〔註6〕參見《長阿含經》卷 6「轉輪聖王修行經」，《大正藏》卷 1，第 39 頁。

〔註7〕葛兆光在《中國思想史》（復旦大學出版社 1998 年版第 372 頁註釋 1）中指出了「思想」「學說」與意識形態的不同：「關於『思想』和『意識形態』的區別，一直是一個爭論不休的問題，也許可以寫一本書，這裏只是簡單地作一個臨時性的界定。『思想』和『學說』往往只是一種假設，依據與思路要經過檢驗才能成為人們信仰的真理，而『意識形態』雖然也是一種假設，但它的依據和思路卻不容置疑；『思想』和『學說』是思想家或學者的思考，不具強迫性，而『意識形態』則是一個時代占支配地位的觀念系統，它雖從思想學說中產生，卻要求人們服從，換句話說，思想學說不具備『權力』而『意識

育王皈依佛教後，在各地建立佛塔，便是以佛教治國的一種行爲。

大乘佛教時期，一方面是佛教僧團不斷擴大，成爲一種重要的社會力量，另一方面，佛教理論進一步發展，特別是大乘佛教講究普度衆生，具有強烈的社會關懷，佛教僧團與政權的關係必然會發生一些變化。首先，僧團力量的擴大，會給世俗政權更多壓力，僧團在協調與世俗政權關係方面必須更加謹慎；其次，僧團本身更加關注對佛法的宣揚，利用政權的力量也是一種很好的選擇，有的僧尼更是主動地推行佛教的統治理念，有的統治者也接受並進行了實踐，甚至有學者認爲初期大乘佛教興起的原因之一，就是西元一世紀後半期，貴霜王朝的奠基者丘就卻·卡德費些斯接受了佛教統治理念，並用大乘佛教信仰教化貴霜人民。〔註8〕

但是，大乘佛教出現後，在佛教內並未取得一致的擁護，因此出現了大小乘並行發展的狀況。小乘一般要求出家，強調出世。大乘則不要求一定出家，相對而言重視人生，重視與世俗社會的聯繫，主張使衆生脫離痛苦而不離世間。在印度小乘佛教一直佔優勢。佛教傳入中國一開始是大小乘並重，兩種流派的觀點對中國僧尼的行爲都產生了很多影響。同時中國僧尼也深受中國傳統的社會結構和文化傳統的影響，如何調節佛教政治理論與現實的關係，中國僧尼在理論和行動上都做出了很多努力。

第二節　南朝統治者對佛教之態度

關於佛教在中國與在印度境遇的不同，許理和指出「在『清靜梵行生活』長期以來早已成爲風俗的地方，在存在著不受世俗統治者權勢影響的僧伽的地方，在皇帝禮敬僧人（即便他是在逃的奴僕）的地方，佛教產生並發展出了一套獨具特色的形式。佛教在中國還需要尋找一種社會認同，因爲在那裏政府的（在理論上應是「帝國的」）權威這個概念與在國家之內存在著反社會的、不事生產的和自治的團體這個事實不相容，也因爲在中國人們評價某個

形態』則具有權力：『思想』和『學說』與制度法律有思路上的聯繫，但並不產生直接的因果關係，而『意識形態』則不僅與實際的制度法律、倫理道德有思路上的聯繫，而且是製定這些制度法律的直接依據，因此它具有很強的操作意味；最後，『思想』和『學說』可以是局部的、片面的、零散的，但意識形態則必須包括終極理想、觀念體系、實用策略等等。」
〔註8〕古正美：《從天王傳統到佛王傳統》，商周出版社 2003 年版，第 36 頁。

思想體系通常是根據它的實際功效而不是它的宗教的或形而上學的價值。」
「在印度僧伽主要是和其他類似的宗教團體競爭，但在中國僧人階層卻注定要
和士大夫階層，即和帝國的官僚階層、政府本身發生衝突。」〔註9〕可見佛教
要想在中國站穩腳跟，必須處理好與政權的關係。而這種關係具有什麼樣的
形態首先是由統治者對佛教的態度決定的。佛教方面要想處理好這種關係也
必須清楚統治者的態度，並據此做出適當的反應。

　　統治者包括帝王和各級官吏，帝王是統治者的代表，他們對於佛教的政
策直接影響著各級官吏的態度，因此這裏所說的統治者主要指帝王。各級官
吏是國家政策的執行者，他們對佛教的態度，也反映了統治者的意願，因此
本文也有所涉及。由於中國傳統體制下知識份子和政府官員兩種角色往往集
於一身，我們所涉及到的官吏主要指他們作為政府官員時的行為，關於他們
作為知識份子對佛教的態度這裏不予論述。另外統治者內部人員複雜、不同階
層、不同個人對佛教態度都會有所不同，這裏只能就統治者整體的態度分類，
而不可能完全涵蓋每一個人的具體態度。

　　一般認為佛教是在兩漢之際傳入中國的，但最早見於正式記載的卻是東漢
明帝求法之事，接著便有楚王英之崇佛。不管這種記載是否真實，但至少表明
佛教引起社會的注意與統治者是分不開的。一般認為佛教在魏晉以前影響比較
有限，是被當作一種道術來看待的。但從桓帝並祭佛、老〔註10〕來看，佛教在
中國初傳階段就已經被統治者作為一種可資利用的統治資源來加以利用。三國
時期，佛教在中國雖然得到進一步發展，但帝王對佛教的態度，史料記載非常
少，而且這些史料往往是後出的，在 6 世紀以前的文獻中並不存在，其真實性
並不可靠。如《魏書・釋老志》所記魏明帝欲壞宮西佛圖事，〔註11〕《歷代三
寶記》卷五引孫權拜支謙為博士，使輔導東宮事以及《高僧傳・康僧會傳》康
僧會向孫浩宣揚佛法〔註12〕等事，這些事情本身也帶有很多神異成分，不可以
作為信史來使用，但其所反映的意識傾向卻可作為參考：一方面，這些材料反
映了佛教對初傳時期所遇挫折的歷史回憶和對自己採取措施並取勝的一種理想
設想，另一方面，也體現了這一時期統治者對佛教基本上並不支持或者說並不

〔註 9〕　許理和：《佛教征服中國》第 326、327 頁。
〔註 10〕　《後漢書》卷 7《孝桓帝本紀》（第 320 頁）：「飾芳林而考濯龍之官，設華蓋
　　　　　以祠浮圖老子。」
〔註 11〕　《魏書》卷 114《釋老志》第 3029 頁。
〔註 12〕　《高僧傳》卷 1《康僧會傳》，第 14 頁。

將其作爲一項重要事情來看待的歷史眞實。這一時期，比較有名的佛教事件還有笮融崇佛事，〔註13〕這表明在地方，佛教也是通過地方統治者向社會滲透的。西晉帝王與佛教的關係不見於史籍，但八王之亂中扮演重要角色的河間王司馬顒卻與佛教有著很深的因緣。〔註14〕總體而言，東晉之前中國統治者雖然與佛教有一些關係，但這種關係並不緊密，特別是在國家政治中，佛教基本上沒有扮演多少角色。而且據《高僧傳》卷九和《晉書》卷九十五之《佛圖澄傳》，後趙中書著作郎王度向石虎的奏議中提到從東漢以來「漢人皆不得出家。魏承漢制，亦循前軌」。可見在國家政治體系中，佛教只是被看作一種外國人的宗教，還沒有融入中國社會。

東晉佛教得到迅速發展，佛教從總體上不再被看成一種道術，而是作爲一種思想體系依附於玄學而被士人所重視。〔註15〕一些高僧也努力減少佛教的神異色彩，《高僧傳‧竺法曠傳》：「晉簡文皇帝遣堂邑太守曲安遠詔問起居，並諮以妖星，請曠爲力。曠答詔曰：『昔宋景修福，妖星移次，陛下光輔以來，政刑允輯，天下任重，萬機事殷，失之毫釐，差以千里。唯當勤修德政，以賽天譴，貧道必當盡誠上答，正恐有心無力耳。』迺與弟子齋懺，有頃災滅。」〔註16〕法曠雖然答應爲晉文帝齋懺祈請，但卻指出，對待災異，重要的是帝王應該「勤修德政，以賽天譴」，而不應把希望寄託在齋懺等行爲上。這就減弱了佛教的道術色彩，使之更容易被上層知識社會所接受。

東晉帝王中，崇佛者越來越多，元帝、明帝、哀帝、簡文帝、孝武帝、恭帝等都對佛法有一定程度的崇奉。但東晉帝王崇奉佛教與東晉士人崇佛一樣更多是把佛教作爲一種玄談的資源，其與名僧之交往也多帶有名士之風

〔註13〕《三國志》卷49《劉繇傳》：「笮融者，丹楊人，初聚眾數百，往依徐州牧陶謙。謙使督廣陵、彭城運漕，遂放縱擅殺，坐斷三郡委輸以自入。乃大起浮圖祠，以銅爲人，黃金塗身，衣以錦采，垂銅盤九重，下爲重樓閣道，可容三千餘人，悉課讀佛經，令界內及旁郡人有好佛者聽受道，復其他役以招致之，由此遠近前後至者五千餘人戶。每浴佛，多設酒飯，布席於路，經數十里，民人來觀及就食且萬人，費以巨億計。」

〔註14〕司馬顒崇佛事見《高僧傳》卷1《帛遠傳》，第26頁。

〔註15〕一種傳統會有很強的生命力，何況佛教徒本來就擅長很多神異之術，所以東晉以後的佛教道術也很盛行。《高僧傳》卷4《于法開傳》（第168頁）曰：「升平五年孝宗有疾，開視脈，知不起，不肯復入。康獻后令曰：『帝小不佳，昨呼于公視脈，互到門不前，種種辭憚，宜收付廷尉。』俄而帝崩，獲免。還剡石城。」法開因爲不能爲孝宗治病而被捕，表明在康獻后看來，佛教也是一種道術。

〔註16〕《高僧傳》卷5《竺法曠傳》，第205頁。

雅，如《世説新語・方正篇》曰：「後來年少。多有道深公者。深公謂曰：『黃吻年少，勿爲評論宿士。昔嘗與元明二帝周旋。』」同書注引《高逸沙門傳》記載：「晉元、明二帝遊心虛玄，托情道味，以賓友禮待法師。王公、庾公傾心側席，好同臭味也。」從政治的角度來理解佛教，在這時雖然有何充等人之提倡，〔註 17〕但畢竟沒有受到帝王太多的關注。南朝時期，隨著佛教的發展，統治者對佛教的認識發生了較大變化。南朝帝王崇佛者人數更多，他們的崇佛行爲也豐富多彩；同時對佛教的利用更多、限制也更嚴密。關於南朝統治者對佛教之態度，湯用彤先生概括道：「南朝諸帝除宋文及梁武父子外，均不善佛理。對於弘法，不過一方以功德求福田，一方於僧徒冒濫則加以裁制。」〔註 18〕筆者基本贊同湯先生的看法，這裏只不過將統治者的態度進行更細緻的區分，以展現南朝統治者對佛教的具體策略。

一、南朝統治者對佛教之利用

　　南朝統治者雖然崇佛，但仍然把政治權力放在首位，《南齊書・王奐傳》記載：「（永明）六年，遷散騎常侍，領軍將軍。奐欲請車駕幸府。上晚信佛法，御膳不宰牲。使王晏謂奐曰：『吾前去年爲斷殺事，不復幸詣大臣已判，無容欻爾也。』……上謂王晏曰：『奐於釋氏，實自專至。其在鎮或以此妨務，卿相見言次及之，勿道吾意也。』」〔註 19〕可見齊武帝雖然崇信佛法，但始終把政治放在首位，並這樣要求臣下。即便是以崇佛著稱的梁武帝也始終把政治放在首要位置，《廣弘明集》卷十九記載有大同六年（540）梁皇太子蕭綱「請梁高祖講金字波若啓」以及梁高祖的敕答，梁武帝提出拒絕的理由有：「國務靡寄，豈得坐談？須道行民安，酒當議耳」「率土未寧，茶食者眾，兼欬附相繼，賞與未周，怨望者多，懷音者少。」「但知講說不憂國事。則與彼人異術同亡。」〔註 20〕據同書同卷梁武「中大通五年太歲癸丑二月己未朔。二十六日甲申興駕出大通門幸同泰寺發講。」根據蕭綱等上啓後有「降逮敕旨垂許來歲二月開金字波若經題」，則其上啓及梁武帝敕答的時間應在中大通四

〔註 17〕何充《沙門不應盡敬表》：「然尋其遺文，鑽其要旨，五戒之禁，實助王化。……」（《弘明集》卷 12）王謐《答桓太尉》：「豈不以獨絕之化有日用於陶漸。清約之風無害於隆平者乎。」（卷 12，《大正藏》卷 52，第 81 頁上。）

〔註 18〕湯用彤：《漢魏兩晉南北朝佛教史》，第 312 頁。

〔註 19〕《南齊書》卷 49《王奐傳》，第 847 頁。

〔註 20〕《大正藏》第 52 卷，第 234 頁中。

年，而這時正是梁武帝崇佛的高峰期。雖然經過蕭綱等人的再三祈請，梁武帝最終同意了講經，上述理由類似於謙詞，〔註21〕但我們仍然可以看到，梁武帝即使在最崇奉佛教的時期，對於國家政治與佛教的先後關係仍有清醒的認識。又據《高僧傳·釋寶亮傳》：「今上（梁武帝）龍興，尊崇正道。以亮德居時望，屈延談說。亮任率性直，每言輒稱貧道。上雖意有間然，而挹其神出。」〔註22〕「貧道」，據丁福保《佛學大辭典》：「又云乏道。梵語沙門那（略云沙門）之古譯也。修正道而斷生死貧乏之義也。《涅槃經》曰：『沙門名乏，那名道，斷一切乏，斷一切道（邪道），以是義故，名沙門那。』《百論疏》曰：『沙門者，云乏道，亦云息心。乏道者，以道斷貧乏也。』又貧道者，乏聖道之義，是沙門自謙之稱。」〔註23〕關於僧尼在帝王面前稱貧道的問題，《高僧傳·釋法獻傳》：

> 獻以永明之中，被敕與長干玄暢同爲僧主，分任南北兩岸。暢本秦州人，亦律禁清白，文惠太子奉爲戒師。獻後被敕三吳，使妙簡二眾，暢亦東行，重申受戒之法。時暢與獻二僧皆少習律檢，不競當世，與武帝共語，每稱名而不坐。後中興僧鍾於乾和殿見帝，帝問鍾如宜，鍾答貧道比苦氣。帝嫌之，迺問尚書王儉：「先輩沙門與帝王共語何所稱，正殿坐不？」儉答：「漢魏佛法未興，不見其記傳。自僞國稍盛，皆稱貧道，亦預坐，及晉初亦然。中代有庾冰、桓玄等，皆欲使沙門盡敬，朝議紛紜，事皆休寢。宋之中朝，亦頗令致禮，而尋竟不行。自爾迄今，多預坐，而稱貧道。」帝曰：「暢、獻二僧，道業如此，尚自稱名，況復餘者。扣拜則太甚，稱名亦無嫌』。自爾沙門皆稱名於帝王，自暢獻始也。〔註24〕

在中國文化傳統中身份低微者在高貴者面前自稱其名纔表示對對方的尊敬，這在《禮記》中就有明確的規定：「父前子名，君前臣名。」〔註25〕《白虎通義·姓名》進一步解釋道：「『君前臣名，父前子名。』謂大夫名卿，弟名兄也。明

〔註21〕周一良先生《論梁武帝及其時代》（《魏晉南北朝史論集》1997年版第358頁。）認爲梁武帝的這些話只是一些表面形式。筆者認爲，即使是一種形式，反覆重複也會起到心理暗示的作用，也不能完全視爲表面託詞。

〔註22〕《高僧傳》卷8《釋寶亮傳》，第337頁。

〔註23〕丁福保《佛學大辭典》，文物出版社1984年版，第971頁。

〔註24〕《高僧傳》卷13《釋法獻傳》，第488頁。

〔註25〕〔清〕朱彬撰《禮記訓纂》卷1《曲禮上》，中華書局1996年版，第25頁。

不諱於尊者之前也。」〔註26〕貧道雖然可以是一種謙稱，但在帝王面前稱貧道卻違反了「君前臣名」的傳統，實際上是表明沙門不臣王侯的獨立地位，是對佛教超越政治權力的一種宣示。齊武帝以前沙門在帝王面前都稱貧道，這是佛教獨立性的一種表現，隨著佛教影響的擴大，沙門在帝王面前稱貧道逐漸引起了帝王的不滿，東晉、劉宋都有令沙門致敬王者的詔令，其中也許包括沙門在帝王面前的稱謂問題，卻一直沒有得到施行。南齊武帝對這種狀況非常不滿，便明令沙門稱名於帝王。可見沙門稱名於帝王只是起於齊武帝的新傳統，是佛教與政治妥協的結果。崇奉佛教的梁武帝耿耿於釋寶亮在他面前稱貧道，正說明他首先是把自己看成一個帝王，看成最高政治權力的化身。總之，統治者由於特殊的政治地位，他們對佛教的態度首先是一種利用。

佛教是一個龐大的文化體系，既包括精深的義理，也包括神異的法術以及處理社會人際關係的道德倫理。因此南朝統治者對佛教的利用是通過以上幾方面來體現的。僧尼作為佛教的宣傳者和體現者，正是統治者利用佛教的仲介。

（一）南朝帝王對佛教神異的利用

佛教是在吸收印度各個教派宗教技術的基礎上形成的，作為一種宗教，它也很注意利用神異的力量和各種宗教技術，而對於大多數人而言，佛教的吸引力不在於其高深的義理，而是其通過神異給人們帶來的希望和慰藉。對統治者而言，佛教的神異，也可以為他們的統治增添神聖的色彩。湯用彤先生認為可能早在漢桓帝時人們就將浮屠看作「延祚之方」。〔註27〕但總體而言，佛教神異的這種政治功能一開始並沒有得到太多人的認可，也很少被主動利用。南朝時期隨著佛教的發展，統治者逐漸廣泛運用佛教神異（這裏主要是指與佛教有關的符瑞或讖緯）來宣傳統治的合法性。〔註28〕宋武帝即位前就利用了與佛教有關的符瑞：

《宋書·符瑞志上》：

　（宋武）帝嘗行至下邳，遇一沙門，沙門曰：「江表尋當喪亂，拯之必君也。」帝患手創積年，沙門出懷中黃散一裹與帝曰：「此創難治，

〔註26〕〔清〕陳立撰《白虎通疏證》卷9《姓名》，中華書局1994年版，第413頁。
〔註27〕湯用彤：《漢魏兩晉南北朝佛教史》，第76頁。
〔註28〕早在東晉後期，孝武帝就曾將佛教的災異與國家的興衰聯繫起來，他認為瓦官寺起火是「此國不祥之相也。」（《高僧傳》卷13《釋慧力傳》，第480頁）災異與符瑞看起來正好相反，但其邏輯則是相同的，即都將自然現象與政治聯繫在一起。

非此藥不能瘳也。」俟忽不見沙門所在。以散傅創即愈。餘散帝寶錄之，後征伐屢被傷，通中者數矣，以散傅之，無不立愈。〔註29〕

《高僧傳·釋慧義傳》：

（慧義）後出京師，迺說云：「冀州有法稱道人，臨終語弟子普嚴云：『嵩高靈神云，江東有劉將軍應受天命，吾以三十二璧鎮金一餅爲信。』遂徹宋王。宋王謂義曰：『非常之瑞，亦須非常之人，然後致之。若非法師自行，恐無以獲也。』義遂行。……即於廟所石壇下，果得璧，大小三十二枚，黃金一餅。此瑞詳之宋史。義後還京師，宋武加接尤重，迄乎踐祚，禮遇彌深。〔註30〕

這些材料既表明佛教利用符瑞向政權的靠近，也表明劉裕已經注意到佛教的符瑞功能，並很好地進行了利用。此外據釋法明《答李交州書》：「宋武皇帝始登帝位，夢一道人提鉢就乞。因而言曰：『君於前世施夷衛佛一鉢之飯，居得斯位。』遣問嚴公徵其虛實，嚴公即送七佛經呈聞。」〔註31〕這是宋武帝主動利用佛教的報應故事，並通過佛教徒之口宣揚其即位的合法性。又《高僧傳·釋慧嚴傳》：「高祖後伐長安，要與（慧嚴）同行。嚴曰：『檀越此行，雖伐罪弔民。貧道事外之人，不敢聞命。』帝苦要之，遂行。」〔註32〕宋高祖對佛教義理沒有多少理解，其苦邀慧嚴同行，恐怕也是想借助佛教的神異性爲自己的征伐提供一種心理依靠。

此後南朝帝王繼續利用與佛教有關的符瑞來宣揚即位的合法性。

宋孝武帝之即位：

文帝元嘉中，謠言錢唐當出天子，迺於錢唐置戍軍以防之。其後，孝武帝即大位於新亭寺之禪堂。「禪」之與「錢」，音相近也。〔註33〕

孝武即位前，有謠言「錢唐當出天子」，孝武即位後人們認爲謠言與其在新亭寺禪堂即位正好相合，不管這是事前的輿論還是事後的解釋，在佛寺即位都表明佛教在國家政治中扮演了重要作用。

齊高祖代宋：

〔註29〕《宋書》卷27《符瑞志上》，第784頁。
〔註30〕《高僧傳》卷7《釋慧義傳》，第266頁。此事《宋書·符瑞志》亦載，不過沒有《高僧傳》記載詳備。
〔註31〕《弘明集》卷11，《大正藏》卷52，第71頁下。
〔註32〕《高僧傳》卷7《釋慧嚴傳》，第261頁。
〔註33〕《宋書》卷27《符瑞志上》，第786頁。

初，惠開在益州，土反，被圍危急，有道人謂之曰：「城圍尋解。檀
越貴門後方大興，無憂外賊也。」惠開密謂僧眞曰：「我子弟見在者，
竝無異才。政是道成耳。」〔註34〕

益州齊后山，父老相傳，其名亦不知所起。昇明三年（479年），有
沙門玄暢於山丘立精舍，其日，太祖受禪日也。〔註35〕

（釋玄暢）以齊建元元年（479年）四月二十三日建剎立寺，名曰
齊興。正是齊太祖受錫命之辰，天時人事，萬里懸合。時傅琰西鎮
成都，欽暢風軌，待以師敬。暢立寺之後，迺致書於琰曰：「貧道栖
荊累稔，年衰疹積，厭毒人諠。所以遠託岷界，卜居斯阜。在廣陽
之東，去城千步。逶迤長亘，連疊嶺關四澗，亘列五峰，抱郭懷邑，
迴望三方，負巒背岳，遠矚九流。以去年四月二十三日創功覆簣。
前冬至此，訪承爾日，正是陛下龍飛之辰。蓋聞道配太極者嘉瑞自
顯，德同二儀者神應必彰，所以河洛晒有周之兆，靈石表大晉之徵。
伏謂茲山之符驗，豈非齊帝之靈應耶？」……琰即具以表聞，敕蠲
百戶以充俸給。〔註36〕

道人在魏晉南北朝時期是指佛教僧徒，齊高祖代宋前先有道人之預言，即位
時又有釋玄暢建齊興寺與之相合，既有佛教徒的主動靠近，又有齊高祖的自
覺利用，佛教與政權通過符瑞找到了又一結合點。

南朝帝王也利用與佛教有關的符瑞來宣示政治的清明：

（永明）九年（491年），秣陵縣鬥場里安明寺有古樹，眾僧改架屋
宇，伐以爲薪，剖樹木裏，自然有「法大德」三字。

（永明）九年八月，甘露降上定林寺佛堂庭，中天如雨，遍地如雪，
其氣芳，其味甘，耀日舞風，至晡迺止。爾後頻降鍾山松樹，四十
餘日迺止。

（永明）三年（485年）七月，始興郡民龔玄宣云，去年二月，忽
有一道人乞食，因探懷中出篆書眞經一卷，六紙，又表北極一紙，
又移付羅漢居士一紙，云從兜率天宮下，使送上天子，因失道人所

〔註34〕《南齊書》卷56《紀僧眞傳》，第972頁。
〔註35〕《南齊書》卷18《祥瑞志》，第352頁。
〔註36〕《高僧傳》卷8《釋玄暢傳》，第315頁。

在。今年正月，玄宣又稱神人授皇帝璽，龜形，長五寸，廣二寸，厚二寸五分，上有「天地」字，中央「蕭」字，下「萬世」字。

（永明）七年，越州獻白珠，自然作思惟佛像，長三寸。上起禪靈寺，置刹下。〔註37〕

永定二年，高祖幸大莊嚴寺，其夜甘露降，（顏）晃獻《甘露頌》，詞義該典，高祖甚奇之。〔註38〕

（永定元年）十一月）己亥，甘露降於鍾山松林，彌滿巖谷。庚子，開善寺沙門採之以獻，敕頒賜群臣。〔註39〕

有的帝王即位時還建立佛寺以求庇護。據《南朝佛寺志》：〔註40〕宋興寺，「一名興教寺，在長干里之南，就宋武帝故居而造也，故以宋興為號。」建元寺，「齊高帝踐祚時所置，故以建元名其寺焉。」齊安寺，「齊世祖舊宅也，踐祚遂舍為寺。」光宅寺，「梁武帝故宅，在同夏里三橋籬門側，相傳有天子氣，齊作婁湖苑以壓之者也，帝即位後設為寺。」《高僧傳·釋僧柔傳》也提到：「齊太祖創業之始及世祖襲圖之日，皆建立招提，傍求義士。」〔註41〕即位時建立佛寺，明顯是想借助佛陀的神異祈求國運昌榮，而將自己所居舊宅舍為寺則更具有宗教上的意義。

這時佛教的發展興盛甚至會被認為是帝王德高曠古的象徵，陳宣帝（應在其即位前）在《勝天王般若懺文》中提到「而周朝徵應止見夜明，漢帝感通不過宵夢。香象所載虎觀，寂而未聞，龍宮所藏麟閣，聞其無取。山海為隔傳授蓋微，華夷不同翻譯何幾。天王所問止得經名，金剛之經纔見一品。歷魏晉而未備，經宋齊而恒闕。我皇帝承家建國，光前絕後，道格天地，德被幽微，大啟慈悲，廣開智慧。施造化以仁壽，濟蒼生於解脫。異世界而承風，殊刹土而響應，真人間出法寶傳通。」〔註42〕

此外，與佛教密切相關的蓮花也是在南朝時期纔成為一種符瑞，《宋書》卷二九《符瑞下》：

〔註37〕以上見《南齊書》卷19《五行志》，第360、361、364、366頁。
〔註38〕《陳書》卷34《顏晃傳》，第456頁。
〔註39〕《陳書》卷2《高祖下》，第35頁。
〔註40〕分見《南朝佛寺志》，卷上，第139頁：卷下，第231頁、第243頁、第283頁。
〔註41〕《高僧傳》卷8《釋僧柔傳》，第322頁。
〔註42〕《廣弘明集》卷28，《大正藏》卷52，第332頁下。

文帝元嘉七年七月乙酉，建康頷簷湖二蓮一蒂。

元嘉十六年七月壬申，華林池雙蓮同幹。

元嘉十年七月己丑，華林天淵池芙蓉異花同蒂。

元嘉十九年八月壬子，揚州後池二蓮合華，刺史始興王濬以獻。

元嘉二十年五月，盧陵郡池芙蓉二花一蒂，太守王淵以聞。

元嘉二十年六月壬寅，華林天淵池芙蓉二花一蒂，園丞陳襲祖以聞。

元嘉二十年夏，永嘉郡後池芙蓉二花一蒂，太守臧藝以聞。

元嘉二十年七月，吳興郡後池芙蓉二花一蒂，太守孔山士以聞。

元嘉二十年，揚州後池芙蓉二花一蒂，刺史始興王濬以獻。

元嘉二十一年六月丙午，華林園天淵池二蓮同幹，園丞陳襲祖以聞。

元嘉二十二年四月，樂游苑池二蓮同幹，苑丞梅道念以聞。

元嘉二十二年七月，東宮玄圃園池二蓮同幹，內監殿守舍人宮勇民以聞。

元嘉二十三年六月壬寅，華林天淵池芙蓉二花一蒂，園丞陳襲祖以聞。

元嘉二十三年六月辛丑，太子西池二蓮共幹，池統胡永祖以聞。

元嘉二十三年八月己酉，魚邑三周池二蓮同幹，園丞徐道興以聞。

孝武帝孝建二年六月庚寅，玄武湖二蓮同幹。

孝武帝大明五年，籍田芙蓉二花同蒂，大司農蕭邁以獻。

明帝泰始二年八月丙辰，五城澳池二蓮同幹，都水使者羅僧愨以獻。

泰始二年八月己未，豫州刺史山陽王休祐獻蓮，二花一蒂。

泰始五年六月甲子，嘉蓮生湖熟，南臺侍御史竺曾度以聞。

泰始六年六月壬子，嘉蓮生東宮玄圃池，皇太子以聞。

利用符瑞為政治服務，是中國政治的傳統。佛教傳入之始就是作為一種道術被接受的，但南北朝以前正史中關於符瑞的記載基本上沒有與佛教有關的內容，〔註43〕這表明佛教在南北朝之前官方地位不是很高，而南朝正史中佛教

〔註43〕當然佛教符瑞的出現應該有一個醞釀的過程，雖然正史中在南朝才出現，但與之相關的現象則應該早就出現，東晉後期帝王已經開始重視利用佛教去災，晉孝武帝在出現災異時曾令沙門懺悔攘災，《高僧傳》卷11《竺曇猷》：「晉太元中，有妖星，帝普下諸國，有德沙門，令齋懺悔攘災。」太元二十一年，瓦官寺寺塔「自燃火起。……帝曰：『此國不祥之相也。』即敕楊法尚、李緒等速令修復。」（《高僧傳》卷13《釋慧力傳》）將佛寺出現的災害與國家政治聯繫在一起，這與將符瑞與政治聯繫思路是一樣的。

符瑞的出現正表明這一時期佛教已經深入人心，統治者和佛教徒都已經意識到佛教神異在政權中可以發揮重要的作用。但是我們也應該看到，統治者對佛教神異的利用是將佛教神異納入中國原有的符瑞、圖讖等信仰體系中，而不是系統接受佛教的神異觀念，這就決定了他們對佛教神異的利用只是片面而表面的，是不會觸動官方信仰體系的。

（二）南朝帝王對佛教政治理念的利用

佛教是一種出世的宗教，但對於現實政治並非置若罔聞，佛教雖然認為最高的境界是出家修道，超脫生死，達到涅槃，但並不否認現實政治的合理性，而是試圖對現實政治的存在提供理論上的解釋，並對現實政治如何運行提出合理的建議。佛教中關於轉輪聖王的論述可以代表佛教的政治理念，從這些帶有神異性的故事中我們可以歸納出佛教對現實政治的設想：轉輪聖王以正法（指佛教政治理念）進行統治，具體說來就是國王自身和人民都奉行不殺生、不偷盜、不邪淫、不妄語、不兩舌、不惡口、不綺語、不貪欲、不瞋恚、不邪見十種善行，這樣就會國泰民安，出現七寶符瑞；然後轉輪王依靠武力威脅（雖然佛教反對殺罰，但轉輪王無疑具有強大的武力，並因此對一些小國構成威脅）推行佛法擴大統治範圍，使其他小國歸附。這種設想與中國皇權政治有相通之處：〔註44〕首先，佛教非常強調轉輪聖王（最高統治者）在政治中的地位和作用，往往將政治的興衰與轉輪王個人是否推行佛法直接聯繫在一起（寬泛地說，就是帝王的統治政策直接決定國家的興衰）。〔註45〕雖然佛教更注重轉輪王的個人修養，〔註46〕但就強調最高統治者個人對政治的絕對影響這一點卻與中國皇

〔註44〕 許理和對此也有論述：「在佛經裏被描述成理想人物的阿育王，注定會對中國有教養的階層產生深刻的影響，這一點易於理解。中國人傳統的聖王理想，在於仿效古代的聖王給人民帶來和平與繁榮，而最終普天之下皆來歸順。這就與佛教中『法王』的概念非常接近，據說『法王』能以其宗教虔誠及其對眾生的慈悲來統治整個贍部洲。（Jambudvīpa）」（《佛教征服中國》，第347頁。）

〔註45〕 《長阿含經》卷6《佛說長阿含第二分轉輪聖王修行經第二》：「自此以前，六轉輪王皆展轉相承，以正法治。唯此一王自用治國，不承舊法，其政不平，天下怨訴，國土損減，人民凋落。」《大正藏》卷1，第40頁中。

〔註46〕 《長阿含經》卷6《佛說長阿含第二分轉輪聖王修行經第二》：「子白父王：『轉輪聖王正法云何？當云何行？』王告子曰：『當依於法，立法具法，恭敬尊重，觀察於法，以法為首，守護正法。又當以法誨諸婇女，又當以法護視教誡諸王子、大臣、群僚、百官及諸人民、沙門、婆羅門，下至禽獸，皆當護視。』又告子曰：『又汝土境所有沙門、婆羅門……有如是人者（修行高尚者），汝當數詣，隨時諮問：凡所修行，何善何惡，云何為犯，云何非犯，何者可親，

權政治異曲同工；其次，非常注重政治理念的統一，這與中國皇權政治下政治
思想的統一要求也有相似處；再次，佛經中的轉輪聖王往往通過武力威脅實現
統一，在各地推行統一的政策，〔註47〕現實中被稱爲轉輪王的統治者也往往是
通過武力佔領廣大領土後，開始推行佛教意識形態的，如歷史上有名的阿育王，
這與皇權政治對統一和集權的要求也有共同性。魏晉以後中國皇權政治的式
微，門閥政治的形成，正是由於統一的政治理念的喪失以及最高統治者影響的
衰落而出現的。如果說玄學所宣導的那種各安其事，無爲而治的政治理念爲東
晉門閥政治的形成提供了哲學依據，那麼佛教關於政治的設想卻可以爲皇權政
治的復興提供某種思想資源。當然皇權政治的思想依據主要還是儒家思想，但
南朝興盛一時的佛教肯定也會爲皇權政治提供某種論據。

　　關於中國帝王對佛教政治理念的利用，古正美在《從天王傳統到佛王傳
統》一書中有詳細的論述，他認爲「中國使用佛教轉輪王治世法的活動，可
以追溯至漢桓帝的時代。在梁武帝之前，後趙石勒、石虎、前秦苻堅（357～
385）、後涼呂光父子（396～398）、後秦姚興（393～416）、北涼沮渠蒙遜（412
～433）、北魏文成帝（452～465）以下的諸王，都做過佛教轉輪王，也有許
多以『佛』或『菩薩』的面貌統治過中國，……」〔註48〕本文並不贊同古正
美對佛教政治理念在中國政治中地位的過高評價。帝王個人的崇佛行爲並不
一定代表著政治領域內推行佛教治世理念。南朝以前佛教發展非常有限，佛
教在政治中的影響絕不可能上升到意識形態的高度。而且即便是南朝時期眞

　　　何者不可親，何者可作，何者不可作，施行何法，長夜受樂。汝諮問已，以
　　　意觀察，宜行則行，宜舍則舍。國有孤老，當拯給之。貧窮困劣，有來取者，
　　　慎勿違逆。國有舊法，汝勿改易。此是轉輪聖王所修行法，汝當奉行。」《大
　　　正藏》卷1，第39頁下。
〔註47〕《長阿含經》卷6《佛說長阿含第二分轉輪聖王修行經第二》：「時，轉輪王即
　　　召四兵，向金輪寶偏露右臂，右膝著地，復以右手摩捫金輪，語言：『汝向東
　　　方，如法而轉，勿違常則。』輪即東轉。時，王即將四兵隨從其後，金輪寶前
　　　有四神導，輪所住處，王即止駕。爾時。東方諸小國王見大王至，以金鉢盛銀
　　　粟，銀鉢盛金粟，來趣王所，拜首白言：『善來，大王，今此東方，土地豐樂，
　　　人民熾盛，志性仁和，慈孝忠順，唯願聖王於此治正。我等當給使左右，承受
　　　所當。』時，轉輪大王語小王言：『止，止，諸賢，汝等則爲供養我已，但當
　　　以正法治，勿使偏枉，無令國內有非法行。此即名曰我之所治。』時，諸小王
　　　聞此教已，即從大王巡行諸國，至東海表。次行南方、西方、北方，隨輪所至，
　　　其諸國王各獻國土，亦如東方諸小國比。」《大正藏》卷1，第40頁上。
〔註48〕古正美：《從天王傳統到佛王傳統》，第20頁。

正全面推行佛教政治理念的帝王也並不存在，但在一些帝王的統治理念和政策中卻借鑒了不少佛教的成分，這是不可否認的事實，也是南朝政治的一個特色。根據比較可靠的資料，本文認為最早明確認識到佛教政治理念可資利用的是宋文帝。元嘉十二年，丹陽尹蕭謨之上書請制起寺及鑄像，文帝與何尚之、羊玄保等進行了討論，分析他們君臣的問答可以充分看出統治者對佛教政治理念的理解及其利用的方面：

（文帝）曰：「吾不讀經，比復無暇。三世因果未辯致懷，而復不敢立異者，正以前達及卿輩時秀率皆敬信故也。范泰、謝靈運每云：六經典文，本在濟俗為治耳。必求性靈真奧，豈得不以佛經為指南耶？顏延年之折達性，宗少文之難白黑，明佛汪汪，尤為名理，並足開獎人意。若使率土之濱皆純此化，則吾坐致太平，夫復何事？近蕭謨請制，未令經通，即已相示，委卿增損。必有以式過浮淫無傷弘獎者，迺當著令耳。」

（尚之）對曰：「……陛下思洞機表，慮玄象外，鉤深致遠，無容近取。於斯自臣等若能謹推此例，則清信之士無乏于時。所謂人能弘道，豈虛言哉？慧遠法師嘗云釋氏之化，無所不可，適道固自教源，濟俗亦為要務。世主若能剪其詭偽，獎其驗實，與皇之政並行四海，幽顯協力共敦黎庶，何成康、文景獨可奇哉！使周漢之初復兼此化，頌作形清倍當速耳。竊謂此說有契理奧。何者？百家之鄉，十人持五戒，則十人淳謹矣；千室之邑，百人修十善，則百人和厚矣。傳此風訓，以遍寓內，編戶千萬，則仁人百萬矣。此舉戒善之全具者耳。若持一戒一善，悉計為數者，抑將十有二三矣。夫能行一善則去一惡，一惡既去則息一刑，一刑息於家，則萬刑息於國。四百之獄何足難措，雅頌之興理宜位速，即陛下所謂坐致太平者也。論理則其如此，徵事則臣復言之。前史稱西域之俗，皆奉佛敬法，故大國之眾數萬，小國數百，而終不相兼併。內屬之後，習俗頗弊，猶甚淳弱，罕行殺伐。又五胡亂華以來，生民塗炭冤橫死亡者，不可勝數。其中設獲蘇息，必釋教是賴。故佛圖澄入鄴而石虎殺戮減半，澠池寶塔放光而符健椎鋸用息。蒙遜反噬無親，虐如豺虎，末節感悟遂成善人，法遄道人，力兼萬夫，幾亂河渭，面縛甘死以赴師阨，此非有他，敬信故也。夫神道助教，有自來矣。雷霆所擊，暑雨恒事，及展廟遇震，而書為隱慝。

桀紂之朝，冤死者不可稱紀，而周宣晉景，獨以淫刑受崇。檢報應之數，既有不符；徵古今之例，祗更增惑。而經史載之以彰勸誡，萬一影像猶云深功。豈若佛教責言義則有可然可信之致，考事實又無已乖已妄之咎？且觀世大士所降近驗，並即表身世眾目共觀，祈求之家其事相繼。所以為勸誡，所以為深功，豈當與彼同日而談乎？」

（羊玄保）進曰：「此談蓋天人之際，豈臣所宜豫。竊恐秦楚論強兵之術，孫吳盡吞併之計，將無取於此耶？」帝曰：「此非戰國之具，良如卿言。」尚之曰：「夫禮隱逸則戰士怠，貴仁德則兵氣衰。若以孫吳為志，苟在吞噬，亦無取堯舜之道，豈唯釋教而已！」帝悅曰：「釋門有卿，亦猶孔氏之有季路，所謂惡言不入於耳。」〔註49〕

宋文帝信佛仍然受名士信佛的影響，帶有東晉帝王模仿名士風雅的因素，但宋文帝已經開始注意佛教的政治功能，希望可以通過借鑒佛教的政治理念「坐致太平」。何尚之作為一位信佛士人在帝王面前強調的是佛教的政治功能，他主要從兩個方面論述：一、佛教具有「神道助教」的功能，推崇佛教可以得到佛教神靈的護祐；二、佛教具有教化功能，可以使百姓淳厚，利於統治。何尚之認為西域諸國因信佛而風俗淳弱，不相兼併，這是對西域各國政治現狀的一種解釋，但這種解釋從根本上說並不符合佛教轉輪王的統治理想，因為轉輪王是靠強大的武力推行佛教的教化理念的。這也不是推行皇權政治的宋文帝樂於接受的政治理念。可見何尚之還沒有充分理解佛教的政治理念，還不能為勸說統治者推行佛教理念提供更好的論據。接下來羊玄保的責難更充分說明了這一點。泰山羊氏在南朝是儒學世家，羊玄保又起家楚臺太常博士，〔註50〕深受儒學影響，更看重的是政權的統治力量，其對何尚之所讚賞的西域諸國因信佛而風俗淳弱，不相兼併的狀況，並沒有興趣，而是強調「強兵之術」、「吞併之計」。而這一點正是急於加強集權的宋文帝所最關注的。何尚之雖然可以在理論上表現自己的才思敏捷，卻不能從根本上改變帝王的政治理念。宋文帝對二人的態度，也深可玩味，他雖然承認並讚賞何尚之的能言善辯，但卻避重就輕，不談自己對攻伐殺戮的看法，在實際政治中也決不放棄已有的政策。總之，宋文帝對佛教政治理念的利用只是吸取

〔註49〕《何令尚之答宋文皇帝讚揚佛教事》，《弘明集》卷 11，《大正藏》卷 52，第 69 頁上。
〔註50〕《宋書》卷 54《羊玄保傳》，第 1534 頁。

其中有利於鞏固統治的內容，只注重佛教教化和勸誡百姓的方面，而不會考慮佛教政治設想中對帝王個人修養的強調。同時，由於這時很多人（甚至包括那些信佛者）對佛教的政治理念並不是特別瞭解，將佛教與統治聯繫起來的成效並不顯著。

儘管如此，我們還是可以肯定宋文帝確實利用了佛教的某些政治理念，關於這一點，我們還可以從當時東南以及印度一些國家的上表中得到某種證明。檢閱南朝正史，東南以及印度一些國家的上表主要集中於相對尊崇佛教的帝王統治時期，而保留有上表內容的主要發生在宋文帝和梁武帝（詳後）時期，這些上表都涉及到佛教的內容，宋文帝元嘉五年師子國國王剎利摩訶南奉表中提到「欲與天子共弘正法，以度難化。」元嘉五年天竺迦毗黎國國王月愛遣使奉表中有「國中眾生，奉順正法，大王仁聖，化之以道，慈施群生，無所遺惜。」元嘉七年呵羅單國王毗沙跋摩上表中有「大宋揚都，聖王無倫，臨覆上國。有大慈悲，子育萬物，平等忍辱，怨親無二，濟乏周窮，無所藏積，靡不照達，如日之明，無不受樂，猶如淨月。」元嘉十年呵羅單國王毗沙跋摩奉表中有「大宋揚都，承嗣常勝大王之業，德合天心，仁蔭四海，聖智周備，化無不順。」元嘉十二年闍婆婆達國國王師梨婆達駝阿羅跋摩遣使奉表中有「名大宋揚州大國大吉天子，安處其中，紹繼先聖，王有四海，閻浮提內，莫不來服。悉以茲水，普飲一切，我雖在遠，亦沾靈潤。」元嘉十三年，呵羅單國王毗沙跋摩奉表中有「揚州城無憂天主，愍念群生，安樂民人，律儀清淨，慈心深廣，正法治化，共養三寶，名稱遠至，一切並聞。」〔註51〕這些上表很大程度上將中國的統治者描述成推行佛教政治理念的帝王，這可以看作是崇佛國家的一種外交範式，但這類上表主要集中於相對尊崇佛教的帝王時期，也與中國統治者對佛教的態度有關。或者說，只有宋文帝確實在某種程度上利用佛教政治理念，纔會得到其他崇佛國家如此普遍的認可。

最充分利用佛教政治理念的南朝帝王莫過於梁武帝了。應該說在某一時期在某種程度上梁武帝曾經努力將自己塑造成佛教的轉輪聖王，推行佛教的政治設想。〔註52〕關於這一點，我們可以從梁武帝對歷史上真實存在的佛教轉輪王

〔註51〕以上出自《宋書》卷97《蠻夷傳》，第2380～2385頁。這類上表還有齊武帝永明二年扶南國王闍耶跋摩遣天竺道人釋那伽仙上表（《南齊書》卷58《東南夷傳》，第1014頁），而齊武帝也相對尊崇佛教。

〔註52〕湯用彤認為梁武帝「在位四十八年，幾可謂為以佛化治國。」（《漢魏兩晉南北朝佛教史》，第336頁）

阿育王的推崇模仿和梁武帝頒佈的一些詔書中得到清晰的認識。〔註53〕

　　阿育王，又作阿輸迦、阿輸伽、阿恕伽、阿戍笴、阿儵，意譯無憂王，又有天愛喜見王之稱，是中印度摩揭陀國孔雀王朝第三世王。西元前三世紀左右，阿育王出世，後統一印度，成爲保護佛教最有力的統治者。根據佛教經典阿育王維護佛教的行爲主要有：起八萬四千塔；於佛初生、得道、轉法輪、入涅槃及諸羅漢涅槃之處，各以十萬金施；作四部大會、施食三十萬眾僧一分阿羅漢二分學人及精進凡夫；將一切大地、宮人、大臣、鳩那羅（王子）及自身悉施眾僧，復以四十萬金布施眾僧，又以無數之金贖此大地，迺至自身；後以九十六千萬金布施眾僧。〔註54〕更爲重要的是阿育王曾在自己廣大的統治範圍內按照佛教的道德理念進行統治，這一點在保存至今的阿育王敕文中有明確的記載。〔註55〕

　　梁武帝以前有關阿育王故事的經典已有多種翻譯，最早的是西晉惠帝時（290～306）安法欽翻譯的《阿育王傳》，〔註56〕共五卷（或分七卷），十一品。此後經錄中還著錄了一些關於阿育王的經書：如《大阿育王經》一卷，釋道安將其列入疑經類，〔註57〕《開元釋教錄》認爲這是《阿育王傳》的異名；《王子法益壞目因緣經一卷》（或云《阿育王息壞目因緣經》），晉孝武帝時，竺佛念於關中譯出，〔註58〕這應該是關於阿育王的單品經；劉宋元嘉中

〔註53〕顏尚文在《梁武帝》一書中指出梁武帝以佛教治國，曾經推行「以菩薩戒爲中心的政教改革」，而且梁武帝的這種改革「都與阿育王的事蹟非常類似」。（參見顏書第293頁。）本文不贊同梁武帝的政教改革，但在梁武帝與阿育王行爲的某些相似性上本文基本贊同顏先生的觀點。

〔註54〕梁扶南三藏僧伽婆羅譯《阿育王經》卷5《菴摩勒施僧因緣品第五》，《大正藏》卷50，第147頁下。

〔註55〕《高僧法顯傳》卷1：「阿育王壞七塔，作八萬四千塔。最初所作大塔在城南三里餘，此塔前有佛跡，起精舍，戶北向塔。南有一石柱，圍丈四五，高三丈餘，上有銘題，云阿育王以閻浮提布施四方僧，還以錢贖。如是三反，塔北三四百步，阿育王本於此作泥梨城。泥梨城中有石柱，亦高三丈餘，上有師子。柱上有銘，記作泥梨城因緣及年數日月。」（《大正藏》卷51，第862頁中）法顯應該看到過阿育王的敕文，敕文的基本精神在南朝有所傳誦也很有可能。

〔註56〕《開元釋教錄》卷20：「《阿育王傳》五卷（或七卷，亦云《大阿育王經》）」，《大正藏》卷55，第721頁下。

〔註57〕（梁）釋僧祐：《出三藏記集》卷5，中華書局1995年版，第223頁。

〔註58〕《出三藏記集》卷2，第48頁。此外《出三藏記集》卷4（第191頁）「闕經類錄」有《阿育王作小兒時經》一卷、《小阿育王經》一卷，這兩本經到梁代已不見經文，可能屬於比較早的經書。

（435～453）求那跋陀羅譯出《無憂王經》，《出三藏記》作一卷，缺本，其實，這本經被誤編於《雜阿含經》中，即二十三、二十五兩卷；不分品。此後從《雜阿含經》抄出的關於阿育王的單品經爲數不少，《出三藏記集》卷四列有：《阿育王獲果報經》一卷、《阿育王於佛所生大敬信經》一卷、《阿育王供養道場樹經》一卷、《阿育王施半阿摩勒果經》一卷；〔註59〕卷十二還有《阿育王造八萬四千塔記》。可見西晉末年以後阿育王的故事逐漸受到重視。晉末殷晉安爲廬山佛影寫的銘文中就提到阿育王。〔註60〕湯用彤先生在描述晉宋之間佛教時也指出：「可見尊崇阿育，至爲熱烈。而阿育王立八萬四千塔於宇內之說，亦必風傳當世。」〔註61〕

　　梁武帝統治期間極力模仿阿育王，這首先體現在對阿育王經典的重視上，天監五年（506年），梁武帝令僧伽婆羅重譯《阿育王經》，對這次翻譯梁武帝非常重視，《續高僧傳·僧伽婆羅傳》記載當時盛況曰：「（僧伽婆羅）以天監五年，被敕徵召於楊都壽光殿華林園正觀寺占雲館、扶南館等五處傳譯，訖十七年，都合一十一部，四十八卷，即《大育王經》、《解脫道論》等是也。初翻經日，於壽光殿武帝躬臨法座，筆受其文，然後迺付譯人盡其經本。敕沙門寶唱、慧超、僧智、法雲及袁曇允等，相對疏出。」〔註62〕在帝王的提倡下，《阿育王經》翻譯後不久，就出現了很多來自《阿育王經》的單品經或小故事，如《釋迦龍宮佛髭塔記》《龍宮初造佛髭塔記》《將幡緣記》《阿育王捨施還贖取緣記》等。〔註63〕此外在梁武帝敕令釋寶唱撰集的通俗佛教讀物《經律異相》中包含了《阿育王經》的大部分內容，今將《經律異相》中涉及《阿育王經》的內容列表如下，以體現梁武帝及當時僧人對《阿育王經》的重視：

〔註59〕　（梁）釋僧祐：《出三藏記集》卷4，第143頁。
〔註60〕　《廣弘明集》卷15，《大正藏》卷52，第199頁上。
〔註61〕　湯用彤：《漢魏兩晉南北朝佛教史》，第7頁。
〔註62〕　《續高僧傳》卷1，《大正藏》卷50，第426頁上。
〔註63〕　《出三藏記集》卷12，《出三藏記集》天監十四年以前已經行世，後又有所增加（《出三藏記集》序言第11頁。）《出三藏記集》著錄不少出自《阿育王經》的抄經，卻沒有著錄《阿育王經》，可能是由於其編纂年代延續太長，有的篇目完成於齊代，對梁代新譯書有所遺漏。

《經律異相》與《阿育王經》對照表

內　　　容	《經律異相》中位置〔註64〕	《阿育王經》位置〔註65〕
天人龍分舍利起塔	卷 5	出《阿育王經》卷 1
阿育王造八萬四千塔	卷 6	出《阿育王經》卷 1
弗沙蜜多羅王壞八萬四千塔	卷 6	出《雜阿含經》卷 25（其內容與《阿育王經》第五卷後半部分基本相同）
善容王造石像五（阿育王弟出家事）	卷 6	出《阿育王經》卷 3
迦葉結法藏竟入雞足山侍彌勒佛	卷 13	出《阿育王經》卷 7
優波笈多出家降魔	卷 16	出《阿育王經》卷 8
優波笈多不化犯重人令眷屬滅憍慢	卷 16	出《阿育王經》卷 9
優波笈多付囑法藏入於涅槃	卷 16	出《阿育王經》卷 10
優波笈多化諸虎子捨身得道	卷 16	出《阿育王經》卷 9
末田地龍興猛風不動衣角變火山為天花	卷 16	出《阿育王經》卷 7
阿婆陀為尼所悟得道度於商主	卷 17	出《阿育王經》卷 9
見羅刹出家得道	卷 17	出《阿育王經》卷 9
少欲知足比丘聞法成道	卷 18	出《阿育王經》卷 9
工巧比丘思惟成道	卷 18	出《阿育王經》卷 9
貪食比丘觀察得道	卷 18	出《阿育王經》卷 9
比丘從師教得道	卷 18	出《阿育王經》卷 10
比丘白骨觀入道	卷 18	出《阿育王經》卷 10
比丘好眠見應化深坑懼而得道	卷 18	出《阿育王經》卷 9
比丘因怖得道	卷 18	出《阿育王經》卷 10
比丘見一須陀洹先作維那今獲苦報畏故得道	卷 18	出《阿育王經》卷 10
阿育四分王始終造業	卷 24	出《阿育王經》卷 1
鳩那羅失肉眼得慧眼	卷 33	出《阿育王經》卷 4
帝須出家得羅漢道	卷 33	出《阿育王經》卷 3
獼猴為五百仙人師	卷 47	出《阿育王經》卷 6

〔註64〕《大正藏》卷 53。
〔註65〕此處《經律異相》只著明出自《阿育王經》，筆者補充卷數。

梁武帝對阿育王的重視還表現在對阿育王寺塔的重視上。根據佛教的說法，阿育王曾造八萬四千佛塔，古正美認爲「這些遍於國界而起的『塔廟』有作爲天下各地傳播佛教意識形態中心的作用。」[註66] 據說在中國有十九處阿育王寺，可以考知的有五處，[註67] 其中南朝境內見於史籍的有兩處：建康長干寺阿育王塔和鄮縣阿育王寺塔，前者據說是竺慧達（原名劉薩訶）在晉寧康年間在長干寺塔刹下發現阿育王舍利，更建一塔，名阿育王塔；[註68] 後者位於浙江鄮縣東阿育王山上。東晉安帝義熙元年（405），敕建塔及禪室，令眾僧來住。劉宋元嘉十二年（435），罽賓國僧曇摩蜜多復建寺塔。[註69] 梁普通三年（522），武帝時復加修建，賜號阿育王寺。[註70] 對這兩處阿育王寺梁武帝都非常重視，對於前者的重視，正史和較早的佛教史料大致記載了三次重大事件：

一、大同三年（537）

《梁書·武帝紀下》：

八月甲申，老人星見。辛卯，輿駕幸阿育王寺，敕天下。[註71]

《梁書·諸夷傳》：

八月，高祖改造阿育王寺塔，出舊塔下舍利及佛爪髮，……至其月二十七日，高祖又到寺禮拜，設無礙大會，大赦天下。是日，以金鉢盛水泛舍利，其最小者隱鉢不出，高祖禮數十拜，舍利迺於鉢內放光，旋迴久之，迺當鉢中而止。高祖問大僧正慧念：「今日見不可思議事不？」慧念答曰：「法身常住，湛然不動。」高祖曰：「弟子欲請一舍利還臺供養。」至九月五日，又於寺設無礙大會，遣皇太子王侯朝貴等奉迎。是日，風景明和，京師傾屬，觀者百數十萬人。所設金銀供具等物，並留寺供養，并施錢一千萬爲寺基業。[註72]

〔註66〕古正美：《從天王傳統到佛王傳統》，第 16 頁。
〔註67〕《法苑珠林校注》卷 86：「雒陽、臨淄、建業、鄮陰、成都五處並有阿育王塔。」中華書局 2003 年版，第 2485 頁。
〔註68〕根據《梁書》卷 54《諸夷傳》和《高僧傳》卷 13《竺慧達傳》，第 477 頁。
〔註69〕《高僧傳》卷 3《曇摩蜜多傳》，第 122 頁。
〔註70〕《法苑珠林校注》卷 38：「梁祖普通三年，重其古跡，建木浮圖。堂殿房廊，周環備滿。號阿育王寺。」第 1210 頁。
〔註71〕《梁書》卷 3《武帝紀》，第 81 頁。
〔註72〕《梁書》卷 54《諸夷傳》，第 790 頁。

《廣弘明集》梁高祖「出古育王塔下佛舍利詔（又牙像詔）」：

> 大同四年八月，月犯五車，老人星見，改造長干寺阿育王塔，出
> 舍別佛髮爪。阿育，鐵輪王也，王閻浮一天下，一日夜役鬼神造
> 八萬四千塔，此其一焉。乘輿幸長干寺，設無礙法喜食。詔曰：「天
> 地盈虛，與時消息，萬物不得齊其蠢生，二儀不得恒其覆載。故
> 勞逸異年，歡慘殊日。去歲失稔，斗粟貴騰，民有困窮，遂臻斯
> 濫，原情察咎，或有可矜。下車問罪，聞諸往詰，責歸元首，寔
> 在朕躬。若皆以法繩則自新無路。書不云乎，與殺不辜，寧失不
> 經。易曰：『隨時之義，大矣哉！』今眞形舍利復現於世，逢稀有
> 之事，起難遭之想。今出阿育王寺說無礙會，耆年童齒，莫不欣
> 悦。如積饑得食，如久別見親。幽顯歸心，遠近馳仰。士女霞布，
> 冠蓋雲集。因時布德，允叶人靈。凡天下罪無輕重，皆赦除之。」
> 〔註73〕

「出古育王塔下佛舍利詔（又牙像詔）」中的「改造長干寺阿育王塔」與《梁
書・諸夷傳》「高祖改造阿育王寺塔」應爲一事，而據《梁書・武帝紀》「老
人星見」也是在大同三年，所以《廣弘明集》所記「出古育王塔下佛舍利詔
（又牙像詔）」應該就是大同三年梁武帝大赦天下詔書的具體內容。

二、大同四年（538）：

《梁書・諸夷傳》：

> 九月十五日，高祖又至寺設無礙大會，豎二刹，各以金罌，次玉罌，
> 重盛舍利及爪髮，內七寶塔中。又以石函盛寶塔，分入兩刹下，及
> 王侯妃主百姓富室所捨金、銀、鐶、釧等珍寶充積。〔註74〕

三、大同十一年（545）：

> 十一月二日，寺僧又請高祖於寺發《般若經》題，爾夕二塔俱放光
> 明，敕鎮東將軍邵陵王綸製寺《大功德碑》文。〔註75〕

從這些事件中可以看出梁武帝對阿育王寺的重視：出現奇異的天象後，求助
於改造阿育王寺來攘災；出現佛舍利後將其作爲重要的政治符瑞，並親自主

〔註73〕《廣弘明集》卷15，《大正藏》卷52，第203頁下。
〔註74〕《梁書》卷54《諸夷傳》，第792頁。
〔註75〕《梁書》卷54《諸夷傳》，第792頁。

持舉行盛大的佛事活動；大赦天下，將重要政治事件與阿育王寺塔聯繫在一起；親自到阿育王寺講經，敕令王子爲阿育王寺撰寫《大功德碑》。

對於鄮縣阿育王塔，梁武帝也比較重視，曾在大同二年（536 年），「改造會稽鄮縣塔，開舊塔出舍利，遣光宅寺釋敬脫等四僧及舍人孫照暫迎還臺，高祖禮拜竟，即送還縣，入新塔下。」〔註 76〕阿育王寺在梁武帝時的重要地位，還可以從側面得到反映，《梁書・處士傳》：「（陶弘景）曾夢佛授其菩提記，名爲勝力菩薩。迺詣鄮縣阿育王塔自誓，受五大戒。」〔註 77〕陶弘景作爲道教茅山宗的開創者皈依佛教後，往阿育王塔自誓受戒，正表明在他心目中阿育王塔具有重要地位。

梁武帝對阿育王的模仿更體現在他的具體行動中，梁武帝不僅皈依佛教，還盡力模仿阿育王，試圖將自己塑造成佛教的轉輪王，這種努力應該始於天監末年，而以「捨事道法」詔爲標誌性事件，天監十八年（519 年）四月八日，梁武帝下詔「捨事道法」，皈依佛教，《廣弘明集》卷四敘梁武帝捨事道法〔註 78〕曰：

〔註 76〕《梁書》卷 54《諸夷傳》，第 792 頁。《佛祖統紀》（卷 37）：「（大同）六年。詔越州守臣蕭察。重修鄮縣阿育王寺」（《大正藏》卷 49，第 351 頁中）不知何據，今依正史。

〔註 77〕《梁書》卷 51《處士傳》，第 743 頁。

〔註 78〕關於這道詔書的眞僞，學術界存在不同看法。湯用彤先生《漢魏兩晉南北朝佛教史》（北京大學出版社，第 338 頁）、任繼愈先生《中國佛教史》（第三卷，中國社會科學出版社，1988 年版第 16 頁）、周一良先生《論梁武帝及其時代》（《魏晉南北朝史論集》北京大學 2000 年版，第 359 頁）方立天《魏晉南北朝佛教論叢》（中華書局 1982 年版，第 191 頁）都直接將其作爲史料運用。近幾年來，一些學者對其眞僞或錯誤之處提出質疑。熊清元《梁武帝天監三年「舍事李老道法」事證僞》（《黃岡師專學報》1998 年 5 月）認爲此事「實則此事純屬子虛。因爲：一、材料來源可疑。道宣以前諸子、史、集，無一字言及；梁僧祐編《弘明集》，未見梁武爲此事所作詔、敕。二、道宣所述本身露出破綻。其云梁武下詔敕「捨道」，邵陵王綸上啓響應，中書舍人任孝恭宣敕，實則其時蕭綸尚未出生，任某也不是中書舍人。三、梁武固然崇佛，但絕不排斥儒道。不可能斥儒道爲「邪」爲「僞」。道宣慣於作僞。其僞造此事迺與其排斥孔老的立場相關。趙以武《關於梁武帝「捨道事佛」的時間及其原因》（《嘉應大學學報》1999 年 10 月）則認爲，詔書內容可靠，但詔書發佈時間應爲天監十八年。筆者結合各家所說，認爲這道詔書的眞實性還是沒有問題的，熊文中關於詔書是僞作的理由只要考慮時間就不成問題了，僧祐死於天監十七年，《弘明集》中當然不可能著錄此文，正史對與佛教有關材料本來就記載不多，何況梁代史書作於唐代初期，而這時國家對佛教採取限制政策。趙文理由比較充分，本文採用其說。補充一點，《廣弘明集》中時間錯

「……弟子經邅迷荒，耽事老子，歷葉相承，染此邪法。習因善發，棄迷知返，今捨舊醫，歸憑正覺。願使未來生世，童男出家，廣弘經教，化度含識，同共成佛。寧在正法中長淪惡道，不樂依老子教暫得生天。涉大乘心，離二乘念，正願諸佛證明，菩薩攝受。弟子蕭衍和南。」于時帝與道俗二萬人，於重雲殿重閣上，手書此文，發菩提心。至四月十一日，又敕門下：「大經中說：『道有九十六種，惟佛一道，是於正道。其餘九十五種，名爲邪道。』朕捨邪外道，以事正內諸佛如來。若有公卿能入此誓者，各可發菩提心。老子、周公、孔子等，雖是如來弟子，而化迹既邪，止是世間之善，不能革凡成聖。其公卿百官、侯王宗族，宜反僞就眞，捨邪入正。

這道詔書表明梁武帝不僅個人崇奉佛教，歸依佛門，而且要求臣子都歸依佛教。關於武帝要求大臣信奉佛教，史書中還有不少記載，如《魏書・蕭衍傳》：「（梁武帝）令其王侯子弟皆受佛戒，有事佛精苦者，輒加以菩薩之號。」又如《梁書・江革傳》「時高祖盛於佛教，朝賢多啓求受戒，革精信因果，而高祖未知，謂革不奉佛教，迺賜革《覺意詩》五百字，云『惟當勤精進，自強行勝脩；豈可作底突，如彼必死因。』以此告江革，並及諸貴遊。又手敕云：『世間果報，不可不信，豈得底突如對元延明邪？』革因啓乞受菩薩戒。」〔註79〕又如《梁書・蕭昱傳》：「普通五年，坐於宅內鑄錢，爲有司所奏，下廷尉，得免死，徙臨海郡。行至上虞，有敕追還，且令受菩薩戒。昱既至，恂恂盡禮，改意蹈道，持戒又精潔，高祖甚嘉之，以爲招遠將軍、晉陵太守。」〔註80〕可見某種程度上他正是將佛教作爲一種意識形態來推行的。佛教這時取得了一種近似國教的地位。〔註81〕梁武帝在普通四年（523）〔註82〕發佈的《斷酒肉文》中似乎就公

誤的情況不止一例。這可能與佛教不很重視時間有關。

〔註79〕 《梁書》卷36《江革傳》，第524頁。

〔註80〕 《梁書》卷24《蕭昱傳》，第372頁。

〔註81〕 關於佛教在當時的地位，存在不同的說法。王友三認爲佛教在當時已經成爲國教，他指出「蕭衍登上皇帝的寶座後，更大肆崇佛。天監三年，公開發佈『敕捨道事佛』，將佛教國教化。」（見《中國無神論史論集》，中國社會科學出版社1987年版，第135頁。）嚴耀中則認爲將這時佛教的地位定爲「準國教」，其理由有兩點：一、這個敕文在《廣弘明集》中，其文中有「蘭陵蕭衍」等字眼，並自稱「弟子」，可見不是正式的行政檔，很可能是宗教儀式中的懺文；梁武帝實際上三教並崇，並以儒家思想作爲行政與法律的基礎，佛教教義不是制定政策的指南。「然而考慮到皇帝在中國封建體制中的崇高地位，以及梁武帝稱『皇帝菩薩』等崇佛舉動產生的社會影響，所以本書稱爲『準國

開以轉輪王自況：「但經教亦云，佛法寄囑人王，是以弟子不得無言。」〔註83〕
武帝還製定佛教音樂，作爲正樂來推行教化，《隋書》卷十三《音樂志上》載：
「帝既篤敬佛法，又製《善哉》、《大樂》、《大歡》、《天道》、《仙道》、《神王》、
《龍王》、《滅過惡》、《除愛水》、《斷苦輪》等十篇，名爲正樂，皆述佛法。又
有法樂童子伎、童子倚歌梵唄，設無遮大會則爲之。」武帝甚至將進行佛教活
動的禮儀納入國家正規禮儀，《陳書‧杜之偉傳》：「中大通元年，梁武帝幸同泰
寺捨身，敕（徐）勉撰定儀注，勉以臺閣先無此禮，召之偉草具其儀。」〔註84〕
正史所載梁武帝詔令中也往往有佛教思想，如大同十一年（545年）冬十月詔令
中對施行贖刑的解釋中提到「既乖內典慈悲之義，又傷外教好生之德。」〔註85〕
用佛教慈悲之義解釋政治舉措，並將其放在外教（指儒道二教）之前，可見梁
武帝對佛教政治理念的運用具有很大的自覺性。

梁武帝時的大臣也往往視其爲轉輪王，蕭子顯在「御講金字摩訶般若波
羅蜜經序」中提到「超國城而大捨，既等王宮之時；量珍寶於四天，又同轉
輪之日。輕之若鴻毛，去之如脫屣，故以道駕皇王，事高方冊。若非蘊生知
之上德，蓄機神於懷抱，洞比三明，齊功二智，孰能與於此者哉？」〔註86〕
將武帝講經看作「轉輪」，正是將武帝視爲轉輪王，沈約《佛記序》：「皇帝
行成無始，道承曠劫，十號在躬，三達靡礙，屈茲妙有，同此轉輪。」〔註
87〕也是將武帝看作轉輪王。此外，梁西中郎將晉安王《玄圃園講頌（並序）》
有「皇上託應金輪，均符玉鏡……於是正化潛通，法輪常轉」。〔註88〕劉孝
綽也是將梁武帝描述成轉輪王：「皇上自茲善覺，降迹閻浮，以住地之心，
行則天之化，故能慈導三有，仁濟萬物，猶以法藥未周，寶船不倦，解劍卻
蓋，躬詣道場。瑞花承足，人觀雕輦之盛，金輪啓路，物覿重英之飾。顯實
開權，事均衹鷲，本無四畏，寧慮五怨？思效逡膚，引梁丘隨劍之說，日碑
觸瑟之辭，何異迴龍象於兔徑，注江海於牛跡？聖旨殷勤，曲相誘喻。豈直

教』。」（見嚴耀中《江南佛教史》2000年版，第102頁註釋1）
〔註82〕這一時間的考證參見第五章第三節。
〔註83〕《斷酒肉文》，《廣弘明集》卷26，《大正藏》第52卷，第303頁。
〔註84〕《陳書》卷34《杜之偉傳》，第454頁。
〔註85〕《梁書》卷3《武帝紀下》，第89頁。
〔註86〕《廣弘明集》卷19，第236頁。
〔註87〕《廣弘明集》卷15，第201頁中。
〔註88〕《廣弘明集》卷20，第242頁中。

淨一人之垢衣，將以破群生之暗室。」〔註89〕梁武帝時的太子，後來的簡文帝也指出「屬以皇上慈被率土，甘露聿宣，鳴銀鼓於寶坊，轉金輪於香地。」〔註90〕另外，簡文帝（即位前）在上書中曾提出「故以昭光赤書，賤前史之爲瑞。珚芝景玉，嗤往代之爲珍。難遇者迺如來眞形舍利。」〔註91〕認爲儒家的符瑞不足以表明聖王的統治，只有佛教符瑞可以作爲一種象徵，明確將佛教舍利置於儒家符瑞之上。這種說法是在向梁武帝的上啓中提出，梁武帝沒有反對，表明其認可這種說法。可見佛教在梁武帝統治中後期在國家政治中確實扮演著重要角色。這一點還可以從當時一些信佛教國家對梁朝的態度上得到證明，與宋文帝時期相比，梁武帝時遣使奉表的國家更多，對梁武帝推行佛教政治理念的描述也更具體細緻。如大通元年盤盤國上表中有「道俗濟濟，並蒙聖王光化，濟度一切，永作舟航」〔註92〕中大通二年丹丹國上表中有：「伏承聖主至德仁治，信重三寶，佛法興顯，眾僧殷集，法事日盛，威嚴整肅。朝望國執，慈愍蒼生，八方六合，莫不歸服。化鄰諸天，非可言喻。」〔註93〕此外很多國家的表文中都提到梁武帝「正法化治」〔註94〕、「受化正法」。〔註95〕有的國家表文甚至稱梁武帝是「眞佛」。〔註96〕佛教發源地中天竺國王更是直接將梁武帝描述成佛教轉輪王，「大王出遊，四兵隨從，聖明仁愛，不害眾生。國中臣民，循行正法，大王仁聖，化之以道，慈悲群生，無所遺棄。常修淨戒，式導不及，無上法船，沉溺以濟。百官氓庶，受樂無恐。諸天護持，萬神侍從，天魔降服，莫不歸仰。王身端嚴，如日初出，仁澤普潤，猶如大雲，於彼震旦，最爲殊勝。臣之所住國土，首羅天守護，令國安樂。王王相承，未曾斷絕。國中皆七寶形像，眾妙莊嚴，臣自脩檢，如化王法。」〔註97〕

此外，梁武帝的一些佛事活動也很可能與阿育王有關，如設四部無礙大會，捨身寺院等，甚至其禁止宗廟天地祭祀用肉食的規定也可能有阿育王影

〔註89〕《廣弘明集》卷28，第327頁上。
〔註90〕《答湘東王書》，《廣弘明集》卷16，《大正藏》卷52，第211頁上。
〔註91〕梁簡文《奉阿育王寺錢啓》，《廣弘明集》卷15，《大正藏》卷52，第209頁上。
〔註92〕《梁書》卷54《諸夷傳》，第793頁。
〔註93〕《梁書》卷54《諸夷傳》，第794頁。
〔註94〕《梁書》卷54《諸夷傳》，第796頁「狼牙脩國上表」。
〔註95〕《梁書》卷54《諸夷傳》，第795頁「干陀利國上表」。
〔註96〕《梁書》卷54《諸夷傳》，第796頁「婆利國上表」。
〔註97〕《梁書》卷54《諸夷傳》，第799頁「中天竺國王上表」。

響的影子。阿育王推行佛教治國理念的活動有很多保存在《阿育王石敕》中。這些敕文中有不准人們在首都華氏城開殺戒，禁止和肉食狂迷相關聯的祭奠，並且宣告從此以後宮內御廚不再屠殺任何牲畜；〔註98〕為人們與動物廣設醫療所，道路兩旁亦須廣植果樹與遮蔭路樹；〔註99〕並且為人與動物設置修憩所且給予施給，〔註100〕等等。可見，梁武帝的很多佛事活動並不是「首創」，而是淵源有自的。現存的南朝以前的佛教文獻中並沒有《阿育王石敕》的內容，我們也無法確定梁武帝是否瞭解阿育王的這些行為，也許是兩個帝王因為信佛的緣故在行為上出現了相同的創造，但更可能是阿育王的行為通過一些僧人對梁武帝產生了影響。東晉後期西行求法的法顯曾經在印度看到過阿育王石柱，〔註101〕也許他回國後宣揚了阿育王的教化措施。後代多有批評梁武帝崇佛者（詳見後章對捨身問題的論述），認為崇佛是梁亡的重要原因，就歷史事實而言，這種看法有失偏頗，但這種看法將梁武帝崇佛與政治興衰聯繫在一起，某種程度上意識到梁武帝推行佛教政治理念的努力，在思路上卻與梁武帝異曲同工。

總之，可以說梁武帝曾主動利用佛教的政治理念，特別是他統治的後半期，他對佛教的利用更是體現在多個方面。正是這種對佛教的利用和重視，使佛教獲得極大發展，佛寺急劇增長，僧尼人數成倍增加，據道世《法苑珠林》載，南朝宋時有寺 1913 所，僧尼 3600 人，齊時有寺 2015 所，僧尼 32500 人，梁時有寺 2846 所，僧尼增至 82700 人。〔註102〕而且在這一時期寺院建造窮極壯麗，教徒奢侈腐敗，甚至出現了收有白徒、養女、武裝犯法的上千人、上萬人的龐大僧團，以至於郭祖深擔心「恐方來處處成寺，家家剃落，尺土一人，非復國有。」。〔註103〕

芮沃壽（Arthur F. Wright）認為梁武帝有以佛教意識形態統治中國的現象，並認為梁武帝這種以「皇帝菩薩」的面貌統治中國的方法，是一種「新的佛教為王模式（a new Buddhist model for kingly behavior）」。〔註104〕古正美

〔註98〕《大石訓第一》，周詳光譯《阿育王及其石訓》。
〔註99〕《大石訓第二》，同上。
〔註100〕《柱訓第七》，同上。
〔註101〕《高僧法顯傳》卷1，《大正藏》卷51，第862頁中。
〔註102〕《法苑珠林校注》卷100《興福部》，《大正藏》卷53，第1025頁中。
〔註103〕《南史》卷70《郭祖深傳》，第1722頁。
〔註104〕Arthur F.Wright ,Buddhism in Chinese History, pp.50～51.

更是認爲梁武帝曾全面推行佛教意識形態（詳後）。筆者認爲雖然在推行佛教
政治理念這一問題上，梁武帝在很多方面都模仿阿育王，與中國其他帝王相
比，他已經走得很遠，但梁武帝首先是一位精明的政治實踐家，一位在中國
文化傳統中成長起來的帝王，在長期的政治實踐中，他對中國傳統的政治理
念和文化傳統有著深刻的洞悉，激烈而又殘忍的建立王朝的過程使他對採取
何種政策統治國家保持謹慎的態度。即使是宗教狂熱也不能掩飾他的政治清
醒，雖然尊崇佛教，他也不敢貿然放棄在中國存在一千多年的政治傳統，所
以總體看來，他還是採取儒釋兼弘的策略，在政治的層面並不排除儒家傳統，
而是試圖將各家學說結合起來；在個人生活和人生信仰上更多採取佛家的標
準，遵守佛家的戒律和道德要求。梁武帝對臣下的要求，也基本採取這種策
略。中國傳統政治體制培養起來的臣子，也會積極抵制不合傳統的行爲，因
此梁武帝雖然在「捨事道法詔」要求臣下信佛，但這只是一種個人號召，不
具有行政命令的效果，從前引正史中我們也可以看到對不信佛的臣子他並沒
有採取行政手段，而是進行說服教育。所以對大部分人來說，儘管接受帝王
的信仰有時會帶來政治上的利益，但是否信佛還主要是個人信仰問題。古正
美在論證梁武帝推行佛教意識形態時使用了下面的證據：

> 梁武帝認爲佛教治國意識形態的活動，本是國家的治國國策或高度機
> 密，因此，不宜向人民宣佈。梁武帝在以佛教治國時，制定有「十事」
> 或十種發展佛教治國意識形態的方法。相似於此「十事」者，也常見
> 於中國或亞洲帝王使用佛教意識形態治國的時代。梁武帝的「布衣相
> 知」荀濟因武帝登位後沒有給他一官半職，又因憎恨佛教的緣故，因
> 此披露「十事」。梁武帝認爲此「十事」爲國家機密，有人宣洩便要
> 遭殺生之禍。……荀濟如此公佈及批判此「十事」：「一曰、營繕廣廈，
> 僭擬皇居也。二曰、興建大室，莊飾胡像，僭比明堂宗祐也。三曰、
> 廣譯妖言，勸行流布，轢帝王之詔敕也。四曰、交納泉布賣，天堂五
> 福之虛果，奪大君之德賞也。五曰、豫徵收贖，免地獄六極之謬殃，
> 奪人主之刑罰也。六曰、自稱三寶，假託四依坐傲君王，此取威之術
> 也。七曰、多建寺像，廣度僧尼，此定霸之基也。八曰、三長六紀，
> 四大法集，此別行正朔密行徵發也。九曰、設樂以誘愚小，俳優以招
> 遠會，陳佛土安樂，斥王化危苦，此變俗移風徵租稅也。十曰、法席
> 聚會，邪謀變通，稱意贈金，毀破遭謗，此呂尚之六韜秘策也。……

> 梁武帝如此看待佛教意識形態的施行情況，其當然不會如武則天一
> 樣，流通或登錄其治國意識形態的内容。由於梁武帝對其治國意識形
> 態的活動視爲高度機密，縱然梁武帝留下許多佛教文獻，我們還是很
> 難從這些文獻中看出梁武帝使用的佛教意識形態發展模式。〔註105〕

這些論證存在著很多問題：一、既然是治國意識形態怎麼能不宣佈於人民；
二、既然是高度機密，沒有「一官半職」的苟濟又如何知曉其内容；三、最
重要的是苟濟的上書是指責佛教冒犯了中國傳統政治的大忌，怎麼會成爲梁
武帝推行的「十事」。但反過來古正美的論述也有兩點可以補充我們的論證：
一、梁武帝確實沒有公開而明確地宣佈要以佛教意識形態治國；二、在所存
的文獻中我們看不到梁武帝使用佛教意識形態的具體模式。所以雖然梁武帝
在很多行爲上曾模仿阿育王，有意成爲佛教的轉輪王，但他卻沒有全面推行
佛教治國理念，佛教在很大程度上還只是儒家政治理念的一種補充。

補充一點，如果說在整個政治領域，南朝帝王對以阿育王爲代表的轉輪
王的模仿還比較有限，在另外一些方面，南朝帝王和皇室卻比阿育王走的更
遠，例如，渥德爾曾經指出「沒有證據證明阿育王曾經關心佛教的專門哲學
問題。」〔註106〕南朝帝王和皇室卻力圖在佛教義理方面有所建樹。寬泛地說
這與中國的政治傳統有著很大的關係。中國傳統政治中，最高統治者不僅掌
握著最高的政治權利，在文化上也往往力圖代表最新的發展方向。南朝時期，
佛教成爲顯學，帝王皇室在佛教義理方面的差距已經不能適應形式的需要。
關於這一點，梁代蕭瞡素在答梁武帝《敕答臣下神滅論》中的一段話可以透露
出某些隱曲，他說「然自慧雲東漸，寶舟南濟，歲序綿長，法音流遠。明君
良宰雖世能宗服，至於躬挹玄源親體妙極者，竟未聞焉。是以兩諦八解，獨
闕皇言；九部三明，空蕪國學。嗚呼，可爲歎息者也。」〔註107〕蕭瞡素指出
到梁武帝時，皇室成員的佛教義理水準仍然非常有限，這並不完全符合歷史
事實。但其指出這種有限性，「可爲歎息」，實際上是說如果皇室成員不精通
佛教義理，對於提高皇室的文化地位非常不利。應該說，借助對佛教義理的
理解提高自身的文化形象應該是南朝皇室注重佛教義理的重要原因。南朝皇
室，特別是齊、梁皇室成員通過對佛教義理的理解來塑造文化形象，也與南

〔註105〕古正美：《從天王傳統到佛王傳統》，第21頁。
〔註106〕（英）渥德爾：《印度佛教史》，商務印書館1987年版，第227頁。
〔註107〕《弘明集》卷10，《大正藏》卷52，第65頁上。

朝特殊的政治環境有關。南朝時期雖然嚴格意義上的門閥政治已經結束，皇權政治開始復興，〔註108〕但門閥大族在社會上的影響卻依然巨大，尤其是文化方面，門閥大族以其學術門風仍然佔據優勢。南朝皇室出身於次等士族，雖然在政治上取得了優勢，但在文化上卻受到門閥大族的輕視。隨著政權的穩固，南朝皇室必然試圖改變這種狀況。門閥士族本來以玄學、儒學見長，在這方面南朝皇室難以與之相提並論，他們必須另闢他路，這時佛教的發展為其提供了難得的機遇。佛教在東晉還只是玄學的附庸，不僅理論上需借助玄學來闡釋，高僧也周旋於玄學名士之間，模仿名士的行為模式。南朝時期佛教開始獨立發展，並逐漸取代玄學而成為當時的顯學。因此借助佛教來抗衡門閥大族的文化優勢成為南朝皇室很好的選擇。

　　當然這並不是一下子出現的，而是一個不斷發展的過程，也會因皇室成員個人性格的不同而呈現不同的面貌，有的人自覺意識到了，有的人只是客觀上呈現了這種趨勢。比較南朝各代皇室在佛教義理方面的造詣，我們可以看到南朝皇室爭取文化優勢的過程。如果說上引宋文帝「而復不敢立異者，正以卿輩時秀，率所敬信故也。」表明文帝崇佛還只是追隨名士的話，〔註109〕南齊皇室的崇佛就有了更自覺的理論追求，南齊皇室崇佛者莫過於竟陵王蕭子良，子良在宋齊禪代之際為齊高帝所倚重，武帝時晉位司徒，甚至被認為是皇位繼承人，〔註110〕是南齊皇室中很有影響的人物，他極力提高皇室文化形象的例子很多，如開西邸聚文學之士、集學士抄五經百家等，史書稱他「禮才好士……天下才學皆遊集焉」。他崇佛活動也很多，關於提倡佛教義理方面主要有延請名僧講說、撰寫佛學著作等。蕭子良的佛學修養已經達到一定的高度，並為道俗所認可，《續高僧傳·釋法護傳》：「齊竟陵王總校玄釋，定其虛實。」能夠有資格確定高僧的虛實，可見他的佛學修養應該得到了佛教界的認可。湯用彤先生指出，蕭子良「蓋服膺大乘空理，觀其重視《淨名》，亦可以證。而《成實》之式微，《三論》之復興，亦導始於此。」〔註111〕蕭子良個人的義理傾向能夠對佛教義理派別的流傳起一定作用，可見他在佛教界有較高的地位。到了梁代，皇室成員的佛學修養在士人中已經取得優越性。梁武帝不僅經常親自設會講經，而且

〔註108〕參見田餘慶先生《東晉門閥政治》北京大學出版社 1989 版，第 324～356 頁

〔註109〕宋文帝對佛教義理也有一定的造詣，僧傳記載他曾經述竺道生頓悟義（《高僧傳》卷 7《竺道生傳》）。

〔註110〕《南齊書》卷 40《竟陵王蕭子良傳》，第 692 頁。

〔註111〕湯用彤《漢魏兩晉南北朝佛教史》，第 327 頁。

有不少佛學著作。〔註112〕梁昭明太子、簡文帝、梁元帝等對佛教義理也都有很深的體悟，《廣弘明集》載有他們多篇佛學文章。可以說梁代皇室在文化上已經佔據了領導位置。佛教義理博大精深，對其理解並不是只要努力就能取得成果，更多要靠天賦，所以我們不能僅僅依據對義理研究的高深來判斷對義理的重視程度。陳代皇室雖然對佛教義理的體悟遠不及梁代，但對佛教義理的重視卻並不比梁代差，《續高僧傳·釋法泰傳》：「先是梁武宗崇大論，兼玩成實，學人聲望，從風歸靡。陳武好異前朝，廣流大品，尤敦三論。故泰雖屢演，道俗無受，使夫法座絕嗣，聞爾無聞。」〔註113〕如果說梁代皇室本身對佛教義理有濃厚的興趣，其通過佛學研究取得文化上的優勢更多還是一種客觀結果的話，陳武帝沒有多少佛學修養，卻「好異前朝，廣流大品」，盡力促成一種佛教義理的流行，則是對自身文化形象的一種有意塑造。

（三）南朝帝王對僧尼個體的利用

僧尼作為佛教的實踐者和宣傳者，在佛教盛行的社會受到很高的重視，他們的聲名、才智以及他們神秘的宗教修行都會成為世俗社會可資利用的資源。首先，對於政權來說，供養或延請高僧、名僧可以提高其外交聲望，這一點西域諸國也有充分認識，鳩摩羅什來華之前，曾遊歷沙勒國，當時有一個叫喜見的沙門對沙勒王說「此沙彌不可輕，王宜請令初開法門，凡有二益：一國內沙門恥其不逮，必見勉強；二龜茲王必謂什出我國，而彼尊之，是尊我也，必來交好。』王許焉。」〔註114〕可見對於信仰佛教的政權而言，高僧或名僧也是一種重要的外交資源。東晉十六國時期，符堅對道安的爭奪，姚興對鳩摩羅什的迎請也都有這方面的考慮。南北朝時期，南北割據對立，雙方除了戰爭，在較長時間內也保持了相對友好的交往，而這時雙方政權都非常尊崇佛教，高僧或名僧更成為一種重要的外交資源。很多統治者非常重視對高僧的爭奪，如《高僧傳·釋僧宗傳》「文惠太子將欲以罪擯徒遂，通夢有感，於是改意歸焉。魏主元宏遙挹風德，屢致書並請開講，齊太祖不許外出。」〔註115〕又如釋玄暢，「齊驃騎豫章王嶷作鎮荊、峽，遣使徵請。河南吐谷渾主，

〔註112〕對於梁武帝的佛學著作和佛學思想，史家多有研究。如任繼愈《中國佛教史》（第三卷）中國社會科學出版社1985年版，第22頁。
〔註113〕《續高僧傳》卷1《釋法泰傳》，第111頁上。
〔註114〕《高僧傳》卷2《鳩摩羅什傳》，第47頁。
〔註115〕《高僧傳》卷8《釋僧宗傳》，第328頁。

遙心敬慕，迺馳騎數百，迎於齊山。值已東赴，遂不相及。」〔註116〕僧尼具有一定聲譽後被敵國延請，非常有利於提高本國的聲望，南朝佛教相對於北朝，義理方面更爲發達，因此北朝君主經常延請南朝高僧，如釋曇度，「從僧淵法師更受《成實論》，遂精通此部，獨步當時。魏主元宏聞風餐挹，遣使徵請。既達平城，大開講席，宏致敬下筵，親管理味。於是停止魏都，法化相續，學徒自遠而至，千有餘人。」〔註117〕再如靜稱尼，「聲達虜都，虜謂聖人，遠遣迎接。」〔註118〕《續高僧傳・釋道登傳》「年造知命，譽動魏都。北土宗之，累信徵請。」〔註119〕而這對於提高南朝政權在北方統治者心目中的地位非常重要，南北雖是敵對之國，北朝對南朝的文化禮樂卻非常嚮往。北上的南朝高僧在宣傳南方的文化形象方面無疑起了重要作用。南朝帝王對北方高僧也非常尊重，《續高僧傳・釋志湛傳》：「讀誦《法華》，用爲常業，將終之日。沙門寶誌奏梁武曰：『北方山荏縣人住今衛草寺須陀洹果聖僧者，今日入涅槃。』楊都道俗，聞誌此告，皆遙禮拜。」〔註120〕對於南下的高僧更是尊崇有加，北方高僧釋僧達曾南遊梁境，後得到梁武帝尊崇，並從其受戒，返回北朝後，梁武帝還非常尊重他，對仕臣說：「北方鸞法師、達禪師肉身菩薩。」〔註121〕並經常向北方遙禮。又《續高僧傳・釋靖嵩傳》：「俄屬周武屏除，釋門離潰，遂與同學法貴、靈侃等三百餘僧，自北徂南，達于江左。陳宣帝遠揖德音，承風迎引，令侍中袁憲至京口城禮接登岸。帝又使駙馬蔡凝宣敕云：『至人爲法，以身許道。法師等善明治亂，歸寄有敘，可謂懷道正士，深可嘉之。宜於都郭大寺安置，所司供給，務令周洽。』」〔註122〕尊崇來自敵國的高僧可以提高本國聲譽，對敵國高僧形成一種政治誘惑。高僧的動向有時也成爲統治者標明政治清明的工具，如上文所引陳宣帝令蔡凝向釋靖嵩宣敕：「法師等善明治亂，歸寄有敘，可謂懷道正士，深可嘉之。」即是將釋靖嵩南下，解釋成陳朝政治的優越。

　　一些統治者還直接任用僧尼進行外交，〔註123〕《高僧傳・釋僧鍾傳》：「永

〔註116〕《高僧傳》卷8《釋玄暢傳》，第316頁。
〔註117〕《高僧傳》卷8《釋曇度傳》，第304頁。
〔註118〕《比丘尼傳校注》卷2《靜稱尼傳》，第92頁。
〔註119〕《續高僧傳》卷6《釋道登傳》，第151頁下。
〔註120〕《續高僧傳》卷29《釋志湛傳》，第360頁下。
〔註121〕《續高僧傳》卷16《釋僧達傳》，第233頁上。
〔註122〕《續高僧傳》卷10《釋靖嵩傳》，第182頁上。
〔註123〕國外統治者也利用僧尼進行外交，《高僧傳・釋慧力傳》：「昔師子國王聞晉孝

明初，魏使李道固來聘，會于寺內。帝以鍾有德聲，敕令酬對，往復移時，言無失厝。日影小晚，鍾不食，固曰：『何以不食？』鍾曰：『古佛道法，過中不餐。』固曰：『何為聲聞耶？』鍾曰：『應以聲聞得度者，故現聲聞。』時人以為名答。」〔註124〕《續高僧傳・釋洪偃傳》：「會齊使通和，舟車相接。崔子武等，擅出境之才。議其瞻對，眾莫能舉。世祖文皇，以偃內外優敏，可與抗言。敕令統接賓禮。樞機溫雅，容止方棱，敷述皇猷，光宣帝德。才詞宏逸，辯論旁馳，潤以真文，引之慈寄。子武等頂受誥命，銜佩北蕃。帝嗟賞厚惠，更倍恒度。」〔註125〕以上利用高僧進行外交還只是一種臨時任命，梁武帝卻曾經任用外國高僧月婆首那「總監外國往還使命。」〔註126〕

北朝也任用僧尼進行外交，《續高僧傳・釋曇延傳》云：

> 有陳躬使周弘正者，博考經籍，辯逸懸河。遊說三國，抗敵無擬。以周建德中年，銜命入秦。帝訝其機捷，舉朝忩採。敕境內能言之士，不限道俗，及搜採巖穴，遁逸高世者，可與弘正對論，不得墜於國風。時蒲州刺史中山公宇文氏，夙承令範。迺表上曰：「曇延法師，器識弘偉，風神爽拔，年雖未立而英辯難繼者也。」帝迺總集賢能，期日釋奠，躬御禮筵，朝宰畢至。時周國僧望二人，倫次登座。發言將訖，尋被正難。徵據重疊，投解莫通。帝及群僚，一朝失色。延座居末第，未忍斯慚，便不次而起。帝曰：「位未至何事輒起？」延曰：「若是他方大士，可藉大德相臨。今迺遠國微臣，小僧足堪支敵。」延徑升高座。帝又曰：「何為不禮三寶？」答曰：「自力兼擬，未假聖賢加助。」帝大悅。正遂構情陳難，延迺引義開關。而正頗挾機調，用前殿後。延乘勢挫拉，事等摧枯。因即頂拜伏膺，慨知歸之晚。自陳云：「弟子三國履歷，訪可師之師，不言今日迺遇於此矣。」即請奉而受戒。晝夜諮問，永用宗之。及返陳之時，延所著義門并其儀貌，並錄以歸國。每夕北禮，以為「曇延菩薩」焉。〔註127〕

南北朝外交非常重視辭令，所派使者多能言善對者，以此顯示國家的文化風

武精於奉法，故遣沙門曇摩抑遠獻此佛。」《高僧傳》卷13《釋慧力傳》，第480頁。

〔註124〕《高僧傳》卷8《釋僧鍾傳》，第306頁。

〔註125〕《續高僧傳》卷7《釋洪偃傳》，第156頁下。

〔註126〕《續高僧傳》卷1《真諦傳》，《大正藏》卷50，第430頁下。

〔註127〕《續高僧傳》卷8《釋曇延傳》，第168頁下。

尚，〔註128〕外交使節如果被對方挫敗，就會「墜於國風」。曇延將博學善辯的陳朝使者周弘正駁倒，並令其傾服，很好地維護了北周的聲望。此外，魏主元宏圍壽春時還曾「遣道登道人進城內施眾僧絹五百匹，慶遠、選之各袴褶絡帶。」〔註129〕

　　高僧具有很高的名望，供養或延請高僧也能提高個人的政治聲望，據《續高僧傳・釋僧旻傳》：「後吳郡太守張充、吳興太守謝覽，各遣僚佐至都，表上延請。有敕給船仗，資糧發遣。二郡迎候，舟檝滿川。京師學士，雲隨霧合。中途守宰，莫不郊迎。晉陵太守蔡撙，出侯門迎之，歎曰：『昔仲尼素王於周，今旻公又素王於梁矣。』」〔註130〕吳郡太守張充、吳興太守謝覽延請高僧僧旻，皇帝「給船仗、資糧，發遣」，隨行人員眾多，沿途造成極大的聲勢，場面非常宏大「二郡迎候，舟檝滿川。京師學士，雲隨霧合。中途守宰，莫不郊迎。」這無疑會提高二郡太守的政治聲望。因此南朝諸王出鎮，或官員出守大多攜帶名僧，如《高僧傳・求那跋陀羅傳》：「後譙王鎮荊州，請與俱行，安止辛寺。」〔註131〕這些官員都非常重視所延請或攜帶高僧的名氣，《續高僧傳・釋慧韶傳》：「梁武陵王出鎮庸蜀，聞彼多參義學，必須碩解弘望，方可開宣。眾議薦舉，皆不合意。王曰：『憶往年法集有傖僧韶法師者，迺堪此選耳。若得同行，想能振起邊服。便邀之至蜀。」〔註132〕梁武陵王精心挑選隨同前往的高僧，並且明確表明攜帶高僧的目的是「振起邊服」，可見攜帶高僧具有很強的政治目的。史書中提到的延請或攜帶高僧出守的情況還有很多，茲列表如下：

材　料　來　源	內　　容
《高僧傳》卷 3《求那跋陀羅傳》	後譙王鎮荊州，請與俱行，安止辛寺。
《高僧傳》卷 3《曇摩密多傳》	會稽太守平昌孟顗，……及臨浙右請與同遊。

〔註128〕據《北史》卷 43《李崇附李諧傳》描述梁代南北外交的情況曰：「既南北通好，務以俊义相矜，銜命接客，必盡一時之選，無才地者不得與焉。梁使每入，鄴下為之傾動，貴勝子弟盛飾聚觀，禮贈優渥，館門成市。宴日，齊文襄使左右覘之，賓司一言制勝，文襄為之抃掌。魏使至梁，亦如梁使至魏，梁武親與談說，甚相愛重。」可見當時雙方對人才文化修養的重視，可以說整個南北朝外交都具有這一特點。
〔註129〕《南齊書》卷 45《宗室傳》，第 794 頁。
〔註130〕《續高僧傳》卷 5《釋僧旻傳》，第 143 頁上。
〔註131〕《高僧傳》卷 3《求那跋陀羅傳》，第 132 頁。
〔註132〕《續高僧傳》卷 6《釋慧韶傳》，第 150 頁下。

《高僧傳》卷 11《釋法成傳》	元嘉中東海王懷素出守巴西，聞風遣迎，會於涪城。
《高僧傳》卷 11《釋志道傳》	王奐出鎮湘州，攜與同遊。
《高僧傳》卷 12《釋道冏傳》	宋元嘉二十年，臨川康王義慶攜往廣陵。
《高僧傳》卷 12《釋僧侯傳》	蕭惠開入蜀，請共同遊。
《高僧傳》卷 13《釋曇智傳》	王僧虔臨湘州，攜與同行。
《高僧傳》卷 13《釋曇光傳》	〔宋〕義陽王旭出鎮北徐，攜光同行。
《比丘尼傳》卷 4《曇暉尼傳》	宋元嘉十九年，臨川王臨難崇，延之至鎮驃騎牧陝，復攜往南楚。
《續高僧傳》卷 5《釋惠澄傳》	梁桂陽王出鎮南嶽，請與同行。
《續高僧傳》卷 5《釋僧旻傳》	後吳郡太守張充、吳興太守謝覽，各遣僚佐至都表上延請。
《續高僧傳》卷 6《釋慧約傳》	沈約罷郡，相攜出都。
《續高僧傳》卷 6《釋慧超傳》	安成康王蕭雅秀欽敬，出蕃要請相攜。
《續高僧傳》卷 6《釋慧韶傳》	梁武陵王出鎮庸蜀，……便邀之至蜀。
《續高僧傳》卷 6《釋明徹傳》	齊太傅蕭穎深相欽屬，及領荊州攜遊七澤，請於內第開講淨名。
《續高僧傳》卷 12《釋慧覺傳》	陳晉安王伯恭為湘州刺史，深加禮異，並請講眾，南行弘演。
《續高僧傳》卷 16《釋慧義傳》	會西昌侯蕭淵藻，出鎮蜀部，於即拂衣附之，爰至井絡。
《續高僧傳》卷 16《釋慧勝傳》	彭城王劉績出守南海，請與同歸。
《續高僧傳》卷 26《釋道仙傳》	梁始興王澹……攜至陝服。
《續高僧傳》卷 30《釋明達傳》	以天監十五年，隨始興王還荊州。

一些僧尼具有極高的聲名，有利於促進地方教化，一些地方官員也會充分利用僧尼的教化功能。《高僧傳·釋道汪傳》：「化行巴蜀，譽洽朝野。梁州刺史申坦與汪有舊，坦後致故，汪將往省之，仍欲停彼。費文淵迺上書刺史張悅曰：『道汪法師，識行清白，風霜彌峻，卓爾不群，確焉難拔。近聞梁州遣迎，承教旨許去。闔境之論，僉曰非宜。鄙州邊荒，僧尼出萬。禪戒所資，一焉是賴。豈可水失其珠，山亡其玉。願鑒九俗之誠，令四輩有憑也。』悅即敦留，遂不果行。」〔註133〕道汪法師德行高尚，促進了巴蜀地區的教化，其欲離巴蜀，結果「闔境之論，僉曰非宜」，刺史也懇切挽留，足見其在巴蜀所具有的影響力。

〔註133〕《高僧傳》卷 7《釋道汪傳》，第 283 頁。

此外，統治者對佛教的利用，還表現在對佛教相關事物的利用上，如利用佛教齋會收繫官員，《南齊書·張敬兒傳》「永明元年，敕朝臣華林八關齋，於坐收敬兒。」〔註 134〕利用佛寺作爲軍事據點，《南齊書·蕭坦之傳》「討遙光，屯湘宮寺。」〔註 135〕利用佛寺宴請群臣，《南齊書·和帝紀》「中興元年（501）春，三月，乙巳，即皇帝位，大赦，改元。五月，乙卯，車駕幸竹林寺禪房宴群臣。」〔註 136〕等等。在特殊情況下，統治者還試圖使用僧尼來承擔勞役，《續高僧傳·釋智文傳》：「（陳）宣帝命旅，克有準泚。一戰不功，千金日喪，轉輸運力，遂倩衆僧。文深護正法，不懼嚴誅。迺格詞曰：『聖上誠異宇文廢滅三寶，君子爲國，必在禮義。豈宜以勝福田爲胥下之役，非止延敵輕漢，亦恐致罪尤深。』有敕許焉，事即停寢。」〔註 137〕

二、南朝統治者對佛教之控制

既然南朝統治者對佛教主要是利用，僧尼與政治的關係就很不穩定。當各種情況發生變化，或者佛教發展到一定程度，或者政治形勢發生某種變化，或者由於統治者的某種需要，統治者就會採取各種措施來限制佛教，而限制佛教是通過控制僧尼來實現的。這可以有兩個層面的內容，即對僧尼群體（僧團）的一般控制和對僧尼個人的個別控制，前者體現的是國家制度上的規定，後者則是特殊情況下的特殊事例。

（一）南朝統治者對僧尼的一般控制

統治者對僧尼的一般控制，主要有設置僧官、沙汰僧尼，令沙門致敬王者等。

設置僧官，將僧尼納入國家官僚體系是中國佛教不同於印度佛教的一個特色，也是統治者控制僧尼的一項最重要措施。關於僧官設立的時間，湯用彤先生認爲「其詳已不可考。惟知姚興始立僧官。但晉朝則無所聞。……《續高僧傳·僧遷傳》則謂晉氏始置僧司，不知何所據。」〔註 138〕任繼愈先生認爲「後秦設置僧官的時間爲弘始三年（401 年），比北魏設置『道人統』（應在 396～397

〔註 134〕《南齊書》卷 25《張敬兒傳》，第 474 頁。
〔註 135〕《南齊書》卷 42《蕭坦之傳》，第 749 頁。
〔註 136〕《南齊書》卷 8《和帝紀》第 112 頁。
〔註 137〕《續高僧傳》卷 22《釋智文傳》，第 288 頁上。
〔註 138〕湯用彤《漢魏兩晉南北朝佛教史》，第 319 頁

年左右）稍晚。後秦滅後，北朝通行北魏的僧官體制，而南朝則大體沿用後秦的僧官職稱。」〔註139〕謝重光、白文固兩先生則認爲僧官「至遲在東晉安帝隆安末年前已經產生」，其理由如下：一、《高僧傳》卷五《竺道壹傳》中有「時人號曰九州都維那」，而都維那是最高僧官的副職，道壹雖然沒有擔任都維那，卻可以說明當時全國存在著都維那這一闕位；〔註140〕二、《續高僧傳》卷六《僧遷傳》中「昔晉氏始置僧司」的記載，也就是湯先生認爲「不知何所據」的那段史料。本文認爲謝、白二先生的論據不夠充分，《續高僧傳》撰於唐代，其記錄前代史實的眞實性並不是非常可靠，而維那，據《佛學大辭典》：「維那二字，係梵漢兼舉之詞；維，綱維，統理之義；那，爲梵語 karma-da^na（音譯羯磨陀那）之略譯，意譯授事，即以諸雜事指授於人。維那，又作都維那，舊稱悅眾、寺護。爲寺中統理僧眾雜事之職僧。據《十誦律》卷三十四載，昔時佛陀於舍衛國，爲使僧眾中雜事皆有序，因令設維那。……故知維那源於佛制，爲掌管僧眾雜事之職。」可見維納之設本是源於佛制，後來國家設置僧官後，纔將維納納入僧官體系，成爲最高僧官的副職。竺道壹因博通內外、律行清嚴，「故四遠僧尼，咸依附諮稟。」〔註141〕纔被稱爲「九州都維那」，根據文意，僧尼向他諮稟的應該主要是佛教戒律，而佛教戒律非常繁雜細碎，也可以看作僧眾中的雜事，因此他被稱爲「九州都維那」。這應該是遵循佛制的一種稱謂，而「九州」只是表明他影響範圍之大而已，不一定說明當時就存在全國性的僧官。另外，僧官既然代表國家管理僧團，就應該選擇有聲望的高僧來擔任，而《高僧傳》中卻不見有東晉高僧被任命爲僧官，可見東晉時期出現僧官的可能性並不大。我們可以不管僧官設立的具體時間，但至少南朝時期，僧官已經普遍存在。僧官制度將僧團和國家政權聯繫在一起，從此，佛教雖稱「方外」，卻在很多方面受到「方內」（世俗政治）的干涉。關於僧官的執掌、銓選、任免等問題史家已多有論述，〔註142〕本文不擬重復，這裏只提一下，僧官以外，國家暫時任命

〔註139〕任繼愈：《中國佛教史》（第 3 卷），第 75～77 頁。
〔註140〕謝重光、白文固：《中國僧官制度史》，青海人民出版社 1990 年版，第 12 頁。
〔註141〕《高僧傳》卷 5《竺道壹傳》，第 207 頁。
〔註142〕謝重光、白文固：《中國僧官制度史》，青海人民出版社 1990 年版第 17～48
　　　　頁；王永會《中國佛教僧團發展及其管理研究》，巴蜀書社 2003 年版。謝重
　　　　光《晉至唐中葉門閥士族與佛教寺院的關係》（《北京師範大學學報（社科版）》
　　　　1991 年第 4 期）一文指出：「從僧官的銓選來說，晉唐時期，特別是東晉南
　　　　朝，世俗選官憑門第、重虛譽的風氣對僧官的選任有很大影響。」這可以看
　　　　作佛教中國化的一個方面。

高僧管理僧眾的情況。《續高僧傳・釋曇瑗傳》：

> 宣帝下詔國內：初受戒者，夏未滿五，皆參律肆，可於都邑大寺，
> 廣置德場。仍敕瑗總知監檢，明示科舉。有司准給衣食，勿使經營
> 形累，致虧功績。瑗既蒙恩，詔通誨國僧，四遠被徵，萬里相屬。
> 時即搜擢明解詞義者，二十餘人，一時敷訓。眾齊三百于斯時也。
> 京邑屯鬧，行誦相誼，國供豐華，學人無弊。不逾數載，道器大增。
> 其有學成，將還本邑。瑗皆聚徒，對問理事，無疑者方迺遣之。由
> 是律學更新，上聞天聽。帝又下敕榮慰，以瑗為國之僧正，令住光
> 宅。苦辭以任，敕特許之。〔註143〕

曇瑗是陳代有名的律師，從後面「帝又下敕榮慰，以瑗為國之僧正。……苦
辭以任。敕特許之。」可見他始終沒有擔任國家的僧官，但宣帝卻任命他監
檢全國僧眾，並且給予大力支持，在都邑大寺為其設置道場，並令有司供給
衣食。曇瑗在某些方面也具有僧官的權力，學成的僧徒需經過他的檢驗，纔
能算是合格。這種暫時性的任命不同於固定的僧官設置，但也是國家控制僧
團的重要手段之一。

　　沙汰僧尼是統治者同佛教爭奪人口的重要措施，是統治者控制佛教更為
嚴厲的措施，但在南朝卻往往由於高僧和信佛士人的反對而很難實施。這個
問題史家多有論述，〔註144〕這裏只舉三例：

　　一、《高僧傳・釋道盛傳》：

> 齊高帝敕代曇度為僧主。丹陽尹沈文季素奉黃老，排嫉能仁。迺建義
> 符僧局，責僧屬籍，欲沙簡僧尼，由盛綱領有功，事得寧寢。〔註145〕

　　二、《續高僧傳・釋真觀傳》：

> 於斯時也，徵周失律。朝議括僧，無名者休道。觀迺傷迷，歎曰：
> 夫刹利居士，皆植福富強。黎庶廝小，造罪貧弱。欲茂枝葉，反克
> 根本，斯甚惑矣。人皆惜命偷生，我則亡身在法。迺致書僕射徐陵，
> 文見別集。陵封書合奏。帝懍然動容，括僧由寢。〔註146〕

　　據《廣弘明集》其上書內容為：

〔註143〕《續高僧傳》卷22《釋曇瑗傳》，第287頁中。
〔註144〕任繼愈《中國佛教史》（第三卷），第10頁；湯用彤《漢魏兩晉南北朝佛教史》
　　　　第319頁。
〔註145〕《高僧傳》卷8《釋道盛傳》，第307頁。
〔註146〕《續高僧傳》卷31《釋真觀傳》，第377頁上。

夫出俗之人務應修道，許其方外之禮，不拘域中之節。或有不貫名籍，無關簿領，並皆遊方採聽，隨處利安，望刹爲居，臨中告飯。或頭陀林下，或蘭若巖阿，如此之流，寧容繼屬。若勝業不全，清禁多毀，宜應休道，此事誠然。而持犯難知，聖凡相濫，譬菴羅之果生熟難分，雪山之藥眞僞難辯。忽使崑峰之上玉石同焚，大澤之中龍蛇等斃。何期惜也，吁可傷哉。〔註147〕

三、《續高僧傳·釋智顗傳》：

于時檢括僧尼，無貫者萬計。朝議云：策經落第者，並合休道。顗表諫曰：「調達誦六萬象經，不免地獄；槃特誦一行偈，獲羅漢果。篤論道也，豈關多誦。」陳主大悅，即停搜簡。是則萬人出家，由顗一諫矣。〔註148〕

在這三個例子中，統治者都企圖通過沙汰僧尼，來加強對佛教的控制，而三位高僧的反對，也都充分考慮了統治者的心理，從宗教束縛和可行性等方面進行反對，齊高帝決定不沙汰僧尼的原因是「（道）盛綱領有功」，也就是僧團內部已經調整了與政權之間的緊張狀態；釋眞觀認爲沙汰僧尼是「欲茂枝葉，反克根本」，並從報應的角度認爲這種行爲「甚惑」，他在給徐陵的書信中更是詳細陳述沙汰僧尼的壞處，以至陳帝看後「懍然動容」；智顗則從現實的角度來反對沙汰僧尼：誦經多少與修行高低沒有必然的聯繫，沙汰僧尼很難有合理的標準。可見統治者最後取消沙汰僧尼的規定，很大程度上是根據現實情況與佛教之間達成的暫時妥協。在抵制統治者控制方面，具有一定地位的高僧往往起著重要作用。沙汰僧尼屢次被提出，正表明統治者加強對佛教控制的韌性，高僧的成功也表明這時佛教還有較大的獨立性。此外地方長官有時還在自己統轄範圍內沙汰僧尼，如沈攸之爲荊州刺史時曾「普沙簡僧尼」。〔註149〕

沙門致敬王者，是統治者對佛教控制的另一個重要措施。這個問題在東晉就已經出現，釋慧遠的《沙門不敬王者論》也曾暫時確立了僧尼不敬王者的規則，但南朝時期，這個問題還是被不斷提起，甚至在一定時期內帝王還施行了沙門盡敬王者的規定。據《高僧傳·釋僧遠傳》：「大明六年九月，有

〔註147〕釋眞觀：《與徐僕射領軍述役僧書》，《廣弘明集》卷24，《大正藏》卷52，第277頁中。

〔註148〕《續高僧傳》卷17《釋智凱傳》，第245頁中。

〔註149〕《比丘尼傳校注》卷3《慧緒尼傳》，第149頁。

司奏曰:『臣聞邃拱凝居,非期宏峻,拳跪槃伏,豈止敬恭?將欲昭張四維,
締制八寓,故雖儒法枝派,名墨條流。至於崇親嚴上,厥緣靡爽,唯浮圖爲教,
遐自龍裔。宗旨緬邈,微言淪遠,拘文蔽道,在末彌扇。遂迺凌越典度,偃
居尊戚。失隨方之妙迹,迷製化之淵美。夫佛法以謙儉自牧,惠虔爲道,不
輕比丘,遭人必拜。目連桑門,遇長則禮。寧有屈膝四輩,而間禮二親;稽
顙耆臘,而直骸萬乘者哉?故咸康創議,元興載述,而事屈偏黨,道挫餘分。
今鴻源遙洗,群流仰鏡,九仙贐寶,百神從職。而畿輦之內,含弗臣之氓;
階席之間,延抗禮之客。懼非所以澄一風範,詳示景則者也。臣等參議,以
爲沙門接見,皆當盡虔禮敬之容。依其本俗,則朝徽有序,乘方兼遠矣。』
帝雖頗信法,而久自驕縱,故奏上之日,詔即可焉。」〔註150〕雖然南朝時期,
沙門致敬王者只在宋孝武帝統治時期施行過,但這也表明了統治者加強控制
佛教的努力,爲後來統治者最終使沙門致敬王者提供了依據。此外,前面提
到的關於沙門在帝王面前的稱謂問題也是沙門致敬王者的具體表現。

南朝時期統治者對僧尼整體的控制,雖然相對於魏晉時期有所加強,統
治者不斷提出控制僧尼的政令,但整體說來,還是比較鬆散,這些政令大多
數也得不到貫徹執行。這既是佛教蓬勃發展、還保持較大獨立性的表現,也
是南朝皇權不是特別強大的反映。

(二) 南朝統治者對僧尼的個別控制

按照佛教戒律,僧尼個人的行爲,除違反國家法令外,應該由僧團內部進
行管理,而國家不能進行干涉。〔註151〕僧官設立後,僧官既是國家體制下的官
員,也是僧團中的一分子,他們主要負責協調僧團與政權之間的關係,其對僧
團內部的管理還是按照僧團的戒律,而不是國家的法令。但在中國社會統治者
卻經常可以採用各種方式干涉僧尼個體的行爲。《廣弘明集》記載有瑗法師一封
《與梁朝士書》,其中提到:「頃見僧尼,有事每越訟公府。」〔註152〕並希望梁
大臣能夠促使國家將內法(佛教戒律)與外法(國家刑罰)分別開來,「孔定刑
闢,以詰奸宄;釋敷羯磨,用擯違法。二聖分教,別有司存。」可見當時國家
干涉僧尼個人行爲的情況普遍存在。

〔註150〕《高僧傳》卷8《釋僧遠傳》,第318頁。
〔註151〕從形式上講,直到後來僧尼如果違反國家法令,也需要先解除其僧尼的身份
才能接受國家的制裁。
〔註152〕《廣弘明集》卷27,《大正藏》卷52,第305頁上。

　　國家對僧尼的個別控制有多種情況：其一，僧傳中有很多僧尼出家時要得到帝王許可。這又可細分爲：一、得到高僧或諸王欣賞，通過他們向帝王啓請出家。如釋慧基，「姓偶，吳國錢塘人，幼而神情俊逸，機悟過人。初依隨祇洹慧義法師。至年十五，義嘉其神彩，爲啓宋文帝求度出家，文帝引見顧問允怗，即敕於祇洹寺爲設會出家。」〔註153〕釋道儒，「姓石，渤海人。寓居廣陵。少懷清信，慕樂出家。遇宋臨川王義慶鎭南兗，儒以事聞之。王贊成厥志，爲啓度出家。」〔註154〕二、有心出家因各種情況不能實現，借帝王敕令以出家。釋慧重，「姓閔，魯國人。僑居金陵。早懷信悟，有志從道，願言未遂，已長齋菜食。每率眾齋會，常自爲唱導，如此累時，迺上聞於宋孝武。大明六年（462 年）敕爲新安寺出家，於是專當唱說。」〔註155〕釋慧頵，「俗姓張氏，清河人也。有晉永嘉，避地居于建業焉。……父正見，有陳文國英彥所高，自有別集。嘉其欣奉釋門，悟其神宇，將欲繼世其業，故有所志請，並抑奪之。和上識眞日積，情陳切至，若不出家，誓當去世。迺恐其畢命，且隸李宗。既處靜觀，權持巾褐。……會陳帝度僧，便預比校。太建年中，便蒙敕度，令住同泰。剃落之後，親親迺知。既是官許，即便稱慶。」〔註156〕釋慧弼，「姓蔣氏，常州義興人也。祖玄略，以忠孝登朝。父元晛，以才華待詔。咸佩印綬，並奏弦歌。季父元舉，陳世公功，庭列鼓鍾，路橫駊駬。車馬之客塡階，琴嘯之賓盈席。見弼青襟之年神爽，咸異嗟曰：『此子若逢鳳德，終爲王佐之才；既挺龍頤，必有封侯之應。』弼情存出俗，因而答曰：『無爲之貴，可以娛情。有待之煩，徒勞人耳。』於即蔬素移遲，便思脫屣。陳武龍飛，大興元福，永定二年，躬行袞冕，爲剪周羅，三衣什物，一時通給，迺伏業於惠殿寺領法師爲弟子。」〔註157〕南朝帝王爲了表示對佛教的尊崇和權威，經常大規模的度僧，如釋慧益燒身前，請求宋孝武帝度二十人出家，孝武帝當即同意。〔註158〕齊武帝，「時會州父老奏稱，去州城北七里，臣人山是舊號齊山。武帝遣於上立精舍，度僧給田業。」〔註159〕梁簡文帝也

〔註153〕《高僧傳》卷 8《釋慧基傳》，第 323 頁。
〔註154〕《高僧傳》卷 13《釋道儒傳》，第 515 頁。
〔註155〕《高僧傳》卷 13《釋慧重傳》，第 516 頁。
〔註156〕《續高僧傳》卷 14《釋慧頵傳》，第 214 頁下。
〔註157〕《續高僧傳》卷 9《釋慧弼傳》，第 175 頁上。
〔註158〕《高僧傳》卷 12《釋慧益傳》，第 453 頁。
〔註159〕《續高僧傳》卷 29《釋法凝傳》，第 353 頁下。

曾度人爲僧，並寫了發願文。〔註160〕陳代帝王更是大規模度僧，據《釋迦方志》卷二、，陳高祖武帝度僧七千人、，陳世祖文帝度僧尼二千人，陳高宗宣帝度一萬僧。〔註161〕可見南朝帝王度僧是一種比較普遍的行爲，上引材料中釋慧重已經遵守佛教戒律，卻因各種原因不能出家，帝王的敕令可以讓他擺脫塵世；釋慧頵、釋慧弼皆欲出家，但由於家人反對而不能實現自己的願望，適逢陳朝帝王度僧，乘機出家。本來佛教戒律規定父母不許，不得出家，但在這裏得到帝王敕令後，佛教戒律就不能起作用，這正表明南朝帝王對僧尼的權力超越佛教戒律之上。這些因各種原因想出家卻不能實現，借帝王敕令出家的僧尼一般出身於社會中上層，釋慧頵、釋慧弼都出身於官僚家庭，而且都被寄予繼承家業的厚望，釋慧重雖然家世不詳，但其守佛戒的行爲能爲帝王所知，也應該不是一般平民家庭。南朝佛教盛行，僧尼在社會上具有很高的地位，出家可以爲沒有家世背景的人創造一種新的機會，但對於有家世背景的人來說，他們的仕途比較順利，可以不必借助出家來獲得社會的認可，而且他們還要承擔繼承家業的義務，所以他們出家一般會遇到來自家庭的阻力，而帝王的敕令爲他們完成自己的心願提供了機會。三、自己主動向帝王（或統治者）啓請出家。這又可以有兩種情況：（一）原先擔任某種職務，後啓帝王出家，如釋法願，「本姓鍾，名武厲，先穎川長社人。祖世避難，移居吳興長城。……除願爲新道令。家本事神，身習鼓舞。世間雜技，及耆父占相，皆備盡其妙。……如是歷相眾人，記其近事，所驗非一。遂有聞於宋太祖，太祖見之，取東冶囚及一奴美顏色者，飾以衣冠，令願相之。願指囚曰：『君多危難，下階便應著鎖。』謂奴曰：『君是下賤人，迺暫得免耶。』帝異之，即敕住後堂，知陰陽秘術。後少時，啓求出家，三啓方遂，爲上定林遠公弟子。」〔註162〕釋智越，「姓鄭氏，南陽人也，少懷離塵之志。父爲求婚，方便祈止。長則勇幹清美。于時樂陽殿下統御荊州，徵任甚高，非其所欲，惟以情願出家。王感彼誠素，因遂夙心。」〔註163〕這種情況下出家者本來是統治者中的一員，他們出家就是要放棄自己的世俗權力和對政權應該承擔的責任，如果擅自出家，容易引起帝王的不滿和對佛教的仇視。實際上早

〔註160〕《廣弘明集》卷28，《大正藏》卷52，第324頁中。
〔註161〕《大正藏》卷51，第974頁中。
〔註162〕《高僧傳》卷13《釋法願傳》，第517頁。
〔註163〕《續高僧傳》卷17《釋智越傳》，第249頁下。

在東晉後期，爲了避免在這個問題上與世俗政權發生衝突，釋慧遠已經作出規定，凡是在朝廷效力的人，君王不同意，不能受戒剃度。〔註164〕這種規定的製定本身就表明了中國皇權的強大。（二）沒有擔任國家職務，也向帝王啓請出家，如釋眞觀，「字聖達，吳郡錢唐人，俗姓范氏。祖延蒸給事黃門侍郎，父兌通直散騎常侍。……有善相者迎而拜曰：『年少當爲大法師。』後即專誦《淨名》、《般若》。志存入道，伺機承色。二親弗許，迺曰：『迦毗降夢，子欲開籠，拘令在網，此非點慧。』父母咸開心隨喜，啓敕降言，並賜衣鉢。」〔註165〕釋圓光，「俗姓樸，本住三韓，卞韓、馬韓、辰韓。光即辰韓新羅人也。家世海東，祖習綿遠，而神器恢廓，愛染篇章，按獵玄儒，討讎子史，文華騰翥於韓服，博贍猶愧於中原，遂割略親朋，發憤溟渤。年二十五，乘舶造於金陵。有陳之世，號稱文國，故得諮考先疑，詢猷了義。初聽莊嚴旻公弟子講，素沾世典，謂理窮神，及聞釋宗，反同腐芥，虛尋名教，實懼生涯，迺上啓陳主，請歸道法。有敕許焉。」〔註166〕這種情況出家者一般出身於官僚家庭或者大族，釋眞觀父祖都擔任過官職，釋圓光則出自新羅大族，他們雖然暫時沒有擔任官職，但從理論上講，他們本來是國家官員的後備人選，他們啓請帝王出家既是對帝王權力的一種尊重，也是對帝王崇佛的一種支持。此外有的高僧去世後，帝王還會敕令一人作爲高僧的繼承者出家，《續高僧傳‧釋僧韶傳》：「時建元又有法朗，兼以慧學知名。本姓沈氏，吳興武康人。家遭世禍，因住建業。大明七年與兄法亮，被敕紹繼慧益出家。」〔註167〕這既是對已故高僧的敬重，也體現了對僧尼的控制。還有的僧尼是代替帝王出家，《續高僧傳‧釋智藏傳》「姓顧氏，本名淨藏，吳郡吳人，吳少傅曜之八世也。高祖彭年司農卿，曾祖淳錢唐令，祖瑤之員外郎，父映奉朝請，早亡。……年十六代宋明帝出家。」〔註168〕代替帝王出家是一項政治任務，往往不是由僧尼個人決定的，而且這樣出家的僧尼還必須具有一定的家世背景，纔有代替帝王的資格。一些地方統治者也可以利用權力干涉僧尼的出家。

〔註164〕《沙門不敬王者論》（《弘明集》卷5，第30頁）：「是故悅釋迦之風者，輒先奉親而敬君，變俗投簪者，必待命而順動。若君親有疑，則退求其志，以俟同悟。」佛教戒律中有父母不同意不能出家的規定，卻沒有帝王同意才能出家的要求。

〔註165〕《續高僧傳》卷31《釋眞觀傳》，第376頁中。

〔註166〕《續高僧傳》卷13《釋圓光傳》，第203頁下。

〔註167〕《續高僧傳》卷5《釋僧韶傳》，第140頁下。

〔註168〕《續高僧傳》卷5《釋智藏傳》，第145頁下。

梁代的曇暉尼想要出家但父母已經答應將其嫁給其姑之子，暉躲到法育尼處，發誓如果不能出家，就要自焚，刺史甄法崇聽說後，遣使迎暉，「集諸綱佐及有望之民，請諸僧尼，窮相難盡。法崇問曰：『汝審能出家不？』答曰：『微願久發，特乞救濟。』法崇曰：『善。』遣使語姑，姑即奉教。從法育尼出家，年始十三矣。」〔註169〕後曇暉尼的夫婿想強迫她還俗，也是甄法崇加以排解纔沒能得逞。總之，僧尼出家經帝王認可，雖然存在著各種具體的情況，其中既有帝王的主動控制，也有出家之前僧尼的積極參與。對個別僧尼而言，這種認可可能有利於其達成出家的願望。但從整體上看，帝王越來越多地擁有這種權力並不利於佛教的獨立發展。

統治者還經常迫使個別僧尼還俗，這往往不是對整體佛教的限制，而是看重了個別僧尼的才幹，想強迫其加入政權。這種情況南朝之前就存在，西晉帛法祖，「會張輔為秦州刺史，鎮隴上，祖與之俱行。輔以祖名德顯著，眾望所歸，欲令反服，為己僚佐。祖固志不移，由是結憾。……輔使收之行罰。」〔註170〕張輔看重帛法祖的聲望和才幹，令其還俗，輔助自己，帛法祖因堅決反對而被害，正表明世俗政權對佛教的控制力。又據《高僧傳・釋道恒傳》：「時恒有同學道標，亦雅有才力，當時擅名，與恒相次。秦主姚興，以恒、標二人神氣俊朗，有經國之量，迺敕偽尚書令姚顯，令敦逼恒、標罷道，助振王業。又下書恒、標等曰：『卿等皎然之操，實在可嘉，但君臨四海，治急須才，今敕尚書令顯，令奪卿等法服，助翼贊時世。苟心存道味，寧繫白黑？望體此懷，不以守節為辭也。』」〔註171〕並致書鳩摩羅什勸令其還俗，直到鳩摩羅什等多方解釋，姚興纔放棄。姚興以崇奉佛法著稱，但他仍然強迫高僧還俗，可見他仍然把「經國」放在首位，對佛教主要是一種利用的態度。這時還有一些統治者強迫僧尼與其同遊，如符秦趙正出家後，隱居在商洛山，晉雍州刺史郄恢，「欽其風尚，逼共同遊。」〔註172〕

南朝時期，佛教雖然是一種顯學，統治者也大都崇奉佛教，但強迫僧尼還俗卻有增無減，《高僧傳・釋道溫傳》：

　　時吳國張邵鎮襄陽，子敷隨之。敷聽溫講還，邵問溫何如，敷曰：「義

〔註169〕《比丘尼傳校注》卷4《曇暉尼傳》，第976頁下。
〔註170〕《高僧傳》卷1《帛遠傳》，第26頁。
〔註171〕《高僧傳》卷6《釋道恒傳》，第246頁。
〔註172〕《高僧傳》卷1《曇摩難提附趙正傳》，第35頁。

> 解足以析微，道心未易可測。」邵躬往候之，方挹其神俊。後從容
> 謂曰：「法師儻能還俗，當以別駕相處。」溫曰：「檀越迺以枉梏誘
> 人。」即日辭往江陵。邵追之不及，歎恨。〔註173〕

張敷評論道溫「義解足以析微，道心未易可測」，就是說道溫的佛學理論修養很高，但其是否能守道（即堅持作僧人）尚未可知，這從一個側面說明當時象道溫一樣擅長佛學理論的僧尼中，有很多人不能守道。道溫聽完張邵的邀請後，爲了表明自己守道之心，立即逃往江陵，可見當時政治壓力是很大的，也表明迫於政治壓力而還俗的僧尼不在少數。這在史書中也可以得到證明，《宋書·徐湛之傳》「時有沙門釋惠休，善屬文，辭采綺豔，湛之與之甚厚。世祖命使還俗。本姓湯，位至揚州從事史。」〔註174〕南齊劉善明爲青州刺史時，曾舉釋僧嚴爲秀才，經過僧嚴幾番推辭，纔放棄。〔註175〕《陳書·陳詳傳》「字文幾，少出家爲桑門。善書記，談論清雅。高祖討侯景，召詳，令反初服，配以兵馬，從定京邑。」〔註176〕甚至像梁太宗這樣崇信佛法的統治者也曾經強迫僧尼還俗，《續高僧傳·釋洪偃傳》：「梁太宗之在東朝，愛其俊秀，欲令還俗，引爲學士。偃執志不回，故弗能致。」〔註177〕從這裏我們可以看出統治者儘管崇佛，但他們更多把佛教看作是一種能帶來現實福報的東西，在他們意識深處，佛教還是一種異端，出家並不是一種很好的選擇。《宋書·顏延之傳》：「時沙門釋慧琳，以才學爲太祖所賞愛，每召見，常升獨榻，延之甚疾焉。因醉白上曰：『昔同子參乘，袁絲正色。此三臺之坐，豈可使刑餘居之。』」〔註178〕延之之語雖是出於對慧琳參政的不滿，但也代表了統治者對僧尼的一種看法。

　　對於不合統治者意願的僧尼，統治者經常將其擯除遠方。《高僧傳·釋僧宗傳》：「文惠太子將欲以罪擯徒逐，通夢有感，於是改意歸焉。」〔註179〕《高僧傳·釋僧瑾傳》：「後義嘉構釁，時人讒斌云爲義嘉行道，遂被擯交州。」

〔註173〕《高僧傳》卷7《釋道溫傳》，第288頁。
〔註174〕《宋書》卷71《徐湛之傳》，第1847頁。
〔註175〕詳見《僧嚴法師辭青州刺史劉善明舉其秀才書（並劉善明答）》《弘明集》卷11，《大正藏》卷52，第75頁中。
〔註176〕《陳書》卷15《陳詳傳》，第218頁。
〔註177〕《續高僧傳》卷7《釋洪偃傳》，第156頁下。
〔註178〕《宋書》卷73《顏延之傳》，第1902頁。
〔註179〕《高僧傳》卷8《釋僧宗傳》，第328頁。

〔註180〕《高僧傳·釋道慧附僧達傳》：「達少而頭白，時人號曰『白頭達』。亦博解眾典，尤精往復。而性剛忤物，被擯長沙。」〔註181〕《續高僧傳·釋寶唱傳》「初以腳氣連發，入東治療。去後敕追，因此抵罪，謫配越州。尋令依律以法處斷，僧正慧超任情乖旨，擯徙廣州。先懺京師大僧寺遍，方徙嶺表，永棄荒裔。遂令鳩集，為役多闕，晝則伏懺，夜便續錄。加又官私催遍，惟日弗暇，中甄條流，文詞墜落。將發之日，遂以奏聞。有敕停擯，令住翻譯。」〔註182〕這些高僧被擯都是因為得罪了統治者。

統治者非常注意控制僧尼神異或極端的宗教活動。佛教的神異雖然可以起到符瑞的作用，但也可能帶來政治的動盪，因此統治者對佛教符瑞的利用非常謹慎，甚至在某些時候會進行限制。如齊梁時以神異著稱的高僧釋保志，「時或賦詩，言如讖記。京土士庶，皆共事之。齊武帝謂其惑眾，收駐建康。」後來雖然被釋放，但「齊時多禁志出入」。〔註183〕再如僧尼燒身之類的宗教活動，政府也進行了一定控制。慧耀尼，「少出家，常誓燒身，供養三寶。泰始末，言於刺史劉亮。亮初許之。……正月十五日夜，將諸弟子。齎持油布，往至塔所。裝束未訖。劉亮遣信語諸尼云：『若耀尼果燒身者，永康一寺，並與重罪。』耀不得已於此便停。」雖然後來慧耀尼最終還是燒身，但至少表明政府對這種極端的佛教行為還是有一定限制的（詳見本文第六章）。

統治者對僧尼個別的控制還表現在，帝王有時會干涉僧尼的師徒關係。《高僧傳·釋法度傳》：「度有弟子僧朗，繼踵先師，復綱山寺。朗本遼東人，為性廣學，思力該普。凡厥經律，皆能講說，《華嚴》、《三論》最所命家。今上（梁武帝）深見器重，敕諸義士受業于山。」〔註184〕《高僧傳·釋慧忍傳》：「齊文宣感夢之後，集諸經師。迺共忍斟酌舊聲，詮品新異。製《瑞應》四十二契，忍所得最長妙。於是令慧滿、僧業、僧尚、超朗、僧期、超猷、慧旭、法律、曇慧、僧胤、慧象、法慈等四十餘人，皆就忍受學，遂傳法於今。」〔註185〕帝王敕令僧尼師從某一高僧，儘管是對高僧的重視，但

〔註180〕《高僧傳》卷7《釋僧瑾傳》，第294頁。
〔註181〕《高僧傳》卷8《釋道慧附僧達傳》，第306頁。
〔註182〕《續高僧傳》卷1《釋寶唱傳》，第170頁下。
〔註183〕《高僧傳》卷10《釋保志傳》，第395頁。
〔註184〕《高僧傳》卷8《釋法度傳》，第332頁。
〔註185〕《高僧傳》卷13《釋慧忍傳》，第505頁。

這也是一種政府行為，它不同於僧尼師徒之間單純的求師問道關係，而摻雜了政治利益的考慮。帝王還會干涉僧尼弘法的地區，有時會派高僧去某地弘法。《高僧傳‧釋曇超傳》：「至齊太祖即位，被敕往遼東，弘贊禪道。」〔註186〕有時也會禁止僧尼去某地弘法，如釋智顗太建七年欲入天台時，陳宣帝下昭：「京師三藏雖弘，皆一途偏顯，兼之者寡，朕聞瓦官濟濟，深用慰懷，宜停訓物，豈遑獨善，一二曹義達□，具得朕意也。」〔註187〕帝王還會因為自己的愛好干涉高僧受戒的種類，《續高僧傳‧釋慧超傳》：「初戒典東流，人各傳受，所見偏執，妙法猶漏。皇明御宇，掇採群經，圓壇更造，文義斯構，事類因果，於此載明。有詔令超受菩薩戒，恭惟頂禮，如法勤修。」〔註188〕至於敕請高僧撰述佛教經典，更是不在少數，《續高僧傳‧釋寶唱傳》：「天監七年，帝以法海浩汗，淺識難尋，敕莊嚴僧旻於定林上寺，續《眾經要抄》八十八卷。又敕開善智藏續《眾經理義》，號曰義林，八十卷。又敕建元僧朗，《注大般涅槃經》七十二卷。並唱奉別敕，兼贊其功，綸綜終始，緝成部帙。及簡文之在春坊，尤耽內教，撰《法寶聯璧》二百餘卷。別令寶唱綴紕區別，其類遍略之流。帝以佛法沖奧，近識難通，自非才學，無由造極。又敕唱自大教東流，道門俗士，有敘佛理，著作弘義，並通鳩聚，號曰《續法輪論》，合七十餘卷。使夫迷悟之賓，見便歸信。深助道法，無以加焉。又撰《法集》一百四十卷。並唱獨斷專慮，纘結成部。既上親覽，流通內外。十四年，敕安樂寺僧紹撰《華林佛殿經目》。雖復勒成，未愜帝旨，又敕唱重撰。」〔註189〕有時一些寺院延請高僧講經還要得到帝王的許可，《續高僧傳‧釋智文傳》「以梁大同七年，靈味、瓦官諸寺啓敕，請文於光業寺，首開律藏。」〔註190〕

總之，南朝統治者對僧尼個別的控制體現在很多方面，對佛教而言，這種控制也有積極的作用，僧尼可以借助統治者的權威來擴大佛教的影響，但很多本來屬於僧團內部的事務，改由統治者最終作出裁決，這從長遠來看，並不利於佛教的獨立發展。

〔註186〕《高僧傳》卷11《釋曇超傳》，第424頁。
〔註187〕「陳宣帝敕留不許入天台第八」，《國清百錄》卷1，《大正藏》卷46，第799頁上。
〔註188〕《續高僧傳》卷6《釋慧超傳》，第148頁中。
〔註189〕《續高僧傳》卷1《釋寶唱傳》，第170頁上。
〔註190〕《續高僧傳》卷22《釋智文傳》，第288頁上。

三、南朝統治者對佛教之信奉

統治者作爲國家政權的代表需要利用和控制佛教，但作爲個人，他們也需要爲自己的生活尋找一種意義系統，特別是他們不需要爲「稻梁謀」，有更多的空閒爲自己的人生尋找精神慰寄。所以南朝皇室對於佛教也不乏眞誠的信仰。當然這不意味著他們對佛教有著眞正的理解，而是他們可以在佛教中找到自己可以理解的內容，並成爲自己意識或潛意識中的一種思想素材，到關鍵時候就能體現出來。南朝統治者崇佛的行爲各種各樣，有延僧講法、造佛寺佛像、供養僧尼、捨身寺廟等等。雖然不少行爲帶有政治意圖，但其中也有信仰的因素，對南朝統治者崇佛的具體行爲，湯用彤先生多有論述，〔註191〕不再一一列舉。這裏筆者只以南朝皇室的兩種行爲爲例，展現統治者對佛教的信奉。

（一）南朝皇室多受佛教戒律

南朝皇室多受佛教戒律，主要是三歸、五戒、八戒和菩薩戒。這四種戒律涵攝了佛教的「在家戒」，三歸是指歸依佛、歸依法、歸依僧，是進入佛教的門戶，三歸是成爲佛教徒的基本條件；五戒是指不殺生、不偷盜、不邪淫、不妄語、不飲酒，五戒是佛教一切戒的根本，受三歸後，只有再受五戒纔能成爲眞正的優婆塞（夷）；八戒，又名「八戒齋」或「八關戒齋」，原則上，以在家人每月持齋六次，每次爲一日一夜，謹守八項戒條（不殺生；不偷盜；不淫欲；不妄語；不飲酒；不著香華鬘、不香油塗身；不歌舞倡伎、不故往觀聽；不坐高廣大床）及過午不食的規定，但具體時間可根據個人意願和實際環境而收縮；求受八戒前需受三歸戒，是否受五戒則不限；菩薩戒是大乘佛教的戒律，有十重戒和四十八輕戒，通用於出家戒和在家戒。〔註192〕

據《中華佛教百科全書》「師」，「在佛教之中，通常是指從其學習教法、依之出家剃度，或從其受戒之人。音譯鳥波你。又作師長、師僧、師父。」因此未出家者師事某位高僧，應該是指從其受戒。最早受佛戒的中國帝王應該是晉簡文帝，他曾從道容尼受八戒。〔註193〕此後受佛教戒律的皇室成員越來越多。

根據僧傳記載，受三歸戒的皇室成員有：
宋文帝少時從業首尼受三歸（《比丘尼傳》。卷2《業首尼傳》）

〔註191〕湯用彤：《漢魏兩晉南北朝佛教史》，第313〜315頁。
〔註192〕參見勞政武《佛教戒律學》，第188頁〜249頁。
〔註193〕《比丘尼傳校注》卷1《道容尼傳》，第28頁。

宋文帝敕湘東王從淨賢尼受三自歸。(《比丘尼傳》卷 4《淨賢尼傳》)

宋武陵王從釋法聰受歸戒。(《續高僧傳》卷 16《釋法聰傳》)

梁晉安王從釋法聰受三歸。(《續高僧傳》卷 16《釋法聰傳》)

受五戒的皇室成員有：

晉孝武從支曇籥受五戒，敬以師禮。(《高僧傳》卷 13《支曇籥傳》)

宋湘東王從釋僧瑾受五戒 (《高僧傳》卷 7《釋僧瑾》)

宋文帝敕（釋法瑗）為南平穆王五戒師。(《高僧傳》卷 8《釋法瑗》)

宋少帝從（釋僧璩）受五戒，豫章王子尚崇為法友。(《高僧傳》卷 11《釋僧璩傳》)

受菩薩戒的皇室成員有：

梁武帝從智藏受菩薩戒。(《續高僧傳》卷 5《釋智藏傳》)

梁武帝從慧約受菩薩戒，皇儲以下爰至王姬道俗士庶咸希度脫，弟子著錄凡四萬八千人。(《續高僧傳》卷 6《釋慧約傳》)

陳主請為菩薩戒師，儲後以下，並崇戒範。(《續高僧傳》卷 17《釋智顗傳》)

沒有具體指明受戒種類的有：

宋驃騎威王從釋法聰受戒，湘東王申師襄之禮。(《續高僧傳》卷 16《釋法聰傳》)

宋明帝敕晉熙王燮從（道袁律師）請戒 (《高僧傳》卷 11《釋僧璩傳》)

宋彭城王義康從釋慧睿受戒。(《高僧傳》卷 7《釋慧睿傳》)

宋彭城王義康從釋僧徹受戒。(《高僧傳》卷 7《釋僧徹傳》)

宋建平王景素諮釋曇斌戒範。(《高僧傳》卷 7《釋曇斌傳》)

文惠太子奉為戒師（釋法獻）(《高僧傳》卷 13《釋法獻傳》)

梁武帝從釋僧達受戒。(《續高僧傳》卷 16《釋僧達傳》)

梁武令六宮從釋僧祐受戒。(《高僧傳》卷 11《釋僧祐傳》)

陳氏王族，歸戒所投（釋寶瓊）。(《續高僧傳》卷 9《釋慧哲傳》)

陳永陽王百智出撫吳興，與其眷屬就山請戒。(《續高僧傳》卷 7《釋安廩傳》)

陳武帝永定元年春，迺請入內殿。手傳香火，接足盡虔。長承戒範。……
孝宣御曆。又於華林園內北面受道。(《續高僧傳》卷7《釋安廩傳》)

陳主諸王並受其戒，奉之如佛。(《續高僧傳》卷7《釋慧布傳》)

沒有指明受戒，奉高僧爲師的有：

宋高祖令子侄內外師釋僧導。(《高僧傳》卷7《釋僧導傳》)

宋明帝宮內接遇禮兼師友。(《比丘尼傳》卷2《法淨尼傳》)

齊文惠文宣伏膺（釋僧遠）師禮。(《高僧傳》卷8《釋僧遠傳》)

文慧文宣，並伏膺入室。（釋僧柔）(《高僧傳》卷8《釋僧柔傳》)

文慧文宣敬以師禮。(《高僧傳》卷8《釋慧次傳》)

齊竟陵王、始安王恭以師禮（釋法度、釋法紹）。(《高僧傳》卷8《釋法度傳》)

齊豫章王妃及內眷屬敬信，從受禪法。(《比丘尼傳》卷3《慧緒尼傳》)

齊文宣敬（釋慧明）以師禮。(《高僧傳》卷11《釋慧明傳》)

梁衡陽王元簡請法宣尼爲母師。(《比丘尼傳》卷4《法宣尼傳》)

梁皇太子請智藏爲師傅。(《續高僧傳》卷5《釋智藏傳》)

梁臨川王宏、南平王偉、……永康公主、貴嬪丁氏，並崇其戒範，盡師資之敬。(《高僧傳》卷11《釋僧祐傳》)

陳至德中常入內講說，自鄱陽王伯山兄弟，僕射王克、中書王固並申北面。(《續高僧傳》卷9《釋智脫傳》

梁始興王淡褰帷三蜀禮以師敬。州刺史〔梁〕鄱陽王恢，躬禮受法。(《續高僧傳》卷26《釋道仙傳》)

八關戒更爲南朝朝廷所奉行，如《宋書·袁粲傳》：「孝建元年，世祖率群臣並於中興寺八關齋。」〔註194〕《資治通鑒·齊紀一》：「會上（齊太祖）於華林園設八關齋，朝臣皆預，於坐收敬兒。」〔註195〕梁簡文甚至親自制定進行八關齋的的具體制度。〔註196〕南朝朝廷的八關齋通常在帝王帶領下，具有強

〔註194〕《宋書》卷89《袁粲傳》，第2229頁。
〔註195〕《資治通鑒》卷135《齊紀一》，第4255頁。
〔註196〕「梁簡文八關齋制序」，《廣弘明集》卷28，《大正藏》卷52，第324頁下。「睡

烈的政治意圖，修行的目的在於「止惡修善，以致太平」。〔註197〕

可見南朝皇室中很多人都受過佛戒，梁、陳皇室則基本上都受過佛戒。《高僧傳·釋僧祐傳》：「今上（梁武帝）深相禮遇，……年衰腳疾，敕聽乘輿入內殿，爲六宮受戒，其見重如此。……梁臨川王宏、南平王偉、……永康公主、貴嬪丁氏，並崇其戒範，盡師資之敬。」〔註198〕《續高僧傳·釋慧布傳》：「陳主諸王並受其戒，奉之如佛。」〔註199〕有的皇室成員從多人受戒，如宋彭城王義康、宋湘東王（即後來的宋明帝）、齊文宣、齊文慧、梁武帝等，從多人受戒有時是受不同的戒，如宋湘東王先從淨檢尼受三歸，後從僧瑾受五戒；有時卻是從多人受同一種戒，如梁武帝從智藏受菩薩戒，又從慧約受菩薩戒。前者可以看作佛戒的不同層次，後者則應是皇室成員爲了表示對某些高僧的崇敬而採取的舉措。總之，不管皇室成員對佛教戒律的實際遵守程度如何，如此大規模的受戒至少會對他們的行爲和心理有所影響。

（二）南朝皇室對輪迴報應說的接受

佛教對南朝皇室的心理具有重要影響，很多皇室成員都接受了佛教輪迴報應的學說。《宋書·桂陽王休範》：「休範素凡訥，少知解，不爲諸兄所齒遇。太宗常指左右人謂王景文曰：『休範人才不及此，以我弟故，生便富貴。釋氏願生王家，良有以也。』」〔註200〕宋文帝因爲休範人才低劣，因其弟故，生長富貴，而認爲「釋氏願生王家」是有道理的，雖然近似玩笑，但卻表明他也是承認佛教輪迴說的。宋彭城王劉義康因叛亂而被宋文帝勒令自殺，義康不肯服藥，說：「佛教自殺不復得人身，便隨宜見處分。」〔註201〕宋前廢帝素疾妒始平王子鸞有寵，遣使賜子鸞死，子鸞當時只有十歲，臨死時對左

眠籌至不覺，罰禮二拜十：擎香爐聽經三契一，出不請刺，罰禮十拜二：出過三契經不還，罰禮十拜三；鄰座睡眠維那至而不語者，罰禮十拜四；鄰座睡眠私相容隱不語維那者，罰禮十拜五；維那不勤聽察有犯制者，不即糾舉爲眾座所發覺者，維那罰禮二十拜六；擎香爐聽經三契，白黑維那更相糾察，若有阿隱，罰禮二十拜七；聽經契終有不唱讚者，罰禮十拜八；請刺無次第，罰禮十拜九；請刺白黑刺有誤者，罰禮十拜十。」

〔註197〕湯用彤《漢魏兩晉南北朝佛教史》，第 313 頁。書中對南朝帝王奉行八關齋有較詳細的論述。
〔註198〕《高僧傳》卷 11《釋僧祐傳》，第 440 頁。
〔註199〕《續高僧傳》卷 7《釋慧布傳》，第 161 頁上。
〔註200〕《宋書》卷 79《桂陽王休範傳》，第 2046 頁。
〔註201〕《宋書》卷 68《彭城王義康傳》，第 01797 頁。

右曰：「願身不復生王家。」〔註202〕可見佛教的輪迴觀念已經深入他們內心深處。宋齊皇室屠戮慘烈，〔註203〕有學者曾指出這與宋齊皇室出身於次等氏族，缺少文化素養，對自身地位很不自信有關。但在某種程度上佛教輪迴報應說對於減少殺戮起了一定的作用，《宋書‧周顒傳》：「宋明帝頗好言理，以顒有辭義，引入殿內，親近宿直。帝所爲慘毒之事，顒不敢顯諫，輒誦經中因緣罪福事，帝亦爲之小止。」〔註204〕另據《南齊書‧臨賀王子岳傳》：「延興建武中，凡三誅諸王，每一行事，高宗輒先燒香火，嗚咽涕泣，眾以此輒知其夜當相殺戮也。」〔註205〕香火是香烟燈火的合稱，在中國傳統祭祀中，也焚香，其目的是「讓陽性的香氣充彌神廟空間，使神靈能聞到香氣而饗受黍稷」。〔註206〕但佛教傳入之前香火不連用，分別指不同的事物，在中國史籍中最早使用香火是《晉書‧單道開傳》：「年百餘歲，卒於山舍，敕弟子以屍置石穴中，弟子迺移入石室。陳郡袁宏爲南海太守，與弟穎叔及沙門支法防共登羅浮山，至石室口，見道開形骸如生，香火瓦器猶存。」〔註207〕單道開爲僧人，可見，香火連用與佛教有很大的關係，因此後世也多將香火與佛教聯繫在一起。〔註208〕齊明帝嗜殺成性，在正史和《高僧傳》、《續高僧傳》、《弘明集》、《廣弘明集》等關於南北朝佛教的基本史料中基本看不到他崇佛的行爲，但據《弘贊法華傳》卷9：「齊高宗明皇帝，……造千金像，寫一切經，持六淨齋，口誦波若，造歸依寺。召集禪僧，常讀法華，亙淹寒暑。」〔註209〕不管這段材料本身是否真實，後人將其塑造成一位佛教徒形象，應該有一定的根據，他對佛教應該不會毫無信仰，佛教輪迴報應之說，顯然對他也有一定的影響，所以他纔在殺害諸王前，先焚香哭泣，這似乎可以看作一種事先的贖罪行爲。梁皇室對輪迴報應說更是崇信有加，梁武帝親

〔註202〕《宋書》卷80《始平王子鸞傳》，第2065頁。
〔註203〕〔清〕趙翼《廿二史箚記》卷11「宋子孫屠戮之慘」條、卷12「齊明帝殺高武子孫」條列舉甚詳。
〔註204〕《宋書》卷62《周顒傳》，第730頁。
〔註205〕《南齊書》卷40《臨賀王子岳傳》，第713頁。
〔註206〕詹鄞鑫《神靈與祭祀》江蘇古籍出版社1992年版，第299頁。
〔註207〕《晉書》卷95《單道開傳》，第2492頁。
〔註208〕吳悼在《漢代人焚香爲佛家禮儀說——兼論佛教在中國南方的早期傳播》(《西北第二民族學院學報（哲社版）》1999年第3期)中指出焚香這種禮儀來自於佛教。
〔註209〕《大正藏》第51卷，第40頁下。

自作《立神明成佛義記》，〔註210〕以神明爲輪迴的主體，堅信「因果有必定之期，報應無遷延之業」。〔註211〕梁邵陵王也完全接收梁武帝「神明成佛」說，臨終前還念念不忘勸說梁武帝進一步推廣佛法：「抱疾彌留，迄今未化，形神欲離，窮楚盡毒，據刀坐劍，比此爲輕，仰惟深入法門，屬茲苦節，內矜外恕，實本天懷，伏原復留聖心，重加推廣，微臣臨塗，無復遺恨，雖慚也善，庶等哀鳴。」〔註212〕可見其對佛法之信奉。

第三節　南朝僧尼對統治者之態度

　　僧尼與統治者的關係是相互的，統治者利用或控制佛教從總體上來說是爲了維護統治，鞏固政權，其對佛教一定程度的信奉則是爲個人的生活尋找一種解釋和寄託。僧尼對待統治者的態度也很複雜，從整體上看，一方面在專制體制下，僧尼更需要借助統治者的力量來促進佛教的發展，另一方面，這種體制下對統治者的利用具有很大的風險，僧尼還要時刻注意防止佛教淪爲單純的統治工具，保持佛教的相對獨立性。從僧尼個人來講，由於對佛教的不同理解，個人性格的差異以及入教的動機各不相同，每個人對統治者的態度也有很大的差異。這也導致在很多情況下，僧團內部對統治者態度的分化。既探討作爲整體的南朝僧尼對統治者的基本態度，也涉及個人原因導致的僧團內部對統治者態度的分化，正是本節試圖解決的問題。

一、南朝僧尼對統治者的利用

　　南朝僧尼對統治者的利用主要有三種情況，一是利用統治者宣揚佛法，這是一般佛教人士所認可的，如東晉釋慧遠就曾經指出「出家之人，凡有四科，其弘教通物，則功侔帝王，化兼治道。」〔註213〕這種利用也是南朝僧尼作爲一個整體，利用統治者的主要目的；二是利用政權排斥異己，這是僧尼中的個別情況，也是一般佛教人士所反對的；三是直接或間接參與到世俗政治鬥爭中去，應該說這種行爲也是少數，而且往往是佛教內部比較反對

〔註210〕《弘明集》卷 8，《大正藏》卷 52，第 54 頁上。
〔註211〕釋道宣《敘列代王臣滯惑解》，《廣弘明集》卷 7，《大正藏》卷 52，第 131 頁上。
〔註212〕《藝文類聚》卷 77《内典下》，第 1324 頁。
〔註213〕釋慧源：《沙門不敬王者論》，《弘明集》卷 5，《大正藏》卷 52，第 30 頁上。

的。但由於宣揚佛法和參與政治有時很難絕對分開，僧尼爲了取得統治者的支援，有時需要在現實政治中爲統治者提供某種幫助，所以這種情況下，既有僧尼竊弄權力的違戒行爲，也有宣揚佛法的方便法門，不能一概排斥。而且無論是僧尼還是世俗社會都可以用大乘菩薩方便濟世的理論爲這種行爲找到存在的合理性，如後秦主姚興在要求道恒道標還俗參加國家政權時，就指出這種行爲是「勉菩薩之蹤」。〔註214〕又如梁蕭綸「設無礙福會教」：「僚紀大士廣濟，義非爲己，導引群生，種種方便。所以慮己樂靜，表之內經確乎難拔，著自外典又加獨往，斯意足論。隱不隔眞，迺爲菩薩。廬山東林寺禪房智表法師，德稱僧傑，實號人龍，懷道守素，多歷年所，不爲事屈，不爲時伸，上下無常，一相無相。遂能舍彼嗜闍，來遊垢濁，興言一面，定交杵臼。」〔註215〕

　　以下分別論述這三種情況。

（一）利用統治者弘揚佛教

　　印度佛教徒已經認識到利用統治者的力量有利於佛教的發展。優波崛多曾對阿育王說「（如來記說）我之正法，寄在國王，及我比丘僧等。」〔註216〕在中國這一點尤爲重要，秦漢以後中國就形成了統一的官僚帝國體系。在這種體系下，得不到政權的認可，佛教就很難有發展的空間。佛教初傳時期爭取統治者的布施和支持很不容易，有時僧尼傳法甚至會帶來殺身之禍。《高僧傳‧佛圖澄傳》言：「（石勒）專以殺戮爲威，沙門遇害者甚眾。」〔註217〕東晉高僧竺法慧也因有非常之跡，而遭到素不奉法的征西將軍庾稚恭的嫉妒，而被其殺害。〔註218〕又如比丘尼智賢，遭到太守杜霸欺凌，由於她堅決不從，被杜霸「以刀斲賢二十餘瘡，悶絕躄地，霸去迺甦」。〔註219〕相反統治者崇佛則會給佛教的發展創造良好的條件，有時甚至會拯救僧尼的性命，法顯求法

〔註214〕《恒道標二法師答僞秦主姚略勸罷道書（並姚主書）》，《弘明集》卷11，《大正藏》卷52，第74頁上。
〔註215〕《廣弘明集》卷28，《大正藏》卷52，第325頁中。
〔註216〕《雜阿含經》卷23，《大正藏》卷2，第166頁上。西晉時翻譯的《阿育王傳》說：「佛以正法付囑於汝，亦付囑我。我等當共堅固護持。」《阿育王傳》卷1，《大正藏》卷50，第103頁上。
〔註217〕《高僧傳》卷9《佛圖澄傳》，第345頁。
〔註218〕《高僧傳》卷10《竺法慧傳》，第371頁。
〔註219〕《比丘尼傳校注》卷1《智賢尼傳》，第11頁。

回國途中，曾搭乘商人船隻，後遇暴風，商人想將法顯推入水中，法顯的施主呵責商人說：「漢地帝王奉佛敬僧，我至彼告王，必當罪汝。」〔註220〕商人們纔放過了法顯。總之，佛教發展的狀況與統治者支持與否有很大關系。早期的僧尼也充分認識到這一點，因此他們非常注意依靠統治者宣揚佛法，如支謙〔註221〕、康僧會〔註222〕、佛圖澄等，東晉時期最有名的高僧釋道安更是明確提出「不依國主，則法事難立」，將依靠統治者宣揚佛法作爲一項重要原則。東晉崇奉佛法的何充指出「今之沙門，……每見燒香呪願，必先國家，欲福祐之隆。情無極已，奉上崇順，出於自然。」〔註223〕雖然何充本意是爲了堵住反佛者之口，難免誇大之詞，但僧尼通過爲國家祈幅向政權靠近，爭取政權支持以宣揚佛法卻是事實。《比丘尼傳・妙相尼傳》：「晉永和中，弘農太守請七日齋，座上白衣誻請佛法，言挾不遜。相正色曰：『君非直見慢，亦大輕邦宰。何用無禮，苟出人間耶！』於是稱疾而退。當時道俗咸嘆服焉。」〔註224〕妙相尼面對白衣（相對於出家僧尼的世俗人士）的責難，指出他的行爲不僅是輕視佛法，也是對邦宰的侮辱，這是將佛法與政治聯繫起來的舉動，對於維護佛教的權利也非常有利。應該說南朝以前僧尼對政權的利用取得了很大的成效，這種利用爲佛教的發展掃除了很多障礙，並使佛教逐漸進入上層社會，爲南朝佛教的迅速發展創造了良好的社會條件。

南朝時期佛教得到迅速發展，統治者對佛教大都支持，但傳法也並不容易，經常會受到各級統治者的干涉和責難，《續高僧傳・釋法懍傳》：「昔從岱嶽，路出徐州，遇一縣令，問以公驗。懍常齎《法華》一函，迺答云：『此函中有行文。』檢覓不見，令怒曰：『本無行文，何言有邪？』答曰：『此經是諸佛所行之跡，貧道履而行之。還源返本，即我之行文也。』令瞋不歇，閉之七日不食，誦經聲不輟。令感惡夢，便頂禮悔過。」〔註225〕《續高僧傳・釋慧思傳》：「自陳世心學莫不歸宗，大乘經論鎮長講悟。故使山門告集，日積高名。致有異道懷嫉，密告陳主，誣思北僧，受齊國募掘破南嶽。敕使至山，見兩虎咆憤，驚駭而退。

〔註220〕《高僧傳》卷3《釋法顯傳》，第89頁。
〔註221〕《高僧傳》卷1《支謙傳》，第14頁。
〔註222〕同上。
〔註223〕《尚書令何充奏沙門不應盡敬》，《弘明集》卷12，《大正藏》卷52，第80頁中。
〔註224〕《比丘尼傳校注》卷1《妙相尼傳》，第13頁。
〔註225〕《續高僧傳》卷16《釋法懍傳》，第236頁上。

數日更進，迺有小蜂來螫思額，尋有大蜂喫殺小者，銜首思前，飛揚而去。陳主具聞，不以誠意。不久謀罔，一人暴死，二爲猘狗齧死。蜂相所徵，於是驗矣。敕承靈應，迺迎下都止栖玄寺。」〔註226〕這兩則故事都是統治者對僧尼欲加干涉，而僧尼通過神異使統治者改變初衷，剔除故事的神異色彩，我們都可以看到僧尼弘法的艱難。

　　因此南朝僧尼仍然非常重視利用統治者弘傳佛法，而且南朝時期，隨著大乘經典的廣泛傳播，本著大乘精神，利用統治者弘揚佛教已經成爲佛教界的一種共識。《續高僧傳·釋道登傳》「年造知命，譽動魏都。北土宗之，累信徵請。登問同學法度曰：『此請可乎？』度曰：『此國道學如林，師匠百數。何世無行藏，何時無通塞。十方含靈，皆應度脫。何容盡期南國，相勸行矣。如慧遠拂衣廬阜，曇諦絕跡崑山，彭城劉遺民辭事就閑，斯並自是一方。何必盡命虛想巖穴、遠追巢許，縱復如此，終不離小乘之機。豈欲使人在我先，道不益世者哉！隨方適化，爲物津梁，不亦快乎。』登即受請，度亦隨行。及到洛陽，君臣僧尼，莫不賓禮。魏主邀登昆季，策授榮爵。」〔註227〕釋道登因爲魏主徵請而徵求法度的意見，法度建議他接受徵請的理由，正是大乘弘法的精神。又如宋文帝非常看重釋玄暢，並請爲太子師。玄暢再三固讓，他的弟子對他說：「法師之欲弘道濟物，廣宣名教。今帝主虛己相延，皇儲蓄禮思敬，若道揚聖君，則四海歸德。今矯然高讓，將非聲聞耶？」玄暢對弟子說：「此可與智者說。難與俗人言也。」史傳接著記載「及太初事故，方知先覺自爾。」〔註228〕弟子勸說的理由同樣是大乘教義，並指出憑藉帝王傳法的益處，這表明利用統治者弘揚佛法已經成爲一種普遍的認識，而玄暢之拒絕也不是因爲不想利用統治者弘傳佛教，而是基於現實政治的考慮，認爲太子並不值得依靠。

　　爲了爭取統治者對佛教的支持，南朝僧尼煞費苦心，想方設法彌縫宗教信仰與政治統治之間的矛盾。爲此他們主要採取了以下方式：一、抬高統治者的地位，將統治者與佛聯繫在一起，暗示統治者就是佛在世間的代表。《高僧傳·釋道照傳》：「（釋道照）獨步於宋代之初。宋武帝嘗於內殿齋，照初夜略敘百年迅速，遷滅俄頃。苦樂參差，必由因召。如來慈應六道，陛下撫矜

〔註226〕《續高僧傳》卷17《釋慧思傳》，第242頁下。
〔註227〕《續高僧傳》卷6《釋道登傳》，第151頁下。
〔註228〕《高僧傳》卷8《釋玄暢傳》，第314頁。

一切，帝言善。久之齋竟，別賳三萬。」〔註229〕道照將皇帝與如來並提，得到了帝王的歡心，可以提高帝王弘法的自覺性，也使帝王增加了對佛教的物質支持。此外，一些帝王，如梁武帝還被稱爲「國主救世菩薩」〔註230〕、「皇帝菩薩」〔註231〕等，這同樣是將帝王與佛（菩薩是成佛的一個階段）並提，提高帝王弘法的熱情。二、用佛教的宗教承諾勸導帝王護法，釋僧導對宋孝武帝說：「護法弘道，莫先帝王。陛下若能運四等心，矜危勸善，則此沙石瓦礫，便爲自在天宮。」〔註232〕僧導將帝王放在了弘法的首位，並用自在天宮的宗教許諾來換取帝王的支持。三、彌合佛教戒律與政治之間的矛盾。佛教畢竟是出世的宗教，其戒律與現實政治存在著很多矛盾，統治者和世俗社會也往往以此來責難佛教。這首先體現在帝王要進行統治，必須懲惡揚善，這就往往要殺戮觸犯刑罰的人；帝王要擴大疆域，防止外敵入侵，戰爭也難以避免，而這些與佛教慈悲戒殺的戒律之間存在著明顯的矛盾，如何對這些矛盾之處給出合理的解釋，關係著佛教能否取得帝王的支持，僧尼在這方面必須謹慎對待，〔註233〕早在石趙時期石虎就提出過這一問題，「虎嘗問澄：『佛法云何？』澄曰：『佛法不殺。』『朕爲天下之主，非刑殺無以肅清海內。既違戒殺生，雖復事佛，詎獲福耶？』澄曰：『帝王之事佛，當在心體恭心順，顯暢三寶，不爲暴虐，不害無辜。至於凶愚無賴，非化所遷，有罪不得不殺，有惡不得不刑。但當殺可殺，刑可刑也耳。」宋文帝仍然提出這一問題，《高僧傳·求那跋摩傳》：

> 文帝引見，勞問殷勤，因又言曰：「弟子常欲持齋不殺，迫以身殉物，不獲從志。法師既不遠萬里，來化此國，將何以教之？」跋摩曰：「夫道在心，不在事，法由己，非由人。且帝王與匹夫所修各異，匹夫身賤名劣，言令不威，若不剋己苦躬，將何爲用？帝王以四海爲家，萬民爲子，出一嘉言，則士女咸悅；布一善政，則人神以和。刑不夭命，役無勞力，則使風雨適時，寒暖應節，百穀滋繁，桑麻蔚茂。

〔註229〕《高僧傳》卷13《釋道照傳》，第510頁。
〔註230〕《續高僧傳》卷26《釋慧雲附東陽郡烏傷縣雙林大士傅弘傳》，第327頁上。
〔註231〕《資治通鑑》卷153：「中大通元年（529年）……癸卯，群臣以錢一億萬祈白三寶，奉贖皇帝菩薩，僧眾默許。」又《魏書》卷98《島夷蕭衍傳》云：「其臣下奏表上書亦稱皇帝菩薩。」
〔註232〕《高僧傳》卷7《釋僧導傳》，第282頁。
〔註233〕《高僧傳》卷9《佛圖澄傳》，第351頁。

如此持齋，齋亦大矣；如此不殺，德亦眾矣。寧在闕半日之餐，全
一禽之命，然後方爲弘濟耶？」帝迺撫机歎曰：「夫俗人迷於遠理，
沙門滯於近教。迷遠理者，謂至道虛說；滯近教者，則拘戀篇章。
至如法師所言，眞謂開悟明達，可與言天人之際矣。〔註234〕

宋文帝的思路與石虎基本一致，也許他並不知道佛圖澄的解釋，也許這完全是出於對求那跋摩的試探，總之這一問題在南朝初年仍被提起，表明其並沒有得到完滿的解決。我們可以看出佛圖澄的解釋採用了區別殺罰對象的方法，只是強調不害無辜，始終沒有脫離儒家對帝王的要求。求那跋摩的回答則是將帝王與普通百姓區分開來，認爲帝王的受戒可以不同於一般百姓，帝王持戒不一定是「闕半日之餐，全一禽之命」，而在於通過布善政、減刑罰，獲得國泰民安，這纔是帝王的大齋。其實求那跋摩的回答非常含糊，在對殺罰這一關鍵問題的回答上並沒有脫離佛圖澄的思路，只是這種含糊對不重視邏輯思辨的中國思維並不會顯得不合時宜，相反求那跋摩還通過對帝王的讚揚贏得了宋文帝的歡心，爲佛教的發展創造了廣闊的空間。其次，關於懺悔問題。懺悔是佛教的重要儀式，在佛教戒律中任何違戒行爲都要進行懺悔，按照邏輯帝王懺悔就表明帝王有過錯，對此宋孝武帝提出了質疑，《高僧傳·釋曇宗傳》：「嘗爲孝武唱導，行菩薩五法禮竟，帝迺笑謂宗曰：『朕有何罪？而爲懺悔。』宗曰：『昔虞舜至聖，猶云予違爾弼。湯武亦云萬姓有罪，在予一人。聖王引咎，蓋以軌世。陛下德邁往代，齊聖虞殷，履道思沖，寧得獨異？』帝大悅。」〔註235〕孝武帝之問，暗藏玄機，如果不能得到合適的答案，佛教懺禮對帝王的意義就缺少了存在的合理性。釋曇宗運用儒家的典故，既抬高了孝武帝的地位，又給出了滿意的回答，解除了帝王對佛教的責難。再次，僧尼適時調整佛教一些規定以取得帝王的支持，如竺道生，「……宋太祖文皇深加歎重。後太祖設會，帝親同眾御于地筵，下食良久，眾咸疑日晚，帝曰：『始可中耳。』生曰：『白日麗天，天言始中，何得非中？遂取鉢便食，

〔註234〕《高僧傳》卷3《求那跋摩傳》，第108頁。據同書，求那跋摩在師子國也曾遇到類似的問題，「王迫以母敕，即奉命受戒，漸染既久，專精稍篤。頃之，鄰兵犯境，王謂跋摩曰：『外賊恃力，欲見侵侮，若與鬥戰，傷殺必多，如其不拒，危亡將至。今唯歸命師尊，不知何計。』跋摩曰：『暴寇相攻，宜須禦捍，但當起慈悲心，勿興害念耳。』」細尋文意，師子國王之問更多是出於信仰和現實處境之間的矛盾（師子國王後以出家爲要挾，令全國上下皈依佛教，可見其信仰是眞誠的。）宋文帝更多是對佛教的一種試探，二者還是有很大不同的。

〔註235〕《高僧傳》卷13《釋曇宗傳》，第513頁。

於是一眾從之，莫不歎其樞機得衷。」〔註236〕過中不食是佛教的規定，但參與帝王宴筵，帝王邀請僧尼進食，如果恪守規矩，就會引起帝王的不滿。道生將文帝比作天，提出「天言始中，何得非中？」既抬高了文帝的地位，又巧妙解決了過中不食與政治權力的矛盾。

還有一些僧尼通過現實中救助統治者使其支持佛法。《高僧傳・釋僧導傳》「後宋高祖西伐長安，擒獲僞主，蕩清關內，既素籍導名，迺要與相見。……高祖旋施東歸，留子桂陽公義眞鎭關中，臨別謂導曰：『兒年小留鎭，願法師時能顧懷。』義眞後爲西虜勃勃赫連所逼，出自關南。中途擾敗，醜虜乘凶追騎將及，導率弟子數百人遏於中路，謂追騎曰：『劉公以此子見託，貧道今當以死送之，會不可得，不煩相追。』群寇駭其神氣，遂迴鋒而反。義眞走竄于草，會其中兵段宏，卒以獲免，蓋由導之力也。高祖感之，因令子侄內外師焉。」〔註237〕僧導因竭力營救宋高祖之子而得到宋高祖的尊重，並令子侄內外師事僧導。可以說宋高祖對佛教的發展雖然沒有太多直接的貢獻，但令子侄師事僧導，接觸佛教，卻爲以後佛教的發展創造了良好的條件，聯繫到此後高祖之子宋文帝對佛教的態度，可以體會到這一點。此外一些僧尼還通過爲帝王舉行一些佛事活動，取得他們的支持，如智勝尼曾舍衣鉢爲宋齊七帝造攝山寺石像；〔註238〕釋惠暅，「昔在陳朝，每年夏中，常請於樂遊苑爲陳氏七祖及楊都六廟諸神，發《涅槃大品經》，並延神坐，俱在講筵。所以翠旌孔蓋，羽服霓裳，交亂人物，驚神眩目，而往來迎送，必降雲雨。冥期無爽，十有餘載。」〔註239〕釋尚圓曾爲梁武陵王蕭紀除鬼等。〔註240〕這些活動擴大了佛教的影響，無疑也會促進統治者對佛教的支持。

〔註236〕《高僧傳》卷7《竺道生傳》，第255頁。《高僧傳》卷8《釋僧鍾傳》（第306頁）：「永明初，魏使李道固來聘，會于寺內。帝以鍾有德聲，敕令酬對，往復移時，言無失厝。日影小晚，鍾不食，固曰：『何以不食？』鍾曰：『古佛道法，過中不飡。』固曰：『何爲聲聞耶？』鍾曰：『應以聲聞得度者，故現聲聞。』時人以爲名答。」聲聞原指佛陀在世時之諸弟子，後與緣覺、菩薩相對，而爲二乘、三乘之一。按大乘標準，聲聞是爲佛道中之最下根。這段材料主要爲了表明釋僧鍾能言善對。但從另一方面來看，李道固認爲堅持「過中不食」是聲聞，表明當時人依據大乘精神可以隨意闡釋佛教戒律。這可以說與竺道生曲解過中而食異曲同工。

〔註237〕《高僧傳》卷7《釋僧導傳》，第281頁。

〔註238〕《比丘尼傳校注》卷3《智勝尼傳》，第133頁。

〔註239〕《續高僧傳》卷9《釋惠暅傳》，第174頁下。

〔註240〕《續高僧傳》卷27《釋尚圓傳》，第334頁下。

　　南朝僧尼利用統治者宣揚佛法取得了很大的成效，帝王崇佛對佛教的發展影響巨大，如梁武帝，「……抄諸《方等經》，撰受菩薩法，構等覺道場，請草堂寺慧約法師以爲智者，躬受大戒，以自莊嚴。」而導致「自茲厥後，王侯朝士，法俗傾都，或有年臘過於智者，皆望風奄附啓（從慧約）受戒法。」〔註241〕陳文帝崇佛也促進了陳代佛教的興盛，《續高僧傳・釋慧明傳》「陳文御世，多營齋福。民百風從，其例遂廣。」〔註242〕很多人出家是因爲帝王公卿信佛的緣故，如釋植相，「姓郝氏，梓橦涪人，嘗任巴西郡吏。太守鄭貞，令相齎獻物下楊都，見梁祖王公崇敬三寶，便願出家。」〔註243〕在地方，僧尼通過地方長官宣揚佛法也取得了巨大的成效，《比丘尼傳・法緣尼傳》：「刺史韋朗、孔默並屈供養，聞其談說，甚敬異焉，因是土人皆事正法。」〔註244〕法緣尼借助於刺史的支持，使這一地區的士人都信奉了佛法。

（二）利用統治者進行內部鬥爭

　　南朝僧尼中也有一些個人或派別利用政權進行內部鬥爭。這種情況南朝之前就存在，佛馱跋陀羅在長安時與鳩摩羅什僧團存在矛盾，而被擯斥，只好南下廬山投靠釋慧遠。〔註245〕又如《高僧傳・釋玄高傳》：「時河南有二僧，雖形爲沙門，而權侔僞相。恣情乖律，頗忌學僧，曇無毗既西返舍夷。二僧迺向河南王世子曼讒構玄高，云蓄聚徒眾，將爲國災。曼信讒便欲加害，其父不許，迺擯高往河北林楊堂山。」〔註246〕這裏的河南二僧也是借助統治者排擠自己嫉妒的僧人。

　　南朝因僧團內部矛盾而被擯的高僧有竺道生，「而守文之徒，多生嫌嫉，與奪之聲，紛然競起。又六卷《泥洹》先至京師，生剖析經理，洞入幽微，迺說阿闡提人皆得成佛。于時大本未傳，孤明先發，獨見忤眾。於是舊學以爲邪說，譏憤滋甚，遂顯大眾，擯而遣之。」〔註247〕釋慧琳，「後著《白黑論》，乖於佛理。衡陽太守何承天，與琳比狎，雅相擊揚，著《達性論》，並拘滯一方，詆呵釋教。顏延之及宗炳擒駁二論各萬餘言。琳既自毀其法，被斥交州。」

〔註241〕《續高僧傳》卷5《釋法雲傳》，第144頁下。
〔註242〕《續高僧傳》卷31《釋慧明傳》，第375頁下。
〔註243〕《續高僧傳》卷26《釋植相傳》，第323頁上。
〔註244〕《比丘尼傳校注》卷3《法緣尼傳》，第118頁。
〔註245〕《高僧傳》卷2《佛馱跋陀羅傳》72頁。
〔註246〕《高僧傳》卷11《釋玄高傳》，第410頁。
〔註247〕《高僧傳》卷7《竺道生傳》，第256頁。

〔註248〕釋僧密,「專以《成實》繕奇負氣,高論少所推下,下才在事,未能賞重,潛相讒構於竟陵王。密不敘濁清,任其書罪。迺啓擯準南,學士隨者三十餘人,相仍講化。」〔註249〕也有一些僧尼通過統治者進行個人報復,《高僧傳‧釋法願傳》:「時沙門僧導獨步江西,謂願濫匡其士,頗有不平之色,遂致聞孝武,即敕願還都。」〔註250〕又如《高僧傳‧釋道淵傳》,「淵弟子慧琳,……而為性敖誕,頗自矜伐。淵嘗詣傅亮,琳先在坐,及淵至,琳不為致禮,淵怒之彰色,亮遂罰琳杖二十。」〔註251〕

　　從總體上說,利用政權解決僧團內部矛盾不利於僧團內部的團結和學術的自由,對佛教的發展非常不利。如竺道生之被擯,就使頓悟義隱藏多年。又如《續高僧傳‧眞諦傳》:「時宗愷諸僧,欲延還建業。會楊輦碩望,恐奪時榮,迺奏曰:『嶺表所譯眾部,多明無塵唯識,言乖治術,有蔽國風,不隸諸華,可流荒服。』帝然之。故南海新文,有藏陳世。」〔註252〕眞諦是佛教史上四大翻譯家之一,他因為京都僧尼的嫉妒而無法北上弘法,致使唯識之學隱淪多年,可見利用政權解決僧團內部矛盾危害之大。但這也是佛教發展過程中必然會出現的現象,南朝時期佛教宗派還沒有形成,各種學說的爭論還主要是個人的,利用政權排除異己,還不是很普遍;隋唐以後,各宗派之間的鬥爭很多都借助政權的力量,利用政權抬高自己,打擊其他派別纔成為普遍的現象。可以說就這一方面而言,南朝也正處在一個過渡時期。

(三)南朝僧尼對政治的參與

　　僧官制度是中國官僚帝國體系下很有特色的政治制度,進入國家控制下的僧官體系是僧尼參與政治的一般方式。僧官往往具有很大的權勢,《續高僧傳‧釋寶瓊傳》記載:「自梁僧之於此任(指京邑大僧正),熏灼威儀,翼衛亞於王公,服玩陳於鄭楚。故使流水照於衢路,吏卒喧於堂廡。」〔註253〕是否擔任僧官,就僧尼個體而言,可以是一種自主的選擇,僧尼可以通過得到統治者的尊崇進入僧官體系,成為國家政治體系中的一份子,代表國家對僧團進行管理;也可以拒絕擔任僧官,保持宗教徒的獨立(詳後)。但就中國佛

〔註248〕《高僧傳》卷7《釋道淵附釋慧琳傳》,第268頁。
〔註249〕《續高僧傳》卷6《釋僧密傳》,第152頁上。
〔註250〕《高僧傳》卷13《釋法願傳》,第518頁。
〔註251〕《高僧傳》卷7《釋道淵傳》,第268頁。
〔註252〕《續高僧傳》卷1《眞諦傳》,《大正藏》卷50,第430頁中。
〔註253〕《續高僧傳》卷7《釋寶瓊傳》,第158頁下。

教來講，僧官卻是不得不接受的政治體制，它更多體現了統治者對佛教的控制。這裏我們不再涉及僧官，只談一下僧尼主動參與政治的其他情況。其中利用佛教神異向統治者靠近是佛教參與政治的重要方式，由於這一內容與第二節統治者對佛教神異的利用是一個問題的兩個方面，而且也與第五章中僧尼對宗法性宗教的參與有很多重合，這裏就不再論述。

　　通過與帝王的特殊關係，勸諫帝王，是僧尼參與政治的重要方式。〔註 254〕《高僧傳・釋僧瑾傳》：「及明帝末年，頗多忌諱。故涅槃滅度之翻，於此暫息。凡諸死亡凶禍衰白等語，皆不得以對。因之犯忤而致戮者，十有七八。瑾每以匡諫，恩禮遂薄。時汝南周顒入侍帷幄，瑾嘗謂顒曰：『陛下比日所行，殊非人君舉動。俗事諷諫，無所復益，妙理深談，彌爲奢緩。唯三世苦報，最切近情。檀越儻因機候，正當陳此而已。』帝後風疾，數加針灸，痛惱無聊，輒召顒及殷洪等，說鬼神雜事，以散胸懷。顒迺習讀《法句》、《賢愚》二經，每見談說，輒爲言先。帝往往驚曰：『報應眞當如此，亦寧可不畏。』因此犯忤之徒，屢被全宥。蓋瑾之所因，爲得人也。」〔註 255〕宋明帝晚年，多有殺戮，釋僧瑾對其進行勸諫，明帝卻疏遠僧瑾，但僧瑾並沒有放棄，而是勸說明帝的大臣通過向明帝宣講三世報應等，勸明帝寬宥大臣，並取得了實際的效果。又《續高僧傳・釋智藏傳》：「又彭城劉混之罪當從戮，藏時處後堂，爲帝述四等義。外奏聞之，帝曰：『今爲國事，不得道四等義，如何？』藏曰：『言行乘機也，今機發而不中，失在何人？四等之舉，義非徒設。』帝遂捨而不問，竟以獲免。劉氏終亦不委斯由。」〔註 256〕四等義指佛教中慈、悲、喜、捨四無量心。智藏正在爲武帝講四等義，有人啓奏劉混之罪當從戮。武帝提出爲了施行國家刑罰，在這件事情上沒法履行四等義。智藏指出，言行應該利用時機，現在有機會怎能不去施行。於是武帝赦免了劉混之。總之，僧尼勸諫帝王一般是爲了實現佛教慈悲的教義，對於那些殺戮慘重的帝王，可以起到一定作用，有利於保持政治的寬和，但有些情況下，如果一味主張慈悲，也不利於國家法令的推行。

〔註 254〕早在東晉時很多人已經意識到僧尼與帝王的特殊關係，面對一些重大政治決策，很多大臣也會請僧尼勸諫帝王，這固然不是僧尼主動，但也是其參與政治的一種方式，例如符堅想要攻晉，大臣極力勸諫，符堅不聽，大臣便請釋道安進行勸諫。(《高僧傳》卷 5《釋道安傳》，第 182 頁)

〔註 255〕《高僧傳》卷 7《釋僧瑾傳》，第 294 頁。

〔註 256〕《續高僧傳》卷 5《釋智藏傳》，第 145 頁下。

　　有些僧尼還直接參與統治者內部的政治鬥爭，早在東晉後期就有僧尼直接參與政治，《比丘尼傳・支妙音尼傳》：

> 徒眾百餘人，內外才義者，因之以自達，供瞻無窮，富傾都邑，貴賤宗事，門有車馬，日百餘兩。
>
> 荊州刺史王忱死，烈宗意欲以王恭代之。時桓玄在江陵，爲忱所折挫，聞恭應往，素又憚恭。殷仲堪時爲恭門生，玄知殷仲堪弱才，亦易制御，意欲得之，迺遣使憑妙音尼爲堪圖州。既而烈宗問妙音：「荊州缺，外問云誰應作者？」答曰：「貧道道士，豈容及俗中論議。如聞外內談者，並云無過殷仲堪，以其意慮深遠，荊楚所須。」帝然之，遂以代忱。權傾一朝，威行內外云。〔註257〕

支妙音尼由於帝王後宮的寵倖，權傾內外，很多人依靠她而加官進爵，關於荊州刺史的任命更顯示了她的權勢和對政治的參與。東晉時期，荊州是長江上游的重鎮，荊揚之爭是東晉政局中關鍵的一環，荊州刺史的任命對於朝廷具有重要影響。對於如此重大的政治事件，晉烈宗（即晉孝武帝）卻向支妙音徵求意見，並因爲她而改變自己原來的計畫，可見支妙音在帝王心中具有重要地位；而桓玄一開始就知道利用支妙音，表明在朝廷官員心目中支妙音也具有重要的政治影響。這次荊州刺史的任命加速了桓玄篡權的進程，對東晉後期政局產生了重要影響，而支妙音無疑在其中扮演了重要角色。

　　南朝時期僧尼直接參與統治者內部鬥爭的情況更多。據《宋書・始安王休仁傳》，宋太宗殺害休仁後下詔方鎮及諸大臣進行解釋，詔書中有「休仁規欲聞知方便，使曇度道人及勞彥遠屢求啓，闚覘吾起居。」〔註258〕可見曇度道人曾扮演始安王間使的角色。而法略道人、法靜尼都曾經參與彭城王劉義康的叛亂。〔註259〕陳代沙門慧摽，「涉獵有才思，及寶應起兵，作五言詩以送之，曰：『送馬猶臨水，離旗稍引風。好看今夜月，當入紫微宮。』寶應得之甚悅。慧摽齎以示寄，寄一覽便止，正色無言。摽退，寄謂所親曰：『摽既以此始，必以此終。』後竟坐是誅。」〔註260〕釋慧義曾爲范泰出謀劃策，《高僧傳・釋慧義傳》：「宋元嘉初，徐羨之、檀道濟等，專權朝政，泰有不平之色，

〔註257〕《比丘尼傳校注》卷1《支妙音尼傳》，第36頁。
〔註258〕《宋書》卷72《始安王休仁傳》，第1877頁。
〔註259〕《宋書》卷69《范曄傳》，第1812頁。
〔註260〕《陳書》卷19《虞寄傳》，第262頁。

嘗肆言罵之，羨等深憾。聞者皆憂泰在不測，泰亦慮及於禍，迺問義安身之術，義曰：『忠順不失，以事其上，故上下能相親也，何慮之足憂。』」〔註261〕

僧尼起義是僧尼直接參與政治的另一種方式。規模較大的僧尼起義有宋孝武帝大明二年（458）沙門釋曇標與南彭城蕃縣民高闍、道方等起事；〔註262〕宋文帝元嘉二十八年，司馬順稱晉室近屬，自號齊王，聚眾據梁鄒城，「時又有沙門自稱司馬百年，號安定王，亡命秦凱之、祖元明等各據村屯以應順則。」〔註263〕梁武帝中大通（529～534 年）年間，沙門僧強自稱帝，土豪蔡伯龍起兵回應，眾至三萬，攻陷北徐州，後被陳慶之鎮壓下去。〔註264〕這些起義雖然都沒有成功，但都在南朝政治史上留下了重要的一筆。

僧尼參與政治在很多時候能取得一定成效，如前面提到的勸鑒帝王等。又據《續高僧傳‧釋明達傳》：「時巴峽蠻夷，鼓行抄劫，州郡徵兵克期誅討。達愍其將苦，志存拯拔，獨行詣賊，登其堡壘，慰喻招引，未狎其情。俄而風雨晦冥，雷霆振擊。群賊驚駭，惻爾求哀。達迺教具千燈，祈誠祈誠三寶。營辦始就，昏霾立霽，山澤通氣，天地開朗，翕然望國，並從王化，繩負排藪獺弁前趨者，其徒充澤。遂使江路肅清，往還無阻，兵威不設，而萬里坦然，達之力也。……故達化行楚蜀，德服如風之偃僕也。故使三蜀甿流或執爐請供者，或散花布衣者，或捨俗歸懺者，或剪落從法者，日積歲計又不可紀。」〔註265〕釋明達勸服巴峽蠻夷，一方面使國家不費一兵一卒就平定了巴峽，另一方面，也宣揚了佛法，使巴蜀人民望風從化。

另一方面，僧尼參與政治也具有很大的風險。如前面所述，一旦其所屬的政治派別或個人失敗，他們往往也會有殺身之禍，而且也會對佛教的發展造成不利影響。《比丘尼傳‧德樂尼傳》：「同寺尼法淨、曇覽，染孔熙先謀，人身窮法，毀壞寺舍。諸尼離散，……」〔註266〕法淨尼、曇覽尼因參與政治鬥爭，而導致個人得罪，佛寺也被毀壞，這對佛教的發展非常不利。

僧尼即使被動地捲入政治鬥爭，處境也比較危險。《高僧傳‧釋慧璩傳》：「……譙王鎮荊，要與同行。後逆節還朝，於梁山設會。頃之，譙王敗，璩

〔註261〕《高僧傳》卷 7《釋慧義傳》，第 266 頁。
〔註262〕《宋書》卷 75《王僧達傳》，第 1957 頁。
〔註263〕《宋書》卷 78《蕭思話傳》，第 2017 頁。
〔註264〕《梁書》卷 32《陳慶之傳》，第 463 頁。
〔註265〕《續高僧傳》卷 30《釋明達傳》，第 366 頁中。
〔註266〕《比丘尼傳校注》卷 3《德樂尼傳》，第 159 頁。

還京。後宋孝武設齋，璩唱導，帝問璩曰：『今日之集，何如梁山？』璩曰：『天道助順，況復爲逆。』帝悅之。明旦，別賜一萬。後敕爲京邑都維那。」〔註267〕慧璩曾跟隨譙王，並爲其設法會，後譙王叛亂兵敗，璩還京，孝武帝還耿耿於懷，並借設齋之時，重提舊事，實際上是對慧璩跟隨譙王之事表示不滿，慧璩憑藉自己的機智，纔除去帝王的芥蒂，並得到了帝王的賞賜和任用。又如《高僧傳·求那跋陀羅傳》：

> 後譙王鎮荊州，請與俱行，安止辛寺，更創房殿。……元嘉將末，譙王屢有怪夢，跋陀答云：「京都將有禍亂。」未及一年，元凶構逆。及孝建（454～456年）之初，譙陰謀逆節，跋陀顏容憂慘，未及發言，譙王問其故，跋陀諫爭懇切，洒流涕而出曰：「必無所冀，貧道不容扈從。」譙王以其物情所信，迺逼與俱下。梁山之敗，……世祖敕軍得摩訶衍，善加料理，驛信送臺，俄而尋得，令舸送都。世祖即時引見，顧問委曲，曰：「企望日久，今始相遇。」跋陀曰：「既染釁戾，分當灰粉，今得接見，重荷生造。」敕問並誰爲賊，答曰：「出家之人，不預戎事，然張暢、宋靈秀等，並見驅逼。貧道所明，但不圖宿緣，迺逢此事。」帝曰：「無所懼也。」是日敕住後堂，供施衣物，給以人乘。初跋陀在荊十載，每與譙王書疏，無不記錄。及軍敗檢簡，無片言及軍事者。世祖明其純謹，益加禮遇。後因閒談，聊戲問曰：「念承相不？」答曰：「受供十年，何可忘德？今從陛下乞願，願爲丞相三年燒香。」〔註268〕

求那跋陀羅是劉宋時期最有影響的譯經僧之一，《開元錄》記其共譯經52部，134卷，最重要的有《雜阿含經》50卷、《楞伽經》4卷、《勝鬘經》1卷等，他在當時具有很高的聲望，宋文帝曾令著名高僧慧嚴、寶雲等協助其譯經，當時的「通才碩學」顏延之曾「束帶造門」，彭城王劉義康、譙王劉義宣皆師事之。後來義宣鎮荊州，請與俱行。求那跋陀羅在荊州受譙王供養十年，觀其預言京都禍亂，並勸諫譙王，其對於政治並非漠不關心，所謂「每與譙王書疏，無不記錄。及軍敗檢簡，無片言及軍事者。」這是就記錄下來的材料而言，其平時與譙王的言論肯定有不少涉及政治者，其雖反對譙王叛亂，但既被逼俱下，其爲譙王出謀劃策也在情理之中。譙王敗後，孝武慕其高名而

〔註267〕《高僧傳》卷13《釋慧璩傳》，第512頁。
〔註268〕《高僧傳》卷3《求那跋陀羅傳》，第132頁。

特赦軍中善加料理，跋陀言「既染釁戾，分當灰粉」可見孝武之寬赦實屬例外，而孝武仍然追問「並誰為賊」，並在以後問其「念承相不」，可見孝武對其參與叛亂事仍念念不忘。

然而由於僧尼帶有的神異色彩和對事件的預見性，在他們被諸王供養時，難免捲入政治漩渦。一旦遇有大的政治變故，諸王往往會徵詢這些僧尼的意見，因此他們完全脫離政治也比較困難。《高僧傳・釋曇光傳》：「義陽王旭出鎮北徐，攜光同行。及景和失德，義陽起事，以光預見。迺齎七曜以決光，光杜口無言，故事寧獲免。」〔註269〕義陽王起事，向曇光徵詢意見，曇光杜口無言，纔免禍。

參與現實政治雖然有時會換得統治者對佛教的支持，有的情況下也會對現實政治有所裨益，但畢竟不符合佛教的宗旨，也不符合世俗社會對佛教的期望，主動參與政治的僧尼往往也不被僧團所重視。總體來說，南朝時期，僧尼參與政治並不普遍，這是佛教獨立地位的一種表現。等到中國專制王權後期，很多僧尼成為帝王將相的「參謀」「軍師」，這便是佛教喪失獨立地位，僧尼不得不通過為統治者出謀劃策來維護佛教和維持生計的一種表現了。

二、南朝僧尼對政治的審慎

佛教內部派別眾多，不同的派別在修行方面各有側重。有的派別強調個人的修行，一般傾向於隱居修禪；有的派別則強調弘濟利世，普渡眾生，注重與世俗社會的接觸。可以說後者纔是佛教在中國發揚光大的依據，正是本著這種精神很多西域或印度僧人纔不辭萬苦來華弘法，《高僧傳・曇摩耶舍傳》：「……罽賓人，……孤行山澤，不避豺虎，獨處思念，動移宵日。嘗於樹下每自剋責：年將三十，尚未得果，何其懈哉！於是累日不寢不食，專精苦到，以悔先罪。迺夢見博叉天王語之曰：『沙門當觀方弘化，曠濟為懷，何守小節獨善而已。道假眾緣，復須時熟，非分強求，死而無證。』覺自思惟，欲遊方授道，既而逾歷名邦，履踐郡國。」〔註270〕曇摩耶舍開始隱居獨行而不能求得正果，後夢見博叉天王令其遊行弘化，這樣他纔能夠來華弘法。但是在中國傳統體制下，佛教雖然重視弘法，但如果與統治者關係太密切，就會不利於保持佛教的獨立性，也會失去其宗教的神聖色彩，並可能引起世俗社會的輕視。東晉名僧竺法潛得

〔註269〕《高僧傳》卷13《釋曇光傳》，第514頁。
〔註270〕《高僧傳》卷1《曇摩耶舍傳》，第41頁。

到簡文帝的尊崇，經常出入朝廷，就遭到了名士劉悛的當眾嘲笑：「道士何以遊朱門？」〔註271〕雖然竺法潛靠自己的機辯回應了這種責難，但世俗社會的這種想法卻難以避免。又如宋釋慧琳《武丘法綱法師誄》提到法師「少遊華京，長栖幽麓，樂志入出，乘情去來。瀆厭人流，就閑於木石；鬱寂丘壑，求觀於物類。人以爲無特操，我見其師誠矣。」〔註272〕釋慧琳本人出入宮廷達貴之家，自然不會反對法綱法師隱居後又「觀於物類」，但很多人卻會認爲法綱法師的行爲「無特操」。在這種文化傳統下，很多僧尼很注重保持佛法的獨立性和神聖性，雖然他們經常利用政權弘法，但也很注意保持與政權的距離。這一點東晉十六國時期的僧尼就已經認識到，如竺僧朗，「迺於金輿谷崑崙山中別立精舍，……內外屋宇數十餘區，聞風而造者百有餘人，朗孜孜訓誘，勞不告倦。秦主符堅欽其德素，遣使徵請，朗同辭老疾迺止，於是月月修書贍遺。堅後沙汰眾僧，迺別詔曰：『朗法師戒德冰霜，學徒清秀，崑崙一山，不在搜例。』及後秦姚興亦佳歡重，燕主慕容德欽朗名行，假號『東齊王』，給以二縣租稅，朗讓王而取租稅，爲興福業。晉孝武致書遺，魏主拓跋珪亦送書致物。其爲時人所敬如此。」〔註273〕僧朗因其獨立的姿態維護了佛教的尊嚴，也在亂世中得到了各個統治者的尊敬，並爲泰山佛教僧團的發展創立了良好的條件。此後最有名的如釋慧遠之在廬山，足不出虎溪，卻使王侯將相遠挹風采，並多方面爲廬山僧團提供便利。〔註274〕不僅如此，慧遠還爲僧尼高尚其事提供了理論依據，他指出「是故凡在出家，皆遯世以求其志，變俗以達其道。變俗則服章不得與世典同禮，遁世則宜高尚其迹。夫然，故能拯溺俗於沉流，拔幽根於重劫，遠通三乘之津，廣開天人之路。如令一夫全德。則道洽六親澤流天下。雖不處王侯之位。亦已協契皇極在宥生民矣。是故內乖天屬之重而不違其孝。外闕奉主之恭而不失其敬。」〔註275〕這時很多高僧即使接受帝王的徵請，爲了保持佛教的獨立，也會非常謹慎地對待出處的時機。《高僧傳‧竺道壹傳》：

> 晉簡文皇帝深所知重。及帝崩汰死，壹迺還東，止虎丘山。學徒苦
> 留不止，迺令丹陽尹移壹還都，壹答移曰：「蓋聞大道之行，嘉遁得
> 肆其志。唐虞之盛，逸民不奪其性。弘方由於有外，致遠待而不踐。

〔註271〕《高僧傳》卷3《竺法潛傳》，第156頁。
〔註272〕《廣弘明集》卷23，《大正藏》卷52，第265頁中。
〔註273〕《高僧傳》卷5《竺僧朗傳》，第190頁。
〔註274〕參見《高僧傳》卷6《釋慧遠傳》，第211頁。
〔註275〕釋慧源：《沙門不敬王者論》，《弘明集》卷5，《大正藏》卷52，第30頁中。

大晉光熙，德被無外，崇禮佛法，弘長彌大。是以殊域之人，不遠
萬里，被褐振錫，洋溢天邑。皆割愛棄欲，洗心清玄。遐期曠世，
故道深常隱；志存慈救，故遊不滯方。自東徂西，唯道是務，雖萬
物惑其日計，而識者悟其歲功。今若責其屬籍，同役編戶，恐遊方
之士，望崖於聖世，輕舉之徒，長往而不反，虧盛明之風，謬主相
之旨。且荒服之賓，無關天台，幽藪之人，不書王府。幸以時審翔，
而後集也。」壹於是閒居幽阜，晦影窮谷。〔註276〕

道壹非常清楚帝王對弘法具有重要意義，所以當崇奉佛法的簡文帝在位時，
他在京師弘法，而簡文離世後，在下任統治者態度不明確的情況下，他便知
時而退，這對於維持佛教的獨立地位非常重要。學徒想通過丹陽尹移道壹還
都，如果道壹聽從了丹陽尹，就表明他屈從於政治壓力，所以道壹指出：「且
荒服之賓，無關天臺，幽藪之人，不書王府。」實際上是表明佛教雖然主張
弘法，但畢竟不是政治的附屬，不能通過政治權力來加以控制，所以自己堅
持隱逸。在這裏尤應注意的是道壹將佛教的隱逸與中國傳統社會的隱逸引為
同類，並用傳統社會隱逸存在的合理性來論證自己的隱逸，這也成為以後高
僧拒絕出仕的常用方式。這一時期也有高僧為了抗拒政治壓力而隱逸，如釋
道恒，與同學道標，「神氣俊秀，有經國之量，（秦主姚興）迺敕偽尚書令姚
顯，令敦逼恒、標罷道，助振王業。」最後，「闔境救之，殆而得勉。恒迺歎
曰：『古人有言，益我貨者損我神，生我名者殺我身。』於是竄影巖壑，畢命
幽藪，蔬食味禪，緬迹人外。」〔註277〕也有一些僧尼因為政治動亂而隱逸，
如帛遠，「見群雄交爭，干戈方始，志欲潛遁隴右，以保雅操。」〔註278〕雖然
後來帛遠沒有如願以償，但像這種迫於政治壓力而隱逸的情況應該不少。

但總體而言，南北朝之前，佛教的發展還比較有限，佛教與政權的關係
還比較平和，這一時期佛教的主要任務是促進自己的發展，處理與政權之間
的關係還不是主要內容。南朝時期，一方面佛教逐漸發展壯大，帝王將相崇
佛者不斷增加，另一方面佛教的發展也導致了佛教與世俗政權的矛盾，統治
者不斷加強對僧尼的控制，處理與世俗政權之間的關係成為佛教面臨的重要
問題。

〔註276〕《高僧傳》卷5《竺道壹傳》，第206頁。
〔註277〕《高僧傳》卷6《釋道恒傳》，第246頁。
〔註278〕《高僧傳》卷1《帛遠傳》，第26頁。

　　可以說，南朝時期一方面僧尼更頻繁地接近統治者，或者利用統治者弘揚佛教，或者利用統治者進行內部鬥爭，又或者直接介入統治者內部的鬥爭（如前所論），另一方面他們也更努力地維護佛教的獨立性，抵制世俗王權的壓制。在理論宣傳上，南朝僧尼和信佛者在宣傳中更注重強調佛教對於傳統思想的優先性。〔註279〕從佛教與中國傳統思想的關係來看，佛教在發展的初期，需要借助中國傳統思想來取得社會的認可，所以佛教界或信佛人士雖然根本上認佛教爲終極，但在宣傳上卻比較強調佛教與中國傳統思想的一致性。〔註280〕南朝時期隨著佛教的發展，佛教界或信佛人士更強調佛教的優先地位，〔註281〕何承天《答宗居士書》中有「至於好事者，遂以爲（佛

〔註279〕 北朝也存在這種情況，北周釋道安《二教論》（《廣弘明集》卷8，《大正藏》卷52，第136頁中）以佛教爲宗本，認爲：「子謂三教雖殊勸善義一。余謂善有精粗優劣宜異，精者超百化而高升，麤者循九居而未息。安可同年而語其勝負哉！」釋彥琮《通極論》（《廣弘明集》卷4，《大正藏》卷52，第114頁下）「吾少長山東，尚素王之雅業。晚遊關右，慕黃老之玄言。俱是未越苦河，猶淪火宅。可久可大，其惟佛教也歟！」可見強調佛教的優先性是佛教發展的必然結果。

〔註280〕 佛教傳入之初由於其思想和禮儀各方面與中國傳統很不相同，所以遭到了中國傳統觀念的激烈反對，《牟子理惑論》等早期佛教文獻記之甚詳，在這種情況下，佛教要想在中國發展，必須努力彌縫佛教與中國傳統之間的矛盾，所以早期佛教徒努力尋求佛教與中國傳統之間的一致性。如三國時康僧會回答孫皓曰：「《易》稱『積善餘慶』。《詩》詠『求福不回。雖儒典之格言，即佛教之明訓。」（《高僧傳》卷1《康僧會傳》第17頁）東晉的孫綽就提出了一個有代表性的說法：「周孔即佛，佛即周孔」。（《弘明集》卷3，《喻道論》）而當時著名高僧盧山慧遠更是通過一系列的理論進一步調和佛教與中國傳統思想的關係。慧遠雖然認爲「以今而觀，則知沉冥之趣，豈得不以佛理爲先？」（《廣弘明集》卷27，第304頁），但也指出佛教與名教「出處誠異，終期則同。」「苟會之有宗，則百家同致。」（《弘明集》卷5《沙門不敬王者論》）

〔註281〕 佛教一開始雖然側重強調與傳統文化的一致性，但如果一味強調一致性就會取消佛教存在的價值，吳主孫浩與康僧會的一段對話就充分體現了這一點，據《高僧傳》卷1《康僧會》：「皓大集朝賢，以馬車迎會。會既坐，皓問曰：『佛教所明，善惡報應，何者是耶？』會對曰：『夫明主以孝慈訓世，則赤烏翔而老人見；仁德育物，則醴泉湧而嘉苗出。善既有瑞，惡亦如之。故爲惡於隱，鬼得而誅之；爲惡於顯，人得而誅之。《易》稱：『積善餘慶。』《詩》詠：『求福不回。雖儒典之格言，即佛教之明訓。』皓曰：『若然，則周孔已明，何用佛教。』會曰：『周孔所言，略示近迹，至於釋教，則備極幽微。故行惡則有地獄長苦，修善則有天宮永樂。舉茲以明勸沮，不亦大哉。」康僧會爲了讓孫浩接受佛教指出佛教與儒家是一致的，孫浩卻借此指出，如果二者一樣，佛教還有何存在的價值？康僧會只能進一步指明佛教的獨特性。

教）超孔越老，唯此爲貴。」〔註282〕何承天是著名的反佛者，他批評「好
事者」以佛爲貴，可見強調佛教的優先性正是佛教徒著力宣揚的方面。沈約
《內典序》指出：「眞俗兩書遞相扶獎，孔發其端，釋窮其致。」〔註283〕雖
然是指出儒釋可以互補，實際上卻是認爲佛教高於儒家。釋僧愍《戎華論折
顧道士夷夏論》：「夫佛者，是正靈之別號。道者，是百路之都名。老子者是
一方之哲，佛據萬神之宗。道則以仙爲貴。」〔註284〕明僧紹《正二教論》：
「既教有方圓，豈覩其同，夫由佛者，固可以權老，學老者，安取同佛？」
〔註285〕周顒論本末之分，以釋爲本，以李爲末，並指出「日月（指佛教）
出矣，爝火（道家道教）宜廢。」〔註286〕王融認爲佛書「信可以糟滓五書，
糠粃百氏，升罩耼周，笹竽尼旦，所謂窺七澤而狹潢汙，登太山而小天下。」
〔註287〕梁江淹《遂古篇》認爲「迦維羅衛道最尊」。〔註288〕梁武帝論三教
先後，以佛教爲正教。〔註289〕《續高僧傳·釋慧雲附東陽郡烏傷縣雙林大
士傅弘傳》：

> 迺遣使齎書，贈梁武曰：「雙林樹下當來解脫善慧大士，敬白國主救
> 世菩薩，今條上中下善，希能受持：其上善者，略以虛懷爲本，不
> 著爲宗，亡相爲因，涅槃爲果；其中善，略以持身爲本，治國爲宗，
> 天上人間果報安樂；其下善，略以護養眾生。」帝聞之，延住建業，
> 迺居鍾山下定林寺。……帝後於華林園重雲殿，開般若題，獨設一
> 榻，擬與天旨對揚。及玉輦升殿，而公晏然箕坐。憲司譏問，但云
> 法地無動，若動則一切不安。〔註290〕

傅弘獻書梁武帝，以佛教修行爲上善，治理國家爲中善。梁武帝欣然接受，並

〔註282〕《弘明集》卷3，《大正藏》卷52，第19頁上。
〔註283〕《廣弘明集》卷19，《大正藏》卷52，第232頁上。
〔註284〕《弘明集》卷7，《大正藏》卷52，第47頁上。
〔註285〕《弘明集》卷6，《大正藏》卷52，第37頁下。
〔註286〕《張融門律周顒難》，《弘明集》卷6，《大正藏》卷52，第39頁上。
〔註287〕《藝文類聚》卷77《內典下》「齊王融謝竟陵王示法制啓」。
〔註288〕《廣弘明集》卷3，《大正藏》卷52，第107頁上。
〔註289〕梁武帝：《捨事李老道法詔》：「又敕門下。大經中說，道有九十六種，惟佛一
　　　　道是於正道，其餘九十五種名爲邪道。朕捨邪外道以事正內，諸佛如來若有
　　　　公卿能入此誓者，各可發菩提心。老子周公孔子等，雖是如來弟子而化迹既
　　　　邪，止是世間之善，不能革凡成聖。」《廣弘明集》卷3《大正藏》卷52，第
　　　　111頁下。
〔註290〕《續高僧傳》卷26《釋慧雲附東陽郡烏傷縣雙林大士傅弘傳》，第327頁上。

邀住建業，並在法會上給與傅弘崇高的位置，而傅弘也可以傲視帝王，不顧大臣責難，這些正表明佛教優先的觀念在梁武帝心中根深蒂固。宋代契嵩（1007～1072）著的《傳法正宗記》記載菩提達磨死後，梁武帝追慕爲碑，其中有「朕雖一介凡夫，敢師之於後？」〔註291〕《傳法正宗記》爲禪宗記述傳法次第之書，於禪宗先師多有褒揚，此段材料未必眞實，但結合梁武帝對佛教的尊崇，其自稱凡夫，以僧尼爲師卻可能是眞實的。相反這時的道士或道教信徒卻比較強調三教的相通性，如南齊孔稚珪指出「道家戒善，故與佛家同耳。」〔註292〕梁代最有名的道士陶弘景提倡「三教均善」說，認爲：「萬物森羅，不離兩儀所立；百法紛湊，無越三教之境。」〔註293〕人主應該「崇教惟善，法無偏執」，三教並弘。由此我們也可以看出南朝時期佛道力量的對比。

在行爲上，南朝僧尼對政治的態度更爲審愼，這可以體現在三個方面：或拒絕擔任僧官，或強調出處不失其機，或以傲視王侯爲高。

（一）拒絕擔任僧官

設置僧官是國家控制佛教的手段，雖然在這種體制下，必然有一些僧尼擔任僧官，但對個人而言卻可以有選擇的餘地。僧尼拒絕擔任僧官有謙虛推讓的考慮，但從佛教和世俗兩方面看，擔任僧官都有接受國家控制的嫌疑，因此那些修行高尚的僧尼對擔任僧官非常敏感。而且擔任僧官還必須承擔幫助國家檢校僧尼的固定責任，也會限制對僧尼的個人自由。釋僧若天監八年（509）被「敕爲彼郡僧正，親當元帥，猶肆意山內，故失匡救之美，致有貪慢之詆，未必加諸己，要亦有貶暮齡。」〔註294〕像僧若這樣擔任了僧官卻仍「肆意山內」就會受到道俗的指責。因此，很多僧尼爲了保持對政權的超越或個人行爲的自由而拒絕擔任僧官，如道貴尼，「齊竟陵文宣王蕭子良善相推敬，爲造頂山寺，以聚禪眾，請貴爲知事，固執不從，請爲禪範，然後許之。」〔註295〕釋慧韶，「（梁武陵王）頻教令掌僧都，苦辭不受。」〔註296〕有些高僧即使迫於政治壓力最終擔任了僧官，但擔任之前也經歷過很多曲折，釋令玉

〔註291〕《傳法正宗記》卷5，《大正藏》卷51，第743頁下。
〔註292〕孔稚珪《文宣王書與中丞孔稚珪釋疑惑（並箋答)》《弘明集》卷11，《大正藏》卷52，第73頁中。
〔註293〕《茅山長沙館碑》，《華陽陶隱居集》卷下，《道藏》第46冊，第238頁。
〔註294〕《續高僧傳》卷5《釋僧若傳》，第141頁中。
〔註295〕《比丘尼傳校注》卷4《道貴尼傳》，第211頁。
〔註296〕《續高僧傳》卷6《釋慧韶傳》，第150頁下。

尼，「宋邵陵王大相欽敬，請爲南晉陵寺主，固讓不當。王不能屈，以啓元徽。元徽再敕，事不獲免。在任積年，不矜而莊，不厲而威。」〔註297〕宋邵陵王欲請令玉尼爲寺主，令玉堅決拒絕，直到以殘忍著稱的宋後廢帝兩次下敕令，纔被迫擔任寺主。前引《續高僧傳・釋曇瑗傳》的例子，表明釋曇瑗同意在國家支持下，檢校僧尼，卻拒絕出任國家任命的僧官，並隱居求志，可見他對於弘揚佛法和接受政權控制，有清楚的劃分，能夠利用政權宣揚佛教，卻不願意成爲政權控制佛教的工具。

（二）「出處不失其機」

朝廷徵召名僧多少帶有政治強制性，這種行政命令與僧人免於所有世俗責任的自由相牴觸，但朝廷的徵召也可以爲佛教的發展提供機會，因此僧尼對出處之機非常謹慎。《高僧傳・釋道汪傳》：「（宋孝武）帝即敕令，迎接爲中興寺主。汪迺因（張）悅固辭以疾，遂獲免。於是謝病下帷，絕窺人世。後劉思考臨州，大設法祀，請汪講說，迺應請。或問法師常誓守靖，何以虧節？答曰：『劉公篤信，方欲大法憑之，何辭小勞耶？』」〔註298〕釋道汪拒絕孝武帝的敕令，隱居求志，後來卻接受了劉思考講法的邀請，這應該是其基於政治形勢對出處之機的一種愼重考慮，他特別強調自己接受劉思考邀請的原因是劉篤信佛法，可見其拒絕孝武帝可能是因爲他認爲孝武帝對佛法不夠篤信，也或者他對孝武帝的態度不夠清楚，總之可以看出他對出處是非常謹愼的。這段材料中「或問」表明世俗社會對僧尼接受統治者徵請的一種態度，即認爲那是一種「虧節」，這應該也是僧尼謹愼出處的原因之一。又如《續高僧傳・釋智顗傳》：「陳帝意欲面禮，將申謁敬。顧問群臣：『釋門誰爲名勝？』陳暄奏曰：『瓦官禪師，德邁風霜，禪鏡淵海。昔在京邑，群賢所宗。今高步天台，法雲東藹。願陛下詔之還都，使道俗咸荷。』因降璽書，重迤徵入。顗以重法之務，不賤其身，迺辭之。後爲永陽苦諫，因又降敕，前後七使，並帝手疏。顗以道通惟人王爲法寄，遂出都焉。」〔註299〕

釋智顗爲了「重法」而拒絕接受陳後主的徵請，〔註300〕並認爲那是「賤

〔註297〕《比丘尼傳校注》卷4《釋令玉尼傳》，第201頁。

〔註298〕《高僧傳》卷7《釋道汪傳》，第283頁。

〔註299〕《續高僧傳》卷17《釋智顗傳》，第245頁上。

〔註300〕《全陳文》卷四收錄了陳後主徵請釋智顗的五道敕文，包括直接給智顗的敕文，也包括令永陽王勸諭釋智顗的敕文。第3423頁。

其身」，但面對陳後主屢次徵請，他又認識到「道通惟人王爲法寄」爲了弘法不能得罪帝王，因此最後他同意出都，可見他對出處之機非常愼重。

實際上，這一時期很多僧尼都能出處自如，特別是很多高僧能憑藉自己對政治形勢的判斷，或出或入，既宣揚了佛法，又不陷入政治鬥爭中。如釋僧若：「東返虎丘，栖身幽室，簡出人世，披文玩古，自足雲霞，瑯琊王斌守吳，每延法集，還都謂知己曰：『在郡賴得若公言謔，大忘衰老，見其比歲放生爲業，仁逮蟲魚，愛及飛走，講說雖疏，津梁不絕，何必滅跡巖岫，方謂爲道，但出處不失其機，彌覺其德高也。』」〔註301〕僧若一方面隱迹虎丘，另一方面又不拒絕瑯琊王的延請，他自己能怡然自得，而世俗社會也認爲他「出處不失其機」。又如釋洪偃：「屬戎羯陵踐，兵饑相繼，因避地於縉雲，眷眄泉石。又寇斥山侶，遂越嶺逃難，落泊馳滯，曾無安堵。梁長沙王韶鎮郢，聞風敘造。俄而渚宮陷覆，上流阻亂，便事東歸，因懷自靜，有顧林泉，迺杖策若耶雲門精舍，歷覽山水，美其移遲。……遂泛浪巖峰，有終焉之志，葺修寺宇，結眾礪業。逮陳武廓定，革命惟新，京輔舊僧，累相延請。迺顧山眾曰：『吾勤苦積學五十餘年，事故流離，未遑敷說，今時來不遂，何謂爲法亡身乎？』以天嘉之初出都，講於宣武寺。學徒又聚，莫不肅焉。雖樂說不疲，而幽心恒結，每因講隙遊鍾山之開善定林，息心宴坐。」〔註302〕釋洪偃在社會動盪之時隱居，政治清明之時出都宣揚佛法，又不忘隱居之志，很好地處理了出處問題。再如釋智藏：「及齊德將謝，王室大騷，天地既閉，經籍道廢，遂翻然高舉，欲終焉禹穴。逮有梁革命，大弘正法，皇華繼至，方遊京輦。天子下禮承修，榮貴莫不竦敬。聖僧寶誌遷神，窆厇於鍾阜，於墓前建塔，寺名開善。敕藏居之。……時梁武崇信釋門，宮闕恣其遊踐。……還居開善，不履世。時或敕會，迺上啓辭曰：『夙昔顧省，心或不調，欲依佛一語於空閒自製而從緣流二十餘載，在乎少壯，故可推斥，今既老病……故願言靜處，少自榮衛，非敢傲世求名，非欲從閑自誕，特是常人近情……』」〔註303〕面對齊末的社會動盪，智藏知時而退，梁代佛法大盛，智藏重遊京都，雖得到帝王尊重，時有講會，仍不忘隱居之情，晚年面對帝王的敕會，他上啓表明自己之所以拒絕，並不是爲了「傲世求名」，而是身體的原因。這可以

<hr>

〔註301〕《續高僧傳》卷5《釋僧若傳》，第141頁中。
〔註302〕《續高僧傳》卷7《釋洪偃傳》，第156頁下。
〔註303〕《續高僧傳》卷5《釋智藏傳》，第146頁。

看作拒絕帝王的托詞，也表明僧尼「傲世求名」確實是當時的一種社會現象（後詳論）。

　　僧傳中提到的因政治動亂而隱居，後又出山弘揚佛法的僧尼還有釋法瑗，「（宋文）帝敕爲南平穆王鑠五戒師。及孝武即位，敕爲西陽王子尙友。辭疾不堪，久之獲免。因廬於方山，……後天保改構，請瑗居之，因辭山出邑，綱維寺網。」〔註304〕僧伽婆羅，「值齊曆亡墜，道教（此指佛教）凌夷，婆羅靜潔身心外絕交，故擁室栖閑，養素資業。……大梁御宇，搜訪術能，以天監五年，被敕徵召於楊都壽光殿、華林園、正觀寺、占雲館、扶南館等五處傳譯。」〔註305〕釋法論，「隱淪青溪之覆舟山，味重《成實》，研洞文采，談敍之暇，命筆題篇。梁明帝重其雅素，厚禮徵召，而性在虛閑，不流世供，葛屨蒲服，用卒生年。隋煬在蕃，遠聞令德，召入道場，晨夕賞對。」〔註306〕還有一些僧尼隱居後終身不出，如釋法愍，「時沙門僧昌，於江陵城內立塔。刺史謝晦欲壞之，愍聞故往諫晦，晦意不止，愍於是隱迹於長沙麓山，終身不出。」〔註307〕釋僧侯，「蕭惠開入蜀，請共同遊。後惠開協同義嘉，負罪歸闕，侯迺還都，於後岡創立石室，以爲安禪之所。」〔註308〕

（三）傲視王侯

　　爲了表示對政權的超越，南朝僧尼多傲視王侯者，僧傳中對此也津津樂道。《續高僧傳・釋法聰傳》：「初梁晉安王來部襄雍，承風來問，將至禪室，馬騎將從，無故卻退，王慚而返。夜感惡夢，後更再往，馬退如故。王迺潔齋，躬盡虔敬，方得進見。初至寺側，但覩一谷猛火洞燃，良久竚望，忽變爲水，經停傾仰，水滅堂現。以事相詢，迺知爾時入水火定也。堂內所坐繩床，兩邊各有一虎。王不敢進，聰迺以手按頭著地，閉其兩目，召王令前，方得展禮。」〔註309〕晉安王欲見法聰，開始不夠虔敬而不能見，必待「潔齋躬盡虔敬」纔得見面。這則故事帶有很多神異的色彩，我們可以不必追究其眞實與否，但至少反映了僧尼通過神異要求王侯禮敬的事實，而王侯需禮敬僧尼可以說是僧尼傲視王侯的心理基礎。

〔註304〕《高僧傳》卷8《釋法瑗傳》，第312頁。
〔註305〕《續高僧傳》卷1《僧伽婆羅傳》，第106頁中。
〔註306〕《續高僧傳》卷9《釋法論傳》，第180頁上。
〔註307〕《高僧傳》卷7《釋法愍傳》，第286頁。
〔註308〕《高僧傳》卷12《釋僧侯傳》，第472頁。
〔註309〕《續高僧傳》卷16《釋法聰傳》，第235頁上。

　　拒絕王侯徵請是僧尼傲視王侯的一種表現方式。如「時荊州上明有釋僧莊者，亦善《涅槃》及數論，宋孝武初，被敕下都，稱疾不赴。」〔註310〕這時稱疾不赴王侯的徵請，似乎成為一種被推崇的習慣，很多高僧即使後來由於各種原因接受了王侯的徵請，之前也往往有稱疾不赴的經歷，如釋智聚，「齊王㵎以帝子之貴，作牧淮海。迺降教書，至山延曰……迺固辭以疾。事不獲從，引藉平臺，深加敬禮。頻遣使人，請弘大教。聚惟志違人世，心逸江湖。詞翰懇惻，固求東返。王亦弘以度外，得遂宿心。資給所須，將送甚重。於是接浙晨徵，還居山寺。」〔註311〕智聚稱疾不赴齊王的徵請，在不得已接受後仍不斷要求返還山寺。齊王一方面是極力徵請，另一方面在智聚的極力要求下，又隆重地將其送回。這與歷史上王侯對隱士的態度非常相似。又如釋法雲，「制注大品，朝貴請云講之，辭疾不赴。帝云：『弟子既當今日之位，法師是後來名德，流通無寄，不可不自力為講也。』因從之。尋下詔禮為家僧，資給優厚。」〔註312〕法雲拒絕朝貴延請，在梁武帝「流通佛法」的勸說下纔接受。

　　有的僧尼拒絕王侯徵請的態度非常堅決，甚至使王侯以大臣性命相逼，如上面提到的釋法聰：「高祖遣廬陵王重請下都，確乎不許，後至廬皋，驃騎威王因從受戒，勸請還臺。聰志存虛靜，潛溯西上，遁隱荊部神山。湘東王承聞馳駕山門伸師襄之禮，頻請下都，固辭不許。迺遣親故陳旻必令請得，如不允者，未足相見。旻以事請，聰不免意，暫赴所期。」〔註313〕釋法聰堅決拒絕宋代帝王的延請，宋高祖兩次延請，驃騎威王勸其還臺，湘東王多次請求，他都不同意，只是在湘東王派出使者，並以其生命為要脅時，法聰纔不得不「暫赴所期」。此外又有釋慧成，「陳主聞而往召，卓然不往。又令江總等往迎，若不允心，不勞返也。王人雨淚，強引入舡，成迺奮身入水，立於江上。又請若不蒙下，總等粉身無地。從之至都，受戒而返，迺賜所住名禪慧寺。」〔註314〕釋慧成拒絕徵請的決心非常大，以至於被拉入船上，還要「奮身入水」，但面對帝王以臣子性命相逼，只能暫且從命。

　　可以說拒絕王侯徵請，既有對政治的傲視，也有抬高身價的故作姿態。但無論如何，這至少表明僧尼一種獨立的態度，表明他們可以通過自己的行

〔註310〕《高僧傳》卷 7《釋僧徹傳》，第 278 頁。
〔註311〕《續高僧傳》卷 10《釋智聚傳》，第 183 頁上。
〔註312〕《續高僧傳》卷 5《釋法雲傳》，第 143 頁。
〔註313〕《續高僧傳》卷 16《釋法聰傳》，第 235 頁上。
〔註314〕《續高僧傳》卷 16《釋慧成傳》，第 236 頁中。

動在一定限度內抵制王權的任意控制。

南朝僧尼還通過各種言行主動表達對王侯的傲視。《高僧傳·釋僧遠傳》：

> （有司詔沙門致敬王者）遠時歎曰：「我剃頭沙門，本出家求道，何關於帝王？」即日謝病，仍隱跡上定林山。及景和之中，此制又寢，還遵舊章。宋明踐祚，請遠爲師，竟不能致。其後山居逸跡之賓，傲世陵雲之士，莫不崇踵山門，展敬禪室。廬山何點、汝南周顒、齊郡明僧紹、濮陽吳苞、吳國張融，皆投身接足，諮其戒範。後宋建平王景素，謂栖玄寺是先王經始，既等是人外，欲請遠居之。殷勤再三，遂不下山。齊太祖將升位，入山尋遠，遠固辭老疾，足不垂床。太祖躬自降禮，諮訪委悉。及登禪，復鑾駕臨幸，將詣遠房，房閣狹小，不容輿蓋。太祖欲見遠，遠持操不動。太祖遣問臥起，然後轉躡而去。遠曾不屑焉。……澗飲二十餘載。遊心法苑，緬想人外，高步山門，蕭然物表。〔註315〕

僧遠認爲出家求道，與帝王無關，以此來反對沙門致敬王者，又拒絕宋明帝、宋建平王景素的延請，甚至在齊太祖親自拜訪時，拒絕見面，可以說其對帝王的傲視已經達到相當的程度，而帝王不以爲意，道俗高其所爲，可見這時僧尼傲視帝王得到了某種默許，而僧尼憑藉這種行爲也可以同隱士一樣獲取高名。梁代高僧釋智藏，更以傲視王侯的行爲，維護了佛教的相對獨立。智藏具有很高的聲名，所以梁武帝任其遊踐宮闕，這遭到了大臣的反對，他們認爲「御坐之法，唯天子所升，沙門一不沾預。」智藏聽後勃然大怒，立即進入金門上正殿踞法座，抗聲反對，並以死相要脅。後來梁武帝想自任白衣僧正，當時沒人敢反對，智藏卻通過與武帝反覆論辯，最終使武帝「動容，追停前敕。」〔註316〕智藏踞坐正殿法座，維護了佛教的尊嚴，其堅決反對梁武帝任白衣僧正，則避免了佛教淪爲帝王的統治工具。又據《廣弘明集·廬山香爐峰寺景法師行狀》「刺史聞風而悅，欲相招延。或曰：『此公酒可就見，不可屈致也。於是累詣草廬，遂服膺請戒。」〔註317〕刺史想延請景法師，有人認爲景法師「可就見，不可屈致」表明人們對於僧尼傲視王侯已經認可，

〔註315〕《高僧傳》卷8《釋僧遠傳》，第318頁。
〔註316〕《續高僧傳》卷5《釋智藏傳》，第146頁上。
〔註317〕《廣弘明集》卷23《大正藏》第52冊第269頁下。

並持有一種贊許態度。陳徐陵在《諫仁山深法師罷道書》中陳述爲僧的十大利處，第一條就是：「佛法不簡細流，入者則尊，歸依則貴，上不朝天子，下不讓諸侯，獨玩世間，無爲自在。」〔註318〕可見徐陵正是將傲視王侯看作僧尼的一個基本特點，並給予極大的讚賞。

僧傳中提到的其他傲視王侯的僧尼還有：釋慧睿，「宋大將軍彭城王義康請以爲師，再三迺許。王請入第受戒，叡曰：『禮聞來學，不聞往教。』康大以爲愧，迺入寺虔禮。祇奉戒法。」〔註319〕釋曇斌，「（袁）粲每勸斌數觀天子，斌曰：『貧道方外之人，豈宜與天子同趣。』粲益以高之，後請爲母師。」〔註320〕釋寶亮，「（梁武帝）今上龍興，尊崇正道，以亮德居時望，亟延談說。亮任率性直，每言輒稱貧道，上雖意有間然，而挹其神出。」〔註321〕釋法慧，「王侯稅駕，止拜房而反。唯汝南周顒，以信解兼深，特與相接。時有慕德希禮，或因顒介意，時一見者。」〔註322〕釋慧榮，「迺大弘法席，廣延緇素。時梁儲在坐，素不識之，令問講者何名。迺抗聲曰：『禹穴慧榮，江東獨步，太子不識，何謂儲君？』一坐掩耳，以爲彭亨之太甚也，榮從容如舊，旁若無人。」〔註323〕

還有很多僧尼以不與王侯交遊爲高。釋慧勝，「素懷恢廓，守志淳重，貴勝王公曾不迎候。」〔註324〕釋法護，「遠有曠度，不交榮俗，凡所遊往，必皆名輩，齊侍中陳留阮韜、光祿阮晦、中書侍郎汝南周顒，並虛心禮待，未嘗廢也。自從天子至於侯伯，不與一人遊狎，皎然獨坐，勖勵門徒，無營苟利，惟以經數仁義存懷。」〔註325〕釋智欣，「不交當世，無有因得忝其門者。……太子數幸東田，攜諸內侍，亟經進寺，欣因謝病鍾山，居宋熙寺，不與富貴遊。」〔註326〕僧述尼，「動靜守貞，不斅浮飾。宋、齊之季，世道紛喧，且禪且寂，風塵不擾。」〔註327〕慧湛禪師，「城闕不窺，世華無涉，守靜自怡，年

〔註318〕《廣弘明集》卷24，《大正藏》卷52，第278頁上。
〔註319〕《高僧傳》卷7《釋慧睿傳》，第260頁。
〔註320〕《高僧傳》卷7《釋曇斌傳》，第291頁。
〔註321〕《高僧傳》卷8《釋寶亮傳》，第337頁。
〔註322〕《高僧傳》卷12《釋法慧傳》，第472頁。
〔註323〕《續高僧傳》卷8《釋慧榮傳》，第168頁上。
〔註324〕《續高僧傳》卷16《釋慧勝傳》，第230頁下。
〔註325〕《續高僧傳》卷5《釋法護傳》，第141頁上。
〔註326〕《續高僧傳》卷5《釋智欣傳》，第141頁上。
〔註327〕《比丘尼傳校注》卷4《僧述尼傳》，第204頁。

老無舍。」〔註328〕釋道禪，「末居於寺舍，屛跡山林，不交榮世，安苦立行。人以爲憂，而禪不改其樂也。」〔註329〕

傲視王侯，可以爲僧尼帶來極大的名望，《續高僧傳·釋僧旻傳》：

> 竟陵王世子蕭昭冑出守會稽，要旻共往，征虜別之。旻曰：「吾止講席相識，未嘗修詣，聞其得郡便狼狽遠別，意所不欲。」眾因是亦止。……敕僧局請三十僧人入華林園夏講，僧正擬旻爲法主。旻止之。或曰：「何故？」答曰：「此迺內潤法師，不能外益學士，非謂講者。」由是譽傳遐邇，名動京師。……雖居重名，不嘉榮勢，閑處一室，簡通豪右，眾人多恨之。唯吳郡陸倕博學自居，名位通顯，早崇禮敬，旻亦密相器重。時爲太子中庶僞從到房，旻稱疾不見，倕欣然曰：「此誠弟子所望也。」人皆推倕之愛名德也，彌重旻之不趣於世。〔註330〕

釋僧旻是南朝著名僧人，他拒絕爲竟陵王世子蕭昭冑送別，又拒絕擔任華林園夏講的法主。華林園位於皇宮之中，華林園講經很大程度上是爲了滿足王侯需要，僧旻認爲這種法會「迺內潤法師，不能外益學士」表明他對皇權的一種反抗，而他由此「譽傳遐邇，名動京師」，正說明傲視王侯能夠給僧尼帶來名望。優容僧尼的傲視也成爲帝王貴族頗受讚揚的品質，如前面提到的齊王暕之對釋智聚、梁武帝之對釋智顗，又如《續高僧傳·釋僧副傳》：「加以王侯請道，頹然不作，咫尺宮闈，未嘗謁覲。既行爲物覽，道俗攸屬，梁高素仰清風，雅爲嗟貴，迺命匠人考其室宇於開善寺以待之，恐有山林之思故也。副每逍遙於門，負杖而歎曰：『環堵之室，蓬戶甕牖，匡坐其間，尙足爲樂，寧貴廣廈而賤茅茨乎？且安而能遷，古人所尙，何必滯此，用賞耳目之好耶？』迺有心岷嶺，觀彼峨眉，會西昌侯蕭淵藻出鎮蜀部，於即拂衣附之，爰至井絡。」〔註331〕僧副傲視王侯卻被梁武帝推崇，並在開山寺修造和他原來房室一樣的房間讓他寄「山林之思」，武帝之用心可謂良苦，而僧副卻認爲那是「耳目之好」並最終遠適西蜀，梁武帝也沒有反對，可見帝王對其優容之甚。而由僧人所作的僧尼傳記中將這些行爲作爲重要的內容加以渲染，既

〔註328〕《續高僧傳》卷16《釋智遠附慧湛禪師傳》，第235頁下。
〔註329〕《續高僧傳》卷22《釋道禪傳》，第286頁上。
〔註330〕《續高僧傳》卷5《釋僧旻傳》，第142頁下。
〔註331〕《續高僧傳》卷16《釋僧副傳》，第230頁中。

是對高僧傲視帝王的推崇，也是對帝王優容高僧的讚許。

僧尼傲視王侯表明隨著佛教的發展，佛教與政治越來越糾纏在一起，僧尼捲入政治已經越來越普遍，傲視王侯者被特別提出，正表明在數量上他們只是少數。但不管怎樣傲視王侯畢竟是南朝僧尼的一種重要觀念之一，傲視王侯可以維護佛教的獨立，也可以爲個人贏得聲名，這表明南朝僧尼和南朝佛教還具有較大的獨立性。正如隱士雖然一直不是中國士人中的多數，但隱逸觀念卻成爲影響中國士人的重要觀念一樣，不能因爲傲視王侯的僧尼人數不是很多而不加以重視。隋唐以後傲視王侯的僧尼雖然存在，但由於佛教逐漸被納入專制體制之內，佛教的相對獨立逐漸喪失，僧尼的自由在很多方面受到限制，傲視王侯作爲一種社會現象逐漸失去重要意義，只成爲一種個別現象。

第四節　南朝僧尼的隱逸觀

人們往往將僧尼與隱逸聯繫在一起，通過前面的分析我們可以看出僧尼與政治的關係在很多方面類似於傳統士人與政治的關係，特別是僧尼對政治的審慎與傳統士人的隱逸確實有很多相似之處。但從本質上講即使那些遠離政治的僧尼與傳統士人的隱居還是存在著很大的區別。士人隱居是爲了逍遙自由，擺脫束縛，而大部分僧尼卻要過一種集體的宗教生活，要受到戒律的嚴格限制，這一點東晉時就有人認識到，據《世說新語・輕詆》：「王北中郎不爲林公所知，迺著論《沙門不得爲高士論》。大略云：『高士必在於縱心調暢，沙門雖云俗外，反更束於教，非情性自得之謂也。』」〔註332〕但是更多的人還是將僧尼與隱逸聯繫在一起。那麼這兩種不同的生活態度是怎樣找到結合點，他們的區別爲什麼不被重視？這體現了一種什麼樣的文化現象？

一、傳統社會的隱逸現象

隱逸是中國傳統社會特有的現象，關於隱逸的出現，有很多傳說，如殷周之際的伯夷、叔齊等，但隱逸作爲一種重要的社會現象應該是在西周中晚期纔出現的。〔註333〕春秋戰國時期，社會動盪，原有的分封等級秩序，逐漸

〔註332〕《世說新語箋疏》卷3《輕詆第二十六》，第22頁。
〔註333〕王仁祥《先秦兩漢的隱逸》認爲「隱逸的出現，基本上有兩個條件：一、必須存在著一群受過教育，具有相當的知識水準和道德修養，並有入仕資格的人；二、其所處的時代動盪衰微，或個人的處境艱難不安，使他們產生了隱

破壞，士作爲一個獨立的階層逐漸興起，各種思想觀念互相激盪，人們對隱逸也逐漸形成各種看法。大致說來，儒家主張仕以行道，如果無法行道，則君子寧隱而不仕，決不苟且而仕，所以儒家非常強調出處之機，強調士人爲君主師友的獨立地位；道家主「隱」而不主「仕」，但道家也不是對天下漠不關心，而是主張通過無爲來達到治天下的目的，如果人人都能貴身愛身，都能隱遁自安，天下就自然大治了。二家主張雖有差異，但都強調修養的重要性，都認爲治身是治國的基礎，也都主張君子應當知天命，若遇時命不濟，則應全道保身以待時運移轉。兩家的主要區別是儒家隱遁的目的是要道濟天下，道家則是要回復其自然天眞。〔註334〕法家則從加強國家控制的角度堅決反對隱逸。先秦各家對隱逸的觀點特別是儒道兩家逐漸成爲中國傳統社會士人行爲的一種重要指導，此後中國士人一直在仕與隱之間徘徊選擇，形成了先隱後仕、先仕後隱、終身不仕等幾種隱逸的類型。隱逸也成了士人理想人格的一種象徵，隱逸者傲視王侯、鄙棄名利成爲人們津津樂道的高尚行爲。其中雖然不乏借隱逸求名利者，但大多數情況下，仕與隱的抉擇反映了士人在專制體制下，行道與全道、保持個人人格獨立與濟世思想之間的深刻矛盾。從統治者的角度看，一方面按照「有道則現，無道則隱」的邏輯，隱逸的存在表明政治還沒有達到眞正的清明，所以統治者要竭盡全力徵舉隱逸；另一方面，對隱士的優容也往往是統治者胸襟的顯現，因而也被作爲政治清明的象徵。各個時代隱逸的具體情況與當時的社會政治背景有很大關系，一般說來，社會穩定，國家控制力比較強的時期，士人由於出仕的途徑比較暢通，隱逸現象就會比較少；而社會動盪時期，國家不能爲士人提供正當的入仕途徑，社會動盪又使士人的理想難以實現，所以隱逸會比較盛行。

可以說，隱逸是士人處理與政治關係的一種方式。而中國僧尼（這裏是指受過一定教育的高級僧尼）無論是作爲士人中的一部分，〔註335〕還是做爲宗教神職人員，同樣面臨著如何處理與政權關係的問題。僧尼在處理與政權

逸的動機。在這兩個條件的配合下，纔有隱逸出現的可能。西周中期以後，符合這兩個條件。」國立臺灣大學出版社民國八十四年版第43頁。

〔註334〕參見王仁詳：《先秦兩漢的隱逸》國立臺灣大學出版社 1995 年版，第 92頁。

〔註335〕余英時在其《士與中國文化自序》（第 9 頁）中指出「魏晉南北朝時代儒教中衰，『非湯、武而薄周、孔』的道家『名士』（如嵇康、阮籍等人）以及心存『濟俗』的佛教『高僧』（如道安、慧遠等人）反而更能體現『士』的精神。」因此本文將高僧也看作士人中的一部分。

關係時與普通士人有相同之處，也存在著一些差異。僧尼和普通士人接觸政治雖然都有弘道的責任。但普通士人所弘的「道」主要是指儒家思想，這種「道」與中國傳統的國家政權結合在一起，弘道與參與政治有著基本一致的目的。佛教作爲一種外來文化，本來脫離於中國傳統體制外，僧尼所弘之「道」與傳統政治的目的有著較大差異，所以僧尼參與政治時一方面要借助政權的力量，促進佛教的發展，另一方面還要時刻保持佛教的神聖性和獨立性，因此僧尼與政治的關係就呈現出如前所述的複雜態勢。但由於中國社會的特殊文化政治背景，僧尼越來越受傳統隱逸觀的影響。在與政權的關係上，他們與普通士人的相異之處逐漸不被人們所重視，相同之處卻逐漸被津津樂道，這一過程正體現了佛教在中國發展的特殊態勢。

二、僧尼與隱逸

（一）從僧尼對隱士的態度看僧尼的隱逸觀

前面所提到的僧尼對政治的各種審慎態度都是僧尼隱逸觀的具體體現。這裏筆者試圖通過僧尼對隱士的態度來展現僧尼的隱逸觀。隱士作爲隱逸的理想形象，其行爲是士人模仿仰慕的對象，而僧尼的隱逸觀也可以通過其對隱士的態度得到充分展現。

很多僧尼都欣賞隱士，甚至將隱士引爲同道。早在石趙時期就有僧尼對隱士的行爲表示讚賞之情，《高僧傳·佛圖澄傳》：「澄有弟子道進，學通內外，爲虎所重，嘗言及隱士事。虎謂進曰：『有楊軻者，朕之民也。徵之十餘年，不恭王命，故往省視，傲然而臥。朕雖不德，君臨萬邦，乘輿所向，天沸地涌。雖不能令木石屈膝，何匹夫而長傲耶？昔太公之齊，先誅華士。太公賢哲，豈其謬乎？』進對曰：『昔舜優蒲衣，禹造伯成，魏軾干木，漢美周黨。管寧不應曹氏，皇甫不屈晉世。二聖四君，共加其節，將欲激厲貪競，以峻清風。願陛下遵舜禹之德，勿效太公用刑。君舉必書，豈可令趙史遂無隱遁之傳乎？』虎悅其言，即遣軻還其所止，差十家供給之。」〔註336〕道進讚賞隱士所爲，並勸說帝王將其赦免，而道進的理由也正是中國傳統思想中對於隱逸的看法，即優容隱逸是政治清明的象徵。南朝時期僧尼更是將隱士引爲同道，前引《續高僧傳·釋道登傳》事，其同學法度勸其說法，云：「如慧遠

〔註336〕《高僧傳》卷9《佛圖澄傳》，第353頁。

拂衣廬阜，曇諦絕跡崑山，彭城劉遺民辭事就閑，斯並自是一方。」明確將高僧與隱士並列，這充分表明了其對隱士的態度。《續高僧傳・釋洪偃傳》：

> 以天嘉五年九月二十一日至於大漸，神氣不昧，命弟子曰：「眾生為貪心之所暗也。貪我則惜落一毛，貪他則永無厭足。至於身死之後，使高其墳，重其壚，必謂九泉之下，還結四鄰，一何可笑！而皇甫謐、楊王孫，微得我意。」〔註337〕

皇甫謐是晉代隱士，臨終遺命「故吾欲朝死夕葬，夕死朝葬，不設棺槨，不加纏斂，不修沐浴，不造新服，殯晗之物，一皆絕之。吾本欲露形入坑，以身親土，或恐人情染俗來久，頓革理難，今故觕為之製，奢不石槨，儉不露形。」〔註338〕楊王孫為漢孝武帝時著名隱士，〔註339〕「學黃、老之術，家業千餘，厚自奉養生，亡所不致。」〔註340〕死後令裸葬。洪偃認為二人對於死後的態度與自己有相似之處，可見其對二人之重視。釋法晤，「南至武昌，履行山水，見樊山之陽，可為幽棲之處，本隱士郭長翔所止，於是有意終焉。」〔註341〕選擇隱士隱居之地作為自己隱居的地點，正表明法晤對隱士的讚賞。釋亡名，「……世襲衣冠，稱為望族，弱齡遁世，永絕妻孥，吟嘯丘壑，任懷遊處。凡所憑準，必映美阮嗣宗之為人也。……及梁曆不緒，潛志玄門，遠寄汶蜀，脫落塵累。」〔註342〕可見他出家前曾有過隱遁的經歷，並對隱士阮籍非常推崇。僧尼甚至會為隱士奔喪，著名的隱士劉虬死後，「道俗赴葬者數百人。」〔註343〕這裏的「道」就是指僧尼。

　　一些僧尼甚至有意模仿隱士的行為，前面提到竺僧朗在泰山的行為就與隱士非常相似。南朝時期，僧尼在很多行為上更是刻意模仿隱士，如《續高僧傳・釋僧旻傳》：「蕭昂出守吳興，欲過山展禮。山主智遷先以告旻，旻曰：『山藪病人，無事見貴兩千石。昔戴顒隱居此嶺，宋江夏王入山詣之，高臥

〔註337〕《續高僧傳》卷7《釋洪偃傳》，第156頁下。

〔註338〕《晉書》卷51《皇甫謐傳》，第1417頁。

〔註339〕《隋書》卷33《經籍二》（第982頁）：「而操行高潔，不涉於世者，《史記》獨傳夷齊，《漢書》但述楊王孫之儔，其餘皆略而不說。」可見楊王孫是隱士中的代表。

〔註340〕《漢書》卷80《楊王孫傳》，第2907頁。

〔註341〕《高僧傳》卷11《釋法晤傳》，第422頁。

〔註342〕《續高僧傳》卷7《釋亡名傳》，第161頁中。

〔註343〕齊文宣公蕭子良《與荊州隱士劉虬書》，《廣弘明集》卷19，《大正藏》卷52，第233頁下。

牖下，不與相見，吾雖德薄，請附戴公之事矣。』及蕭至，旻從後門而遁。」〔註344〕戴顒是劉宋著名隱士，卒於元嘉十八年（441年）〔註345〕《宋書·隱逸傳》沒有記載其不見宋江夏王的故事，但《南齊書·高逸傳》卻也提到戴公故事：「〔明〕僧紹聞沙門釋僧遠風德，往候定林寺，太祖欲出寺見之。僧遠問僧紹曰：『天子若來，居士若爲相對？』僧紹曰：『山藪之人，政當鑿壞以遁。若辭不獲命，便當依戴公故事耳。』」可見戴公故事在士林應該頗有影響。明僧紹卒於齊永明（483～493 年）年間，僧旻不見蕭昂事發生在梁普通（520 年）之後，僧旻與明僧紹不僅行爲相似，語言也基本相同，可見僧旻不僅受戴顒之影響，或者也受明僧紹之影響，總之他是將隱士作爲自己模仿的對象。

僧尼與隱士的交往也越來越頻繁。早在東晉十六國時期就有不少僧尼與隱士有過交往，竺僧朗，「與隱士張忠爲林下之契，每共遊處。」〔註346〕竺法崇，「與隱士魯國孔淳之相遇，每盤遊極日，輒信宿妄歸，披衿頓契，自以爲得意之交也。」〔註347〕而釋道安臨死前，曾有隱士王嘉往候，〔註348〕可見他與隱士也有交往。而慧遠與隱士的交遊更是眾所周知，史載：「於是率眾行道，昏曉不絕，釋迦餘化，於斯復興。既而謹律息心之士，絕塵清信之賓，並不期而至，望風遙集。彭城劉遺民、豫章雷次宗、雁門周續之、新蔡畢穎之、南陽宗炳、張萊民、張季碩等，並棄世遺榮，依遠遊止。」〔註349〕劉遺民、周續之、宗炳、雷次宗都是劉宋著名的隱士，《宋書·隱逸傳》都有傳。這時的隱士對高僧也充滿讚賞之情，據《高僧傳·支遁傳》，支遁死後，著名的隱士戴逵經過支遁墓時曾讚歎：「德音未遠，而拱木已繁，冀神理綿綿，不與氣運俱盡耳。」〔註350〕甚至有的僧尼出家前就得到隱士的讚賞和期許，如釋道恒，「年九歲戲於路，隱士張忠見而嗟曰：『此小兒有出人之相，在俗必有輔政之功，處道必能光顯佛法。恨吾老矣，不得見之』」〔註351〕

南朝時期僧尼與隱士交往更成爲一種風尚，釋僧從：「稟性虛靜，隱居始豐

〔註344〕《續高僧傳》卷 5《釋僧旻傳》，第 142 頁。
〔註345〕《宋書》卷 93《隱逸傳》，第 2278 頁。
〔註346〕《高僧傳》卷 5《竺僧朗傳》，第 190 頁。
〔註347〕《高僧傳》卷 4《竺法崇傳》，第 171 頁。
〔註348〕《高僧傳》卷 5《釋道安傳》，第 184 頁。王嘉，《晉書》卷 95 有傳。
〔註349〕《高僧傳》卷 6《釋慧遠傳》，第 214 頁。
〔註350〕《高僧傳》卷 4《支遁傳》，第 163 頁。
〔註351〕《高僧傳》卷 6《釋道恒傳》，第 246 頁。

瀑布山。學兼內外，精修五門，不服五穀，唯餌棗栗。年垂百歲，而氣力休強，禮誦無輟。與隱士褚伯玉為林下之交，每論道說義，輒留連信宿。」〔註352〕釋曇斐，「梁衡陽孝王元簡及隱士盧江何胤，皆遠挹徽猷，招延講說。吳國張融、汝南周顒、顒子舍等，並結知音之狎焉。」〔註353〕釋僧旻死後，「隱士陳留阮孝緒，為著墓誌。」〔註354〕則其與隱士之交往，自不待言。《續高僧傳·釋道辯傳》：「隱士儀式名，文筆雄健，負才傲俗，（釋道辯）辯杖之而徙於黃龍。初無恨想而晨夕遙禮云。」〔註355〕這則材料本意是為了表明隱士儀式名對高僧釋道辯的崇敬，但也可以看出釋道辯與儀式名有著一定的交往。《梁書·處士傳》載：「初，開善寺藏法師與（何）胤遇於秦望，後還都，卒於鍾山。其死日，胤在般若寺，見一僧授胤香奩並函書，云『呈何居士』，言訖失所在。胤開函，迺是《大莊嚴論》，世中未有。」藏法師是指梁代著名的高僧釋智藏，《續高僧傳·釋智藏》對此事也有記載：「又徵士盧江何胤，居吳郡虎丘。遇一神僧，捉一函書云：『有人來寄』語頃失之。及開函視，全不識其文詞。後訪魏僧云：『是《大莊嚴論》中間兩紙也。』時人咸謂藏之所致。」〔註356〕結合這兩段帶有神異的材料我們可以看出智藏與何胤有著較深的交往，所以人們纔會認為何胤所得《大莊嚴論》是智藏所寄。《歷代三寶紀》卷十一：

> 佛涅槃後優波離既結集律藏訖，即於其年七月十五日受自恣竟，以香華供養律藏，便下一點置律藏前，年年如是。……趙伯休梁大同元年，於盧山值苦行律師弘度，得此佛涅槃後眾聖點記年月。訖齊永明七年。伯休語弘度云：「自永明七年以後，云何不復見點？」弘度答云：「自此已前，皆是得道聖人手自下點。貧道凡夫，止可奉持頂戴而已，不敢輒點。」伯休因此舊點下，推至梁大同九年癸亥歲，合得一千二十八年。〔註357〕

點記年月是佛教的一種紀年方式，〔註358〕趙伯休作為僧團外人士，能夠從弘度

〔註352〕《高僧傳》卷 11《釋僧從傳》，第 417 頁。
〔註353〕《高僧傳》卷 8《釋曇斐傳》，第 342 頁。
〔註354〕《續高僧傳》卷 5《釋僧旻傳》，第 142 頁。
〔註355〕《續高僧傳》卷 6《釋道辯傳》，第 151 頁。
〔註356〕《續高僧傳》卷五《釋智藏傳》，第 147 頁上。
〔註357〕《大正藏》卷 49，第 95 頁下。
〔註358〕點記年月在佛教史上具有重要價值，很多學者以此來斷定佛陀滅度的年代，如呂澂先生，參見《印度佛學源流略講·緒論》上海人民出版社 2005 年版，第 5 頁。

法師那兒得到這種紀年方式，而且在弘度認為自己沒有資格續點的情況下為點記年月作了補充，可見弘度對趙伯休的重視。作於宋代的《佛祖統紀》〔註359〕和元代的《佛祖歷代通載》〔註360〕對此事記載與《歷代三寶記》大致相同，只不過二書都指出趙伯休是一名隱士，這種說法應該有一定的依據，由此可見隱士在僧尼心目中的地位。

總之，隨著佛教的發展，僧尼越來越受中國傳統隱逸文化的影響，在行為上越來越具有隱士的一些特點。那麼出現這種狀況的具體因素有那些呢？

（二）僧尼逸隱形成的原因

僧尼自稱「方外之賓」，但傳統體制要求「率土之賓，莫非王臣」，如何利用傳統體制的缺口為自己尋求到合理的地位，僧尼曾經付出很多努力。中國社會存在的隱逸現象無疑為僧尼提供了可資利用的資源，隱逸者在名義上是臣子，但卻可以遊離於傳統政治之外，可以傲視王侯，自得其趣，而且能夠得到帝王和社會的推崇和認可。因此僧尼逐漸認識到隱逸或與隱逸者結盟可以提高自身抗衡政治的資本。我們可以看到在較早的佛教文獻中僧尼是如何通過這種方式來對抗來自政治的干預的，釋道恒在《釋駁論》中對於世俗社會試圖利用政權干預佛教的行為反駁道：「國家方上與唐虞競巍巍之美，下與殷周齊郁郁之化，不使箕穎專有傲世之賓，商洛獨標嘉遯之客，甫欲大扇逸民之風，崇肅方外之士。觀子處懷，經略時政，迺欲踵亡秦虎狼之嶮術，襲商君剋薄之弊法，坑焚儒典，治無綱紀。制太半之稅，家無游財；設三五之禁，備民如賊。……」〔註361〕這就完全將僧尼看作隱逸的一種，並通過這種方式將政權對僧尼的干預看成是對隱逸的干預，這樣更能從歷史上找到反對干預的理由。後秦主姚興要求道恒、道標還俗，道恒、道標答（姚主）書曰：「光武尚能縱嚴陵之心，魏文全管寧之操，抑至尊之高懷，遂匹夫之微志，在宥群方，靡不自盡。況陛下以道御物，兼弘三寶，使四方義學之士萃於京師，新異經典流乎遐邇。大法之隆於茲為盛。方將闡揚洪化，助明振暉，嗣祇洹之遺響，扇靈鷲之餘風，建千載之軌模，為後生之津塗，而恒等豈可獨屈於明時，不得申其志願。」〔註362〕鳩摩耆婆等請求姚主《止恒、

〔註359〕《佛祖統紀》卷37，《大正藏》第49卷，第350頁下。
〔註360〕《佛祖歷代通載》卷8，《大正藏》卷49，第544頁上。
〔註361〕《弘明集》卷6，《大正藏》卷52，第36頁下。
〔註362〕《弘明集》卷11，《大正藏》卷52，第74頁上。

標罷道奏》中也說：「故堯放許由於箕山，陵讓干木於魏國，高祖縱四皓於終南，叔度辭蒲輪於漢世。晉國載達被褐於剡縣，謝敷罷髮於若耶。蓋以適賢之性爲得賢也，故上有明君，下有韋帶。逸民之風，垂訓於今矣。」〔註363〕釋僧朗在《答晉天子司馬昌明書》也將出家看成是隱居：「夫日出家，栖息塵表，慕靜山林，心希玄寂，靈迹難逮，形累而已。」〔註364〕可見利用傳統的隱逸現象爲僧尼獨立於王權提供歷史依據，是僧尼推崇隱逸的主觀方面的原因之一。

同時傳統文化中成長起來的僧尼對隱逸本身就有很多嚮往，特別是那些出身於士族的僧尼，早年的理想更可以在寺院中得到實現。據徐清祥《東晉出家士族考》〔註365〕考證兩晉時期出身於士族的高僧共有 15 位，其中 1 位出家於西晉，1 位出家於兩晉之交，11 位出家於東晉十六國時代，2 位出家時間不詳，並指出兩晉之交以及東晉時期出現了首次士族出家的小高潮。而南朝時期，出身於士族的高僧更多，史書中直接指出出身士（仕）族或望族、冠族的就有很多，如竺道生，「本姓魏，鉅鹿人，寓居彭城。家世仕族，父爲廣戚令。」〔註366〕釋慧球，「本姓馬氏，扶風郡人，世爲冠族。」〔註367〕「釋亡名，俗姓宗氏，南郡人，本名闕殆，世襲衣冠，稱爲望族。」〔註368〕像這樣的南朝高僧還有很多，這裏不一一列舉。總之，士族出家必然會將士族的風尚帶入佛教內部，如崇尙清談、兼通孔老等。士族對隱逸的態度也會影響到高僧的行爲，如東晉末年的釋慧遠，「本姓賈氏，雁門婁煩人也。弱而好書，珪璋秀發。年十三隨舅令狐氏遊學許洛。故少爲諸生，博綜六經，尤善莊老。性度弘博，風覽朗拔，雖宿儒英達，莫不服其深致。年二十一，欲渡江東，就范宣子共契嘉遁。值石虎已死，中原寇亂，南路阻塞，志不獲從。」〔註369〕慧遠出身於士族，並接受了傳統的士族教育，他對嘉遁非常嚮往，並準備親自踐行，只是由於客觀原因纔沒有實現。他出家前的這種教育和偏好對他出家之後的行爲也有很大影響，如他隱居廬山，不過虎溪，以及經常與隱士交

〔註363〕僧朝、僧遷、法服、法支、鳩摩耆婆等《求止恒標罷道奏》，《弘明集》卷11，《大正藏》卷 52，第 74 頁下。

〔註364〕《廣弘明集》卷 28，《大正藏》卷 52，第 322 頁上。

〔註365〕《世界宗教研究》2005 年第 3 期。

〔註366〕《高僧傳》卷 7《竺道生傳》，第 255 頁。

〔註367〕《高僧傳》卷 8《釋慧球傳》，第 333 頁。

〔註368〕《續高僧傳》卷 7《釋亡名傳》，第 161 頁上。

〔註369〕《高僧傳》卷 6《釋慧遠傳》，第 211 頁。

遊等。〔註370〕此外一些隱士的後代也有出家者，如釋道溫，「姓皇甫，安定朝那人，高士謐之後也。少好琴書，事親以孝聞。年十六入廬山，依遠公受學。」〔註371〕釋僧瑾，「姓朱，沛國人，隱士建之第四子。」〔註372〕先祖的隱逸行爲對他們出家後的隱逸觀念也有著重要影響。關於士大夫隱逸的理想對僧尼出家後生活方式的影響，許理和有過精彩的論述，先引用如下：

> 這是一個風雨如晦的時代，凡在戰爭和政治混亂時期，政治生涯總是充滿艱辛和危險。寺院不僅給逃稅者和無家可歸的遊民提供避難所，也爲「隱士」——這些努力躲避官宦生涯的文人提供栖身地。對這種行爲的傳統動機（隱藏才能、保持操守、安享與自然合一的田園生活），僧團賦予一種新型的意識形態上的合理性：沙門的高貴生活既像隱士一樣遠離世俗的束縛，同時也爲救度眾生而修行。因此我們經常發現與「隱居」觀念一致的寺院修行生活。〔註373〕

這些「士大夫僧人」之一是王導之弟釋道寶，《高僧傳》提到了他的出家受戒情況：

> 弱年信悟，避世辭榮，親舊諫止，莫之能制。香湯澡浴，將就下髮，迺詠曰：「安知萬里水，初發濫觴時。」後以學行顯焉。〔註374〕

許理和又云：

> 道寶皈依佛教的方式帶有一種文學色彩，這正是這些早期「士大夫僧人」不斷變換的活動場所的特徵。宗教生活獲得了一種新的含義：遊方苦行者「出家」減除「生老病死苦」的理想與退隱士大夫的理想已融合在一起，比起不安和危險的仕宦生涯來，士大夫們更喜歡「隱居」起來從事研究，享受藝術的創作樂趣。純潔的苦行生活與傳統上屬於隱士理想生活的道德完善及生活質樸聯繫在一起。〔註375〕

對此我們再補充一則材料，東晉帛道猷在給竺道壹的邀請信中寫道：「始得優遊山林之下，縱心孔釋之書，觸興爲詩，陵峰採藥，服餌蠲痾，樂有餘也。

〔註370〕參見何錫光《慧遠同隱士的交遊和他的山水詩文》（《西南師範大學學報（哲學社會科學版）》1997 年第 6 期）
〔註371〕《高僧傳》卷 7《釋道溫傳》，第 287 頁。
〔註372〕《高僧傳》卷 7《釋僧瑾傳》，第 294 頁。
〔註373〕《佛教征服中國》，第 73 頁。
〔註374〕《高僧傳》卷 4《竺法崇附釋道寶傳》，第 171 頁。
〔註375〕《佛教征服中國》，第 121 頁。

但不與足下同日，以此爲恨耳。因有詩曰：連峰數千里，修林帶平津。雲過遠山翳，風至梗荒榛。茅茨隱不見，雞鳴知有人。閑步踐其徑，處處見逸薪。始知百代下，故有上皇民。」〔註376〕完全一派隱士風範。正是由於情感上對隱士的推崇，僧尼所作的僧尼傳記或誄贊作品纔非常注意宣揚僧尼與隱士的相同之處，晉孝武帝統治期間僧人竺法濟編撰的現在所知的最早名僧傳記，就取名爲《高逸沙門傳》，其中講述了名僧如竺道潛、支遁以及其他能代表「嘉遁」理想的人物的生平，書名中的「逸」字暗示了「自在」、「逍遙」和「脫俗」，而高逸以前往往是對隱士的一種美稱。東晉丘道護所作「道士支曇諦誄」〔註377〕中寫道「且山水之性，素好自然。靜外之默，體自天心。於是謝緣人封，遁跡巖壑。迺考室於吳興郡故障之崑山，味道崇化二十餘載。其栖業所弘，可以洗心滌丞，筌象之美，足以窮興永年。於是晞宗歸仁者自群方而集，欽風懷趣者不遠而叩津焉。」在他筆下的支曇諦儼然就是一位受人推崇的隱士。梁寶唱《名僧傳》更是專列《隱道篇》記載那些性好山泉，多處巖壑的高僧。〔註378〕總之，傳統文化薰陶下對隱逸的崇拜是僧尼出家後推崇隱逸，並使自己的生活帶有濃厚隱逸色彩的另一個主觀方面的原因。

　　僧尼推崇隱逸也與世俗社會的觀念有關。僧尼在某種程度上游離於政權之外，在統治者看來，與隱士非常相似，所以往往將其看作隱士，從世俗史籍中記載的許多事例來看，政府發佈「詔賢令」時，往往伴隨著統治者或大臣努力邀請甚或強迫名僧還俗從政。而且統治者強迫僧尼的方式與他們徵召隱士的方式也非常相似。姚興爲了迫使道恒、道標二法師還俗，說道：「卿等樂道體閑，服膺法門，皭然之操，義誠在可嘉。但朕臨四海，治必須才，方欲招肥遁於山林，搜沈滯於屠肆。況卿等周旋篤舊，朕所知盡，各挺幹時之能，而潛獨善之地。此豈朕求賢之至情，卿等兼弘深趣耶。」〔註379〕結合上引道恒、道標的回答我們可以看出在與政權的關係上，僧尼利用隱逸和統治者將僧尼看作隱士是同時存在，互爲因果的，而這充分體現了僧尼行爲中國化的具體過程。

　　而士人則往往將僧尼與隱逸的理想結合在一起，將他們的隱居看成隱逸

〔註376〕《高僧傳》卷5《竺道壹傳》，第207頁。
〔註377〕《廣弘明集》卷23，《大正藏》卷52，第263頁下。《高僧傳》卷7（第279頁）有宋吳虎丘山釋曇諦，湯用彤認爲是同一人，應依《廣弘明集》爲晉僧。
〔註378〕宗性《名僧傳抄》，《卍續藏經》第134冊。
〔註379〕《姚主書與恒標二公》，《弘明集》卷11，《大正藏》卷52，第73頁下。

的一種形態。很多士人將僧尼與隱士或曾經隱逸的名士相提並論，孫興公《道賢論》以潛公（竺道潛）比劉伯倫，論云：「潛公道素淵重，有遠大之量。劉伶肆意放蕩，以宇宙爲小。雖高栖之業，劉所不及，而曠大之體同焉。」東晉王該：「于氏超世綜體玄指，嘉遁山澤仁感虎兒。護公證寂，道德淵美，微吟穹谷，枯泉漸水。關叟登霄，衛度係軌。咸淡泊於無生，俱脫骸而不死。」〔註380〕齊竟陵王：「故文舉築室治城之阿，次宗植援西山之趾，葛洪考磐於海岫，釋遠肥遁於鍾幽。」〔註381〕隱逸的名士也往往將高僧引爲同道，以與高僧交遊爲美事，《晉書》謂謝安未仕前「寓居會稽。與王羲之及高陽許詢、桑門支遁遊處。出則漁弋山水，入則言詠屬文。」〔註382〕又范泰在《與謝侍中書》中說：「栖僧於山，誠是美事。」〔註383〕在士人的文字中高僧也往往具有隱士的風範，宋謝靈運「廬山慧遠法師誄」：「釋公振玄風於關右，法師嗣沫流於江左。聞風而悅，四海同歸。爾迺懷仁山林，隱居求志。於是眾僧雲集，勤修淨行，同法餐風，栖遲道門。可謂五百之季仰劭舍衛之風，廬山之峨俯傳靈鷲之音，洋洋乎未曾聞也。」〔註384〕世俗社會對僧尼與隱士相同方面的重視和期待也是僧尼行爲上越來越具有隱士風範的重要原因。

　　可以說僧尼對隱逸的態度是多種因素決定的，既有主觀方面對傳統理念的利用，也有傳統文化影響下對隱士的推崇，還有世俗觀念的影響。這種狀況基本上開始於西晉。南朝時期，隱逸盛行，隱士人數更多，帝王也更加獎掖隱士，宋文帝、齊太祖等專門爲隱者修建國館，〔註385〕梁武帝對隱士何點〔註386〕、陶弘景禮敬備至。〔註387〕僧尼與隱士的關係也更加密切，僧尼對隱逸的推崇更加強烈，僧尼的行爲也越來越具有隱士的特點，僧尼與隱士的區別也越來越不被重視。隋唐以後，僧團被納入國家體系，僧尼作爲一個整體與政治的關係不再是重要的問題，僧尼的隱逸更成爲一種個人行爲，僧尼與

〔註380〕王該《日燭》，《弘明集》卷13，《大正藏》卷52，第90頁中。

〔註381〕齊文宣公蕭子良《與荊州隱士劉虬書》，《廣弘明集》卷19，《大正藏》卷52，第233頁中。

〔註382〕《晉書》卷79《謝安傳》，第2072頁。

〔註383〕《廣弘明集》卷15，《大正藏》卷52，第199頁下。

〔註384〕《廣弘明集》卷23，《大正藏》卷52，第267頁上。

〔註385〕《宋書》卷93《雷次宗傳》，第2293頁、《南齊書》卷54《褚伯玉傳》，第926頁。

〔註386〕《梁書》卷51《何點傳》，第733頁。

〔註387〕《南史》卷76《隱逸傳下》第1897頁。

隱士的區別也就更被忽視了。

最後需要指出的是僧尼與隱士的交往是雙方面的，一方面這種交往使僧尼逐漸隱士化，越來越具有隱士的特點，另一方面，僧尼在隱士心中也同樣具有很高的地位，很多隱士曾以僧尼為師，如宗炳「迺下入廬山，就釋慧遠考尋文義。」周續之，「入廬山事沙門釋慧遠。」雷次宗，「少入廬山，事沙門釋慧遠。」關康之，「嘗就沙門支僧納學，妙盡其能。」〔註388〕隱士劉因之非常尊重釋僧淵，曾「捨所住山，給為精舍」。〔註389〕高士明僧紹在崰山隱居，非常敬重釋法度，待以師友之禮，並在臨死前，「捨所居山為栖霞精舍，請度居之。」〔註390〕可以說南朝很多隱士接受了佛教的影響，這種影響首先表現為很多隱士在生活方式上受佛教戒律的影響，正如許理和對周續之的分析：「他顯然比雷次宗更具佛教禁欲的特點：終身未婚，衣著樸素，堅持俗事，這成了佛教教軌影響士大夫『隱士』生活的明證。」〔註391〕此後鑽研佛理也成為隱士生活的一個重要內容。南朝正史所載與佛教有關的隱士還有：

《宋書》卷93《隱逸傳》：

戴顒，「宋世子鑄丈六銅像於瓦官寺，既成，面恨瘦，工人不能治，迺迎顒看之。顒曰：『非面瘦，迺臂胛肥耳。』」

《南齊書》卷54《高逸傳》：

何點，「與崔慧景共論佛義。」

劉虬，「精信釋氏，衣粗布衣，禮佛長齋。注《法華經》，自講佛義。」

宗測，「畫永業佛影臺。」

徐伯珍，「好釋氏、老莊，兼明道術。」

《梁書》卷51《處士傳》：

劉慧斐，「尤明釋典，工篆隸，在山手寫佛經二千餘卷，常所誦者百餘卷。畫夜行道，孜孜不息，遠近欽慕之。」

范元琰，「博通經史，兼精佛義。」

劉訏，「善玄言，尤精釋典。曾與族兄劉歊聽講於鍾山諸寺，因共卜築宋熙寺東澗，有終焉之志。」

〔註388〕以上皆引自《宋書》卷93《隱逸傳》。
〔註389〕《高僧傳》卷8《釋僧淵傳》，第303頁。
〔註390〕《高僧傳》卷8《釋法度傳》，第331頁。
〔註391〕《佛教征服中國》，第265頁。

庾詵，「晚年以後，尤遵釋教。宅內立道場，環繞禮懺，六時不輟。
誦《法華經》，每日一遍。」

張孝秀，「博涉群書，專精釋典。」

庾承先，「玄經釋典，靡不該悉；九流《七略》，咸所精練。」

本章結語

印度僧團獨立於政權之外，僧尼具有較大的自由，因此印度僧尼雖然也
借助政權傳播佛教，也接受統治者的延請和布施，但其中主動權掌握在僧尼手
中，因此與政權的關係比較簡單。佛教傳入中國後，特別是隨著佛教的發展，
佛教與政權之間的關係越來越密切，一方面佛教依靠政權而迅速發展，另一
方面，中國傳統體制不允許獨立的教權存在，世俗政權不斷干涉佛教的發展，
力圖將其納入政治體制之中。因此中國僧尼面臨著如何在政治的壓力下既依
靠政權促進佛教的發展，又保持佛教的獨立，不使其淪爲政治統治的工具這
一重大問題。可以說佛教一傳入，這個問題就存在，只不過佛教初傳階段，
佛教勢力有限，還沒有引起統治者太多注意，這時僧尼的主要任務是促進佛
教的傳播，因而處理佛教與政治的關係還不是僧尼面臨的主要問題。到了南
北朝時期，佛教迅速發展，統治階層中信佛的人數也迅速增加，佛教與政治
的關係引起了統治者的注意，也成爲僧尼不得不面對的問題。爲了有效地利
用這種比較新的思想文化和信仰資源，統治者採取了各種方式，既包括對佛
教神異、佛教倫理、佛教義理等一般佛教資源的利用，也包括對個體僧尼的
利用，如利用僧尼提高政治聲望、利用僧尼進行外交等等；同時統治者對佛
教的發展也心存疑慮，於是他們也採取各種手段對其加以控制，這既包括對
僧尼整體（僧團）的控制，如設置僧官、沙汰僧尼、使沙門致敬王者等，也
包括對個體僧尼的控制，如一些僧尼出家需得到統治者認可、強迫一些僧尼
還俗、擯除僧尼、限制僧尼的神異活動等等。應該說統治者之所以能夠加強
對僧尼的控制，除了統治者掌握的政治權力外，還與僧團本身有著重要關係，
僧團內部的矛盾，不同派系和個人對政權的態度也會爲統治者控制佛教提供
機會。如前面提到的帝王要求僧尼稱名的問題，這件事可以看作帝王對佛教
的有意控制，但起因卻與兩位高僧法獻、法暢有關，由於他們很有聲譽，卻
在帝王面前稱名，正好給了齊武帝令其他沙門稱名的機會。對法獻、法暢而

言，其行爲可以看作是「不競當世」的一種自謙之舉；但對佛教來說，卻是對政治權力的屈服，這某種程度上與他們都擔任了國家僧官，對政治一向採取比較合作的態度有很大的關係。當然還應該看到統治者對佛教也有著程度不等的信仰，這種信仰成爲他們的一種意識或潛意識，在特殊的時候會發生一定的作用。

南朝僧尼對於統治者的態度，作出了各種回應。他們需要借助政權來弘揚佛法，所以他們必須不斷與統治者周旋。首先僧尼中必須有人要擔任國家的僧官。其次，爲了弘法他們還必須爭取統治者的支持，爲此他們採取了各種方式，包括利用神異爲統治者宣傳，調節佛教與政治統治之間的矛盾、在現實政治中爲統治者出謀劃策等。但隨著佛教發展，僧團內部也不斷分化，一些僧尼貪戀權勢，利用政治進行內部鬥爭或謀取個人利益。這不僅不利於佛教內部的發展，也會給世俗社會控制佛教提供藉口，所以很多高僧都主動清整僧團。佛教畢竟不是世俗政權的附庸，僧尼要保持佛教的獨立和神聖，對政治必須採取審慎的態度。爲此，他們不斷向政權宣示自己的獨立姿態：有的僧尼拒絕擔任僧官，有的僧尼對出處之機慎重對待，有的僧尼以傲視王侯爲高。可以說南朝僧尼對政權的態度是中國傳統政治體制的必然結果。此外中國傳統的隱逸現象也對南朝僧尼產生了重要影響，而從根本上說，傳統的隱逸現象也是傳統政治的產物。可以說南朝時期一方面僧尼與政權的關係更爲密切，另一方面僧尼受傳統隱逸觀影響更爲深入。於是出現了既有大量僧尼奔走於權貴豪門之家，又有很多僧尼隱居傲世，追求隱士生活的複雜現象。也許我們可以這樣理解這種現象：從僧尼方面講，正是與政權的頻繁接觸，使僧尼認識到在中國傳統體制下與政治保持距離的必要；從統治者方面講，僧尼畢竟具有某種神異色彩並且具有較強的組織性，過多參與政治畢竟不利於統治者的統治，所以統治者在加強對僧尼利用和控制的同時，也不希望僧尼對政治表現出太大的熱情。

隋唐以後，隨著統一政權的再次出現，國家控制力進一步加強，在與國家政權的較量中僧尼逐漸處於下風，僧尼抗衡政權的行爲雖然時有存在，但從總體上看，僧團逐漸被納入國家體制，僧尼獨立的姿態也逐漸消失。所以南朝僧尼與政治的關係是中國佛教史上很有特色的一頁，也是士族社會特有的現象，南朝僧尼中的佼佼者（這裏指高僧）可以看作是魏晉名士的眞正繼承者，他們既在理論上代表了當時思想發展的最高水準，又在行爲上成爲士

人追逐模仿的典範。北朝與南朝雖然同處於一個時代，北朝僧尼也需要借助統治者來弘揚佛法，如道林在請周高祖重開佛法的奏摺中指出：「仰承聖旨，如披雲覩日。伏聽敕訓，實如聖說。道不自道，非俗不顯；佛不自佛，惟王能興。是以釋教東傳，時經五百，弘通法化，要依王力。方知道藉人弘，神由物感，佛之盛毀，功歸聖旨。道有興廢，義無恒久。法有隱顯，理難常存。比來已廢，義無即行。休斷既久，興期次及。與廢更迭，理自應機，並從世運，不亦宜乎！」〔註392〕但由於北朝統治者對佛教的控制更嚴厲而殘酷（三武廢佛就是著名的例子），北朝僧尼相對缺少獨立性，他們更注意佛教與儒家的調和，如釋法果認為皇帝是「當今如來」，沙門應該敬王者。〔註393〕曇靖則編撰《提謂波利經》，把佛教教義與漢儒宣揚的陰陽五行學說相結合，以五戒與五常、五行、五方等相配合，〔註394〕等等。

佛教從南朝時期的相對獨立，到隋唐以後逐漸屈服於政治，這既與中國的政治傳統有關，也與中國僧團的組織狀況有關，南北朝以後中國雖然出現了全國性的僧官體系，卻一直沒有出現全國性的僧團，因此僧團內部的組織一直比較鬆散，這種狀況的出現與佛教傳入中國的不平衡性密切相關。僧團組織的這種狀況在南朝皇權相對薄弱的時候，還能使佛教保持較大的獨立性。隋唐時期隨著皇權的加強，雖然佛教也進一步發展，並形成了一些影響較大的佛教宗派，但各派不僅對佛教教義理解各不相同，對待政權的態度也有很多差異，全國性的僧團仍然沒有出現，這就使僧團內部缺少對抗政權的統一性，無法抵抗來自政權的強大壓力，因此僧尼也逐漸失去獨立性。

〔註392〕《周高祖巡鄴除殄佛法有前僧任道林上表請開法事》，《廣弘明集》卷10，《大正藏》卷52，第155頁中。
〔註393〕《魏書》卷114《釋老志》，第3031頁。
〔註394〕《續高僧傳》卷1《釋曇耀附曇靖傳》，第108頁上。

下篇　南朝僧尼與文化信仰

　　宗教是建立在信仰的基礎上的，而信仰往往需要一種偶像，佛教作爲一種學說從根本上講是反對有神論的，但作爲大多數人接受的宗教，佛教也有自己的神靈體系。東晉釋慧遠曾經說：「遠昔尋先師奉侍歷載，雖啓蒙慈訓，託志玄籍，每想奇聞以篤其誠。」〔註1〕像慧遠這樣以義學見長的高僧都需要借神異來增加信仰，可以想見對大多數人而言，佛教神異的方面對於增進人們的信仰具有多麼重要的作用。同時宗教的神異往往是現實關係的曲折反映，在那些神奇虛幻的故事背後掩藏的往往是現實社會中芸芸眾生的願望和需求。所以，我們可以通過對一些神異現象的解讀，來探討南朝僧尼是如何調節佛教與中國傳統宗教之間的關係，以展現信仰背後所反映的兩種文化傳統的交鋒。此外，內在的精神信仰往往凝結成具體的行爲規範，僧尼也往往通過一些區別於世俗社會的行爲方式來保持宗教的神秘感和神聖性。這裏我們既從寬泛地意義上關注南朝僧尼與中國本土宗教的關係，也探討僧尼素食以及部分僧尼帶有「神異」色彩的宗教行爲——「捨身」這兩種具體行爲，以此展現宗教行爲與社會文化的互動。

〔註1〕　釋慧源：《佛影銘》，《廣弘明集》卷15，《大正藏》卷52，第198頁上。

第四章　南朝僧尼與本土宗教

中國傳統社會在長期的發展過程中也逐漸形成了自己的宗教和神靈系統，我們將這種中國土生土長的宗教稱爲本土宗教。本土宗教根據其內容和地位又可以分爲宗法性宗教〔註1〕、民間宗教和道教三部分。佛教傳入中國後，其神靈系統也逐漸被中國人接受，但佛教與那些本土宗教是如何衝突和融合，佛教神靈與傳統神靈是如何爭鬥而又最終和平共處？這是佛教發展史上的重要問題，也是影響中國傳統社會後半期人們信仰和生活的重要問題。關於佛教與本土宗教在倫理和哲學方面的衝突，前輩學者已經多有研究，這裏主要就佛教與本土宗教在宗教技術、神異方面的衝突與融合作一分析。

在佛教傳入的初期，佛教在社會上並不具有重要影響，佛教的神靈，也只是作爲民間神靈的一種，據《後漢書・孝桓帝紀》論曰：「設華蓋以祠浮圖老子。」〔註2〕似乎漢桓帝曾將佛教納入國家祭祀中，但據蔡楷「聞宮中立黃老浮圖之祠」，連大臣也只是聽聞，可見桓帝之祠浮圖並沒有列入國家正典，只是個人愛好，而且浮圖附於黃老之後，正可見佛教依附黃老而流行的歷史現狀。魏晉時期佛教得到較大發展，但佛教的依附地位（主要依附於玄學）並沒有根本改變，直到南朝時期，佛教纔逐漸取得獨立地位。南朝時期是宗教興盛的時代，這時各種宗教都比較活躍，這一時期的宗教研究一直都受到了人們較多的關注。但總體說來，以往的研究比較側重於某一種宗教發展狀

〔註1〕　宗法性宗教由於與儒家有著密切的關係，往往與儒家聯繫在一起，成爲儒家禮制的重要組成部分。有的學者稱儒家爲宗教就是指儒家與宗法性宗教的密切關係而言，這裏採用宗法性宗教一名，實際上與一些學者所謂儒教內涵大致相同。

〔註2〕　《後漢書》卷7《孝桓帝紀》，第320頁。

況的單個研究，而很少細緻系統地展現這一時期，各種宗教之間的關係。以牟鍾鑒、張踐二先生的《中國宗教通史》為例，作為一部宗教通史，此書對魏晉南北朝時期的宗教著墨很多，充分體現了作者對魏晉南北朝時期宗教的重視，但書中也是將宗法性宗教、道教和佛教分開敘述，只是在最後涉及儒、佛、道三教的關係。這種論述非常清晰，也比較容易把握。但筆者認為這種敘述方式也存在著以下不足：一、三種宗教本身都在不斷發展，其發展過程中互相影響，分別論述，很難體現三教發展過程中的互動；二、分別論述不利於形成對這一時期宗教的整體認識；三、最後比較三教關係，容易忽略三教不同發展階段關係的不同。基於這些考慮，本文採取以佛教為主，通過分析佛教僧尼對其他宗教的看法和他們為了宣揚佛法對其他宗教採取的策略，來展現南朝時期宗教的發展狀況和各種宗教之間的關係。

第一節　佛教的神靈

佛教是一個龐大的體系，其本身的發展大致經歷了原始佛教、部派佛教和大乘佛教三個階段，從總體上講，佛教的說法包括真諦（又稱了義，是佛教最根本、最究竟的教義）和俗諦（又稱不了義，是佛教對根性較差的人的方便說法）兩個層次。在真諦的層次上，主流佛教在每個階段都是反對有神論的，認為沒有一個造物主，也沒有永恆不變的主體和靈魂，[註3]一切都是因緣而起、瞬生瞬滅的。

但在俗諦的層次上，每個階段的佛教對神靈的看法又很不相同。原始佛教時期，佛陀還只是一個人，而且他也不是全知全能的，只不過他洞悉佛教修行的方法而已。原始佛教也將印度原來的各種天神容納在內，但他們已經不是最高的造物主，只是六道中的一道，他們也有死亡，也避免不了輪迴，只是他們生存的環境比人類優越一些。而與佛陀相比（儘管這時的佛陀還是人）天神無論在智慧還是修證的層次上都有很大的差距，《長阿含經》記載了一個故事，佛陀成佛後，擔心世人愚昧不能接受佛法，便沒有立即說法，這時婆羅門教的最高神梵天王知道佛陀悟得深妙法卻又不宣傳，便親自來到佛前，請求佛陀講法。

〔註3〕　（英）渥德爾：《印度佛教史》，第105頁：「任何種類的虛妄意見都會引起錯誤行為，或者至少缺乏正業，結果就會延續存在與輪迴。相信一個人有靈魂就是這些妄見之一，但在佛陀說教中時常著重，看做是一個人特別難於破斥消除，為有情群眾所特別喜愛，為多數思想派系所堅持的問題。」

〔註4〕這個故事可以看作佛陀虛構的教化故事，旨在說明原來的天神在佛教體系中已經失去了神聖性，而天神比不上人（這裏指佛陀）這也可以看作是佛陀對有神論的一種反對，但從俗諦的角度看，則表明佛教接受印度傳統神靈形成了自己的神靈體系。在這種體系中，只有修行的最高階段阿羅漢纔超脫輪迴，天神作爲六道之一還在輪迴之中。關於靈魂，原始佛教在俗諦的層次上鼓勵人們相信自己有幾分長久性而且可以輪迴，好像他們是永恆的存在物，以避免他們聽到無常無我的究竟教義會陷入虛無主義的極端。〔註5〕對於與神靈有關的祭祀，佛陀從根本上反對，認爲那是社會的禍害，但爲了順應世俗，佛陀主張可以保留「祭祀」名稱，但需要改變其內容使之符合佛教的原則。他認爲：「更高級的獻祭是設立長期基金以布施那些道行高尚的出家人，更好的獻祭是爲比丘僧眾建造住所，還有更好的獻祭是當一個居士佛徒遵守佛教的道德原則（作爲在家人），或當比丘得涅槃。」〔註6〕總之這一時期佛教的人文主義色彩還比較重，對神靈的崇拜在佛教中只佔很小的比重。

　　部派佛教時期，圍繞著佛陀是否全知全能和阿羅漢果能否退轉問題，各部派展開了爭論，佛教進一步通俗化，一些部派的三藏中更多採用了神話故事，天神顯聖的例子到處可見。大乘佛教時期佛教的神靈觀有了很大的變化，首先，佛陀成爲全知全能的神，而且佛不是一位而是到處都有，各種佛所居住的淨土成爲人們嚮往的世界。菩薩成爲僅次於佛的神靈，阿羅漢則被貶爲「自了漢」。但無論是佛、菩薩、還是阿羅漢都是人通過修行可以達到的境界，而原來的天神仍然保持在佛教神靈中的位置。這一時期對神靈的崇拜出現了高潮，這種崇拜化爲行動就是大量修造石窟、佛寺和塑造佛、菩薩等的形象並進行供養。

　　中國本土文化中有神論一直佔有很大的優勢，佛教傳入中國後，其中那些帶有有神論色彩的觀點更容易被接受。著名的中國高僧慧遠與鳩摩羅什大法師關於有無神靈的爭論就充分地反映出有神論在中國是多麼根深蒂固。〔註7〕正如渥德爾所說：「然而這種假設（佛教從長久習慣於哲學批判思維比較老練和理性化的印度人民中間轉到沒有多少文化喜歡神奇事物的人民中

〔註4〕　《長阿含經》卷1，《大正藏》第1卷，第8頁中。
〔註5〕　參見渥德爾《印度佛教史》，第178頁。
〔註6〕　渥德爾《印度佛教史》，第163頁。
〔註7〕　這次爭論具體見《鳩摩羅什法師大義》，《大正藏》卷45。

間去，必然要神異化）必須拋開。因爲事實上佛教在中國也表現得同樣的經驗，中國人民雖然也沾染了儒家傳統的某些神秘的禮儀主義，以及道教的混雜著科學的巫術和奇跡，但是並非不習慣於哲學批判。」〔註8〕這段話告訴我們中國佛教在總體上看更重視經驗和神異。可以說對於大多數中國人而言，佛教一傳入，就是與大量神靈相伴而來的。同時佛教繼承了在印度的開放性，不斷吸收中國已有的神靈系統和觀念，也對中國固有的神靈體系和神靈觀念產生了重要的影響。這種吸收和影響在很大程度上是通過中國佛教的遵奉者和宣揚者僧尼來實現的，這裏就是通過分析僧尼與中國本土宗教的關係來揭示佛教與中國本土宗教的交融。

第二節　僧尼與宗法性宗教

關於宗法性宗教，詹鄞鑫稱其爲正統宗教，認爲「（這種宗教）是指史書中以『禮制』或『郊祀志』面目出現的宗教，它有嚴密的制度和大體不變的傳承，並與國家的政治禮制合爲一體，是一種國家宗教。」〔註9〕牟鍾鑒認爲：「宗法性宗教產生於原始社會之後，私有制和階級、國家建立的初期，在夏、商、周三代是國家宗教，並且是社會唯一的意識形態。中國古代宗教以天神崇拜和祖先崇拜爲核心，以社稷、日月、山川等自然崇拜爲羽翼，以其他鬼神崇拜爲補充，形成了相對固定的郊社、宗廟及其它祭祀制度，成爲維繫古代社會秩序和宗法家族體制的根本力量。」〔註10〕春秋戰國以後，宗法制政治體制逐漸沒落，政教由合一走向分離，宗法性宗教卻沒有消失，而是改變形態繼續存在。宗法性宗教不再是唯一的意識形態，但其包含的內容卻大致延續下來，其作爲國家政治體制的重要組成部分，不僅是一種典禮儀式，在維護帝王權威，維繫國家宗族團結方面仍然起著重要作用。孫尚揚則將宗法性宗教稱爲儒教，認爲：「（漢魏之後）儒家作爲國教的正統地位依然穩固，祭天、祭祖和祭社等始終作爲國家性的宗教活動而存在，由皇帝本人或皇帝委派的大臣主持，列入國家大典，受到政府保護。」〔註11〕綜合以上各家所言，本文認爲宗法性宗教有兩個主要標誌：一、宗教活動的主體主要是國家

〔註8〕　渥德爾《印度佛教史》，第307頁。
〔註9〕　參見詹鄞鑫：《神靈與祭祀》第4頁。
〔註10〕　牟鍾鑒、張踐《中國宗教通史》社會科學文獻出版社，第78頁。
〔註11〕　孫尚揚：《宗教社會學》，北京大學出版社2003年版第267頁。

（包括各級政權）；二、宗教活動的主要目的是政治性的。

　　如前所述佛教傳入後至東晉以前，佛教的發展還比較有限，從中國社會來看，無論是統治者還是一般民眾還只是將佛教作為一種道術，而從佛教本身來講，也需要依附於道術而流傳，但是從楚王英和漢桓帝崇奉佛法來看，佛教從一開始就不滿足於民間道術的地位而力圖進入上層，而宗法性宗教在中國具有宗教和政治的兩重身份，具有很高的地位和功能，於是很多僧尼便利用宗法性宗教提高自己的地位，從而促進統治者接受佛教。世俗社會也往往以是否具有宗法性宗教的功能來衡量佛教，西晉時人曾指出「沙門之在京洛者多矣，而未曾聞能令主上延年益壽，上不能調和陰陽，使年豐民富、消災卻疫、克靜禍亂云云。」〔註 12〕可見能否庇祐國家社稷是世俗社會對佛教的一種要求，這也促使僧尼向這方面努力。但在很長的一段時間內，僧尼的努力並沒有取得很大的成功，到東晉十六國時佛教與宗法性宗教的矛盾還被統治者提起。《高僧傳‧釋曇霍傳》：「鹿孤有弟耨檀，假署車騎，權傾偽國。性猜忌，多所賊害。霍每謂檀曰：『當修善行道，為後世橋梁。』檀曰：『僕先世以來，恭事天地名山大川。今一旦奉佛，恐違先人之旨。公若能七日不食，顏色如常，是為佛道神明，僕當奉之。』迺使人幽守七日，而霍無飢渴之色。檀遣沙門智行密持餅遺霍，霍曰：『吾嘗誰欺，欺國王耶？』檀深奇之，厚加敬仰，因此改信，節殺興慈。國人既蒙其祐，咸稱曰大師，出入街巷，百姓並迎為之禮。」〔註 13〕南涼國主禿髮鹿孤的弟弟禿髮耨檀（後來也成為南涼國主），以先世「恭事名山大川」為理由拒絕接受佛教，正表明佛教與宗法性宗教是存在矛盾的，雖然釋曇霍通過自己的神通贏得了禿髮耨檀的信奉，但佛教在南涼也沒有被納入宗法性宗教。

　　但是僧尼的努力，也取得了一定的成果，從東晉後期開始很多僧尼逐漸參加到宗法性宗教中去，國家對此也逐漸給與認可。首先很多僧尼主動參與到對國家符瑞的解釋和製造中去（本文第三章第二節「統治者對佛教神異的利用」對此亦有論述）。對符瑞的解釋是宗法性宗教的重要內容，而很多高僧也利用自己對事情的預見對國家符瑞做出解釋，東晉十六國後期鳩摩羅什在呂氏政權中時曾經借解釋符瑞對帝王提出勸諫：「咸寧二年（400 年），有豬生子，一身三頭，龍出東廂井中，到殿前蟠臥，比旦失之，纂以為美瑞，號大

〔註 12〕《正誣論》，《弘明集》卷 1，《大正藏》卷 52，第 8 頁中。
〔註 13〕《高僧傳》卷 10《釋曇霍傳》，第 375 頁。

殿爲龍翔殿。俄而有黑龍升於當陽九宮門，纂改九宮門爲龍興門。什奏曰：『比日潛龍出遊，豺妖表異。龍者陰類，出入有時，而今屢見，則爲災眚，必有下人謀上之變，宜剋己修德，以答天戒。』纂不納，與什博，戲殺，纂曰：『斬胡奴頭。』什曰：『不能斬胡奴頭，胡奴將斬人頭。』此言有旨，而纂終不悟。光弟保有子名超，超小字胡奴，後果殺纂斬首，立其兄隆爲主，時人方驗什之言也。」〔註14〕到南朝時期，隨著佛教的發展，與佛教有關的符瑞成爲國家禮制中的重要內容，如蓮花作爲一種符瑞就是在南朝纔進入國家正典中的（第三章對此已有詳細的論述）。這時一些僧尼還主動製造新的符瑞，並獲得了統治者的認可，《高僧傳·釋道溫傳》：

> 路昭皇太后大明四年（460 年）十月八日造普賢像成，於中興禪房設齋，所請凡二百僧，列名同集，人數已定。于時寺既新構，嚴衛甚肅。忽有一僧晚來就座，風容都雅，舉堂矚目。與齋主共語百餘許言，忽不復見。檢問防門，咸言不見出入，眾迺悟其神人。溫時既爲僧主，迺列言秣陵白：「皇太后叡鑒沖明，聖符幽洽，滌思淨場，研衿至境。固以聲藻宸內，事虛梵表。迺創思鎔斷，栖寫神華，摸造普賢，來儀盛像。寶傾宙珍，妙盡天飾。所設齋講，訖今月八日，覯會有限，名簿素定。引次就席，數無盈減。轉經明半，景及昆吾。忽覯異僧，預于座內，容止端嚴，氣貌秀發。舉眾驚嗟，莫有識者。齋主問曰：『上人何名？』答曰：『名慧明。』『住何寺？』答云『來自天安。』言對之間，倏然不見。闔席悚愧，遍筵肅慮。以爲明祥所賁，幽應攸闡。紫山可覿，華臺不遠。蓋聞至誠所感，還景移緯。澄心所殉，發石開泉。況帝德涵運，皇功懋洽。仁洞乾遐，理暢冥外。故上王盛士，剋表大明之朝；勸發妙身，躬見龍飛之室。適若因陛下慧燭海隅，明華日月，故以慧明爲人名。繼天興祚，式垂無疆，故以天安爲寺稱。神基彌遠，道政方凝。九服咸太，萬寓齊悅。謹列言屬縣，以顯天休。」縣即言郡。時京兆尹孔靈符以事表聞，詔仍改禪房爲天安寺，以旌厥瑞焉。〔註15〕

路昭皇太后設齋時出現了一名不知來歷的僧人，大家認爲這是神人，僧主釋道溫並因此通過京兆尹上書宋孝武帝，在稱讚太后和皇帝的功德後，指出這

〔註14〕《高僧傳》卷 2《鳩摩羅什傳》，第 51 頁。
〔註15〕《高僧傳》卷 7《釋道溫傳》，第 288 頁。

是一種符瑞，並要求帝王按照符瑞改寺名，孝武帝接受了這種符瑞並答應了
釋道溫的請求。

　　將神僧或者高僧的出現作爲一種符瑞，是有一定社會心理基礎的。首先
這與世俗社會對佛教的神異性理解有關，這一方面佛教的早期宣傳已經做好
了準備；還與中國傳統對符瑞的解釋密不可分，南朝僧俗將神僧或高僧出現
作爲符瑞的具體邏輯依據，史無明文，但北朝崔浩在勸太武帝尊崇寇謙之時
說的一段話卻可以爲我們提供參考，他說：「臣聞聖王受命，則有天應。而《河
圖》、《洛書》皆寄言於蟲魚之文。未若今日人神接對，手筆燦然，辭音深妙，
自古無比。……今清德隱仙，不召自至。斯誠陛下侔蹤軒、黃應天之符也。」
〔註16〕崔浩推崇的是道教天師，但將寇謙之的來臨作爲符瑞的思路與佛教應
該無異：將「神僧」或「隱仙」作爲符瑞正是因爲他們所代表的宗教的神異
性，而借助人所體現的神異應該遠遠高於傳統的借助蟲魚之文體現的符瑞。
在僧尼的努力下，南朝統治者已將佛教的很多內容作爲符瑞，如梁武帝曾將
北朝高僧南下講法作爲一種嘉瑞，《續高僧傳・釋僧達傳》：「梁武皇帝撥亂弘
道，（釋僧達）銜聞欣然，遂即濟江，造宮請見。敕駙馬殷均，引入重雲殿，
自晝通夜，傳所未聞，連席七宵，帝歎嘉瑞。因從受戒，誓爲弟子。下敕住
同泰寺，降禮供奉。」〔註17〕

　　製造圖讖是僧尼參與宗法性宗教的又一方式。圖讖在宗法性宗教中地位
比較特殊，東漢光武帝「布圖讖於天下」後，圖讖一度被納入宗法性宗教，
但由於圖讖容易引起政治叛亂，國家對圖讖一直比較謹愼，到宋明帝時開始
禁止圖讖。據《隋書・經籍志》「至宋大明中，始禁圖讖。梁天監以後又重其
制。及（隋）高祖受禪，禁之逾切。煬帝即位，迺發使四出，搜天下書籍與
讖緯相涉者，皆焚之，爲吏所糾者至死。自是無復其學，密府之內，亦多散失。」
〔註18〕可見南朝時期雖然禁止圖讖，但圖讖還是存在的，而且劉宋初期並沒
有禁止圖讖，所以當時有些僧尼利用圖讖向宗法性宗教靠近，如第三章第二
節所引釋慧義向宋武帝宣講法稱道人預言事。又如《高僧傳・釋僧含傳》：「瑯
琊顏峻時爲南中郎記室參軍，隨鎮潯陽，與含深相器重，造必終日。含嘗密
謂峻曰：『如令讖緯不虛者，京師尋有禍亂。眞人應符，屬在殿下。檀越善以

〔註16〕《魏書》卷114《釋老志》，第3052頁。
〔註17〕《續高僧傳》卷16《釋僧達傳》，第232頁下。
〔註18〕《隋書》卷32《經籍志》，第941頁。

緘之。』俄而元兇構逆，世祖龍飛，果如其言也。」〔註19〕

　　爲國家攘災求福也是僧尼參與宗法性宗教的一種方式。這種參與最早出現在東晉後期，簡文帝時，出現了妖星，簡文帝曾請竺法曠攘災，《高僧傳‧竺法曠傳》：「晉簡文皇帝……並諮以妖星，請曠爲力。曠答詔曰：『昔宋景修福，妖星移次，陛下光輔以來，政刑允輯，天下任重，萬機事殷，失之毫釐，差以千里。唯當勤修德政，以賽天譴，貧道必當盡誠上答，正恐有心無力耳。』迺與弟子齋懺，有頃災滅。」〔註20〕簡文帝遇到妖星希望得到高僧竺法曠的幫助，可見在帝王心目中僧尼具備解釋天象和攘除災異的能力，也表明僧尼此前可能參加過這類活動。而竺法曠雖然強調杜塞天譴的根本措施在於修德政，但他還是接受帝王的邀請，爲其進行齋懺攘災。晉孝武帝時也出現過同樣的事情，《高僧傳‧竺曇猷傳》：「晉太元中有妖星，帝普下諸國，有德沙門，令齋懺悔攘災，猷迺祈誠冥感。至六日旦，見青衣小兒來悔過云：『橫勞法師。』是夕星退。別說云，攘星是帛僧光。」〔註21〕又《異苑》載：「晉孝武太元末，帝每聞手巾箱中有鼓吹鼙角之饗，於是請僧齋會。」〔註22〕一些僧尼還參加宗法性宗教中的祈雨活動，早在符秦時期僧尼就參加了祈雨活動。《高僧傳‧涉公傳》：「以符堅建元十二年（376年）至長安。能以秘呪，呪下神龍，每旱，堅常請之呪龍，俄而龍下鉢中，天輒大雨。堅及群臣親就鉢中觀之，咸歎其異。堅奉爲國神，士庶皆投身接足，自是無復炎旱之憂。至十六年（380年）十二月無疾而化，堅哭之甚慟。卒後七日，堅以其神異，試開棺視之，不見屍骸所在，唯有殮被存焉。至十七年（381年），自正月不雨，至於六月。堅減膳撤懸，以迎和氣，至七月降雨。堅謂中書朱肜曰：『涉公若在，朕豈燋心於雲漢若是哉？此公其大聖乎！』」〔註23〕涉公靠其神通祈雨成功，得到統治者的尊奉，並在宗法性宗教中被統治者所依靠，以至於在他死後，還被統治者念念不忘，稱其爲「大聖」。南朝時期，僧尼參加祈雨更爲頻繁，在一些情況下，僧尼祈雨甚至成了強制性的政治任務，《高僧傳‧求那跋陀羅傳》：「大明六年（462年）天下亢旱，禱祈山川，累月無驗。世祖請令祈雨，必使有感，如其無獲，不須相見，跋陀曰：『仰憑三寶，陛下天威，冀必降澤，如其不獲，

〔註19〕　《高僧傳》卷7《釋僧含傳》，第276頁。
〔註20〕　《高僧傳》卷5《竺法曠傳》，第205頁。
〔註21〕　《高僧傳》卷11《竺曇猷傳》，第404頁。
〔註22〕　《太平御覽》卷99《皇王部二四‧孝武帝》引《異苑》，第475頁。
〔註23〕　《高僧傳》卷10《涉公傳》，第373頁。

不復重見。』即往北湖釣臺燒香祈請，不復飲食，默而誦經，密加秘呪。明日晡時，西北雲起如蓋，日在桑榆，風震雲合，連日降雨。明旦，公卿入賀，敕見慰勞，賙施相續。」〔註24〕求那跋陀羅是劉宋時期最有名的譯經僧之一，宋孝武帝卻強令其祈雨，並公開以性命相威脅，可見統治者對佛教的控制，也可以看出僧尼參與宗法性宗教也有很大的危險。此後遇有旱災，令僧尼祈雨成爲國家的一項重要舉措。

　　當遇有重大的政治軍事行動時，統治者經常主動邀請僧尼參加宗法性宗教。《續高僧傳‧釋慧明傳》云：

> 宣帝在位，太建五年（573年），將事北征，觀兵河上。已遣大都督程文季等，領軍淮浦與齊對陣，雄氣相傾。帝甚憂及，迺於太極殿命龜卜之，試卦腹文颯然長裂，君臣失色，爲不祥也。即請百僧齋。時一會臨中，搶猝未測所由。及行香訖，迺陳卜意。明抗聲敘致，又述緣曰：「卜征龜破，可謂千里路通，既其文季前鋒豈不一期程捷。」時以爲浮飾也。至四月中，次大小峴與齊大戰，俘虜援兵二十餘萬。軍次譙合，呂梁彭越，前無橫陣。故下敕云：「今歲出師薄伐邊服，所獲梁土，則江淮二百許城，東西五千餘里。」然龜腹長文號千里也，遠驗明言，宛同符契。故明承此勢，爲業復隆，偏意宗猷，達悟登白者，其量弘矣。不測其終。〔註25〕

陳宣帝在派兵北征後，敵我力量相當，便命令占卜預測吉凶，占卜的結果，大家都認爲不吉利，宣帝便請百僧齋以攘災禍，釋僧明巧妙解釋了卜相，並與實際的情況一致。這個故事告訴我們請僧尼攘災在陳朝已經成爲一種普通的事情，僧尼參與宗法性宗教已經在很大程度上成爲慣例，另外也表明僧尼在參與宗法性宗教過程中正確的預測和解釋會爲佛教的發展帶來極大的便利。

　　此外，爲帝王宗廟祖先祈福也是僧尼參與宗法性宗教的一種方式。《續高僧傳‧釋慧暅傳》：「惟暅行業清高，靈祇向應，神通感召，不可思也。昔在陳朝，每年夏中常請於樂遊苑，爲陳氏七祖及楊都六廟諸神，發《涅槃大品經》，並延神坐，俱在講筵。所以翠旌孔蓋，羽服霓裳，交亂人物，驚神眩目，而往來迎送必降雲雨，冥期無爽，十有餘載。」〔註26〕

〔註24〕《高僧傳》卷3《求那跋陀羅傳》，第133頁。
〔註25〕《續高僧傳》卷31《釋慧明傳》，第375頁下。
〔註26〕《續高僧傳》卷9《釋慧暅傳》，第175頁上。

　　僧尼對宗法性宗教的參與，對佛教的發展非常有利，促進了帝王對佛教的認可和信奉。梁武帝甚至將國家風調雨順歸功於僧尼對宗法性宗教的參與，《續高僧傳‧釋寶唱傳》：「帝以時會雲雷，遠近清晏，風雨調暢，百穀年登，豈非上資三寶，中賴四天，下藉神龍。幽靈協贊，方洒福被黔黎，歙茲厚德。但文散群部，難可備尋。下敕，令唱總撰集錄，以擬時要，或建福攘災，或禮懺除障，或饗接神鬼，或祭祀龍王。部類區分，近將百卷。八部神名，以爲三卷。包括幽奧，詳略古今。故諸所祈求，帝必親覽，指事祠禱，多感威靈。所以五十許年，江表無事，兆民荷賴，緣斯力也。」〔註27〕同時我們還要看到僧尼對宗法性宗教的參與實際上分爲兩類，解釋和製造符瑞圖讖是僧尼對宗法性宗教的主動參與，而爲國家攘災祈福等則是僧尼在統治者的命令或邀請下對宗法性宗教的一種被動參與。前者對僧尼來講具有很大的主動性和隨意性，而且往往是錦上添花的行爲，可以促進佛教的發展，也不需要冒多大的風險，後者則是政治壓力下不得不進行的行爲，需要承擔很大的風險。一旦不靈驗，僧尼不僅有生命危險，也會影響佛教的聲譽，所以佛教發展強大後，對於宗法性宗教，僧尼並不主動參加，甚至有意保持一定距離。

　　僧尼對宗法性宗教的影響還表現在由於僧尼對佛教戒殺和素食觀念的宣傳，使一些帝王在喪禮祭祀和國家宗廟天地祭祀中禁止使用肉食，如齊武帝和梁武帝（詳見第五章第二節）。此外也使宗法性宗教的範圍有所擴大，例如爲了表達對祖先的尊敬和思念，南朝帝王在繼續宗廟祭祀外，還經常爲先祖修建寺廟和製造佛像（參見第三章第二節）。其中最有名的當數梁武帝，《續高僧傳‧釋寶唱傳》：「爲太祖文皇，於鍾山北澗，建大愛敬寺，……千有餘僧四事供給。中院正殿有栴檀像，舉高丈八。……相好端嚴，色相超挺，殆由神造，屢感徵跡。帝又於寺中龍淵別殿，造金銅像，舉高丈八。躬伸供養，每入頂禮，歔欷哽噎，不能自勝。預從左右，無不下泣。又爲獻太后，於青溪西岸建陽城門路東，起大智度寺。……正殿亦造丈八金像，以申追福。五百諸尼四時講誦。寺成之日，帝顧謂群後曰：『建斯兩寺，奉福二皇，用表罔極之情，以達追遠之思，而不能遣蓼莪之哀。』復於中宮起至敬殿景陽臺，立七廟室，崇宇嚴肅，鬱若卿雲，粉壁珠柱，交映相耀，設二皇座。具備諸禮，冠蘊盇篋，舉目興慕，晨昏如在。」〔註28〕

〔註27〕《續高僧傳》卷 1《釋寶唱傳》，第 106 頁下。
〔註28〕《續高僧傳》卷 1《釋寶唱傳》，第 107 頁上。

　　總之，宗法性宗教在中國傳統社會具有不可替代的地位，佛教不可能取代它，而且也不能從根本上反對宗法性宗教，僧尼只有方便地參與和利用宗法性宗教纔能擴大佛教對宗法性宗教的影響。應該說僧尼的努力取得了一定的成果，不僅擴大了宗法性宗教的內容，也在某些方面使宗法性宗教的形式有所改變。這種改變對南朝以後的中國社會也有重要影響。僧尼參與宗法性宗教的方式成爲宗法性宗教的重要方面，如關於僧尼祈雨，後代政府經常加以利用，如唐代，「（唐玄宗）嘗因歲旱，敕（不）空祈雨。」〔註29〕「貞元五年，（慧果）奉敕於當寺大佛殿□。令七僧祈雨……貞元十四年，五月大旱。五月上旬，奉敕祈雨。」〔註30〕大曆十二年，「令覺超等於南山湫所七日祈雨者。」〔註31〕等等。

第三節　僧尼與民間宗教

　　民間宗教是指主要流傳於民間，被一般百姓所崇奉和信仰的宗教，當然民間宗教的信奉者有時也包括一些社會上層人士，甚至是帝王將相，但那只是作爲一種個人愛好。可以說民間宗教就是指那些不被統治階層整體所承認、不被列入國家正典的宗教，在史書中經常被稱爲「邪教」、「淫祠」。〔註32〕民間宗教與宗法性宗教的區別主要不在於內容，更多表現在政治範疇，前者不爲統治秩序所承認，被誣爲邪教、匪類，屢遭取締和鎮壓，後者從整體上屬於統治階層的意識形態，受到尊崇、信奉和保護。但民間宗教和宗法性宗教之間的界限並不嚴格，二者之間不同時期可以互相變動，有的神靈在一段時間內是邪神，過一段時間可能會被納入國家正典，反之也一樣。

一、南朝以前的僧尼與民間宗教

　　佛教初傳時期，一般被看作民間宗教中的一種。而民間宗教常被看作淫祠，經常會遭到政府的禁止。早在《禮記》中就已經有關於禁絕淫祠的思想，

〔註29〕《宋高僧傳》卷1《不空傳》，《大正藏》卷50，第713頁下。
〔註30〕《大唐青龍寺三朝供奉大德行狀》卷1，《大正藏》卷50，第295頁下。
〔註31〕《代宗朝贈司空大辨正廣智三藏和上表制集》卷5，《大正藏》卷52，第854頁中。
〔註32〕〔清〕朱彬撰《禮記訓纂》卷2《曲禮下》：「非其所祭而祭之，名曰淫祀。淫祀無福。」第70頁。

漢代以來掌握文化話語權力的儒者和掌握地方權力的循吏也常常在社會生活中抵制淫祠，但眞正由國家出面頒佈政令禁止淫祠，從現有的文獻來看，大約是從曹魏文帝黃初五年（224年）開始的。〔註33〕當時的佛教無疑也是被看作淫祠。這時南方的情況也基本相同，《高僧傳‧康僧會傳》:「至孫浩即政，法令苛虐，廢棄淫祀，迺及佛寺，並欲毀壞。」〔註34〕這表明孫浩是將佛教與淫祠看作同類的。石虎統治時期曾經要求大臣討論佛教問題，當時的中書著作郎王度上奏說:「夫王者郊祀天地，祭奉百神，載在祀典，禮有嘗饗。佛出西域，外國之神，功不施民，非天子諸華所應祠奉。……國家可斷趙人悉不聽詣寺燒香禮拜，以遵典禮。其百闕卿士，下逮眾隷，例皆禁之。其有犯者，與淫祠同罪。」〔註35〕可見這時士人眼中佛教仍然是一種淫祠，而淫祠是被嚴厲禁止的。可以說佛教一傳入，僧尼就面臨著很難解決的矛盾:一方面爲了取得統治者的支持，他們必須注意將佛教與淫祠劃清界限，另一方面，既然當時的中國社會還不具備接受佛教更高層次的教理的環境，僧尼還必須主要依靠神異取得社會的認可，因此很容易與淫祠混淆。爲解決這種狀況，僧尼主要採取了兩種方式:一是通過一些方式揭示淫祠的不可靠，以此表明自己不同於淫祠，《高僧傳‧于法開傳》:「嘗乞食投主人家，值婦人在草危急，眾治不驗，舉家遑擾，開曰:『此易治耳。』主人正宰羊，欲爲淫祀，開令先取少肉爲羹，進竟，因氣針之，須臾羊膜裹兒而出。」〔註36〕于法開利用醫術打破了主人對淫祠的崇拜，宣揚了佛教與淫祠的不同;一是極力將民間宗教收容在自己的體系下，以表明自己高於並包含了民間宗教。佛教既然宣揚高於一般淫祠，能不能得到民間神靈的皈依就成爲一個重要問題，如果不能收服民間神靈，就會給世俗社會反對佛教提供藉口，《高僧傳‧康僧會傳》「（孫）皓遣張昱詣寺詰會。昱雅有才辯，難問縱橫，會應機騁詞，文理鋒出，自旦之夕，昱不能屈。既退，會送於門，時寺側有淫祀者，昱曰:『玄化既孚，此輩何故近而不革?』」〔註37〕所以僧尼很注意對民間神靈進行收攝，僧傳中記載了很多僧尼收攝民間神靈的故事，這些故事雖然帶有神異色彩，不能作爲

〔註33〕 參見葛兆光:《屈服史及其它:六朝隋唐道教的思想史研究》，三聯出版社2003年版，第38頁。

〔註34〕 《高僧傳》卷1《康僧會傳》，第16頁。

〔註35〕 《高僧傳》卷9《竺佛圖澄傳》，第352頁。

〔註36〕 《高僧傳》卷4《于法開傳》，第167頁。

〔註37〕 《高僧傳》卷1《康僧會傳》，第16頁。

可信的史料，但分析這些故事的類型和結構，有助於我們瞭解當時人的觀念和佛教改造民間宗教的過程。大致說來僧尼對民間神靈的收攝包括對神的收服和對鬼的震懾。民間神包括山川諸神、祖先神以及一些功臣賢人，還包括一些邪神（主要是一些生前的惡人，死後能帶來某些災異，人們爲了消災對其進行供奉祭祀）。對神收服之類的故事又可以細分爲以下幾種類型：

一是民間神靈主動向僧尼靠近。有的神靈請求高僧講法，釋曇邃，「嘗於夜中忽聞扣戶云，欲請法師九旬說法，邃不許。固請迺赴之，而猶是眠中，比覺，已身在白馬塢神祠中，并一弟子。自爾日日密往，餘無知者。後寺僧經祠前過，見有兩高座，邃在北，弟子在南，如有講說聲。又聞有奇香之氣，於是道俗共傳，咸云神異。至夏竟，神施以白馬一匹，白羊五頭，絹九十匹。呪願畢，於是各絕。」[註38] 有的神靈請求從高僧受戒，釋曇邕，「與弟子曇果澄思禪門。嘗於一時，果夢見山神求受五戒，果曰：『家師在此，可往諮受。』後少時，邕見一人著單衣帽，風姿端雅，從者二十許人，請受五戒。邕以果先夢，知是山神，迺爲說法授戒。神䞋以外國匕筋，禮拜辭別，倏忽不見。」[註39] 從主觀上講僧傳作者引用這類故事主要是爲了表明高僧修行高尚，以至於民間神靈都對其崇敬有加，反過來說，以受到民間神靈的崇敬作爲僧尼德行高尚的一種標誌，表明在傳統文化中成長起來的中國僧尼對中國民間神靈懷有的崇敬。這類故事的最終目的也是爲了宣揚佛教相對於民間宗教的優異性。

二是僧尼與民間神靈產生矛盾，經過一番鬥爭民間神靈最後歸附佛教。如帛僧光，「晉永和初，遊於江東，投剡之石城山。山民咸云：此中舊有猛獸之災，及山神縱暴，人蹤久絕。光了無懼色，雇人開剪，負杖而前，行入數里，忽大風雨，群虎號鳴。光於山南見一石室，仍止其中，安禪合掌，以爲栖神之處。至明旦雨息，迺入村乞食，夕復還中。經三日，迺夢見山神，或作虎形，或作蛇身，競來怖光，光一皆不恐。經三日，又夢見山神，自言移往章安縣寒石山住，推室以相奉。爾後薪採通流，道俗宗事。樂禪來學者，起茅茨於室側，漸成寺舍，因名隱岳。」[註40] 又如《高僧傳·支曇蘭傳》：

支曇蘭，……後憩始豐赤城山，見一處林泉清曠而居之。經於數日，忽見一人長大數，呵蘭令去。又見諸異形禽獸，數以恐蘭，見蘭恬

[註38]《高僧傳》卷12《釋曇邃傳》，第458頁。
[註39]《高僧傳》卷6《釋曇邕傳》，第237頁。
[註40]《高僧傳》卷11《帛僧光傳》，第402頁。

　　然自得，迺屈膝禮拜云：「珠欺王是家舅，今往韋卿山就之，推此處以相奉。」爾後三年，忽聞車騎隱隱，從者彌峰。俄而有人著幘，稱珠欺王通，既前，從其妻子男女等二十三人，並形貌端整，有逾於世。既至蘭所，暄涼訖。蘭問住在何處，答云：「樂安縣韋卿山。久服風聞，今與家累仰投，乞受歸戒。」蘭即授之。受法竟，嚫錢一萬，蜜二器，辭別而去。便聞鳴笳動吹，響振山谷。蘭禪眾十餘，共所聞見。〔註41〕

再如，《高僧傳‧竺曇猷傳》：

　　後移始豐赤城山石室坐禪。有猛虎數十，蹲在猷前，猷誦經如故。一虎獨睡，猷以如意扣虎頭，問何不聽經？俄而群虎皆去。有頃，壯蛇競出，大十餘圍，循環往復，舉頭向猷，經半日復去。後一日神現形詣猷曰：「法師威德既重，來止此山，弟子輒推室以相奉。」猷曰：「貧道尋山，願得相值。何不共住？」神曰：「弟子無為不爾，但部屬未洽法化，卒難制語。遠人來往，或相侵觸。人神道異，是以去耳。」猷曰：「本是何神？居之久近，欲移何處去耶？」神曰：「弟子夏帝之子，居此山二千餘年。寒石山是家舅所治，當往彼住。」尋還山陰廟。臨別執手，贈猷香三奩，於是鳴鞭吹角，陵雲而去。赤城山有孤巖獨立，秀出千雲。猷搏石作梯，升巖宴坐，……古老相傳云：上有佳精舍，得道者居之。雖有石橋跨澗，而橫石斷人，且莓苔青滑，自終古以來，無得至者。猷行至橋所，聞空中聲曰：「知君誠篤，今未得度，卻後十年，自當來也。」猷心悵然，夕留中宿，聞行道唱薩之聲。旦復欲前，見一人鬚眉皓白，問猷所之，猷具答意。公曰：「君生死身，何可得去，吾是山神，故相告耳。」猷迺退還。道經一石室，過中憩息。俄而雲霧晦合，室中盡鳴，猷神色無擾。明旦見人著單衣袷來，曰：「此迺僕之所居，昨行不在家中，遂致搔動，大深愧怍。」猷曰：「若是君室，請以相還。」神曰：「僕家室已移，請留令住。」〔註42〕

這三則故事有著大致相同的結構：首先是僧尼和民間神靈關於居處問題產生矛盾，往往是僧尼到某一山修行，「侵犯」了原居於此山的神靈，這可以理解

〔註41〕《高僧傳》卷11《支曇蘭傳》，第407頁。
〔註42〕《高僧傳》卷11《竺曇猷傳》，第403頁。

爲新到某地的佛教與此地原有的信仰產生了矛盾，也反映出佛教和民間宗教的衝突首先是物質性的，對於居住地的爭奪實際上是對信奉者和布施財物的爭奪；接著民間神靈爲維護自己原來的權力採用各種方式與僧尼鬥法，這應該是佛教與民間宗教在基層社會激烈鬥爭的曲折反應；最後是僧尼以其高深的修行（往往是禪定的功夫）贏得神靈的崇拜，使這些神靈最後移居他處，甚至有的接受佛戒，這可以看作佛教對民間宗教的征服，當然佛教文獻記載的結局肯定是爲了表明佛教的優異性，難免有誇大佛教的地方，但所反映的歷史過程也包含部分的眞實性。

第三，僧尼主動收服民間神靈。其中安世高南下江南時對㢱亭湖廟神的收攝最具有典型性：

> （安世高）行達㢱亭湖廟。此廟舊有靈威，商旅祈禱，迺分風上下，各無留滯。嘗有乞神竹者，未許輒取，舫即覆沒，竹還本處。自是舟人敬憚，莫不懾影。高同旅三十餘船，奉牲請福，神迺降祝曰：「船有沙門，可便呼上。」客咸驚愕，請高入廟。神告高曰：「吾昔外國與子俱出家學道，好行布施，而性多瞋怒，今爲㢱亭廟神，周迴千里，並吾所治，以布施故，珍玩甚豐，以瞋恚故，墮此神報。今見同學，悲欣可言。壽盡旦夕，而醜形長大，若於此捨命，穢污江湖，當度山西澤中。此身滅後，恐墮地獄，吾有絹千疋，並雜寶物，可爲立法營塔，使生善處也。」高曰：「故來相度，何不出形？」神曰：「形甚醜異，眾人必懼。」高曰：「但出，眾人不怪也。」神從床後出頭，迺是大蟒，不知尾之長短，至高膝邊，高向之梵語數番，讚唄數契，蟒悲淚如雨，須臾還隱，高即取絹物，辭別而去。舟侶揚帆，蟒復出身，登山而望，眾人舉手，然後迺滅。倏忽之頃，便達豫章，即以廟物造東寺。高去後，神即命過。暮有一少年上船，長跪高前，受其呪願，忽然不見。高謂船人曰：「向之少年，即㢱亭廟神，得離惡形矣。」於是廟神歇末，無復靈驗。〔註43〕

高僧主動收服的神靈往往是比較「邪惡」的神靈，如㢱亭湖廟神，人們祭祀這些神靈主要是防止他們製造災害，這則故事既表明了僧尼收攝民間邪神的責任感，也通過描述邪神對僧尼的特殊依賴表明佛教的高明，同時還通過邪神對於輪迴的理解宣揚了佛教的輪迴觀念。對於民間邪神的收攝還體現在僧尼發佈各

〔註43〕《高僧傳》卷1《安清傳》，第5頁。

種檄魔文來討伐民間邪神，指出他們「自稱山嶽神者，必是蟒蛇；自稱江海神者，必是黿鼉魚鱉；自稱天地父母神者，必是貓狸野獸；自稱將軍神者，必是熊羆虎豹；自稱仕人神者，必是猿猴狐玃；自稱宅舍神者，必是犬羊豬犢、門戶井窖破器之屬。鬼魅假形皆稱爲神，驚恐萬姓，淫鬼之氣。此皆經之所載，傳之明驗也。」〔註44〕所以佛教要動用各種力量來收服民間邪神，「今釋迦統世，道隆先劫，妙化蕩蕩，神羅遠御。……領眾八萬四千嚴警待命，勇出之徒充溢大千，金剛之士彌塞八極，咸思助征，席捲六合，乘諸度之寶軒，守八正之修路，跨六通之靈馬，控虛宗之神轡，彎四禪之勁弓，放權見之利箭。」〔註45〕檄魔文是一種類似於戰爭檄文的文體，其格式完全模仿傳統的討伐檄文，將傳統的名號與佛教的名稱混和在一起，如「使持節通微將軍七天都督四禪王金剛藏」等，這是一種完全中國化的佛教文體，應該說非常違背佛教的本義，但卻通過一種中國人易於接受的形式表明了佛教收攝傳統神靈的決心。

鬼在中國傳統社會與在印度佛教中概念並不完全相同，佛教中餓鬼是指六道中的一道，是具有恐怖形相、令人惱害之怪物，有的住於人中，有的住於閻浮提地下五百由旬之餓鬼世界。〔註46〕人如果作了惡業就會生於餓鬼道。中國很早就有「鬼」的觀念，但在中國傳統觀念中人神也是鬼，所以往往鬼神並稱，這種情況在中國社會一直存在。後魏時靈太后責難李瑒以鬼教謗誹佛法，李瑒的回答就充分利用了這種含混性：「竊欲清明佛法使道俗兼通，非敢排棄真學，妄爲訾毀。且鬼神之名，皆是通靈達稱，三皇五帝皆號爲鬼。易曰，知鬼神之情狀，周公自美。亦云，能事鬼神。禮曰，明則有禮樂，幽則有鬼神。佛非天非地，本出於人，應世導俗，其道幽隱。名之爲鬼，愚謂非謗。」〔註47〕但在人們觀念意識中單獨稱「鬼」和「神」時還是有高低褒貶的區別的。一般認爲人死後，一些特殊人物可以成爲神，而大多數人則成爲鬼。如果有子孫祭祀，鬼就會在冥府（一般認爲在泰山）中像活人一樣生活，而如果沒有人祭祀就會成爲孤魂野鬼，經常會爲害人間，所以那些可以經常遊動的野鬼成爲人們觀念世界中可怕的對象，而且單獨稱「鬼」往往就是指那些孤魂野鬼。由於佛教意識中人是遠遠高於餓鬼的一道，人就沒

〔註44〕《弘明集》卷14，《大正藏》卷52，第92頁上。
〔註45〕《弘明集》卷14，《大正藏》卷52，第92頁下。
〔註46〕參見丁福保：《佛學大辭典》，「餓鬼」條。
〔註47〕《廣弘明集》卷6，《大正藏》卷52，第128頁上。

有必要害怕鬼。因此僧尼可以憑藉佛教中對鬼的認識排除自己和世俗社會對鬼的恐懼，〔註48〕《高僧傳‧釋慧嵬傳》：「釋慧嵬，不知何許人。止長安大寺。戒行澄潔，多栖處山谷，修禪定之業。有一無頭鬼來，嵬神色無變，迺謂鬼曰：『汝既無頭，便無頭痛之患，一何快哉！』鬼便隱形。復作無腹鬼來，但有手足，嵬又曰：『汝既無腹，便無五藏之憂，一何樂哉！』須臾復作異形，嵬皆隨言遣之。」〔註49〕這則故事可以看作人們用傳統的鬼觀念對高僧修行提出的考驗，世俗社會認為鬼是可怕之物，能否震懾鬼成為僧尼是否為世俗社會所信仰的一種重要心理依據。而鬼可以變換各種形象恐嚇僧尼也可以看作是世俗社會中的「鬼」觀念通過各種形式與僧尼的鬥爭，而僧尼不為所動的勝利顯然又是佛教優勝的一種宣傳。

二、南朝僧尼與民間宗教

南朝時期由於特殊的政治地緣條件，統治者對淫祠的態度更為複雜，一方面從總體上看統治者對淫祠基本上還是持反對態度，宋武帝永初二年（421）夏四月己卯朔，詔曰：「淫祠惑民費財，前典所絕，可並下在所除諸房廟。其先賢及以勳德立祠者，不在此例。」〔註50〕陳後主也曾經在太建十四年（582）下詔禁止僧尼道士挾邪左道，民間淫祠妖書惑眾。〔註51〕梁武帝雖然沒有禁止淫祠的詔令，但他在《淨業賦》曾說「內懷邪信，外縱淫祠。排虛枉命，蹠實橫死。妄生神祐，以招福祉。前輪折軸，後車覆軌，殃國禍家，亡身絕祀。」〔註52〕可見他也是反對淫祠的。但另一方面民間神靈由於具有整合民眾心理情緒的功能，對於基層社會的協調具有一定作用，特別是江南地區，民間淫祠特別多，「揚

〔註48〕 世俗社會中一些士人認識到佛教和中國傳統觀念對鬼的看法並不一致，如劉宋何承天《重答顏光祿》中提到「尋來旨似不嫌有鬼。當謂鬼宜有質得無惑，天竺之書說鬼別為生類故耶。昔人以鬼神為教，迺列於典經布在方策，鄭僑吳札亦以為然，是以雲和六變實降天神。龍門九成人鬼咸格。足下雅秉周禮近忽此義，方詰無形之有為支離之辯乎。」（《弘明集》卷4，《大正藏》卷52，第 24 頁上）將二者的區別概括為佛教中鬼是另外一種「生類」，而傳統觀念中鬼則是「無形之有」，這種區別不盡正確，傳統觀念中鬼有時也有形，但認識到二者之間的區別卻是正確的。但對於大多數人而言，特別是民間大眾，恐怕不會區分佛教中鬼與傳統觀念中的鬼有何具體區別。
〔註49〕 《高僧傳》卷 11《釋慧嵬傳》，第 405 頁。
〔註50〕 《宋書》卷 3《武帝紀下》，第 57 頁。
〔註51〕 《陳書》卷 6《後主本紀》，第 108 頁。
〔註52〕 《廣弘明集》卷 29，《大正藏》卷 52，第 336 頁下。

州人性輕揚而尙鬼好祠」〔註53〕因此民間神靈在江南社會具有深厚的社會基礎和信仰資源，「由於對雜神淫祠的崇拜具有地方色彩，並成爲地方文化的一部分，因此一些雜神淫祠往往受到統治者的尊禮，以在心理意識上獲得對抗北方的支持。」〔註54〕如蔣帝在南朝就多次被帝王祭祀。從佛教本身的發展來看，從東晉開始佛教已經擺脫道術的地位，已經進入社會上層，上層士人已經將佛教看做一種重要的思想體系。在這種情況下南朝僧尼對民間宗教的態度仍然表現爲矛盾的兩方面：一、爲了適應帝王對淫祠的態度，使佛教對統治者更具有吸引力，也爲了更深入民間社會，僧尼仍然繼續對民間神靈進行收攝。二、爲了提高佛教的形象，更加注意與民間宗教劃分界限。

南朝時期，僧尼對民間神靈的收攝，已經取得了相當大的成果，僧傳中與僧尼鬥爭的神靈已經沒有了，相反記載中民間神靈對僧尼的尊崇達到了新的高度，請從僧尼受戒的神靈仍然存在。《高僧傳・竺法崇傳》：「嘗遊湘州麓山，山精化爲夫人，詣崇請戒，捨所住山爲寺。」〔註55〕這時僧尼想要居住某山，山上的神靈不僅不反對，還會主動大張旗鼓地歡迎高僧，《高僧傳・釋僧柔傳》：「後入剡白山靈鷲寺。未至之夜，沙門僧緒夢見神人，朱旗素甲，滿山而出。緒問其故，答云：『法師當入，故出奉迎。』明旦待人，果是柔至。」〔註56〕還有神靈親自邀請高僧前去居住，廬山香爐峰寺景法師，「忽夢廬山之神稽首致敬曰：『廬山維嶽，峻極於天，是曰三宮。壁立萬仞，欲屈眞人居之。眞人若不見從，則此山永廢矣。』又夢受請而行至香爐峰石門頂，……廬山神復來固請。以永明十年七月，振錫登峰，行履所見宛如夢中。……法師說戒行香，神皆頭面禮足。」〔註57〕神靈自己做不好的事情還會請高僧協助，《高僧傳・釋曇超傳》：「後時忽聞風雷之聲，俄見一人秉笏而進，稱嚴鎭東通。須臾有一人至，形甚端正，羽衛連翩，下席禮敬，自稱：『弟子居在七里，任周此地。承法師至，故來展禮。富陽縣人故多鑿麓山下爲磚，侵壞龍室。群龍共忿，作三百日不雨。今已一百餘日，井池枯涸，田種永罷。法師既道德通神，欲仰屈前行，必能感致，潤澤蒼生，功有歸也。』超曰：『興雲降雨，

〔註53〕《文獻通考》卷318「古揚州」條。
〔註54〕嚴耀中《江南佛教史》，第313頁。
〔註55〕《高僧傳》卷4《竺法崇傳》，第171頁。
〔註56〕《高僧傳》卷8《釋僧柔傳》，第322頁。
〔註57〕虞羲《廬山香爐峰寺景法師行狀》，《廣弘明集》卷23，《大正藏》卷52，第269頁下。

本是檀越之力，貧道何所能乎？』神曰：「弟子部曲，止能興雲，不能降雨，是故相請耳。』遂許之。神倏忽而去，超迺南行。經五日，至赤亭山，遙爲龍呪願說法。至夜，群龍悉化作人，來詣超禮拜。超更說法，因乞三歸，自稱是龍，超請其降雨，迺相看無言。其夜又與超夢云：『本因忿立誓，法師既導之以善，輒不敢違命，明日晡時當降雨。』超明旦即往臨泉寺，遣人告縣令，辦船於江中，轉《海龍王經》。縣令即請僧浮船石首，轉經裁竟，遂降大雨。高下皆足，歲以獲收。」〔註58〕一些神靈甚至主動爲僧尼做起了護衛，《高僧傳・釋慧明傳》：「後於定中見一女神，自稱呂姥，云常加護衛。」〔註59〕又《續高僧傳・釋慧韶傳》：「當於龍淵寺披講將訖，靜坐房中，感見一神，青衣帢服，致敬曰：『願法師常在此弘法，當相擁衛。』言訖而隱。遂接席數遍，清悟繁結。昔在楊都嘗苦氣疾，綴慮恒動。及至蜀講，眾病皆除。識者以爲寺神之所護矣。」〔註60〕

　　南朝僧尼在取得對「神」的勝利的同時加強了對「鬼」的鬥爭，南朝以前關於僧尼與鬼的關係的材料非常少，僅見有上文所引的材料，在南朝時期僧尼與鬼的關係纔充分展開。鬼在人們的信仰世界中不像神一樣具有崇高的地位，而往往是邪惡的代表，是人們恐懼的對象。因此僧尼對鬼的態度主要是震懾，僧尼與鬼的故事主要也有三類：一是「鬼」因爲某位僧尼到來而恐懼躲避他處，《高僧傳・釋智嚴傳》：「道化所被，幽顯咸服。有見鬼者云，見西州太社間鬼相語，嚴公至，當避易，此人未之解。俄而，嚴至，聊問姓字，果稱智嚴，默而識之，密加禮異。儀同蘭陵蕭思話婦劉氏疾病，恒見鬼來，吁可駭畏，時迎嚴說法，嚴始到外堂，劉氏便見群鬼迸散，嚴既進，爲夫人說經，疾以之瘳，因稟五戒，一門宗奉。」〔註61〕《高僧傳・釋道琳傳》：「後居富陽縣泉林寺，寺常有鬼怪，自琳居之則消。」〔註62〕這類故事旨在說明僧尼的修行之高，也表明鬼對佛教的敬畏。二、「鬼」通過各種方式與僧尼鬥爭，但最後不得不屈服，《續高僧傳・釋智璪傳》：

> 初日初夜如有人來搖動戶扇。璪即問之：「汝是何人，夜來搖戶？」
> 即長聲答云：「我來看燈耳。」頻經數過，問答如前。其寺內先有大

〔註58〕《高僧傳》卷11《釋曇超傳》，第424頁。
〔註59〕《高僧傳》卷11《釋慧明傳》，第425頁。
〔註60〕《續高僧傳》卷6《釋慧韶傳》，第151頁上。
〔註61〕《高僧傳》卷3《釋智嚴傳》，第99頁。
〔註62〕《高僧傳》卷12《釋道琳傳》，第474頁。

德慧成禪師，夜具聞之，謂弟子曰：「彼堂內從來有大惡鬼，今聞此聲必是鬼來取一人也。」天將欲曉，成師扣戶而喚瑊，未暇得應，便繞堂唱云：「苦哉苦哉，其人了也。」瑊即開戶問意。答云：「汝猶在耶，吾謂昨夜鬼已害汝。故此嗟耳。」成師以事諮王，王遣數十人執仗防護。瑊謂防人曰：「命由業也，豈是防護之所加乎？願諸仁者將領還城，啓王云爾。」防人去後，第二日夜鬼入堂內，捶壁打柱，周遍東西。堂內六燈，瑊即滅五留一，行道坐禪誦經，坦然無懼。於三七日中事恒如此。行法將訖，見一青衣童子，稱讚善哉，言已不現。〔註63〕

《續高僧傳·釋僧融傳》：

曾於江陵勸一家受戒，奉佛爲業，先有神廟不復宗事，悉用給施。融便撤取送寺，因留設福。至七日後，主人母見一鬼持赤索欲縛之。母甚遑懼，迺更請僧讀經行道，鬼怪遂息。融晚還廬山，獨宿逆旅。時天雨雪，中夜始眠，見有鬼兵，其類甚眾。中有鬼將，帶甲挾刃，形奇壯偉。有持胡床者，迺對融前踞之，便厲色揚聲曰：「君何謂鬼神無靈耶！」速曳下地，諸鬼將欲加手。融默稱觀世音，聲未絕，即見所住床後有一天將，可長丈餘，著黃皮褲褶，手捉金剛杵擬之。鬼便驚散，甲冑之屬碎爲塵粉。〔註64〕

《續高僧傳·釋慧簡傳》：

荊州廳事東，先有三間別齋，由來屢多鬼怪。時王建武臨治，猶無有能住者。惟簡是王君門師，專任居之。自住一間，餘安經像。俄見一人黑衣無目，從壁中出，便倚簡門上。時簡目開心了，但口不得語，意念觀世音。良久鬼曰：「承君精進，故來相試。今神色不動，豈復逼耶。」欻然還入壁中。簡徐起澡漱，禮誦訖，還如常眠。寐夢向人曰：「僕以漢末居此數百年，爲性剛直，多所不堪。君誠淨行好人，特相容耳。」於此遂絕。簡住積載，安隱如初。若經他行，猶無有人能住之者。〔註65〕

這三則故事也具有基本相同的結構，首先，「鬼」具有很大的威懾力，一般人

〔註63〕《續高僧傳》卷19《釋智瑊傳》，第264頁下。

〔註64〕《續高僧傳》卷26《釋僧融傳》，第322頁下。

〔註65〕《續高僧傳》卷26《釋慧簡傳》，第323頁下。

甚至一些僧尼對「鬼」都無可奈何，充滿恐懼之情，這表明鬼的觀念在人們心目中影響深遠；第二，「鬼」採取各種方式恐嚇高僧，這表明要想改變這種傳統觀念需要複雜的鬥爭過程；三、高僧利用禪定的功夫或誦經依靠佛教的神力使鬼逃走，這表明佛教對鬼的勝利。其中第二則故事中，鬼出現的原因是一家改信佛法，不再祭祀世俗鬼神，可見僧尼爲了爭取信眾和供養與傳統神靈觀念進行了激烈的鬥爭，而這種鬥爭也首先是物質性的。

三是僧尼爲世俗社會驅鬼（或怪），《續高僧傳・釋尚圓傳》：

> 出家以咒術救物。梁武陵王蕭紀，宮中鬼怪魅諸媒女，或歌或哭，紛然亂舉。王迺令善射者控弦擬之，鬼迺現形，即放箭射，鬼便遙接，還返擲人。久而不已。聞圓持咒，請入宮中。諸鬼競前作諸變現，龍蛇百獸倏忽前後，在空在地，怪變多端。圓安坐告曰：「汝小家鬼，何因敢入王宮？能變我身，則可自變萬種。祇是小鬼，可住聽我一言。」諸鬼合掌住立，圓始發云：「南無佛陀。」鬼皆失所，自爾安靜。武帝聞召，大蒙賞遇。〔註66〕

《高僧傳・釋普明傳》：

> 又善神咒，所救皆愈。有鄉人王道眞妻病，請明來咒，明入門，婦便悶絕，俄見一物如狸，長數尺許，從狗竇出，因此而愈。〔註67〕

爲世俗社會驅鬼（或怪）本來是民間巫術和道教經常承擔的一種職能，佛教僧尼逐漸加入，表明佛教爲了爭奪信眾，對中國民間宗教的一種吸收，雖然這時佛教在整體上是一種官方認可的宗教，但在社會下層要取得支持還必須吸收民間宗教的一些內容，這是佛教發展的另一種傾向。

上述對僧尼與神鬼關係的描述只是一種模式化的劃分，前面已經提到鬼和神的概念在中國傳統宗教中很難區分。一些僧尼看待「鬼神」也具有這種含混性，《高僧傳・求那跋陀羅傳》：「後於秣陵界鳳皇樓西起寺，每至夜半，輒有推戶而喚，視之無人，眾屢厭夢，跋陀燒香咒願曰：『汝宿緣在此，我今起寺，行道禮懺，常爲汝等。若住者，爲護寺善神；若不能住，各隨所安。』既而道俗十餘人，同夕夢見鬼神千數，皆荷擔移去，寺眾遂安。」〔註68〕可見鬼和神在一些情況下並沒有明確的界限。但在大多數情況下它們之間還是有區別的，《高

〔註66〕《續高僧傳》卷27《釋尚圓傳》，第334頁下。
〔註67〕《高僧傳》卷12《釋普明傳》，第464頁。
〔註68〕《高僧傳》卷3《求那跋陀羅傳》，第133頁

僧傳・釋慧敬傳》「敬有一奴子及沙彌，忽為鬼所打，後山精見形詣敬，具謝愆失云：『部屬不解，橫撓法師眷屬。』有頃悉皆平復。」〔註69〕山精也就是山神，在這裏鬼被看作山精的部屬，二者之間有著高下的區別，而且鬼具有邪惡的性質，神則比較向善。正是基於這種理解，在佛教的神話故事中，對鬼神採取了不同的態度，一般神都會尊崇佛教，而鬼則只是被嚇跑而已。從時間上看僧尼對鬼神的收攝不同時期各有側重，佛教發展前期，比較注重對神的收攝，南朝時期則將收攝對象主要對準鬼，既體現了他們對鬼神的一種理解，也表明僧尼收攝民間神靈的深入。這種收攝提高了佛教在民間的地位，也使佛教在某些層次上更加融入民間社會。

南朝僧尼對民間宗教的收攝還包括對民間巫祝的收攝。《高僧傳・曇摩蜜多傳》：「會稽太守平昌孟顗，深信正法，以三寶為己任，素好禪味，敬心殷重，及臨浙右，請與同遊，迺於鄮縣之山，建立塔寺。東境舊俗，多趣巫祝，及妙化所移，比屋歸正，自西徂東，無思不服。」〔註70〕巫祝作為民間宗教的主要神職人員，他們改信佛教極大加強了佛教對於民間宗教的優勢和吸引力。而既使巫覡沒有歸信佛教，借他們之口對於佛教神異的宣傳也更有利於佛教在民間的發展，《高僧傳・釋普明傳》：「明嘗行水傍祠，巫覡自云，神見之皆奔走。」〔註71〕

僧尼之所以能夠收攝民間神靈並能夠讓一些巫祝改信佛教，除了依靠佛教這一時期巨大的影響力外，還在於僧尼不僅吸收了民間宗教的一些知識技術，而且他們還掌握著一些中國民間宗教所沒有的來自印度西域的新的知識技術。佛教本身就吸收了很多當時印度的民間道術，而外國來華的僧尼也大都學兼內外，精通當時印度和西域的一些宗教知識技術，如安世高，「外國典籍及七曜五行醫方異術，迺至鳥獸之聲，無不綜達。」〔註72〕曇柯迦羅，「善學《四圍陀論》，風雲星宿圖讖運變，莫不該綜。」〔註73〕康僧會，「為人弘雅，有識量，篤至好學。明解三藏，博覽六經，天文圖緯，多所綜涉，辯於樞機，頗屬文翰。」〔註74〕佛陀耶舍，「世間法術，多所練習。」〔註75〕曇無

〔註69〕《高僧傳》卷13《釋慧敬傳》，第487頁
〔註70〕《高僧傳》卷3《曇摩蜜多傳》，第121頁。
〔註71〕《高僧傳》卷12《釋普明傳》，第464頁。
〔註72〕《高僧傳》卷1《安世高傳》，第4頁。
〔註73〕《高僧傳》卷1《曇柯迦羅傳》，第13頁
〔註74〕《高僧傳》卷1《康僧會傳》，第14頁。

識，「明解呪術，所向皆驗，西域號爲大呪師。」〔註76〕求那跋陀羅，「此云功德賢，中天竺人，以大乘學，故世號摩訶衍，本婆羅門種。幼學五明諸論，天文書算，醫方呪術，靡不該博。」〔註77〕拘那羅陀，「景行澄明，器宇清肅，風神爽拔，悠然自遠。群藏廣部，罔不厝懷，藝術異能，偏素諳練。雖遵融佛理，而以通道知名。」〔註78〕而中國本地僧尼既可以學習外國僧尼的知識技術，也可以借鑒中國民間宗教中的技術，事實上很多僧尼在出家前就曾經學習過民間宗教的知識技術。釋曇光，「會稽人。隨師止江陵長沙寺。性意嗜五經詩賦，及算數卜筮，無不貫解。」〔註79〕釋法願，「家本事神，身習鼓舞。世間雜技，及耆父占相，皆備盡其妙。」〔註80〕雖然很多宗教技術帶有欺騙的成分，但這些技術往往是建立在對自然現象和社會及心理現象一定觀察的基礎上，在很多方面都能取得一定的效果，如史書中記載很多僧尼祈雨成功的事例，這在很大程度上可以看作是僧尼憑藉一定的天文氣象知識對天氣的一種預測，雖然借宗教的形式來實現，其中也有合理的成分。

　　南朝僧尼與民間宗教關係的另一個方面就是隨著佛教進入上層社會，佛教更加注意同民間宗教劃分界限。東晉後期開始僧尼特別是一些修行高的僧尼對神異並不特別提倡。印度佛教吸收了印度其他教派的一些宗教技術，例如呪術等，也講神通，但佛陀更關注人內心的解脫，佛經對神通往往採取一種神話寓言式的記載。佛教傳入中國初期，佛教理論沒有被接受的契機，僧尼不得不注重神異的宣傳，以取得統治者的支持，如《高僧傳・竺佛圖澄傳》：「（石勒）召澄問曰：『佛道有何靈驗？』澄知勒不達深理，正可以道術爲徵，因而言曰：『至道雖遠，亦可以近事爲證。』即取應器盛水，燒香呪之。須臾生青蓮花，光色曜目，勒由此信服。」〔註81〕到了東晉，隨著佛教的發展，佛教主要以義理爲上層接受，一些高僧也有意保持與神異的距離，《高僧傳・釋道安傳》：「習鑿齒與謝安書云：『來此見釋道安，故是遠勝，非常道士，師徒數百，齋講不倦。無變化伎術，可以惑常人之耳目；無重威大勢，可以整

〔註75〕　《高僧傳》卷2《佛陀耶舍傳》，第66頁。
〔註76〕　《高僧傳》卷2《曇無讖傳》，第76頁。
〔註77〕　《高僧傳》卷3《求那跋陀羅傳》，第130頁。
〔註78〕　《續高僧傳》卷1《拘那羅陀傳》，第109頁下。
〔註79〕　《高僧傳》卷13《釋曇光傳》，第513頁。
〔註80〕　《高僧傳》卷13《釋法願傳》，第517頁。
〔註81〕　《高僧傳》卷9《佛圖澄傳》，第346頁。

群小之參差。而師徒肅肅，自相尊敬，洋洋濟濟，迺是吾由來所未見。其人理懷簡衷，多所博涉，內外群書，略皆遍覩，陰陽算數，亦皆能通，佛經妙義，故所遊刃。作義迺似法蘭、法道。恨足下不同日而見，其亦每言思得一敘。」〔註82〕可見釋道安雖然精通道術，但他靠的是自己的德行修養而不是神異吸引教徒，並得到了名士的讚賞。南朝是佛教義學發展的重要時期，高僧更是不輕言神異，如《高僧傳》的作者釋慧皎雖然在其著作中收入了一些以神異著名的高僧，但他本身對神異卻不是特別提倡，《高僧傳・神異傳》後論曰：「神道之為化也，蓋以抑夸強，摧侮慢，挫兇銳，解塵紛。至若飛輪御寶，則善信歸降，竦石參烟，則力士潛伏。當知至治無心，剛柔在化。自晉惠失政，懷愍播遷，中州寇蕩，群羯亂交，淵曜纂虐於前，勒虎潛兇於後。郡國分崩，民遭屠炭。澄公憫鋒鏑之方始，痛刑害之未央。遂彰神化於葛陂，騁懸記於襄鄴。藉秘呪而濟將盡，擬香氣而拔臨危。瞻鈴映掌，坐定吉凶。終令二石稽首，荒裔子來，澤潤蒼萌，固無以校也。其後佛調、耆域、涉公、杯度等，或韜光晦影，俯同迷俗；或顯現神奇，遙記方兆；或死而更生；或窆後空塯。靈迹怪詭，莫測其然。但典章不同，袪取亦異。至如劉安、李脫，書史則以為謀僭妖蕩，仙錄則以為羽化雲翔。夫理之所貴者合道也，事之所貴者濟物也。故權者反常而合道，利用以成務。然前傳所紀，其詳莫究。或由法身應感，或是遁仙高逸。但使一介兼人，便足矣。至如慧則之感香甕，能致痼疾消療；史宗之過漁梁，迺令潛鱗得命。白足臨刃不傷，遺法為之更始。保誌分身圓戶，帝王以之加信。光雖和而弗污其體，塵雖同而弗渝其真。故先代文紀，並見宗錄。若其夸衒方伎，左道亂時。因神藥而高飛，藉芳芝而壽考。與夫雞鳴雲中，狗吠天上，蛇鵠不死，龜靈千年，曾是為異乎？」〔註83〕慧皎雖然對一些高僧神異行為的必要性和所起的作用給予了充分肯定，但總體上他還是認為神異行為是「權者」，是僧尼合光同塵之舉。在最後慧皎特別指出佛教神異與民間宗教和道教不同，指責後者左道亂時，不利於政治統治。從這裏也許正透露出主流佛教不讚賞神異的主要動機——與民間宗教和道教相區別。在《高僧傳》另一處釋慧皎論中又有：「間有竺法度者，自言專執小乘，而與三藏乖越，食用銅鉢，本非律儀所許，伏地相向，又是懺法所無。且法度生本南康，不遊天竺，晚值曇摩耶舍，又非專小之師，直欲谿壑

〔註82〕《高僧傳》卷5《釋道安傳》，第180頁。
〔註83〕《高僧傳》卷10《神異傳》，第398頁。

其身，故爲矯異。然而達量君子，未曾迴適，尼眾易從，初稟其化。夫女人理教難愜，事迹易翻，聞因果則悠然扆背，見變術則奔波傾飲，隨墮之義即斯謂也。」〔註84〕慧皎認爲尼眾作爲女人容易輕信「變術」，這不僅表明他對女人的態度，也表明在他心目中「變術」是被輕視的。

南朝時還有僧人公開表示反對神異，《續高僧傳・釋植相傳》：「時南武都，今孝水縣，有法愛道人，高衒道術。相往觀之。愛於夕中，自以呪力現一大神。身著衣冠，容相瑰偉，來舉繩床，離地四五尺。相便誦戒，神即馳去。斯須復來，舉床僅動一角，如前復去。俄爾又來，在相前立。相正意貞白，初無微動，尋爾復去。於屋頭現面，舍棟破裂，其聲甚大。相亦無懼。神見不動，便來禮拜求哀懺謝。至旦語愛曰：『汝所重者，此是邪術，非正法也。可捨之。』」〔註85〕

也有不少僧尼用行動直接表示對民間淫祠的反對。《高僧傳・釋僧亮傳》：「釋僧亮，未知何人。少以戒行著名。欲造丈六金像，用銅不少，非細乞能辦。聞湘州界銅溪伍子胥廟多有銅器，而廟甚威嚴，無人敢近，亮聞而造焉。告刺史張邵，借健人百頭，大船十艘。邵曰：『廟既靈驗，犯者必斃。且有蠻人守護，詎可得耶。』亮曰：『若果福德，與檀越共。如其有咎，躬自當之。』邵即給人船，三日三夜行至廟所。亮與手力一時俱進，未至廟屋二十許步，有兩銅鑊，容百餘斛，中有巨蛇長十餘丈，出遮行路。亮迺正儀執錫，呪願數十言，蛇忽然而隱。俄見一人秉竹笏而出云：『聞法師道業非凡，營福事重，今特相隨喜。』於是令人輦取。廟銅既多，十不取一，而舫已滿。唯神床頭有一唾壺，中有一蜥蜓，長二尺許，乍出乍入。議者咸云神最愛此物，亮遂不取，於是而去，遇風水甚利。比群蠻相報，追逐不復能及。」〔註86〕僧亮爲了造佛像，搶奪伍子胥廟中的銅，這既是佛教與民間淫祠在物質上的爭奪，也表明僧尼對淫祠的反對。還有一些僧尼試圖用佛教戒殺的理論改變民間對淫祠的祭祀，這一點第四章第二節已經論述過，茲不贅述。

總之，佛教對高僧的記載雖然有誇大讚美的成分，其關於神靈對其崇拜的記載更是爲了彰顯高僧的德行和修爲，不能看作眞實的記載，但其中反映的佛教與民間神靈觀念關係的狀況還是包含一定眞實的。佛教與民間宗教的

〔註84〕《高僧傳》卷3《譯經下》（釋慧皎論），第142頁。
〔註85〕《續高僧傳》卷26《釋植相傳》，第323頁上。
〔註86〕《高僧傳》卷13《釋僧亮傳》，第485頁。

關係經歷了複雜的發展過程，一開始佛教主要依附民間宗教以求發展，所以雖然佛教也注意劃分與民間宗教的界限，但其主要任務還是通過收攝民間神靈確立自己高於民間宗教的形象。後來隨著佛教的發展，佛教成為上層社會接受的宗教，為了適合上層社會的口味，佛教更加注意與民間宗教的區分；同時，為了鞏固對民間宗教的優勢，佛教仍然注重對民間神靈的收攝。因此逐漸形成了佛教發展的兩個層次，一個是正統佛教，強調佛教的理論和人生哲學，儘量與民間宗教劃分界限，從總體上說佛教不像道教那樣植根於民間宗教的土壤之中，雖然佛教吸收了民間宗教的一些內容，但其與民間宗教的關係還是比較容易區分的，正統佛教也可以憑藉這一點對道教進行攻擊（詳見下節）。另一個層次則是在民間存在的佛教，這個層次的佛教通過吸收民間宗教的技術和收攝民間宗教的神靈逐漸與民間宗教融和，當然這兩個層次並不是截然分開，而是在很多方面互相交叉的，而且這種分化在南朝也沒有最終完成，但可以說南朝時期已經基本奠定了這種格局。

第四節　僧尼與道教

　　人們一般將宗教分為組織性宗教和彌散性宗教兩種類型，如果說在中國，宗法性宗教和民間宗教都屬於彌散性宗教的話，只有道教纔與佛教一樣屬於組織性宗教，這種類型的宗教一般包括三個部分：宗教理論、宗教組織儀式和專職的神職人員。佛教與道教的關係經歷了不同的階段，如果我們將東漢末年太平道和五斗米道的出現作為道教正式形成的標誌，卻不能否定道教的很多因素在此之前已經具備，其主要的來源黃老神仙之術在兩漢已經非常盛行，而佛教從一開始傳入中國就與黃老道術結合在一起，所以兩漢時期佛教與道教（道教的原型，本文所指道教也包括這些原型）是互相利用，共同發展的，正如湯用彤先生所言：「兩漢之世，鬼神祭祀，服食修煉，托始於黃帝老子，採用陰陽五行之說，成一大綜合，而漸演為後來之道教。浮屠雖外來之宗教，而亦容納為此一大綜合之一部分。……漢世佛法初來，道教亦方萌芽，紛歧則勢弱，相得則益彰。」〔註87〕可以說佛教傳入中國之初需借助中國傳統的神仙道術以引起社會注意，傳統的道術也需從這種異域的宗教中吸取新的成分，而當時人也將這兩種本不相同的宗教視為一體，所以往往

―――――――――――
〔註87〕湯用彤：《漢魏兩晉南北朝佛教史》，第 40～43 頁。

黃老、浮屠並稱。在早期的佛教信徒中，也往往將佛陀描述成類似於神仙的形象，如牟子《理惑論》中這樣來概括佛：「佛者，諡號也，猶名三皇神、五帝聖也。佛迺道德之元祖，神明之宗緒。佛之言覺也，恍惚變化，分身散體，或存或亡，能小能大，能圓能方，能老能少，能隱能彰，蹈火不燒，履刃不傷，在汙不辱，在禍無殃，欲行則飛，坐則揚光，故號爲佛也。」〔註88〕這種情況下佛教自然在很多方面受道教的影響，湯用彤曾經指出：「按佛法禪定，效果有二。首在致解脫入涅槃，次爲得神通。漢魏禪家，蓋均著重神通。疑此亦受道家成仙說之影響也。」〔註89〕這種情況直到西晉仍然沒有太大的改變，西晉時世人仍然用道教的標準來要求佛教徒，他們批評僧尼的理由是：「……下不能休糧絕粒、呼吸清醇、扶命度厄、長生久視云云。」〔註90〕

　　東晉特別是南朝以後，道教勢力逐漸確立，教會之組織，經典之造作整理已具規模。而佛教從東晉開始也已經進入上層社會，逐漸受到中國社會的重視，二者的差異逐漸顯現，逐漸成爲眞正的對手，此後二者的發展往往是在互相刺激互相鬥爭中進行的。

　　道教是中國土生土長的宗教，從理論上主要吸收道家、儒家和陰陽家的思想，在技術上則主要吸收民間方術、巫術、占卜等內容。可以說道教來源於民間宗教，其基本內容都是民間宗教所具有的，因此道教要獨立發展，必須不斷將自己從民間宗教中區分出來。一般認爲道教正式形成是在東漢末年，而以太平道和五斗米教作爲其形成的標誌。道教一開始就是作爲一種政教合一的組織而出現的，對干預政權報有很大的熱情，而其宗教技術手段也帶有很大的民間巫術性質。黃巾軍的失敗和張魯政權的歸降使道教政教合一的理想受到了重大挫敗，佛教的刺激和國家對民間淫祠的禁止，也使道教中一些人士開始走上層化路線，民間道教逐漸被改造成官方道教。到南北朝時期經過北方寇謙之和南方陸修靜的清整，道教同民間宗教的區別得到了基本的承認。但一方面道教干預政治的歷史記憶還保存在統治者心目中，道教對於宗法性宗教的分享帶有很大的政治風險；另一方面道教中很多技術和儀式還帶有民間宗教的色彩，這就給道教的發展帶來了很多困惑，也爲佛教徒攻擊道教提供了很多藉口，正如葛兆光所論，佛教徒攻擊道教時經常提到的「軍將吏兵」，就是爲了引發統治者對

〔註88〕《弘明集》卷1，《大正藏》卷52，第2頁上。
〔註89〕湯用彤：《漢魏兩晉南北朝佛教史》，第101頁。
〔註90〕《正誣論》，《弘明集》卷1，《大正藏》卷52，第8頁中。

道教干預政治歷史的回憶。〔註91〕佛教則沒有多少歷史的包袱，儘管僧尼個體不斷參與宗法性宗教和利用民間宗教，佛教傳入中國時已經是一種成熟的宗教，有著自己完整的理論和嚴密的組織，此後，佛教雖然結合中國具體情況不斷中國化，但總體上看，佛教在中國的發展更多是爲了適應不同的情況重點強調某一個層次，而不像道教還處在一種不斷調整和發展的過程中，對很多問題無法一時做出完善的解答。因此雖然從表面上看，道教是中國本土的宗教，應該具有文化和政治的優勢，但實際上魏晉南北朝時期佛道鬥爭中，道教卻基本上處於劣勢，因而佛教僧尼對道教的態度也更加從容。關於這一時期佛教與道教的論爭，葛兆光先生有過精彩的論述：「從《弘明集》《廣弘明集》收錄的資料看，六朝時期佛教和道教的論爭其實相當奇怪，雙方在教義道理上的爭論並不算多，互相攻擊的時候，發言的依據常常並不是自家的，卻是以儒家倫理道德和政治爲中心，得到皇權認可的道理，撰文批評的時候，預設的讀者聽眾也不是佛教徒或道教徒，而是皇帝和上層知識階層，……」〔註92〕應該說道教攻擊佛教側重在倫理和文化方面，如指出僧尼出家背親，違背孝的原則；佛教源於印度，違背夷夏之變等等。而佛教對道教的攻擊卻側重在政治方面，不管是通過反覆提出道教的「軍將吏兵」引發統治者對道教干預政治的歷史回憶，還是指出道教分享本來由官方控制的民間祭祀，實際上佛教都在暗示道教對政權的潛在威脅。如果說佛教徒可以通過理論上的巧爲解釋反駁道教的攻擊，如釋慧遠對孝的解釋；道教則只能在行爲上更加謹慎，以避免引起政治嫌疑。同時，雖然表面上看佛教和道教進行激烈的爭論，但實際上雙方都在積極吸取對方有利於自己的方面。大致說來道教對佛教的吸收側重於宗教理論和組織形式，而佛教則主要吸收道教的宗教技術。這裏我們主要通過分析僧尼與道教的關係探討一下佛教如何吸收道教的內容。

許理和將佛教分爲「王室佛教」、「士大夫佛教」和「文盲階層的佛教」（或稱民眾佛教）三個層次，指出第三個層次的佛教「這種佛教並沒有和玄學及士大夫的理想相結合，卻結合了道教和其他民間俗信，這種結合從一開始就一直是『文盲階層』的佛教或準佛教信條。其中與有教養的俗家信徒沒有直接聯繫，也沒有玄學或清談的影響，抑或學理的、文學的或藝術的成分，只有神跡、苦行、入定和禪悅，而在西元 4 世紀那些長於交遊的僧人如支遁、

〔註91〕葛兆光：《屈服史及其它：六朝隋唐道教的思想史研究》，第 13 頁。
〔註92〕葛兆光：《屈服史及其它：六朝隋唐道教的思想史研究》，第 13 頁。

竺道潛的傳記中，則明顯缺少這類東西。」〔註 93〕從世俗信仰者的角度，大致可以這樣劃分，也可以根據僧尼側重的方面將僧尼進行分類，如各種高僧傳的劃分，但是很多僧尼必須同時面對三個層次的信仰者，也必須熟悉向每個層次的信仰者傳教的方便法門，所以對道教宗教技術的吸收雖然只發生在第三個層次的佛教上（筆者按，「王室佛教」的某些方面也應該包括在內），但卻是很多僧尼的行為，在整體佛教中也扮演著重要角色。

一、從人員構成看僧尼與道教關係

僧尼與道教的關係有多個方面，首先從僧尼的人員構成上看，很多僧尼在出家前曾經信奉道教。如僧猛尼，「世事黃老，加信敬邪神。」〔註 94〕釋慧約，「世崇黃老，未聞佛法。」〔註 95〕釋安廩，「姓秦氏，晉中書令靖之第七世也。寓居江陰之利成縣焉。考王妙思滔玄，怡心屈寂，迺製《入神書》一首、《洞曆》三卷。青烏之道，莫不傳芳。廩幼而聰穎，獨悟不群。十三偏艱，孝知遠近，斷水骨立。聞者涕零。古人有言，知子父也。迺攝以典教，業遂多通。而性好老莊，早達經史，又善太一之能，並解孫吳之術。」〔註 96〕釋慧暅，「年十八迺喟然歎曰：『服膺周孔，以仁義為先；歸心黃老，以虛無為貴。而往來生死，出入塵勞，迺域中之累業，非出世之要道也。』」〔註 97〕可見他也曾通道教。而早年的道教信仰對這些僧尼的佛教修行生活也有深刻的影響，如道猛出家後「蔬糲之食，止存支命，（其居住的齊明寺）內外清靖，狀若仙居。」〔註 98〕慧約則「卻粒巖栖，餌以松朮。」〔註 99〕

還有一些僧尼曾做過道士。道士，本來是佛教僧尼的稱號，《高僧傳》中很多地方都稱僧人為道士，《高僧傳·朱士行傳》：「又有無羅又比丘，西域道士，稽古多學。」〔註 100〕《高僧傳·鳩摩羅什傳》：「光曰：『道士之操，不踰先父，何可固辭。』」〔註 101〕但南北朝時期道士逐漸成了道教神職人員的專稱，對此

〔註 93〕許理和《佛教征服中國》，第 164 頁。
〔註 94〕《比丘尼傳校注》卷 3《僧猛尼傳》，第 128 頁。
〔註 95〕《續高僧傳》卷 6《釋慧約傳》，第 148 頁下。
〔註 96〕《續高僧傳》卷 7《釋安廩傳》，第 160 頁中。
〔註 97〕《續高僧傳》卷 9《釋慧暅傳》，第 174 頁下。
〔註 98〕《比丘尼傳校注》卷 3《僧猛尼傳》，第 128 頁。
〔註 99〕《續高僧傳》卷 6《釋慧約傳》，第 149 頁上。
〔註 100〕《高僧傳》卷 4《朱士行傳》，第 146 頁。
〔註 101〕《高僧傳》卷 2《鳩摩羅什傳》，第 50 頁。

《法苑珠林・感應緣》總結到：「姚書云：始乎漢魏，終暨苻姚，皆號眾僧以爲道士。至魏太武二年，有寇謙之，始竊道士之名，易祭酒之稱。」〔註102〕南朝時期很多僧尼來源於道士，如釋寶象，「十六事梁平西王，初爲道士童子，未學佛法。平西識其機鑒，使知營功德事。因見佛經，欣其文名，重其義旨，就檢讀誦，迷悟轉分。恒求佛法，用祛昏漠。年二十有四，方得出家，即受具戒。」〔註103〕釋智曠，「初值巾褐，誘以神仙，先受符籙，次陳章醮。便問：『此術能致道乎？』答曰：『籙既護身，章亦招貨。』曠曰：『斯酒保茲苦器，便名道耶。』又請度世法。迺示斷粒，必到玉清，七日便飛。至期不應。道士曰：『爾猶飲水，致無有赴。』次更七日，口絕水飲。道士又曰：『爾夜尚眠，致無感耳。』又更七日，常坐不臥。三期屢滿，靡克昇天。而氣力休強，遠近驚異。後值高僧，授戒爲佛弟子。」〔註104〕以上材料可以看出，道士改信佛教的原因大致有兩個方面，一是被佛教高深的義理所吸引，二是道教許諾的神仙長生思想很容易被攻破。當然僧傳中記載高僧爲道士的經歷是爲了宣揚佛教的優越性，但客觀講，南朝時期改信佛教的道士確實遠遠多於改通道教的僧尼，關於這一點周一良先生在《論梁武帝及其時代》一文中也多有涉及。〔註105〕道士改信佛教後，他們從道教學到的東西也會或多或少地影響他們以後的修行。

二、從宗教技術看僧尼與道教的關係

僧尼與道教的關係還表現在一些僧尼主動吸收道教的宗教技術。佛教在中國傳播的早期借助於傳統的神仙道術，因而在宗教技術上與道教有很多相似之處，佛教取得較爲獨立的地位後，仍然注意吸收道教的宗教技術。〔註106〕僧傳中很多高僧都借鑒道教技術，如單道開，「絕穀餌栢實，栢實難得，復服松脂，後服細石子。一吞數枚，數日一服，或時多少噉薑椒，如此七年。後不畏寒暑，冬溫夏涼，晝夜不臥。與同學十人共契服食，十年之外，或死或退，唯開全志。」

〔註102〕《法苑珠林校注》卷55，第1662頁。

〔註103〕《續高僧傳》卷8《釋寶象傳》，第167頁上。

〔註104〕《續高僧傳》卷27《釋智曠傳》，第335頁上。

〔註105〕周一良：《魏晉南北朝史論集》，第361頁。

〔註106〕道家宗教技術包括很多方面，有占卜、星相、服食、符呪等很多方面，其中很多都是吸收民間宗教的內容，與民間宗教很難精確區分。但一般說來，在道教興起後，服食、符呪之類雖然仍存在於民間宗教中，但卻是道教最有代表性的技術，因此本文將這些技術看作屬於道教。

〔註107〕南朝時期熟悉道教技術的高僧更多，這種技術主要是卻粒服食之類，如釋僧從，「學兼內外，精修五門。不服五穀，唯餌棗栗。年垂百歲，而氣力休強。」〔註108〕釋法成，「不餌五穀，唯食松脂。」〔註109〕釋法悟，「不食粳米，常資麥飯，日一食而已。」〔註110〕釋僧群，「群仙飲水不饑，因絕粒。」〔註111〕光靜尼，「不食甘肥，將受大戒，絕穀餌松。」〔註112〕釋法忍，「三十餘年，木食麻衣破衲而已，自得幽林，無求外護，升粒若盡，繼以水果，終不馳求。或一食七日，趺坐求志。」〔註113〕廬山香爐峰寺景法師，「住竹林禪房始斷粒食，默然思道。」〔註114〕另外僧傳在記載有些僧尼死時用「禪蛻」一詞，不管這種神異是否真實，也是對道教禪蛻飛昇思想的一種借鑒，如單道開，「晉興寧元年（363 年）陳郡袁宏為南海太守，與弟穎叔及沙門支法防，共登羅浮山。至石室口，見開形骸及香火瓦器猶存。宏曰：『法師業行殊群，正當如蟬蛻耳。』」〔註115〕玄紹，「後入堂術山蟬蛻而逝。」〔註116〕釋法成，「（死後）侍疾十餘人，咸見空中紺馬背負金棺，升空而逝。」〔註117〕《續高僧傳》的作者釋道宣對這種現象進行了概括，並從正統佛教徒立場進行了批評：「而世或多事妄行斷粒，練形以期羽化，服餌以卻重屍。或呼吸沆瀣，或吐納陰陽，或假藥以導遐齡，或行氣以窮天地。或延生以守慈氏，或畏死以求邪術。斯蹤極眾，焉足聞乎。並先聖之所關鍵，後賢之所捐擲。方復周章求及追賞，時澆負钁陵峰，望五芝之休氣；擔鍬赴壑，趣八石之英光。以左道為吾賢，用淫祀為終志，畢從小樸，未免生涯，徒寄釋門，虛行一一世。可為悲夫。」〔註118〕道宣雖然生活在唐代，但他批評的現象是很早就存在的。他的觀點也代表著正統佛教的一貫看法。

　　僧尼吸收道教技術的目的主要有兩個方面：一、修煉身體，延長壽命。

〔註107〕《高僧傳》卷9《單道開傳》，第 361 頁。
〔註108〕《高僧傳》卷 11《釋僧從傳》，第 417 頁。
〔註109〕《高僧傳》卷 11《釋法成傳》，第 417 頁。
〔註110〕《高僧傳》卷 11《釋法悟傳》，第 422 頁。
〔註111〕《高僧傳》卷 12《釋僧群傳》，第 445 頁。
〔註112〕《比丘尼傳校注》卷 2《廣陵中寺光靜尼傳》，第 81 頁。
〔註113〕《續高僧傳》卷 16《釋法忍傳》，第 237 頁上。
〔註114〕虞羲《廬山香爐峰寺景法師行狀》，《廣弘明集》卷 23，《大正藏》卷 52，第 269 頁下。
〔註115〕《高僧傳》卷 9《單道開傳》，第 361 頁。
〔註116〕《高僧傳》卷 11《釋玄高傳》，第 410 頁。
〔註117〕《高僧傳》卷 11《釋法成傳》，第 417 頁。
〔註118〕《續高僧傳》卷 28《遺身論》第 360 頁中。

關於這一點淨土宗的實際創立者釋曇鸞的經歷可以反映一般僧尼的看法。曇鸞出家後刻苦學習佛法，但由於佛教義理精深，曇鸞在學習過程中遇疾，顧而言曰：「命惟危脆，不定其常。本草諸經，具明正治。長年神仙，往往間出。心願所指修習斯法，果克既已，方崇佛教，不亦善乎。」於是便南下尋找著名道士陶弘景學習道術。「及屆山所，接對欣然，便以《仙經》十卷，用酬遠意。還至浙江。……欲往名山依方修治，行至洛下，逢中國三藏菩提留支。鸞往啓曰：『佛法中頗有長生不死法，勝此土《仙經》者乎。』留支唾地曰：『是何言歟！非相比也。此方何處有長生法？縱得長年，少時不死，終更輪迴三有耳。』即以《觀經》授之曰：『此大仙方，依之修行當得解脫生死。』」〔註119〕釋曇鸞得到《仙經》後準備修習，卻遇到著名禪師菩提留支，菩提留支用佛教輪迴說指出長生的虛妄，在其勸說下曇鸞最終放棄修行道術，反而修行禪法。曇鸞尋求長生的行為應該很有代表性，而其「佛法中頗有長生不死法勝此土《仙經》者乎？」的提問更能代表一些僧尼對道術作用的看法。而菩提留支雖反對道教仙書，卻又稱《觀經》為大仙方固然是為了適應釋曇鸞的思維習慣，也表明僧尼在中國傳統語境下不可能不受神仙思想的影響。而《雲笈七籤》卷五十九載有《曇鸞法師服氣法》，似乎表明曇鸞即使後來接受菩提留支的建議，仍然具有濃厚的道教氣味。二、在與道士鬥法中取勝。道教在理論上遠沒有佛教系統而精深，所以在知識階層中佛教理論更容易被推崇（知識階層通道者往往也是側重道教道術方面），但對於那些文化水準不是很高的統治者和普通民眾而言，法術無疑具有更大的吸引力。道教一直比較重視宗教技術，也必然會形成一些有效的法術，僧尼雖然表面上反對，但實際上也是不斷吸收，正如道教不管在表面上多麼反對佛教，在理論上還是借助佛教。這一點我們在下一個問題中詳細討論。

三、僧尼與道士的較量

從歷史發展過程看僧尼與道士的關係經歷了不同的階段，每個階段側重並不相同，特點也有差別，一開始佛教和道教主要都被看作一種道術，世俗社會對於僧尼和道士往往不做區別，很多得道僧尼被看作神仙，僧尼自身也對神仙充滿嚮往。《高僧傳·單道開傳》：

〔註119〕《續高僧傳》卷6《釋曇鸞傳》，第150頁中。

少懷栖隱，誦經四十餘萬言。絕穀餌栢實，栢實難得，復服松脂，
後服細石子。一吞數枚，數日一服，或時多少噉薑椒，如此七年。
後不畏寒暑，冬溫夏涼，晝夜不臥。與同學十人共契服食，十年之
外，或死或退，唯開全志。……以石虎建武十二年（346 年）從西
平來，一日行七百里，……時太史奏虎云：『有仙人星見，當有高士
入境。』虎普敕州郡，有異人令啓聞。其年冬十一月，秦州刺史上
表送開。初止鄴城西法綝祠中，後徙臨漳昭德寺，於房內造重閣，
高八九尺許。於上編菅爲禪室，如十斛蘿大，常坐其中。……時樂
仙者多來諮問，開都不答，迺爲說偈云：「我矜一切苦，出家爲利世。
利世須學明，學明能斷惡。山遠糧粒難，作斯斷食計。非是求仙侶，
幸勿相傳說。」……後入羅浮山，獨處茅茨，蕭然物外。春秋百餘
歲，卒于山舍。敕弟子以屍置石穴中，弟子迺移之石室。有康泓者，
昔在北間，聞開弟子敍開昔在山中，每有神仙去來，迺遙心敬挹。
及後從役南海，親與相見。側席鑽仰，稟聞備至。……晉興寧元年
（363 年）陳郡袁宏爲南海太守，與弟穎叔及沙門支法防，共登羅
浮山。至石室口，見開形骸及香火瓦器猶存。宏曰：「法師業行殊群，
正當如蟬蛻耳。」〔註120〕

單道開雖然宣稱自己「非是求仙侶」，但無論是從其長期致力於服食之術，並
至道教聖地羅浮山修行以及其「春秋百餘歲」來看，還是從官方「仙人星見」
的預言、樂仙者將其引爲同道以及世俗「神仙去來」的傳說來看，單道開無
疑是一位半僧半道的人物。又如釋玄高「（被擯）往河北林陽堂山。山古老相
傳，云是群仙所宅。高徒眾三百，往居山舍。神情自若，禪慧彌新，忠誠冥
感，多有靈異，磬既不擊而鳴，香亦自然有氣。應眞仙士，往往來遊。猛獸
馴伏，蝗毒除害。」〔註121〕玄高前往被傳爲群仙所居的林陽堂山居住這是他
對神仙的認可，而應眞仙士（即道士）前來遊訪則表明道士也將僧尼視爲同
道。此外，釋僧群的故事也異曲同工，「後遷居羅江縣之霍山，構立茅室。山
孤在海中，上有石盂，徑數丈許，水深六七尺，常有清流。古老相傳云，是
群仙所宅。群仙飲水不飢，因絕粒。後晉守太守陶夔，聞而索之。群以水遺
夔，出山輒臭，如此三四。夔躬目越海，天甚晴霽。及至山，風雨晦暝，停

〔註120〕《高僧傳》卷 9《單道開傳》，第 361 頁。
〔註121〕《高僧傳》卷 11《釋玄高傳》，第 410 頁。

數日竟不得至，迺歎曰：『俗內凡夫，遂為賢聖所隔。』慨恨而返。」〔註122〕
湯用彤先生也指出：「按史載晉哀帝雅好服食。簡文帝見道士許邁，又曾事清
水道師王濮陽。王羲之亦奉天師道。而均優禮僧人。此固可見東晉佛道門戶
之見不深，無大牴觸。」〔註123〕

當然僧尼與道士畢竟是兩個不同的組織性宗教的神職人員，特別是東漢
末年以後，佛教和道教都不斷發展自己的組織，僧尼和道士難免發生衝突和
鬥爭，《高僧傳·帛遠傳》記載了一個神異故事：

> 後少時有一人，姓李名通，死而更蘇云：「見祖法師在閻羅王處，為
> 王講《首楞嚴經》，云：『講竟，應往忉利天。』又見祭酒王浮，一
> 云道士基公，次被鎖械，求祖懺悔。」昔祖平素之日，與浮每爭邪
> 正，浮屢屈，既瞋不自忍，迺作《老子化胡經》，以誣謗佛法，殊有
> 所歸，故死方思悔。〔註124〕

這則故事出自佛教文獻，自然以佛家勝利告終。王浮也好，道士基公也罷，
總之他們都代表道教反對佛法，結果在佛教的虛構中得到了懲罰，並需要依
靠高僧纔能解脫痛苦。這可以說是僧尼與道士現實鬥爭的一種虛構的觀念化
處理。又《高僧傳·竺慧達傳》：「後東遊吳縣，禮拜石像。以像於西晉將末，
建興元年（313 年）癸酉之歲，浮在吳松江滬瀆口。漁人疑為海神，延巫祝
以迎之，於是風濤俱盛，駭懼而還。時有奉黃老者，謂是天師之神，復共往
接，飄浪如初。後有奉佛居士吳縣民朱應，聞而歎曰：『將非大覺之垂應乎？』
迺潔齋共東雲寺帛尼及信者數人，到滬瀆口。稽首盡虔，歌唄至德，即風潮
調靜。遙見二人浮江而至，迺是石像，背有銘誌，一名惟衛，二名迦葉，即
接還安置通玄寺。吳中士庶嗟其靈異，歸心者眾矣。」〔註125〕巫祝、道士
都不能延至石像只有僧尼纔能延至，這雖出於僧尼對佛教的宣揚，但不管其
中神異是否真實，我們至少能看出僧尼與道士的較量以及這種較量的結果帶
來的影響。從總體看，早期僧尼與道士的鬥爭還主要是間接地，僧傳中並沒
有僧尼和道士直接正面鬥爭的記載，這也表明鬥爭並不是這時僧道關係的主
流，而且這種鬥爭應該是互有勝負，僧尼不一定佔有多少優勢，《比丘尼傳·

〔註122〕《高僧傳》卷12《釋僧群傳》，第445頁。
〔註123〕湯用彤：《漢魏兩晉南北朝佛教史》，第131頁。
〔註124〕《高僧傳》卷1《帛遠傳》，第27頁。
〔註125〕《高僧傳》卷13《竺慧達傳》，第477頁。

道馨尼傳》:「晉泰和中,有女人楊令辯,篤信黃老,專行服氣。先時人物亦多敬事,及馨道王,其術寢亡。令辯假結同姓,數相去來,內懷妬嫉,伺行毒害。後竊以毒藥內馨食中,諸治不愈。弟子問『往誰家得病?』答曰:『我其知主,皆籍業緣,汝無問也。設道有益,我尚不說,況無益耶?』不言而終。」〔註 126〕這段材料是為了突出高僧的德行和道士的險惡,但卻透露了僧尼與道士鬥爭的激烈以及僧尼也有失敗的歷史事實。

　　但是隨著佛道兩教各自的發展,東晉後期開始,僧尼和道士更注重尋找雙方的不同,而且為了爭奪信眾,雙方的鬥爭和較量也更加頻繁激烈。《比丘尼傳‧光靜尼傳》:「靜少而勵行,長而習禪思,不食甘肥。將受大戒,絕穀餌松。具足之後,積十五年,雖心識鮮明,而體力羸憊,祈誠懇到,每輒感勞,動經晦朔。沙門釋法成謂曰:『服食非佛盛事。』靜聞之,還食粳糧,倍加勇猛,精學不倦。」〔註 127〕法成告誡光靜尼的話可以充分表明僧尼已經在修行方式上有意與道士區別。這時僧尼與道士間接的較量更加激烈:

《高僧傳‧釋法度傳》:

　　高士齊郡明僧紹,抗迹人外,隱居瑯琊之嶇山。挹度清徽,待以師友之敬。及亡,捨所居山為棲霞精舍,請度居之。先有道士欲以寺地為館,住者輒死,及後為寺,猶多恐動。自度居之,群妖皆息。

〔註 128〕

《續高僧傳‧釋慧約傳》:

　　有道士丁德靜,於館暴亡。傳云,山精所弊。迺要大治祭酒居之,妖猶充斥。長山令徐伯超立議,請約移居。曾未浹旬,而神魅弭息。後晝臥見二青衣女子,從澗水出禮悔云:「夙障深重,墮此水精。晝夜煩惱。」即求授戒,自爾災怪永絕。〔註 129〕

《高明二法師答李交州渺難佛不見形事(並李書)》:

　　吳郡有石佛,浮身海水。道士巫師,人從百數,符章鼓舞一不能動。黑衣五六,朱張數四,薄爾奉接,遂相勝舉。即今見在吳郡北寺。

〔註 130〕

〔註 126〕《比丘尼傳校注》卷 1《洛陽城東寺道馨尼傳》,第 25 頁。
〔註 127〕《比丘尼傳校注》卷 2《廣陵中寺光靜尼傳》,第 81 頁。
〔註 128〕《高僧傳》卷 8《釋法度傳》,第 331 頁。
〔註 129〕《續高僧傳》卷 6《釋慧約傳》,第 149 頁中。
〔註 130〕《弘明集》卷 11,《大正藏》卷 52,第 71 頁下。

前兩則故事結構基本相同，都是道士無法震懾妖異，僧尼卻取得了成功。第二則材料中縣令親自請慧約鎮妖，表明在世俗社會看來僧尼修行要高於道士。而僧尼能否在鎮妖這種觀念中取勝也直接影響其在世俗社會的地位。第三則故事中石佛是佛教的崇拜物，道士巫師不能移動，僧尼卻可以移動，不管是僧尼使用了特殊的技術，還是這則故事本身就是爲了宣傳進行的虛構，總之在這場較量中僧尼爲自己贏得了宗教的神異力量。

這時僧尼與道士出現了較爲頻繁的正面衝突：

《續高僧傳・釋植相傳》：

> 又因行路，寄宿道館。道士有素聞相名，恐化徒屬，拒不延之。其夜群虎遶院相吼，道士等通夕不安。及明追之，從受菩薩戒焉。〔註131〕

《續高僧傳・釋道仙傳》：

> 以天監十六年，至青溪山，有終焉志也。便剃草止客繩床。于時道館崇敞，巾褐紛盛，屢相呵斥，甚寄憂心焉。仙迺宴如，曾無屑意。一夕道士忽見東崗火發，恐野火焚害仙也，各執水器來救。見仙方坐大火，猛焰洞然。咸歎火光神德。道士李學祖等，捨田造像。寺塔欻成，遠近歸信十室而九。州刺史鄱陽王恢，躬禮受法。〔註132〕

第一則材料，道士拒絕釋植相的寄宿，目的非常明確，那就是「恐化徒屬」，不管後面的神異多麼虛妄，至少反映了佛教與道教爭奪徒眾的歷史事實，而道士的恐懼則透露出道教的不自信。第二則材料道教在一開始佔有優勢的情況下，對釋道仙「屢相呵斥，甚寄憂心」也表明了道教的不自信。這兩則材料使用了同樣的邏輯：先是在一個地方道教佔優勢，後來僧尼憑藉一定的知識或宗教技術使道士改信佛教。從某種程度上說這是佛教徒一種理想的設想，真實的情況當然不會完全如此。但從這種頻繁的敘述中，我們總能看到這時僧尼與道教鬥爭的狀況。

僧尼與道士之間鬥爭和較量的目的既是爲了爭取一般信眾，獲得更多的布施供養，也是爲了讓統治者更多支持本派宗教，爲本教的發展獲得更多的政治支持。《比丘尼傳・道容尼傳》：「及簡文帝，先事清水道師，道師京都所謂王濮陽也。第內爲立道舍，容甌開導，未之從也。後宮人每入道屋，輒見神人爲沙門形，滿於室內。帝疑容所爲也，而莫能決。踐祚之後，烏巢太極殿，

〔註131〕《續高僧傳》卷26《釋植相傳》，第323頁中。
〔註132〕《續高僧傳》卷26《釋道仙傳》，第328頁上。

帝使曲安遠筮之，云：『西南有女人師，能滅此怪。』帝遣使往烏江迎道容，
以事訪之，容曰：『唯有清齋七日，受持八戒，自當消弭。』帝即從之，整肅
一心，七日未滿，群烏競集，運巢而去。帝深信重，即爲立寺，資給所須，
因林爲名，名曰新林，即以師禮事之，遂奉正法。後晉顯尚佛，道容之力也。」
〔註133〕道容通過與道士的較量使帝王改信佛教，而「後晉顯尚佛道，容之力
也」的讚揚未免有所誇大，其與道士的較量促進了佛教的發展卻是一種客觀
事實。

　　從總體上看，南朝中後期以後僧尼在與道士的鬥爭和較量中逐漸佔據了
優勢，不僅有道士改信佛教，就是那些依然信奉道教的道士也對僧尼表示了
極大的尊重，《續高僧傳‧釋慧命》：「……後遊仙城山，即古松仙之本地也。
先有道士孟壽者，幽栖積歲，祈心返正，必果所願，捨所居館充建寺塔。及
命未至山夕，壽忽恍焉如夢，大見神祇嚴衛館側。至覺驚喜，登巖悵望，遂
覿梵旅盈林，迺命至也。趨而禮謁，即捨所住爲善光寺焉。」〔註134〕就連南
朝最有名的道士道教茅山宗的創立者陶弘景也非常尊崇僧尼，《廣弘明集》中
有一篇《九箴篇下　答九迷論》，其中提到他寫給大鸞法師的一封信：「去朔
耳聞音聲，茲晨眼受文字。或由頂禮歲積，故致眞應來儀，正爾整拂藤蒲，
採汲花水，端襟儼思，佇聆警錫也。弟子華陽陶弘景和南。」〔註135〕其對僧
尼的尊崇溢於言表，《陶弘景集》載有「進周氏冥通記啓」中有「某履鄣疑網，
不早信悟，追自悼咎」〔註136〕之語，可見其對佛教之崇敬。據記載，他甚至
最後接受了佛教的五戒，「曾夢佛授其菩提記，名爲勝力菩薩。迺詣鄮縣阿育
王塔自誓，受五大戒。」〔註137〕《集古今佛道論衡》載有道士郭行眞文，謂
「陶（弘景）、寇（謙之）兩傑，攝敬釋宗，詳於梁魏之書」。〔註138〕可見陶
弘景之崇佛在道教內部也被承認。寇謙之在北魏太武帝滅佛中扮演過重要角
色，而仍被認爲「攝敬釋宗」，則佛道二教地位在南朝和北朝確有很多相似處。
此外，在佛教的影響下道士的很多重要行爲也模仿僧尼，如唐代釋道宣指出：
「其黨（道士）例有妻孥，故李耳、李思，王之編戶，張衡、張魯，天師子

〔註133〕《比丘尼傳校注》卷1《新林寺道容尼傳》，第28頁。
〔註134〕《續高僧傳》卷17《釋慧命傳》，第241頁上。
〔註135〕《廣弘明集》卷13，《大正藏》卷52，第185頁上。
〔註136〕《道藏》第5冊。
〔註137〕據《梁書》卷51《陶弘景傳》，第743頁。
〔註138〕《集古今佛道論衡》卷4，《大正藏》卷52，第397頁上。

孫。宗胤顯然，無宜不有。不知今日道士，何爲效僧遠財絕色，清高獨往不拘俗累。甚可怪也。」〔註139〕道宣又指出「固知道士常拜君親，如何目見道士從僧抗禮。……道士由來拜謁，竊形濫吹冒入出俗之儔，致有黃巾酒張角之風也。法儀抗禮，是緇徒之範也。至如李老之服，本襲朝章。冠屨同蘭臺太史，揖讓等大夫之儀也。如何門人高抗先師之位，仰則沙門之法。」〔註140〕這些材料表明道士是在僧尼的影響下纔逐漸斷妻孥、抗禮君親，而且他們在服裝上也仿效沙門。

　　以上對於僧尼和道教關係的論述主要依據佛教方面的材料，由於這些材料的作者都是佛教徒，這些材料中難免存在對佛教的尊崇和對道教的貶低，但另一方面這些材料中的主要部分（僧傳）並不是專門記載佛道鬥爭的，而是爲了體現高僧的德行和敘述佛教發展的線索，不存在刻意貶低道教的動機，因此大多數還是比較客觀的，而且通過大量的同類記載，我們還是能夠看清當時的基本情況的。道教方面材料的一些特點也爲我們提供了輔證。在涉及南北朝以前（包括南北朝）道教情況的道教材料中很少提到道士與僧尼的鬥爭，而關於唐代以後的材料卻多有道士勝過僧尼或僧尼觸犯道教忌諱而得到報應的記載，如《道教靈驗記》中「魏夫人壇十僧來毀九遭虎噬驗」〔註141〕、「僧法成竊改道經驗」〔註142〕、「僧行端輒改五廚經驗」〔註143〕、「天台山玉霄宮古鍾僧偷而卒驗」〔註144〕、「洪州遊帷觀鍾州官彊取入寺驗」。〔註145〕通過這種對比我們可以看出，南北朝以前（包括南北朝）道士在與僧尼的鬥爭中確實不佔優勢，否則道教應該積極地進行宣傳，直到隋唐以後隨著道教勢力的發展，佛道兩教在某些方面可以抗衡後，道教方面纔極力宣傳道士對僧尼的勝利。

本章結語

　　佛教傳入中國後在宗教的層次上必須處理好與傳統宗教的關係，爲此僧尼做出了很多努力。大致說來，在與宗法性宗教的關係上，僧尼既主動靠近

〔註139〕釋道宣：《列代王臣滯惑解》，《廣弘明集》卷6，第128頁上。
〔註140〕釋道宣：《列代王臣滯惑解》，《廣弘明集》卷7，第134頁中。
〔註141〕《雲笈七籤》卷117第2580頁。
〔註142〕《雲笈七籤》卷119第2633頁。
〔註143〕《雲笈七籤》卷119第2634頁。
〔註144〕《雲笈七籤》卷120第2644頁。
〔註145〕《雲笈七籤》卷120第2647頁。

又有意疏離，即通過宗法性宗教向統治者靠近，取得統治者的支持，又防止佛教淪爲單純的國家統治工具；在與民間宗教的關係上，僧尼經歷了從混同利用到收攝區分的過程，既將佛教不斷傳播於基層社會，又保持佛教的獨立姿態，防止佛教成爲民間宗教的一種；在與道教的關係上，僧尼經歷了從利用到鬥爭的過程，既有效地吸收了道教的宗教技術，又在與道教的鬥爭中取得優勢。

僧尼與本土宗教關係大都是通過一些帶有神異性的故事來體現的，但其反映的卻是現實的矛盾和鬥爭，能否在與傳統宗教的較量中取勝，雖然是觀念的問題，卻關係著佛教在中國能否具有持久的生命力。因此南朝僧尼雖然關注義理，但對於神異也仍然給予足夠的重視。可以說僧尼的努力是很有成效的，如果說南朝隋唐時期佛教的興盛主要靠義理的發展，宋代以後民間佛教的興盛卻主要借助於佛教宗教方面的因素，而南朝以前（包括南朝）僧尼在宗教方面對傳統宗教的吸收利用和收攝無疑爲民間佛教的發展開了先河。

第五章　僧尼素食與傳統文化

　　佛教中的「素食」相當於中國傳統語境中的「蔬食」。〔註1〕「蔬食」據王力《古漢語字典》本作「疏食」，包括粗糧和以菜充饑，最早出現於《論語·述而》：「飯疏食飲水，曲肱而枕之，樂亦在其中矣。」蔬食本義是貧窮的一種象徵。如三國時吳國的華核在一次上疏中說：「今寇虜充斥，征伐未已，居無積年之儲，出無應敵之畜，此迺有國者所宜深憂也。……推此揆之，則蔬食而長饑，薄衣而履冰者，固不少矣。」〔註2〕蔬食與長饑並提，可見蔬食被看作僅僅維持生活的一種狀態。石勒的重要謀士張賓在一次上疏中也提到：「幽州饑儉，人皆蔬食，眾叛親離，甲旅寡弱，此則內無強兵以禦我也。」〔註3〕這也是將貧弱與蔬食聯繫在一起。所以一些士人往往是因為貧窮而蔬食，如東晉的范汪，由於父親早死，過江後依靠外家，而外家比較貧窮，他便「廬於園中，布衣蔬食，然薪寫書」。〔註4〕但在中國傳統文化語境中，蔬食對很多士人而言卻往往具有特殊的意義。

　　在佛教中素食是慈悲精神的體現。小乘佛教沒有絕對禁止肉食，而是規定了哪些肉可以食用，哪些不能食用。在小乘戒律中僧尼可以喫的肉稱為淨肉，反之則為不淨肉。關於淨肉有三淨肉說，〔註5〕五淨肉說，〔註6〕等等。

〔註1〕　本文在使用「素食」、「蔬食」、「疏食」等概念時，所指內容並無差別，只是根據文獻本身的習慣選擇不同的稱謂。
〔註2〕　《三國志》卷65《華核傳》，第1468頁。
〔註3〕　《晉書》卷104《石勒載記》，第2722頁。
〔註4〕　《晉書》卷75《范汪傳》，第1982頁。
〔註5〕　根據《十誦律》卷37，三淨肉是指：（一）見，謂不見為我故殺之肉。（二）聞，謂從可信之人聞非為我故殺之肉。（三）疑，謂無有為我故殺之嫌疑之肉。即離見、聞、疑三者始為淨肉，反之則為三種不淨肉。
〔註6〕　根據《楞嚴經》卷6，三種淨肉以外，若加壽命盡而自然死亡之鳥獸肉（自死）

除此之外，生病的僧尼還可以自動請求食肉。〔註7〕這就爲僧尼食肉留下了充分的餘地，所以在小乘佛教的材料中可以看到很多著名的僧尼還是食肉的。如佛陀的大弟子迦葉，「得肉，便於彼沒，還歸所在。」〔註8〕大乘佛教講究普渡眾生，一般禁止食用一切肉食，如北本《大般涅槃經》卷四中，佛陀告訴大迦葉及其它弟子，一切肉不得食，食者得罪。總之，印度佛教雖然從慈悲的立場出發提倡素食，但又從方便的角度沒有絕對禁止肉食，而且大小乘佛教對素食的看法也不盡相同。

佛教傳入中國後，中國傳統的蔬食觀與佛教素食觀逐漸互相影響、互相融合。特別是在南朝時期隨著佛教的發展，兩種觀念也越來越融合在一起。在這一章裏我們主要通過分析佛教對士人蔬食和南朝祭祀的影響以及傳統蔬食觀念對梁武帝發佈《斷酒肉文》的影響來探討兩種文化觀念的融合。

第一節　士人蔬食與佛教

一、中國士人的傳統蔬食觀

佛教在中國發揮重要作用以前，在中國傳統文化語境中蔬食主要具有兩方面特殊含義：一、根據儒家「居喪蔬食」的規定，喪禮期間蔬食成爲一種國家禮制，並與孝道聯繫起來；二、蔬食成爲一種品格和德行的象徵，這主要有兩個內容：根據儒家對君子「安貧樂道」的提倡，蔬食成爲入仕士人砥礪品格的象徵；根據儒家和道家對隱士生活的渲染，蔬食也成爲「高尚其事」的隱逸生活的象徵。以下略作申述。

儒家思想一個重要的特點就是重視禮制，在儒家禮制中喪禮是重要的一種，在《禮記》中，對於居喪期間的禮儀有著詳細的規定，其中一項就是居喪期間應該蔬食。〔註9〕隨著儒家禮治被納入國家體系，居喪蔬食也成爲一種國家禮制，成爲一種表達哀痛、寄託孝思的象徵，得到廣泛的認可和遵行。〔註10〕

及猛獸猛鳥等食殘之肉（鳥殘），則爲五種淨肉。《大正藏》卷23，第264頁。
〔註7〕《增一阿含經》卷20，《大正藏》卷2，第647頁。
〔註8〕《大正藏》第12卷，第386頁。
〔註9〕朱彬《禮記訓纂》卷37《問傳》：「父母之喪，既虞卒哭，疏食水飲，不食菜果；期而小祥，食菜果；又期而大祥，有醯醬；中月而禫，禫而飲醴酒。始飲酒者先飲醴酒。始食肉者先食乾肉。」第836頁。
〔註10〕對此，嚴耀中先生在《江南佛教史》（上海人民出版社2000年11月版）一書

這樣，蔬食通過喪禮與孝道結合在了一起。西漢昌邑王被霍光廢除的直接理由就是「服斬衰亡悲哀之心，廢禮誼，居道上不素食。」〔註11〕昌邑王被廢當然有著更重要的政治原因，但是否蔬食成為一種重要的藉口，正表明這時居喪蔬食已經成為一種基本的禮制。《禮記》中雖然有居喪蔬食的規定，但還是為各種特殊情況留下了餘地，如《禮記・曲禮》規定：「有疾則飲酒食肉。」〔註12〕又如《禮記・雜記》規定：「喪者不遺人。人遺之，雖酒肉，受也。」〔註13〕隨著時代的推移，居喪蔬食與孝道的關係越來越密切，對於居喪蔬食的要求也越來越嚴苛。東漢（包括東漢）以前的「居喪蔬食」還基本按照《禮記》的要求，比較合乎人情，西漢後期出現的《白虎通》仍然宣揚居喪有疾可以食肉的觀點：「喪有病，得飲酒食肉何？所以輔人生己，重先祖遺支體也。」〔註14〕直到東漢，人們還是提倡按照《禮記》的規定居喪蔬食，這時居喪如禮還得到特別的重視，如胡廣，「及母卒，居喪盡哀，率禮無愆」。〔註15〕這雖然表明喪禮的規定成為人們依據的規範，但也表明現實中是否遵守喪禮還比較靈活，很多人並沒有嚴格遵守喪禮規定。那麼居喪蔬食也一定沒有得到嚴格地遵守。但是東漢後期以後，特別是進入魏晉，隨著社會的動盪，常規的孝行已不能引起人們的注意，各種極端的孝行逐漸出現，就居喪而言，越是超過喪禮規定（比如延長蔬食的時間等），就表明踐行孝道的自覺性越高，就越會得到社會的推崇。因此出現了很多因居喪過禮而有名的人。〔註16〕如西晉新野莊王歆，「母臧太妃薨，居喪過禮，以孝聞。」〔註17〕又如山濤，「會遭母喪，歸鄉里。濤年逾耳順，居喪過禮，負土成墳，手植松柏。」〔註18〕再如應詹，「年十餘歲，祖母又終，居喪毀頓，杖而後起，遂以孝聞。」〔註19〕而《晉書・孝友傳》所記諸人大都「居喪過禮」。這種情況下，居喪蔬食也得到了更多的遵守和宣揚，據《三

中也有所涉及。參見嚴書第 112 頁。

〔註11〕《漢書》卷 68《霍光傳》，第 2940 頁。
〔註12〕朱彬《禮記訓纂》卷 1《曲禮上》，第 36 頁。
〔註13〕朱彬《禮記訓纂》卷 21《雜記》，第 638 頁。
〔註14〕〔清〕陳立撰《白虎通疏證》，卷 11《喪服》第 519 頁。
〔註15〕《後漢書》卷 49《胡廣傳》，第 1510 頁。
〔註16〕這時居喪盡禮或者居喪如禮仍然得到記載，如范汪，「年十三，喪母，居喪盡禮，親鄰哀之。」（《晉書》卷 75《范汪傳》，第 1982 頁。）
〔註17〕《晉書》卷 38《新野王歆傳》，第 1126 頁。
〔註18〕《晉書》卷 43《山濤傳》，第 1225 頁。
〔註19〕《晉書》卷 70《應詹傳》，第 1857 頁。

國志·公孫度傳》記載，河內太守李敏，爲了躲避公孫度，攜家屬入海，公孫度掘其父塚，剖棺焚屍，誅其宗族。李敏的兒子，先是二十年不娶，後爲了有後代，娶妻生子，但卻「遣妻，常如居喪之禮，不勝憂，數年而卒。（李敏孫）胤生不識父母，及有識，蔬食哀戚亦如三年之喪。以祖父不知存亡，設主奉之。」〔註20〕李胤並因此而出名，做到司徒的高位。甚至有人在不知親人存亡的狀態下，也會蔬食，如東晉的王廞在與王恭的戰爭中失蹤，他的兒子不知他的存亡，非常悲傷，便布衣蔬食。〔註21〕而這也成爲當時社會讚賞的一種行爲。向秀曾經批評闢穀、服食等禁欲形式的方術是「不病而自災，無憂而自默，無喪而蔬食，無罪而自幽。」〔註22〕這正表明魏晉時期，居喪蔬食是一種普遍的規則。這時還出現了另一種傾向，那就是強調居喪期間的悲傷之心，而故意違反喪禮規定的行爲，如戴良，「少誕節，母憙驢鳴，良常學之，以娛樂焉。及母卒，兄伯鸞居廬啜粥，非禮不行，良獨食肉飲酒，哀至迺哭，而二人俱有毀容。或問良曰：『子之居喪，禮乎？』良曰：『然。禮所以制情佚也。情苟不佚，何禮之論！夫食旨不甘，故致毀容之實。若味不存口，食之可也。』論者不能奪之。」〔註23〕王戎，「以母憂去職。性至孝，不拘禮制，飲酒食肉，或觀弈棋，而容貌毀悴，杖然後起。」〔註24〕阮籍，「性至孝，母終，正與人圍棋，對者求止，籍留與決賭。既而飲酒二斗，舉聲一號，吐血數升。及將葬，食一蒸肫，飲二斗酒，然後臨訣，直言窮矣，舉聲一號，因又吐血數升，毀瘠骨立，殆致滅性。」於是一方面很多人越來越嚴苛地對待居喪之禮，無限制地延長居喪的時間和居喪期間更苛刻地對待自身；另一方面一些人擺脫喪禮的形式規定，更強調內心地悲哀，並演變成一種名士風尚。前者表現在行爲上，重要的一點就是對居喪蔬食的強調；後者可以看作是對前者矯枉過正的一種反動，而其突出的行爲方式則是「飲酒食肉」，可見蔬食正是二者區別的標誌。這既表明居喪蔬食與孝道的關係越來越密切，也表明這種關係在某種程度上被過分誇大，出現了形式化的傾向。

居喪蔬食還擴展到師生關係中，爲師長服喪蔬食也成爲人們讚賞的行爲。師生關係自孔子開私人講學之風後，成爲傳統社會的一種重要關係。孔

〔註20〕《三國志》卷 8《公孫度傳》注引《晉陽秋》，第 253 頁。
〔註21〕《晉書》卷 76《王廞傳》，第 2015 頁。
〔註22〕《嵇康集校注》卷 4 附《黃門郎向子期難〈養生論〉》，第 161 頁。
〔註23〕《後漢書》卷 93《逸民列傳》，第 2773 頁。
〔註24〕《晉書》卷 43《王戎傳》，第 1233 頁。

子死後他的弟子子貢等爲他服三年之喪，開啓了學生爲老師服喪的先例。西漢以後隨著經學的發展，門生故吏成爲一種重要的社會關係，門生故吏爲師主服喪逐漸成爲一種較爲普遍的現象。如西漢龔勝死後，「門人衰絰而治喪者百數。」〔註25〕但這更多是一種社會習俗，並沒有禮制上的明文規定，所以爲師主服喪蔬食是作爲一種德行而被宣揚的。如晉代被列入《孝友傳》的許孜，其重要的一個行爲就是在他的老師去世後，「聞問盡哀，負擔奔赴，送喪還會稽，蔬食執役，制服三年。」〔註26〕

　　蔬食在中國傳統的文化語境中，還成爲一種高尚人格的象徵。儒家強調德行，認爲有德行的君子應該「安貧樂道」，所謂「士志於道，而恥惡衣惡食者，不足與議也。」〔註27〕所以在《論語》中，飯疏食而能怡然自得成爲很高的一種境界：「飯疏食飲水，曲肱而枕之，樂亦在其中矣。不義而富且貴，於我如浮雲。」〔註28〕而孔門弟子中最得到孔子認可的顏回也正是具有「一簞食，一瓢飲，居陋巷，人不堪其憂，回也不改其樂」〔註29〕的安貧樂道精神。孔子的其他弟子，如季次、原憲等也都能夠蔬食而不厭。〔註30〕

　　如果說先秦儒家中蔬食所體現的君子人格，只是特殊狀態下的一種生活態度，並不是非如此不可或刻意爲之的話，後世的一些士人卻往往將蔬食作爲一種行爲規範，以生活的貧窮來顯示自己志行的高尚，標明自己不與世俗相同。在這種情況下，蔬食往往會成爲德行高尚的外在表現，西漢時期王崇居官時「祿位彌隆，皆好車馬衣服，其自奉養極爲鮮明，而亡金銀錦繡之物。」離官家居時卻「布衣疏食」，以至於「天下服其廉而怪其奢」。〔註31〕可見蔬食與否甚至成了廉或奢的標誌，而王崇也可以通過這種日常行爲的改變來改變自己的聲名。隨著蔬食成爲一種高尚行爲的標誌，蔬食者往往能得到很高

〔註25〕《漢書》卷27《龔勝傳》，第3085頁。

〔註26〕《晉書》卷88《孝友傳》，第2279頁。

〔註27〕《論語・里仁》，《四書五經》，中國書店1985年版，第14頁。

〔註28〕《論語・述而》，第29頁。

〔註29〕《論語・顏淵》，第23頁。

〔註30〕據《史記》卷124《遊俠列傳》：「及若季次、原憲，閭巷人也，讀書懷獨行君子之德，義不苟合當世，當世亦笑之。故季次、原憲終身空室蓬戶，褐衣疏食不厭。死而已四百餘年，而弟子志之不倦。」將貧困與德行聯繫起來似乎是傳統文化的一個特色，如南朝時期的鮑照就認爲「自古聖賢盡貧賤」（鮑照《擬行路難》，《漢魏六朝百三家詩》，上海古籍出版社1994年版。）

〔註31〕《漢書》卷72《王崇傳》，第3068頁。

的聲譽，並可能由此帶來現實的利益。如東漢崔瑗一方面「愛士，好賓客，盛修肴膳，單極滋味，不問餘產。」同時卻又「居常蔬食菜羹而已」並由此得到當時人的讚賞，據本傳「當世清之」。〔註32〕竇章，因為遭羌亂「居貧，蓬戶蔬食，躬勤孝養，然講然不輟。」具有了很高的聲名，太僕鄧康想要與他交遊，都被拒絕。而鄧康反而更加重視他，並推薦他為校書郎。〔註33〕正因為蔬食具有了這種德行的意義，一些政治人物也可以通過蔬食來贏取政治資本。如王莽代漢之前，「每有水旱，莽輒素食，左右以白。太后遣使者詔莽曰：『聞公蔬食，憂民深矣。今秋幸熟，公勤於職，以時食肉，愛身為國。』」〔註34〕這正是王莽的一種重要政治手段。

儒家和道家都具有隱逸思想，儒家主張出仕是為了行道，如果無法行道，則君子寧隱而不仕，絕不苟且而仕。道家則主張隱逸是人生的最高理想，如果人人都能退隱，各安其性命，天下就能自治自安。所以儒家的隱逸是為了保證君子的德行和獨立，道家的隱逸則更強調人的自然。〔註35〕在儒道文化的影響下，隱士成為中國文化中一個特殊的人群，而隱士很多都是蔬食的。如東晉孟陋「少而貞立，清操絕倫，布衣蔬食，以文籍自娛。口不及世事，未曾交遊，時或弋釣，孤興獨往，雖家人亦不知其所之也。」〔註36〕所以，蔬食也逐漸成為隱士品格的一種象徵，代表著「不仕王侯，高尚其事」的超脫人格。

另外儒家經典對肉食也有一定限制，如《禮記‧王制》規定：「諸侯無故不殺牛，大夫無故不殺羊，士無故不殺犬豕，庶人無故不食珍。」又指出「君子遠庖廚，凡有血氣之類，弗身剪也。」〔註37〕這體現了儒家的等級觀念和「仁」的思想，又與佛教有相通之處。（詳後）

但總體而言直到南朝以前，士人蔬食的數量並不是很多（參見附表（2））。

二、南朝士人蔬食觀的強化

南朝是中國本土文化與佛教融合的重要時期。體現在士人蔬食上，兩種思想傳統都發揮了重要影響。一方面傳統的蔬食觀念繼續發揮作用，並不斷

〔註32〕《後漢書》卷57《崔瑗傳》，第 1724 頁。
〔註33〕《後漢書》卷23《竇融傳附章傳》，第 821 頁。
〔註34〕《漢書》卷116《王莽傳》，第 4045 頁。
〔註35〕參見王仁詳《先秦兩漢的隱逸》。
〔註36〕《晉書》卷94《隱逸傳》，第 2442 頁。
〔註37〕朱彬《禮記訓纂‧王制》，中華書局 1996 年版，第 189 頁。

強化：居喪蔬食得到了更長時間的遵守，出現了很多士人在親人去世後蔬食終身的現象；同時更多的士人將蔬食作爲德行高尚的一種象徵。另一方面，很多士人由於信仰佛教，深受佛教素食觀的影響，從而將實踐傳統的孝道、德行和佛教的慈悲結合在一起。

南朝士人的蔬食觀得到進一步的強化。一方面，與喪禮有關的蔬食者越來越多，持續的時間越來越長。如果說魏晉時期居喪蔬食形式化的傾向已經出現，南朝時期這種形式化進一步明晰，史籍中記載的超過或者違反禮制規定的居喪蔬食者越來越多，他們甚至成爲實踐儒家孝道的典範，並被普遍推崇。如謝弘微，「兄曜歷御史中丞，彭城王義康驃騎長史，元嘉四年卒。弘微蔬食積時，哀戚過禮，服雖除，猶不噉魚肉。」〔註38〕王華，「少有志行，以父存亡不測，布衣蔬食不交遊，如此十餘年，爲時人所稱美。」〔註39〕劉瑜，「七歲喪父，事母至孝。年五十二，又喪母，三年不進鹽酪，號泣晝夜不絕聲。勤身運力，以營葬事。服除後，二十餘年布衣蔬食，言輒流涕。」〔註40〕這一時期還出現了很多因爲父母或兄弟去世而終身蔬食的人物，如范岫，「身長七尺八寸，恭敬儼恪，進止以禮。自親喪之後，蔬食布衣以終身。」〔註41〕陸襄，「襄弱冠遭家禍，終身蔬食布衣，不聽音樂，口不言殺害五十許年。」〔註42〕顧協「自丁艱憂，遂終身布衣蔬食。」〔註43〕虞荔，「初，荔母隨荔入臺，卒於臺內，尋而城陷，情禮不申，由是終身蔬食布衣，不聽音樂，雖任遇隆重，而居止儉素，淡然無營。」〔註44〕何幼璵，其兄伯璵卒，「幼璵少好佛法，翦落長齋，持行精苦。」〔註45〕這時還出現了因爲家貧沒能很好奉養父母而蔬食的現象，如江子一，「少好學，有志操，以家貧闕養，因蔬食終身。」〔註46〕梁武帝在《淨業賦序》中提到：「洎至南面，富有天下，遠方珍羞。貢獻相繼。海內異食，莫不畢至。方丈滿前，百味盈俎。洎方食輟筯，對案流泣，恨不得以及溫清，朝夕供養，何心獨甘此膳！因爾蔬

〔註38〕《宋書》卷58《謝弘微傳》，第1592頁。
〔註39〕《宋書》卷63《王華傳》，第1675頁。
〔註40〕《宋書》卷91《孝義傳》，第2243頁。
〔註41〕《梁書》卷26《范岫傳》，第392頁。
〔註42〕《梁書》卷27《陸襄傳》，401頁。
〔註43〕《梁書》卷30《顧協傳》，446頁。
〔註44〕《陳書》卷19《虞荔傳》，257頁。
〔註45〕《南齊書》卷55《孝義傳》，962頁。
〔註46〕《梁書》卷43《江子一傳》，608頁。

食，不噉魚肉。」〔註47〕梁武帝之蔬食雖有佛家影響（後詳論）但在此他卻指出自己蔬食是爲了寄託對父母之哀思，與江子一之蔬食有著共同的因素。

居喪以外的蔬食作爲一種高尚人格的象徵也得到更大地推崇，如顏延之，「居身清約，不營財利，布衣蔬食，獨酌郊野，當其爲適，傍若無人。」〔註48〕這種行爲甚至得到了帝王的嘉獎。如宋晉壽太守郭啓玄「布衣蔬食」，他死後，宋文帝親自下詔進行褒獎：「故綏遠將軍、晉壽太守郭啓玄往銜命虜庭，秉意不屈，受任白水，盡勤靡懈，公奉私饋，纖毫弗納，布衣蔬食，飭躬惟儉。……志操殊俗，良可哀悼。可賜其家穀五百斛。」〔註49〕有時也會帶來政治上的升遷，如庾蓽，「清身率下，杜絕請託，布被蔬食，妻子不免飢寒。明帝聞而嘉焉，手敕褒美，州里榮之。遷司徒諮議參軍、通直散騎常侍。」〔註50〕

三、佛教對南朝士人蔬食的影響

南朝士人蔬食觀念的強化與佛教有很大的關係。很多士人在親人去世後蔬食終身往往是因爲他們信仰佛教或者與佛教有關。如前面提到的何幼璵，又如到漑，「遭母憂，居喪盡禮，朝廷嘉之。服闋，猶蔬食布衣者累載。……漑家門雍睦，兄弟特相友愛。初與弟洽常共居一齋，洽卒後，便捨爲寺，因斷腥羶，終身蔬食，別營小室，朝夕從僧徒禮誦。高祖每月三致淨饌，恩禮甚篤。蔣山有延賢寺者，漑家世創立，故生平公俸，咸以供焉，略無所取。」〔註51〕再如劉杳「及覽釋氏經教，常行慈忍。天監十七年，自居母憂，便長斷腥羶，持齋蔬食。」〔註52〕何點，「兄求，亦隱居吳郡虎丘山。求卒，點菜食不飲酒，訖于三年，要帶減半。……點時在法輪寺……後在吳中石佛寺建講。」〔註53〕王固「清虛寡欲，居喪以孝聞。又崇信佛法，及丁所生母憂，遂終身蔬食，夜則坐禪，晝誦佛經，兼習《成實論》義，而於玄言非所長。」〔註54〕佛教是從慈悲的立場來提倡蔬食的，認爲肉食會導致殺害，會斷絕慈悲種子。〔註55〕而這些

〔註47〕《廣弘明集》卷29，《大正藏》52，第336頁上。
〔註48〕《宋書》卷73《顏延之傳》，第1902頁。
〔註49〕《宋書》卷92《良吏傳》，第2271頁。
〔註50〕《梁書》卷51《良吏傳》，第766頁。
〔註51〕《梁書》卷40《到漑傳》，第568頁。
〔註52〕《梁書》卷50《劉杳傳》，第717頁。
〔註53〕《梁書》卷51《處士傳》，第732頁。
〔註54〕《陳書》卷21《王固傳》，第282頁。
〔註55〕《入楞伽經遮食肉品》，《大正藏》第116卷，第561頁中。

信仰佛教的士人正是將儒家的孝道和佛家的慈悲結合起來而蔬食終身的。

那些與居喪無關的蔬食者也多信仰佛教，如周續之，「入廬山事沙門釋慧遠。……以爲身不可遣，餘累宜絕，遂終身不娶妻，布衣蔬食。」〔註56〕沈道虔，「累世事佛，推父祖舊宅爲寺。至四月八日，每請像。請像之日，輒舉家感慟焉。道虔年老，菜食，恒無經日之資，而琴書爲樂，孜孜不倦。」〔註57〕周顒「長於佛理，……清貧寡欲，終日長蔬食。」〔註58〕他們蔬食可以看作是將佛教慈悲精神與儒家君子人格結合的產物。這一點可以從江泌身上得到進一步的證實：

> （泌）性行仁義，衣弊，恐虱饑死，迺復取置衣中。數日間，終身無復虱。母亡後，以生闕供養，遇鮭不忍食。食菜不食心，以其有生意也。歷仕南中郎行參軍，所給募吏去役，得時病，莫有舍之者，吏扶杖投泌，泌親自隱恤，吏死，泌爲買棺。無僮役，兄弟共輿埋之。領國子助教。乘牽車至染烏頭，見老翁步行，下車載之，躬自步去。世祖以爲南康王子琳侍讀。建武中，明帝害諸王後，泌憂念子琳，詣誌公道人問其禍福。誌公覆香爐灰示之曰：「都盡，無所餘。」及子琳被害，泌往哭之，淚盡，繼之以血。親視殯葬，迺去。〔註59〕

江泌隱恤募吏，車載老翁，哭祭故主，都是典型的儒家仁義行爲，而其「遇鮭不忍食。食菜不食心，以其有生意也」既是表達對母親的哀思，也體現了佛家的慈悲精神，而其與道人〔註60〕誌公的一段交往正表明他受佛教影響的可能。

更有一些士人明確是爲了遵守佛教戒律而蔬食。如裴子野，「末年深信釋氏，持其教戒，終身飯麥食蔬。」〔註61〕任孝恭，「少從蕭寺雲法師讀經論，明佛理，至是，蔬食持戒，信受甚篤。」〔註62〕徐孝克，「後東遊，居於錢塘之佳義里，與諸僧討論釋典，遂通《三論》。每日二時講，且講佛經，晚講《禮傳》，道俗受業者數百人。天嘉中，除剡令，非其好也，尋復去職。太建四年，徵爲秘書丞，不就，迺蔬食長齋，持菩薩戒，晝夜講誦《法華經》，高宗甚嘉

〔註56〕《宋書》卷93《隱逸傳》，第2280頁。
〔註57〕《宋書》卷93《隱逸傳》，第2292頁。
〔註58〕《南齊書》卷41《周顒傳》，第731頁。
〔註59〕《南齊書》卷55《孝義傳》，第965頁。
〔註60〕佛教傳入和發展初期，佛教徒一般被稱爲道人。
〔註61〕《梁書》卷30《裴子野傳》，第444頁。
〔註62〕《梁書》卷50《任孝恭傳》，第726頁。

其操行。」〔註 63〕這些士人對佛教有著虔誠的信仰，他們對於蔬食已經更多從佛教戒律的角度來看待，但他們又都深受本土文化薰陶，也難免帶有傳統蔬食觀念的烙印。

南朝士人之所以能受佛教蔬食觀的影響，一方面是高僧對佛教蔬食的宣傳，南朝時期很多高僧利用神異向人們展示肉食的壞處。如《續高僧傳·香闍梨傳》：「時俗每至三月三日，必往山遊賞，多將酒肉共相酣樂。前後勸喻，曾未能斷。後年三月，又如前集。例坐已了，香令人於座穿坑方丈。人莫知意。謂人曰：『檀越等恒自飲噉，未曾與香，今日為眾須餐一頓。』諸人爭奉肴酒，隨得隨盡，若填巨壑。識者怪之。至晚曰：『我大醉飽，扶我就坑，不爾汙地。』及至坑所，張口大吐，雞肉自口出，即能飛鳴，肉自口出，即馳走。酒食亂出，將欲滿坑。魚鮓鵝鴨游泳交錯。眾咸驚嗟，誓斷辛殺。迄今酒肉永絕上山。」〔註 64〕這則故事雖然充滿神異色彩，但所反映的高僧對於禁止殺生的宣傳卻是真實的。

另一方面，信佛士人特別是統治者對蔬食的提倡也是一個重要原因。齊竟陵王《淨住子》「在家懷善門」中就將蔬食作為「懷善」的一項重要內容：「或持一戒、二戒、三戒迺至五戒、八戒、十戒，菜蔬節味，檢身口意。又率妻子內外眷屬，迴向崇善建菩提因，或撤父母之供妻子之分，財貨衣服甘珍肴果，窮其所有敬供精潔，合室營奉晨昏尅注，或為疾患危急縣官牢獄，或親親崩亡祈福魂路，或生善滅罪始發信心，崇仰沙門在聖無別。由其隨順佛正教故，所以順佛語故出離生死。」〔註 65〕梁元帝蕭繹也認為「困於酒食，未若過中不餐；螺蚌登俎，豈及春蔬為淨。」〔註 66〕至於梁武帝不僅自己蔬食，還命令僧尼蔬食（參見本章第三節），對士人也會有很大的影響。

此外，很多南朝士人不僅在行為上受佛教觀念的影響，親自實踐蔬食的行為，而且還力圖從儒家的傳統中找到與佛教相通之處，以此證明自己在信佛的同時並不違背儒家的觀念，宗炳《明佛論》曰：「於飲血之世，畋漁非可頓絕，是以聖王庖廚其化，蓋順民之殺以減其害，踐庖聞聲則所不忍。因豺獺以為節，疾非時之傷孕；解罝而不網，明含氣之命重矣。孟軻擊賞於釁鍾，

〔註63〕 《陳書》卷 26《徐陵附弟孝克傳》，第 337 頁。
〔註64〕 《續高僧傳》卷 25《香闍梨傳》，第 333 頁下。
〔註65〕 《廣弘明集》卷 27，《大正藏》卷 52，第 312 頁中。
〔註66〕 《與蕭諮議等書》，《廣弘明集》卷 27，《大正藏》卷 52，第 304 頁中。

知王德之去殺矣。先王撫鹿救急，故雖深其仁不得頓苦其禁。如來窮神明極，故均重五道之命，去殺爲眾戒之首。」〔註67〕首先將儒家的「仁」與佛教的「慈悲」相提並論，沈約在《均聖論》中對這一觀點進一步發揮：「炎昊之世，未火未粒，肉食皮衣，仁惻之事，弗萌懷抱，非肉非皮，死亡立至。雖復大聖殷勤，思存救免，而身命是資，理難頓奪。實宜導之以漸，稍啓其源。故燧人火化，變腥爲熟。腥熟既變，蓋佛教之萌兆也。何者？變腥爲熟，其事漸難，積此漸難，可以成著。迄乎神農復垂汲引，嘉穀肇播，民用粒食，嗛腹充虛，非肉可飽，則全命減殺，於事彌多。自此以降，矜護日廣。春蒐免其懷孕，夏苗取其害穀，秋獮冬狩所害誠多，頓去之難已備前說。周孔二聖宗條稍廣，見其生不忍其死，聞其聲不食其肉。草木斬伐有時，鷇卵不得妄犯。漁不竭澤，佃不燎原，釣而不網，弋不射宿。肉食蠶衣，皆須耆齒，牛羊犬豕，無故不殺。此則戒有五支，又開其一也。」〔註68〕沈約認爲儒家與佛教有相通之處，並從歷史發展進程上指出儒家沒有強制蔬食的原因以及儒家「漸去」肉食的策略，並指出在這一發展過程中體現的精神與佛教是相通的：在遠古時期，人們靠狩獵爲生，爲了生存不得不食肉；隨著社會的發展，人們將生食變成熟食，這是佛教慈悲的萌芽；到了神農時期，隨著農業發展，人們可以食用糧食，這就使很多生命免予被殺害；後來人們又對狩獵的時間和對象有了規定，這也可以保全很多生命；周公、孔子更是進一步詳細地做出了規定。這些規定就相當於佛教五戒之一的「殺生戒」。這種解釋比較牽強，但也是將儒家之「仁」與佛教慈悲結合起來的一種努力。此後這一理論經常被運用，梁武帝《斷殺絕宗廟犧牲詔（並表請）》一文中梁武帝令周舍反駁江瞼，陳述斷殺的合理性，周舍就運用了儒家「仁」的觀點，他說：「禮云『君子遠庖廚。』血氣不身剪，見生不忍其死，聞聲不食其肉。此皆即自興仁，非關及遠。」〔註69〕《顏氏家訓·歸心》也引用：「儒家君子，尙離庖廚，見其生不忍其死，聞其聲不食其肉。」〔註70〕以此來論證佛家戒殺的重要性。不管這種比附距離二家本意有多大的距離，〔註71〕但這種理論的流行本身就

〔註67〕《弘明集》卷2，《大正藏》卷52，第13頁下。
〔註68〕《廣弘明集》卷5，《大正藏》卷52，第121頁下。
〔註69〕梁武帝《斷殺絕宗廟犧牲詔（並表請）》《廣弘明集》卷26，《大正藏》第52卷，第293頁下。
〔註70〕《顏氏家訓》卷五《歸心》中華書局1993年版，第399頁。
〔註71〕這種不同和差異當時人也有認識，如何承天《報應問》：「佛經但是假設權教，

是兩種文化融合的結果，它對於佛教戒殺和素食觀念的流行起了重要的作用。

總之，蔬食本來是貧窮的象徵，在中國傳統文化中卻具有了禮制和德行的意義。士人作爲傳統文化的主要承載者，南朝之前，士人蔬食正是體現了這兩種意義；南朝以後，隨著佛教觀念的深入，士人蔬食具有了新的內容，開始將儒家的禮制、德行和佛教的慈悲精神結合起來。而南朝士人蔬食觀念的這種變化正體現了佛教對於中國社會的重要影響。

第二節　南朝祭祀與佛教

佛教蔬食對中國傳統文化的影響，還表現爲在佛教蔬食觀的影響下，南朝時期中國傳統的祭祀曾經發生過一些變化。在佛教教義中，佛、法、僧被稱爲三寶，成佛被看作僧尼修行追求的目標。僧尼都不能食肉，具有最高境界的佛自然也不能用肉類來供養，因此對於佛教神靈的供奉一般使用蔬果、鮮花等。隨著佛教在社會上廣泛的傳播以及佛教勢力的壯大，佛教對神靈的供奉方式也開始逐漸影響中國傳統的神靈祭祀。這裏先敘述中國本土祭祀的概況，再探討在佛教的影響下，傳統祭祀發生過的變化。

一、中國本土祭祀概述

祭祀，在先秦只單稱「祭」或「祀」，「祭」字從形體看，甲骨文中寫作 ，象手持帶血滴的腥肉，或在下面加「示」旁表示祭神，從讀音看，「祭」古音同「殺」，本有殺生之義。綜合形音分析，可知「祭」本指殺牲以腥血薦神。而「祀」字甲骨文寫作「」，本義表示由尸主代替神靈飲食。〔註72〕此外表示祭祀的字還有「享」、「薦」、「祠」。這些名稱有時籠統而言沒有區別，都是表示用禮物向神靈祈禱或致敬，有時細緻區分則有所區別。〔註73〕祭祀按照祭祀的對象可

勸人爲善耳，無關實敘。是以聖人作制，推德醫物，我將我享，寔膺天祐，田獲三品，賓庖豫焉。若迺見生不忍死，聞聲不食肉，固君子之所務也。」（《廣弘明集》卷18，《大正藏》卷52，第224頁中。）陶弘景在對沈約《均聖論》的駁難中指出：「周孔所云，聞聲不食，斬伐有時者。蓋欲大明仁義之道，於鳥獸草木，尚曰其然，況在乎人而可悖虐。非謂內惕寡，方意在緣報。觀迹或似，論情頓乖。不審於內外兩聖，其事可得是均以不。」（《廣弘明集》卷5，《大正藏》卷52，第122頁中。）

〔註72〕參見詹鄞鑫《神靈與祭祀——中國傳統文化綜論》，第172頁。

〔註73〕關於這幾個字的具體區別，參見詹鄞鑫《神靈與祭祀——中國傳統文化綜論》，

以分爲祀天神、祭地祇、享人鬼三個方面，而天神和地祇又可以統稱爲神靈（狹義的神靈），所以祭祀按對象實際上包括兩大類：神靈和人鬼。人鬼又包括祖先和聖賢、名人以及一些能帶來神異的亡靈等。祭祀按是否被納入國家禮制又大致可以分爲國家正祀和民間祭祀。〔註74〕

　　傳統社會中，祭祀具有明顯的等級性，比如祭祀天地的郊祀、社祀只有天子可以舉行，同時天子可以祭祀全國的名山大川，諸侯王則只能祭祀封國內的名山大川。〔註75〕再如祖先祭祀，平時只有大宗可以祭祀始祖，一般支系則只祭祀禰祖。〔註76〕祭祀在傳統社會具有重要的意義。《禮記·祭統》曰：「凡治人之道，莫急於禮；禮有五經，莫重於祭。」《左傳》稱「國之大事，在祀與戎」，將祭祀與戰爭擺在同等重要的位置。祭祀的儀式不僅僅是一種形式，而是蘊含著豐富的社會文化內容。因此先人非常重視祭祀的的禮儀。而祭祀用品就是祭祀禮儀的重要組成部分。瞿明安認爲：「一般情況下，在一個特定社會中爲人們所崇尚的食物形態特徵往往被人們認爲是能夠吸引神靈的東西，可以充分地體現宗教信仰者對神靈的虔誠。而那些與特定社會的傳統價值取向不相一致的食物形態特徵則在獻祭過程中受到人們的排斥，因爲在人們的觀念中這些不爲人所崇尚的食物形態特徵同樣不可能使神靈產生嗜欲，更難以表達人們對神靈所抱的虔誠之心。」〔註77〕傳統祭祀中常用的物品有犧牲、糧食、酒和玉帛。犧牲是指爲祭祀而宰殺的牛、羊、豬（豕）等牲畜，毛色純一的牲畜稱犧，體全的則爲牲。糧食主要指黍、稷、粱、菽、麥等。玉帛是璧、琮、璋、琥、璜等玩賞之物和絲織品的總稱。不同等級的祭祀使用的祭祀物品有很大的差異。如社稷祭禮天子用太牢，諸侯用少牢；宗廟之祭，大夫以上用羔，士用特豚，等等。除了歷代的帝王將相以外平民百姓也將牛視爲獻給神靈享用的首要祭品，

　　　　江蘇古籍出版社1992年版，第173頁。

〔註74〕一般是按祭祀的主體將祭祀分爲國家正祀和民間祭祀。這種劃分實際上存在著很多問題，因爲按照這種劃分有一些祭祀很難歸類，如喪禮中的祭祀，其祭祀主體就包括各階層。因此我們認爲大致可以把納入國家禮制的祭祀看作國家正祀，而把那些沒有納入國家禮制的祭祀看作民間祭祀。由於材料的限制，本文涉及的主要是國家正祀中的某些方面。

〔註75〕〔清〕朱彬撰《禮記訓纂》卷2《曲禮下》：「天子祭天地，祭四方，祭山川，祭五祀，歲遍。諸侯方祀，祭山川，祭五祀，歲遍。大夫祭五祀，歲遍。士祭其先。」第70頁。

〔註76〕始祖是指一個宗族共同的祖先，禰祖是指包括高祖、曾祖、祖父、父在內的祖先。

〔註77〕《中國古代宗教祭祀飲食文化略論》，《中國史研究》1998年第3期。

史書中有關「民常以牛祭神」〔註78〕的記載就反映了這種狀況。

總之，祭祀在中國傳統社會具有重要地位，祭祀用品也有著比較固定的規定，大致是以肉食為主。特別是關係到國家政治的天地祭祀以及關係到宗法禮制的宗廟祖先祭祀，更是以牛、羊等作為主要祭祀用品。蔬食作為一種簡陋的食物一般是不能被用來祭祀的，《禮記・雜記》中就指出：「疏食不足祭也。」〔註79〕

二、南朝傳統祭祀觀念的變化

南朝是中國佛教發展的重要時期，從某種程度上說直到這時佛教纔開始深入社會生活的各個方面。其中一個重要的表現就是在佛教戒殺論的影響下，南朝祭祀發生了重要的變化。

（一）喪禮中祭祀的變化

喪禮中的祭祀一般是使用犧牲的。但在南朝卻有一些士人要求在自己死後用蔬食祭祀。這一現象最早出現於《宋書・江夷傳》，江夷臨死前，「遺命薄斂蔬奠，務存儉約。」〔註80〕據同傳，江夷「出為湘州刺史，加散騎常侍，未之職，病卒，時年四十八。」《宋書》沒有記載江夷卒時年月，據《宋書・文帝紀》江夷遷尚書右僕射是在元嘉六年，〔註81〕又據《資治通鑒・宋紀四》「（元嘉八年）二月，戊午，以尚書右僕射江夷為湘州刺史。」〔註82〕則江夷去世應在元嘉八年（431）左右，可見，早在南朝初期已經出現了喪禮祭祀中用蔬食的現象。此後宋張邵，「臨終遺命，祭以菜果，葦席為轜車」。〔註83〕南齊豫章文獻王嶷「臨終，召子子廉、子恪曰：『三日施靈，唯香火、盤水、乾飯、酒脯、檳榔而已。朔望菜食一盤，加以甘果，此外悉省。葬後除靈，可施吾常所乘輿扇傘。朔望時節，席地香火、盤水、酒脯、乾飯、檳榔便足。』」〔註84〕張緒甚至要求靈上只「置杯水香火，不設祭。」〔註85〕甚至到南朝中

〔註78〕范曄：《後漢書》卷41《第五倫傳》，第1397頁。
〔註79〕朱彬《禮記訓纂》卷21《雜記》，第656頁。
〔註80〕《宋書》卷53《江夷傳》，第1526頁。
〔註81〕《宋書》卷5《文帝紀》，第78頁。
〔註82〕《資治通鑒》卷122，第3829頁。
〔註83〕《南史》卷32《張邵傳》，第825頁。
〔註84〕《南齊書》卷22《豫章文獻王傳》，第417頁。
〔註85〕《南齊書》卷33《張緒傳》，第602頁。

期以後，帝王也提出禁止用犧牲祭祀。永明十一年，齊武帝臨死前遺令：「我靈上慎勿以牲爲祭，唯設餅、茶飲、乾飯、酒脯而已。」他甚至將這一方式推廣到全國，詔令「天下貴賤，咸同此制。未山陵前，朔望設菜食。」〔註86〕

　　但是這一規定看來並未得到全面的施行。梁、陳時期主張死後蔬食祭祀的士人仍是作爲一種特例而出現的，如蕭琛，「卒，年五十二。遺令諸子，與妻同墳異藏，祭以蔬菜，葬日止車十乘，事存率素。」〔註87〕劉杳「及臨終，遺命斂以法服，載以露車，還葬舊墓，隨得一地，容棺而已，不得設靈筵祭醊。其子遵行之。」〔註88〕孔休源「遺令薄葬，節朔薦蔬菲而已。」〔註89〕顧憲之，「不須常施靈筵，可止設香燈，使致哀者有憑耳。朔望祥忌，可權安小床，暫設几席，唯下素饌，勿用牲牢。蒸嘗之祠，貴賤罔替。備物難辦，多致疏怠。祠先人自有舊典，不可有闕。自吾以下，祠止用蔬食時果，勿同於上世也。示令子孫，四時不忘其親耳。」〔註90〕姚察，「瞑目之後，不須立靈，置一小床，每日設清水，六齋日設齋食果菜，任家有無，不須別經營也。」〔註91〕既然死後要求蔬食祭祀仍被作爲一種高尚的行爲來記載，正表明這種行爲本身並不具有普遍性，這也表明喪禮中的祭祀作爲一種社會習俗具有很大的頑固性，並不會因爲某個帝王的行政命令而發生太大的變化。但另一方面，蔬食祭祀者雖然只佔少數，但他們的這種行爲被正統史書記載至少表明蔬食祭祀已經得到了社會的推崇，表明佛教對社會的影響已經深入到一定的層次。

　　一般說來，中國人由於相信人死後，靈魂不滅，所以非常重視喪禮，所謂「事死如事生」因此厚葬之風一直非常盛行，喪禮中的祭祀也非常豐盛。另一方面，儒家雖然重視禮，但更強調「敬」，關於祭祀，孔子就曾經說過：「雖菜羹瓜祭，必齊如也。」所以也一直有人提倡薄葬。尤其是魏晉時期薄葬之風非常盛行，南朝士人要求死後用蔬食祭祀也應受薄葬思想的影響，是節儉的一種象徵。在傳統中國，肉食畢竟要比蔬果更昂貴。但南朝以前薄葬的措施，主要是短葬、不封不樹、減少明器，〔註92〕而沒有涉及蔬祭，前面

〔註86〕《南齊書》卷3《武帝紀》，第61頁。
〔註87〕《梁書》卷26《蕭琛傳》，第398頁。
〔註88〕《梁書》卷50《文學傳》，第717頁。
〔註89〕《梁書》卷36《孔休源傳》，第521頁。
〔註90〕《梁書》卷51《顧憲之傳》，第760頁。
〔註91〕《陳書》卷27《姚察傳》，第353頁。
〔註92〕韓國河《秦漢魏晉喪葬制度研究》，陝西人民出版社1999年版，第110頁。

提到的顧憲之在爲自己蔬祭尋找依據時說：

> 莊周、澹臺，達生者也。王孫、士安，矯俗者也。吾進不及達，退
> 無所矯。常謂中都之制，允理愜情。衣周於身，示不違禮。棺周於
> 衣，足以蔽臭。入棺之物，一無所須。載以輇車，覆以粗布，爲使
> 人勿惡也。漢明帝天子之尊，猶祭以杅水脯（乾肉）糗。范史雲烈
> 士之高，亦奠以寒水乾飯。況吾卑庸之人，其可不節衷也？〔註93〕

這則材料表明：一、顧憲之對自己死後祭祀的安排明顯受到薄葬思想的影響；二、顧憲之將對漢明帝、范史雲〔註94〕的祭祀作爲薄葬的典範，而漢明帝祭祀中仍然使用肉食（脯），范史雲之「乾飯」應該也包括肉脯。可見南朝喪禮中用蔬食祭祀並不完全來自中國固有的薄葬觀念，而可能更多來自佛教的影響。

上述主張死後用蔬果祭祀的人物大都與佛教有著某種因緣。江夷，據《佛祖統紀》記載曾在東晉隆安五年（401）託戴逵造彌勒像；〔註95〕豫章文獻王，死前曾遺令「後堂樓可安佛，供養外國二僧，餘皆如舊。與汝遊戲後堂船乘，吾所乘牛馬，送二宮及司徒，服飾衣裘，悉爲功德。」〔註96〕而張緒也經常到佛寺聽講；〔註97〕齊武帝雖然有限制出家的詔書，但從個人情感角度，還是尊崇佛法的，他臨死前下詔「顯陽殿玉像諸佛及供養，具如別牒，可盡心禮拜供養之。應有功德事，可專在中。」〔註98〕《南齊書・王奐傳》也說「上（齊武帝）晚信佛法，御膳不宰牲。」〔註99〕劉杳「及覩釋氏經教，常行慈忍。天監十七年，自居母憂，便長斷腥羶，持齋蔬食。」〔註100〕姚察曾就鍾山明慶寺尚禪師受菩薩戒，是佛教居士。〔註101〕可以說，主要是由於佛教的影響纔使這些帝王和士人主張死後蔬食祭祀。

〔註93〕《梁書》卷51《顧憲之傳》，第760頁。
〔註94〕《後漢書》卷81《獨行列傳》：「范冉字史雲，……臨命遺令敕其子曰：『吾生於昏暗之世，值乎淫侈之俗，生不得匡世濟時，死何忍自同於世！氣絕便斂，斂以時服，衣足蔽形，棺足周身，斂畢便穿，穿畢便埋。其明堂之奠，乾飯寒水，飲食之物，勿有所下。墳封高下，令足自隱。……』」
〔註95〕《佛祖統紀》卷36，第341頁下。
〔註96〕《南齊書》卷22《豫章文獻王》，第417頁。
〔註97〕《南齊書》卷33《張緒傳》，第602頁。
〔註98〕《南齊書》卷3《武帝紀》，第62頁。
〔註99〕《南齊書》卷49《王奐傳》，第848頁。
〔註100〕《梁書》卷50《劉杳傳》，第717頁。
〔註101〕《陳書》卷27《姚察傳》，第353頁。

（二）國家宗廟天地祭祀的變化

宗廟祭祀從根本說是祖先祭祀，但由於國家宗廟與政治緊密聯繫在一起，因此這種祭祀就具有特殊重要的意義，其改變往往涉及很多方面。而天地祭祀是帝王的特權，一開始就是政治的重要標誌。縱觀中國傳統社會，國家宗廟天地祭祀的儀式具有很大的延續性，甚至可以說從較長的歷史時段來看，並沒有發生太大的變化。但是，在南朝時期卻曾經有過一次較大的改動，那就是天監十六年，梁武帝下詔宗廟祭祀用蔬果，後擴展到天地二郊祭祀。關於這次事件，正史和佛教史料都有多處記載，分別分析之。

正史所記載的天監祭祀改制：

1、《梁書》卷二《武帝紀中》：

（天監）十六年……夏四月甲子，初去宗廟牲。潮溝獲白雀一。……冬十月，去宗廟薦修，始用蔬果

2、《梁書》卷五十《文學傳》：

劉勰，……家貧不婚娶，依沙門僧祐，與之居處，積十餘年，遂博通經論，因區別部類，錄而序之。今定林寺經藏，勰所定也。天監初，起家奉朝請、中軍臨川王宏引兼記室，遷車騎倉曹參軍。出為太末令，政有清績。除仁威南康王記室，兼東宮通事舍人。時七廟饗薦已用蔬果，而二郊農社猶有犧牲。勰迺表言二郊宜與七廟同改，詔付尚書議，依勰所陳。

3、《隋書》卷七《禮儀二》：

（天監）十六年四月，詔曰：「夫神無常饗，饗於克誠，所以西鄰礿祭，實受其福。宗廟祭祀，猶有牲牢，無益至誠，有累冥道。自今四時烝嘗外，可量代。」八座議：「以大脯代一元大武。」八座又奏：「既停宰殺，無復省牲之事，請立省饌儀。其眾官陪列，並同省牲。」帝從之。十月，詔曰：「今雖無復牲腥，猶有脯修之類，即之幽明，義為未盡。可更詳定，悉薦時蔬。」左丞司馬筠等參議：「大餅代大脯，餘悉用蔬菜。」帝從之。又舍人朱异議：「二廟祀，相承止有一鉶羹，蓋祭祀之禮，應有兩羹，相承止於一鉶，即禮為乖。請加熱油羹一鉶。」帝從之。於是起至敬殿、景陽臺，立七廟座。月中再設淨饌。自是訖於臺城破，諸廟遂不血食。

4、《南史》卷六《梁本紀上》：

（天監十六年）三月丙子，敕太醫不得以生類爲藥；公家織官紋錦飾，並斷仙人鳥獸之形，以爲褻衣，裁剪有乖仁恕。於是祈告天地宗廟，以去殺之理，被之含識。郊廟牲牷，皆代以麵。其山川諸祀則否。時以宗廟去牲，則爲不復血食，雖公卿異議，朝野喧囂，竟不聽。

冬十月，宗廟薦羞，始用蔬果。

從相關正史材料我們可以看出：（一）《梁書》對此事記載簡略，這一方面是因爲《梁書》無志，對於禮制的改變不很關注；另一方面可能是因爲《梁書》是唐代官修史書，代表官方意識形態，而唐初帝王對佛教限制較多，對梁武帝崇佛的行爲有所避諱，而且這次改制持續的時間比較短，陳朝又改成原先的方式，所以這次改制只持續了四十年左右（關於這個問題詳後），官方史學對此不甚重視。而《南史》是私人著述，可以在很大程度上不受國家意識形態的控制，故補充了很多帝王崇佛的材料。《南史》的這一特點，也得到了佛教界的讚賞，據《佛祖歷代通載》卷八：「賢哉魏收、李延壽之作，當世帝王公卿從事吾佛者，未嘗諱之而不書，書之亦未嘗以人事議佛也。」〔註102〕《隋書》有志，且多追述一些禮制的源流，所以記載較詳。（二）這次改制的順序三書記載並不相同，《梁書》記載是先從宗廟開始，後來擴展到天地祭祀的；《隋書》只記載宗廟祭祀的改變；《南史》則將宗廟祭祀和天地二郊祭祀的改變放在同時，但以宗廟祭祀爲主。根據常理，《梁書》記載可能比較可靠，宗廟在國家政治中具有更爲重要的地位，宗廟祭祀表明王朝一姓的統治，與統治者的關係更爲密切，應該先從宗廟開始改變，而從人們意識上講，祖先都是人，比較親近，對於祖先的祭祀可以根據情況有所改變，而天地山川等神靈由於遠離人們的生活具有更高的神聖性，有更多忌諱。所以應該先改變宗廟祭祀，再對二郊祭祀進行處理。另一方面，三書反映的這次改制以宗廟祭祀爲主，也應該是眞實的。宗廟祭祀本身的改變也經歷了複雜的過程：從用品上看，先去犧牲，後去脯修；從政治程式上看，先由皇帝提議，後由八座奏議，再由皇帝下詔，又有左丞參議，還有其他官員的議論。可見宗廟祭祀具有重要政治意義。（三）正史爲此次改制提供的依據，既有儒家的觀點，又有佛教的影響。上文提到儒家強調禮的誠敬，梁武帝詔書中「饗於克誠」、「無益至誠」、「有乖仁恕」等語句顯然是來自儒家的傳統。而「冥道」、「淨撰」〔註

〔註102〕《大正藏》卷49，第543頁中。

〔註103〕冥道：閻魔王之住處曰冥道，又云冥界，閻魔王之眷屬住之，稱曰冥宮。太

103〕等詞則是來自佛教影響。而正史記述顯然是以儒家爲主，這正體現了正統
史官的觀念。梁武帝之崇佛無需贅述，他論三教優劣，以佛教爲高，其以佛
教之慈悲戒殺改革祭祀禮制，亦屬情理之中，但由於禮制的重要性，爲了減
少改革的阻力，利用儒家相關思想資料，也是一種明智之舉，何況武帝本就
受儒家影響並擅長儒學。事實上，這次改制遭到了朝臣的反對，他們提供的
理由便是儒家的「宗廟去牲，則爲不復血食。」梁武帝並沒有聽從。劉勰建
議二郊祭祀亦同宗廟，此時的劉勰既是一位政府官員，又是虔誠的佛教徒。〔註
104〕其提議既表現了對政事的關注，更是將宗教信仰運用於政治生活的實踐。

佛教史料描述的天監祭祀改制：

1、《廣弘明集》〔註105〕卷二十六：

　　斷殺絕宗廟犧牲詔（並表請）

　　　　梁武帝

　　梁高祖武皇帝臨天下十二年，下詔去宗廟犧牲，修行佛戒，蔬食斷
　　欲。上定林寺沙門僧祐、龍華邑正柏超度等上啓云：「京畿既是福地，
　　而鮮食之族猶布筌網，並驅之客尚馳鷹犬，非所以仰稱皇朝優洽之
　　旨。請丹陽、瑯琊二境，水陸並不得搜捕。敕付尚書詳之。」議郎
　　江祇以爲：「聖人之道以百姓爲心，仁者之化以躬行被物。皇德好生
　　協于上下，日就月將自然愍俗，一朝抑絕容恐愚民。且獵山之人例
　　堪跋涉，捕水之客不憚風波。江寧有禁即達牛渚，延陵不許便往陽
　　羨。取生之地雖異，殺生之數是同。空有防育之制，無益全生之術。」
　　兼都令史王述以爲：「京邑翼翼，四方所視，民漸至化，必被萬國。
　　今祁寒暑雨，人尚無怨，況去俗入眞，所以可悅。」謂斷之爲是。
　　左承謝幾卿曰：「不殺之禮誠如王述所議。然聖人爲教，亦與俗推移。
　　即之事迹恐不宜偏斷。若二郡獨有此禁，便似外道謂不殺戒皆有界

山府君半天婆羅門等亦屬之。焰羅王供行法次第曰：『本宮在鐵圍山之北地
中，是即冥道宮也。五萬眷屬而爲圍繞，宮中庭有檀拏幢。』《金光明文句三》
曰：『此經與冥道相關。』淨饌，據《辭源》（990 頁）指素食，並認爲這一
詞來源於《梁書·武帝紀下》：「造智度寺，又立七廟堂，月中再過，設淨饌。」。
佛教爲了表示與佛教有關事物的潔淨，經常使用「淨」字，如淨人、淨肉、
淨土等。「淨饌」一詞印度佛教經典中沒有，應該是南朝人受佛教影響創造的
新詞。
〔註104〕劉勰少年時便依附沙門僧祐，後來直接出家。
〔註105〕《大正藏》第 52 卷，第 293 頁中。

域。因時之宜，敬同議郎江眖議。」尚書臣亶、僕射臣昂、令瑩以下並同眖議。帝使周舍難眖曰：「禮云：『君子遠庖廚，血氣不身剪，見生不忍其死，聞聲不食其肉。』此皆即自興仁非關及遠，三驅之禮：向我者舍，背我者射。」於是依王述議遂斷。

又敕太醫不得以生類合藥，公家織官紋錦，並斷仙人鳥獸之形。以爲褻衣、裁剪有乖仁恕。至遂祈告天地宗廟，以去殺之理被之含識，郊廟皆以麵爲牲牷。其饗萬國用菜蔬去生類。其山川諸祀則否。迺敕有司曰：「近以神實愛民，不責無識，所貴誠信，非尚血膋。凡有水旱之患。使歸咎在上，不同牲牢，止告知而已。而萬姓祈求，諂黷爲事。山川小祇，難期正直。晴雨或乖，容市民怨。愚夫滯習，難用理移。自今祈請報答可如俗法所用，以身塞咎事自依前。

前臣曰：「夫神道茫昧，求諸不一：或尚血腥之祀，或歆蘊藻之誠。設教隨時，貴其爲善。其誠無忒，何往不通。若祭享理無，則四代之風爲爽；神明實有，三世之道爲弘。語其無，不待牲牷之潔；據其有，宜存去殺之仁。周文禴祭，由來尚矣。苟有明德，神其吐諸。而以麵爲牲，於義未達。方之紋錦，將不矛盾乎？」

2、《廣弘明集》卷二十六：〔註106〕

斷酒肉文

……弟子已勒諸廟祀及以百姓凡諸群祀。若有祈報者皆不得薦生類。各盡誠心止修蔬供。

3、《佛祖統紀》卷三十三：〔註107〕

改祭

佛爲曠野鬼神、鬼子母等，改棄血食而受僧眾出生之食，此緣起也（二事並見曉石芝《施食通覽》，具引藏經）；梁武皇、魏獻文，敕郊廟不用牲牷，唯薦蔬麵，此人主立法也（二事見《通塞誌》）；智者爲關王授戒，慈雲爲白鶴授戒，皆令禁斷葷血，專事蔬食。此沙門立法也。

4、《佛祖統紀》卷三十七：〔註108〕

（天監）十六年，敕太醫不得以生類爲藥，郊廟牲牷皆代以麵，宗

〔註106〕《大正藏》第52卷，第303頁。
〔註107〕《大正藏》第49卷，第322頁下。
〔註108〕《大正藏》第49卷，第349頁中。

廟薦羞始用蔬果（牷音全，牛純色。禮記祭祀牲牷）

（釋志磐）述曰：祭天地祀宗社，必殺牲以備物。皇王以來用以爲
法，有國家者掌之爲故。且不敢有所議也。夫司天地之化，所以稱
上帝，稱皇天后土者，至聖至神也。烏有神聖而好殺牲牢之命，肯
歆腥臊之食哉？由夫上古之俗，茹毛飲血以是養己，必以是事神。
樸陋之見，曾不知牷牢腥臭之爲瀆也。蒸民既粒，俗不能變。聖賢
教世，師古法以著之禮經，於是後王遵而行之，莫或敢議其可不者。
以養己，猶古不思事神之不當瀆也。夫果於殺命不仁也，薦以腥臭
不義也。以不仁不義爲養己之舊習，尚當思有以節，以求全好之心，
豈於事天地祖宗之神靈，而欲以牲牢腥臭之物以瀆之哉？自佛法東
漸，勸修齋戒。天帝尚知事佛，豈人事天而不知事佛乎？知所以事
佛，則不當以牲牢瀆天，爲可信矣。惟梁有武皇、魏有獻文，敕郊
廟祭祀不用牲牷，而易之以蔬麵酒果。可謂違古而道。奉黍稷、薦
明水，是亦三代之祀法也，烏在乎牲牢腥臭之物哉？

《廣弘明集》，唐代釋道宣完成於麟德元年（664）；《佛祖統紀》，宋代釋志磐
作。二書中關於天監祭祀改制問題的記載多有歧異：關于時間，前書記爲天
監十二年，後書記爲十六年，較之正史，應以後書爲確；關於改變宗廟、天
地郊祭的順序，二書與《南史》記載基本相同，都將其放在一起。關於祭祀
改制的經過和內容《廣弘明集》記之較詳，先結合兩書試作分析：

　　一、《斷殺絕宗廟犧牲詔（並表請）》中對祭祀的改革實際上包含了四個
方面的內容 [註109]（是按時間來實現的）：1、詔丹陽、瑯琊二境，水陸並不
得搜捕；2、敕太醫不得以生類合藥，公家織官紋錦，並斷仙人鳥獸之形；3、
郊廟皆以麵爲牲牷；4、其饗萬國用菜蔬去生類。可見梁武帝是非常重視步驟
和策略的。

　　二、從文意看，《斷殺絕宗廟犧牲詔（並表請）》並不是梁武帝自己直接
下的詔書，而是道宣整理梁武帝及其朝臣關於這一問題的討論和詔書而成，
難免有作者自己的觀點和取捨。文中關於改制原因的記述兼及佛教和儒家，
而以佛教爲主。如去宗廟犧牲，文中認爲目的是修行佛戒，蔬食斷欲。而提
出禁止丹陽、瑯琊水陸搜捕的人中又以上定林寺沙門僧祐爲首；其所提出的

〔註109〕其中第一句話應該是概括性的提要。

原因中又有「京畿既是福地」等佛教用語。

三、關於禁止丹陽、瑯琊水陸搜捕問題。僧祐等提出後，梁武帝將這一問題交給尚書省討論，除了兼都令史王述外，以江畋爲代表的尚書省官員都反對禁止，最後武帝令周捨難江畋等，纔強制通過。這充分反映了改變一種習俗的阻力。在雙方提供的論據中，我們可以看到當時佛教和儒家之間微妙的關係。由於當時佛教得到帝王的大力提倡，江畋等人並不直接反對禁止殺生，而是從三個方面陳述這一政策不可行：從儒家聖人之道出發，君主應該充分考慮百姓的實際需要，一下禁止長久以來的習慣容易引起人們的恐懼；從政策的可操作性看，禁止幾個地方搜捕，人們會到其他地方去，不僅不能禁止殺生，反而加重人們負擔，也沒有實效；即使從佛教立場看，如果只是二郡有此禁，就容易使外道認爲不殺戒也有地域的區別，從而不利於佛教的傳播。同時，由於禁止搜捕牽扯到重大的政治禮俗，支持這一政策的人也不能不顧及儒家的禮制，他們提供了以下三條依據：京邑是天下瞻仰的地方，必然會起表率作用；禁止搜捕是去俗入眞，人們一定非常高興；儒家有「君子遠庖廚，血氣不身剪，見生不忍其死。聞聲不食其肉。」等主張，與佛教禁止殺生有相通之處。可以說正反雙方的爭論一方面反映了當時佛教與儒家的融合；另一方面，也反映了專制王權下，兩種思想體系之間的微妙關係：儒家不能不顧及佛教，佛教也不能不顧及長期的傳統。

四、《斷殺絕宗廟犧牲詔》中記載這次改制沒有涉及到山川諸祀。這裏山川諸祀應該主要是指民間祭祀。不改的原因是「山川小祇，難期正直。晴雨或乖，容市民怨。愚夫滯習，難用理移。」可見梁武帝雖然崇信佛教，但始終明白自己的政治地位，始終將政策的可行性放在重要位置。但《斷酒肉文》中又提到武帝禁止百姓群祀用生類，百姓群祀和民間山川祭祀多有重合，兩段史料不很一致，或者《斷殺絕宗廟犧牲詔》後，武帝曾經干涉過民間祭祀。但無論如何，民間祭祀帶有很大的地方性和習俗性，是很難一下改變的，即使梁武帝曾經禁止過，但其效果也不會太大。

五、朝臣對這次改制態度。《廣弘明集》後面的「前臣曰」實際上是指前面提到的尚書省大臣，他們實際上反對這次改制，但在這裏他們提出的理由卻非常曲折，並沒有明確提出反對的理由，而是指出改制的矛盾之處：求神之道方式多樣，關鍵在於誠心。如果沒有神明那麼四代的風氣就是錯誤，就沒必要祭祀，如果有神明那麼祭祀就是合理的，當然祭祀時也要存有去殺的

仁義之心。周文王以來，祭祀已經有很長的時間了。祭祀本來就要用犧牲，用麵代替，不符合「義」。而且將祭祀與紋錦聯繫到一起，也存在矛盾。

六、佛教方面對天監祭祀改制的評價。宋沙門釋志磐給予這次改制很高的評價，他在「改祭」條中，稱這次改制爲「人主立法」，並置於「沙門立法」之前；並在記載天監十六年詔書後，對此提出了自己的看法：用犧牲祭祀只是由遠古樸陋的習俗演變而來（這是從起源上否定其神聖性），按照儒家仁義的主張也不應該用犧牲；自佛法東漸勸修齋戒，天帝尚知事佛，人們更應該事佛，應該按照佛教的要求不能殺生。宋代佛教與儒家的融合已經達到一定的深度，而志磐雖是佛門弟子，但已經深受儒家影響（他的《佛祖統紀》按照正史體例編寫就充分表明了這一點）。他對於天監祭祀改制的評價，在堅持佛教基本立場的前提下，已經更多地運用儒家的思想資料。

比較正史和佛教史料對同一事件的記載和解釋，我們可以發現，正史代表了傳統儒家的觀點，更強調這次改制的儒家依據，而佛教史料則更強調佛教對這次改制的影響，歷史的眞實可能只有在兩種觀點的結合中纔能得到展現。另外《南史》與《廣弘明集》記載多有重合，《南史》完成於顯慶四年（659年），《廣弘明集》則成書於鱗德元年（664）。《南史》早於《廣弘明集》，應另有所本，而《廣弘明集》除時間有誤外，記載不虛，應本《南史》又有所補充。

此外，雖然從國家政令看，並沒有強制禁止民間祭祀用牲，但佛教也在一定範圍內影響了民間神靈的祭祀。《高僧傳‧釋法度傳》有一則故事：高僧釋法度由於道法高深，而使攝山神靳尙受佛戒，並通過夢通知攝山廟巫，「『吾已受戒於度法師，祠祀勿得殺戮。』由是廟用薦止茶脯而已。」〔註110〕這則故事雖然不可信，但其所反映的佛教對民間祭祀的影響卻是眞實的。另外，還有一些士人在自己管轄的範圍內取消以牲祭祀，如蕭琛在任吳郡太守時，「禁殺牛解祀，以脯代肉。」〔註111〕在佛教的影響下甚至還有人廢棄祭祀，據蕭琛《難神滅論》：「今守株桑門，迷督俗士。見寒者不施之短褐，遇飢者不錫以糠豆。而競聚無識之僧，爭造眾多之佛。親戚棄而不眄，祭祀廢而不修。良繪碎於刹上，丹金糜于塔下，而謂爲福田，期以報業。此並體佛未深，解法不妙。雖呼佛爲佛，豈曉歸佛之旨；號僧爲僧，寧達依僧之意。此亦神

〔註110〕《高僧傳》卷8《釋法度傳》，第331頁。
〔註111〕《梁書》卷26《蕭琛傳》，第397頁。

不降福，予無取焉。」〔註112〕蕭琛雖然禁止以肉爲祭，但對祭祀本身並不反對，在這篇文章裏他反對以佛教爲藉口廢除祭祀，正表明這種現象在一定範圍確實存在並具有較大的影響，所以他纔專門指出這種情況違背佛教精神，以爲佛教辨白。這些都表明隨著佛教的發展，漢地原來的一些行爲規範逐漸受佛教的影響而發生了一些變化。

餘　論

從較長的時段看，南朝祭祀觀念的一些變化並沒有給傳統體制下的禮制帶來太大的影響，喪禮中要求蔬祭的現象，後世一直存在，但始終不是主流；〔註113〕宗廟天地的祭祀，也很快基本恢復原狀。〔註114〕其中原因值得探討，筆者認爲主要有以下幾點：

一、中國社會很早就形成了以禮法爲紐帶的宗法社會，禮在社會生活中居於重要地位，並形成了自己的一套體系傳統，掌握了社會生活中的話語權利，即使是細節問題的改變也會引起傳統的反對。佛教在中國發生重要作用的南朝時期，由於社會結構的變化，傳統禮制有所鬆弛，纔會有佛教影響的空間，但傳統的潛力非常強大，面對外來衝擊時，會不斷調整自身，以融攝外來的影響。

二、中國很早就形成了以皇權爲中心的官僚體制，雖然自漢末以來，特別是東晉門閥政治下，皇權受到了很大的阻力，但南朝既然是皇權政治的復興時期，恢復皇權的至高無上，在國家政治中就佔有重要位置。南朝帝王雖然多崇佛教，但他們對佛教更多是一種權術的利用，企圖借佛教安定社會人心，也希望通過對佛教義理的掌握取得一種文化上的優先權。在他們心中皇權是第一位的，教權永遠無法超越皇權。即便是以崇佛著名的梁武帝，在個

〔註112〕（梁）蕭琛《難神滅論》，《弘明集》卷9，《大正藏》卷52，第57頁下。
〔註113〕佛教對喪禮的影響非常大，雖然喪禮中蔬食祭祀並沒有得到普及，但在喪禮其他方面深受佛教影響，如水陸法會、火葬等，朱熹曾經誇張地說：「自佛法入中國，上自朝廷，下達閭巷，治喪禮者，一用其法。」（《朱子文集》卷一四《跋向伯元遺戒》）
〔註114〕《隋書》卷6《禮志第一》（第111頁）「陳制，亦以間歲。正月上辛，用特牛一，祀天地於南北二郊。……陳制，立七廟，一歲五祠，謂春夏秋冬臘也。每祭共以一太牢，始祖以三牲首，餘唯骨體而已。五歲再殷，殷大祫而合祭也。」這表明陳代已經改變了梁宗廟天地祭祀不用牲的規定。

人信仰和國家政治之間也分得很清楚（詳見第三章）。所以梁武帝雖然對祭祀進行了一些改革，但還是採取了非常審慎的方式，不敢從根本上改變作為政治權力象徵的祭祀禮儀。而一旦政治環境變化，連這種謹慎的改變也不能被接受了。陳朝帝王雖然在對佛教的政策上極力模仿梁武帝，但卻沒有了個人信仰的熱忱，其恢復傳統祭祀也是理所當然。

　　三、中國傳統思維中的實用理性精神，使人們對很多問題不做深究，這就使很多明顯矛盾的觀念和行為可以共存，而不會引起思想或行動上的激烈衝突。佛教傳入後深刻影響了中國社會的信仰體系，特別是其天堂地獄、業力輪迴的觀念豐富了人們對死後世界的想像，但中國傳統的信仰並沒有消失，而是與之並行不悖地存在，這樣供奉佛教神靈和祭祀中國傳統神靈採取不同的用品之間的矛盾在經過梁代一番爭論和改革後，最終淡出人們的視野，成為並行存在的習慣模式。

　　但另一方面南朝祭祀觀念的變化也不是毫無影響：

　　從佛教方面看，這些變化讓他們看到了佛教影響禮制的可能性，此後他們一直沒有放棄勸說帝王斷殺的努力，如唐太宗時，釋玄琬曾致書皇太子，勸他行慈、減殺、順氣、奉齋。（貞觀）九年唐太宗下詔從三月到五月斷殺，玄琬又「以仁育兼濟，迺上啓更延，帝又特聽盡於歲暮。」〔註 115〕一些僧尼也不斷在民間勸導戒殺，隋代釋普安，「每行慈救，年常二社血祀者多，周行救贖，勸修法義，不殺生邑，其數不少。」〔註 116〕又據《佛祖統紀》卷三十七，宋代慈雲法師，曾經在天台山勸民俗祀神改祭為齋，他的理由是「祭祀出俗典，改祭據佛經。俗典則未逃殺害，佛經則唯重慈悲。殺害則報在三途，慈悲則果成萬德。以善改惡無不可者。」〔註 117〕

　　此外，在佛教的影響下，道教的神靈祭祀也逐漸要求素食，據宋代的《翊聖保德真君傳》，張守真要用酒肉祭祀道教神靈，神對他說：「吾神人也，汝何為以腥穢瀆我？以汝未曉，不欲罪汝。此去但以香茶及素食鮮果為供，吾雖不食，歆汝之意也。」〔註 118〕

　　從實際的影響看，這些變化使不殺生作為一種討好神靈的政治行為在一

〔註 115〕《續高僧傳》卷 22《釋玄琬傳》，第 295 頁中。
〔註 116〕《續高僧傳》卷 29《釋普安傳》，第 357 頁。
〔註 117〕《大正藏》第 49 卷，第 349 頁中。
〔註 118〕《雲笈七籤》卷 103，第 2220 頁。

定程度上被人們接受，此後一旦出現災異，政府經常會有禁止宰殺的政令。如元順帝至元五年（1339），「十一月丁巳，熒惑犯壘壁陣。禁宰殺。」〔註119〕直到晚清，在遇有天災時，地方官員在採取的各種措施中還包括禁止宰殺牲畜。〔註120〕

第三節　從梁武帝《斷酒肉文》看中國本土文化對佛教的影響

一、問題的提出

素食是佛教慈悲精神的體現，現在漢傳佛教僧尼一般都堅持素食。但南傳佛教出家人卻可以肉食，藏傳佛教也一向不忌葷辛。日本佛教爲漢傳佛教文化的傳播區，早期僧人亦素食，但近代以來，由於形勢的演變，日本佛教已全面開放肉食。可見，並不是所有地區的佛教都要求僧尼素食。

前面已經提到印度佛教雖然從慈悲的立場出發提倡素食，但又從方便的角度沒有絕對禁止肉食，而且大小乘佛教對素食的看法也不盡相同。漢傳佛教後來大都屬於大乘，但佛教傳入和發展的初期，則是大小乘並重。漢地僧尼遵守的戒律主要是小乘諸律。〔註121〕佛教戒律比較系統的傳入中國是在東晉末年，僧祐曾言：「中華聞法，亦先經而後律。律藏稍廣，始自晉末。」〔註122〕湯用彤先生也說：「羅什來華，大出律藏，從此天下僧人儀範有所遵循。」〔註123〕此後整個南北朝時期漢地盛行的都是屬於小乘的《十誦律》。《十誦律》規定僧尼可以喫三淨肉。因此從戒律規定上講，南北朝時期漢地僧尼依據的戒律觀念並沒有必須素食的要求。而且從事實上看，南北朝初期很多漢地僧尼也是不忌肉食的。只是到了梁代，梁武帝通過國家命令的形式下了一道《斷酒肉文》的詔書，素食纔成爲一種僧尼必須遵守的規範。可見，漢傳佛教也不是從一開始

〔註119〕《元史》卷40《元順帝本紀》第853頁。
〔註120〕參見（美）柯文《歷史三調——作爲時間、經歷和神話的義和團》，江蘇人民出版社2000年版，第62頁。
〔註121〕參見嚴耀中《試論中國佛教戒律的特點》，《世界宗教研究》，2005年第3期。
〔註122〕僧祐：《新集律來漢地四部記錄》，載《出三藏記集》卷3，中華書局1995年版，第116頁。
〔註123〕《漢魏兩晉南北朝佛教史》，第154頁。

就堅持素食的。

那麼，《斷酒肉文》完全是出自帝王個人的愛好，還是有著深厚的文化背景呢？究竟是什麼因素使素食最終成爲漢傳佛教的一個重要特色呢？這一特色的形成反映了中國文化史上哪些問題？本文試作分析。

二、梁武帝《斷酒肉文》時間考

梁武帝《斷酒肉文》最早出現於唐代僧人道宣編的《廣弘明集》中，而在現存的唐代以前文獻中並沒有提到這道詔書，關於其眞僞問題，我們可以從三個方面考慮：一、梁武帝頒佈《斷酒肉文》從某種意義上是對佛教戒律的一種干預，佛教界本身不會非常歡迎（從後面這道詔書頒佈後引起的反應可以看出），因此沒有必要進行僞造；而如果是世俗方面的僞造，按照《廣弘明集》的範例，即使收入，道宣也會對之進行辨析和評論。二、《斷酒肉文》中共提到九個人名，而除了寶度、道恩、景猷外，其他人物在相關史籍中都有記載：周舍在詔書中的職位是「員外散騎常侍太子左衛率」，〔註124〕而根據《梁書‧周舍傳》周舍死於普通五年（525），而且確實擔任這些職位；〔註125〕法雲、法超、僧辯、法寵、道澄、慧超等也都是梁代著名的高僧。〔註126〕而之所以在這些僧人傳記中沒有提到《斷酒肉文》可能也是因爲從佛教徒的角度來看，這件事情並不值得宣揚。同時由於《斷酒肉文》針對的是僧尼，所以正史中也沒有記載，而只保存在佛教史料中。三、《斷酒肉文》中所體現的佛教思想與梁武帝的佛教思想是一致的，如對《涅槃經》的重視、對有神論的堅持等。因此筆者認爲《斷酒肉文》並非僞造。而湯用彤先生在其《漢魏兩晉南北朝佛教史》中也是直接運用《斷酒肉文》，〔註127〕其他佛教著作也將其作爲眞實的史料加以使用。

關於這篇詔書出現的時間，《廣弘明集》中並沒有指出。歷代僧俗史料中

〔註124〕《斷酒肉文》，《廣弘明集》卷27，《大正藏》卷52，第303頁。

〔註125〕《梁書》卷25《周舍傳》，第376頁。

〔註126〕據《續高僧傳》卷5，法雲卒於大通三年（529）：同卷，法寵卒於普通五年（524）三月十六日卒；卷一，法超卒於普通七年（526），卷6，慧超卒於普通七年（526）；僧辯在《續高僧傳》中沒有專門的傳記，但在《釋智文傳》《釋僧詢傳》中都提到，而且生活時代與寶雲大致相同。道澄在《續高僧傳》中沒有記載，但在《廣弘明集》卷24中有一篇《梁簡文弔道澄法師之書》，道澄應該也是梁代著名的僧人。

〔註127〕湯用彤《漢魏兩晉南北朝佛教史》，第338頁。

最早標出這篇詔書時間的是宋代釋志磐的《佛祖統紀》：「天監十年……上（梁武帝）集諸沙門製文，立誓永斷酒食。」〔註128〕後來元代釋覺岸的《釋氏稽古略》也沿襲這一說法。〔註129〕元代釋念常的《佛祖歷代通載》認為此詔書是在天監十一年（512）發佈。〔註130〕史學界對這一問題也沒有確定而一致的看法。魏承思在《中國佛教文化論稿》一書中認為《斷酒肉文》發佈於天監十年（511）。〔註131〕日本學者諏訪義純認為這篇詔書的確定年代已無法詳究，大致上是天監十六年（517）至普通四年（523）之間。〔註132〕趙以武認為應該是天監十六年（517）。〔註133〕顏尚文認為此一事件應在梁武帝受菩薩戒之後，亦即天監十八年（519）四月初八至普通四年（523）。〔註134〕康樂在其《素食與中國佛教》中認為《斷酒肉文》發佈於普通四年（523）5 月 23 日與 29日。〔註135〕本文比較贊同康樂的觀點，康樂的依據是《南史·郭祖深傳》中郭祖深的一道上書，〔註136〕在這道上書中，郭祖深先是指出「陛下皇基兆運二十餘載」，接著指出佛教的弊端，然後建議「僧尼皆令蔬食」則梁武帝發佈《斷酒肉文》必在郭祖深上書之後。但由於康樂並沒有給出具體詳盡的理由，本文試做補充。

〔註128〕《佛祖統紀》卷37，《大正藏》卷49，第351頁中。

〔註129〕《大正藏》卷49，第795頁。

〔註130〕《佛祖歷代通載》卷九，《大正藏》卷49，第545頁下。

〔註131〕參見魏承思《中國佛教文化論稿》，第275頁。

〔註132〕諏訪義純《中國佛教における菜食主義思想の形成に關する管見——周顒、沈約、梁武帝》，《愛知學院大學文學部紀要》第12號，第104～102頁。

〔註133〕趙以武《關於梁武帝「捨道事佛」的時間及其原因》（嘉應大學學報（哲學社會科學）1999年10月）認為「《斷酒肉文》承認，寫此文之前，梁武帝自己尚『在居家，不持禁戒』。至於寫作時間，文中提供了是在下敕宗廟去牲（從《梁書》本紀可知，時在天監十六年四月間）後的五月下旬。」其依據當為《斷酒肉文》中「今日大眾已應聞知，弟子已勒諸廟祀及以百姓凡諸群祀，若有祈報者，皆不得薦生類。」但此只可以確定是在下敕宗廟去牲之後，而不能確定具體年代。至於趙文引「在居家，不持禁戒」其應為「雖在居家，不持戒。」正說明此時梁武帝已經受了佛教居士戒，這裏的持戒應該是指持素食戒，而當時整個佛教界還沒有必須素食的規定，其不持素食戒也就正常了。結合後面《淨業賦》中提到登位後不久便蔬食，可見這裏的「不持禁戒」應指沒有完全的素食。

〔註134〕顏尚文《梁武帝》，第231頁。

〔註135〕康樂《素食與中國佛教》，《禮俗與宗教》（臺灣學者中國史研究論叢），中國大百科全書出版社，2005年，第156頁。

〔註136〕《南史》卷70《郭祖深傳》，第1720頁。

　　先看郭祖深上書的時間，梁武帝於天監元年（502）四月即位，天監共十八年，則普通二年四月以後都可以稱「皇基兆運二十餘載」。那麼這道上書的具體時間是哪一年呢？《南史・郭祖深傳》記載郭祖深在上書中除了指出佛教的弊病外，還指出「廬陵年少，不宜鎮襄陽，左僕射王暕在喪，被起爲吳郡，曾無辭讓。」〔註137〕據《梁書・武帝紀下》：「（普通）三年，（正月）庚子，以……吳郡太守王暕爲尚書左僕射。己未，以宣毅將軍廬陵王續爲雍州刺史。」〔註138〕雍州刺史鎮襄陽，所以郭祖深上書應該在普通三年（522）正月廬陵王爲雍州刺史及王暕爲尚書左僕射之後。而這時還沒有僧尼必須蔬食的規定，所以《斷酒肉文》肯定是在普通三年（522）之後發佈的。我們再看看《斷酒肉文》中提到的一些人物，前面已經介紹過，釋法寵卒於普通五年（524）三月十六日，而周舍也死於普通五年（524），由於《斷酒肉文》中提到的時間是五月，那麼《斷酒肉文》就只能是在普通三年（522）或普通四年（523）五月發佈的。而筆者認爲普通四年的可能性最大。《梁書・武帝紀下》有：「（普通三年）五月壬辰朔（二日），日有蝕之，既。癸巳，赦天下，並班下四方，民所疾苦，咸即以聞，公卿百僚各上封事，連率郡國舉賢良、方正、直言之事。」〔註139〕郭祖深上書時的職位是「後軍行參軍」職位不高，平時並沒有直接上書帝王的職責和權力，史書還指出他這次上書時「輿櫬詣闕」，可見並不是一次隨便的上書，據此則郭祖深很可能是在梁武帝發佈上引詔書後爲回應帝王號召纔上書的。郭祖深上書中提到「大梁應運，功高百王，慈悲既弘，憲律如替……（陛下）比來慕法，普天信向，家家齋戒，人人懺禮，不務農桑，空談彼岸。夫農桑者今日濟育，功德者將來勝因，豈可墮本勤末，置彌效賒」，可見郭祖深這次上書還指出憲律衰替和農業荒廢問題。《南史》在記載郭上書後又有「帝雖不能悉用，然嘉其正直，擢爲豫章鍾陵令，員外散騎常侍。」從這段材料看，梁武帝應該部分採納了郭祖深的進諫。《梁書・武帝紀下》又言：「（普通四年）正月辛卯，……並班下四方，時理獄訟。……（二月）乙亥，躬耕籍田。詔曰：『……可班下遠近，廣闢良疇，公私畎畝，務盡地利。……』」可見郭祖深上書後，梁武帝對憲律和農業問題都採取了一定的政策，這似乎表明梁武帝對郭祖深（或者其他大臣類似）的建議確實做

〔註137〕《南史》卷70《郭祖深傳》，第1720頁。
〔註138〕《梁書》卷3《梁武帝紀下》，第65頁。
〔註139〕《梁書》卷3《梁武帝紀下》，第66頁。

－219－

出了回應，或者令僧尼蔬食也是其中一項，至少郭祖深將蔬食作爲約束僧尼的策略會給梁武帝某種啓發。而《斷酒肉文》中一開始就提到「如是若言，出家人猶嗜飲酒，噉食魚肉，是則爲行同於外道，而復不及。」〔註140〕並接著詳細列舉僧尼飲酒食肉不如外道的原因，似乎梁武帝發佈《斷酒肉文》就是針對「外道」對佛教的批評，或許郭祖深正是梁武帝針對的批評者之一。如果梁武帝《斷酒肉文》是對郭祖深建議的回應，從邏輯上看梁武帝應該先考慮那些直接關係國家政事的建議，那麼，普通四年（523）正月的詔書應該在《斷酒肉文》發佈之前。從事實上看，《斷酒肉文》提到的具體時間是5月23日，郭祖深上書即使就在普通三年（522）五月二日梁武帝詔書後不久，梁武帝也不可能在當年的五月份就能立刻對其上書中所提到的僧尼蔬食事做出回應。所以《斷酒肉文》提出的最可能的時間就是普通四年（523）5月23日。

三、《斷酒肉文》出現之前僧尼傳記中的素食現象

在梁武帝下發《斷酒肉文》以前，中國僧尼食肉在國家制度上是不被禁止的。而僧團內部，由於戒律本身的不統一性和早期中國佛教戒律的不完備，肉食也沒有被禁止。當時即使一些比較有名的僧人也沒有素食，如東晉名僧支遁是由於一次神異纔素食的，〔註141〕可見他此前是食肉的。又如杯度，「不甚持齋，飲酒噉肉，至於辛鱠，與俗不殊。」〔註142〕又據《宋書‧謝弘微傳》記載：「謝弘微，……兄曜歷御史中丞，彭城王義康驃騎長史，元嘉四年卒。弘微蔬食積時，哀戚過禮，服雖除，猶不噉魚肉。沙門釋慧琳詣弘微，弘微與之共食，猶獨蔬素。」〔註143〕可見沙門釋慧琳也是食肉的。

關於中國早期僧尼活動的材料基本上都保存在僧尼傳記中，而現在保留下來的《高僧傳》、《比丘尼傳》和《續高僧傳》三部僧尼傳記的作者都是僧人，我們先來介紹一下作者的生活年代和基本狀況，以瞭解他們記述僧尼素食的背景。

《高僧傳》的作者是梁代僧人慧皎，據《高僧傳》卷十四末慧果的跋文，慧皎死於承聖三年（554），年58，基本生活在梁代。據《高僧傳》自序其記

〔註140〕《廣弘明集》卷26，《大正藏》卷52，第303頁下。
〔註141〕《高僧傳》卷4《支遁傳》，第163頁。
〔註142〕《高僧傳》卷10《杯度傳》，第379頁。
〔註143〕《宋書》卷58《謝弘微傳》，第1592頁。

事止於天監十八年（519），所以一般認爲《高僧傳》完成於天監十八年（519），也有一些學者提出了不同看法，蘇晉仁先生考證《高僧傳》完成應該在普通三年（522）或普通四年（523）。〔註 144〕曹道衡認爲《高僧傳》「殺青之日，當在普通中。」〔註 145〕Arthur F. Wright 認爲《高僧傳》成書於「約西元 530 年」。〔註 146〕黃先炳則綜合各家看法，認爲《高僧傳》「應撰於西元 519 年～523 年之間」。〔註 147〕不管怎樣，《高僧傳》的記事中有發生在普通三年者，〔註 148〕所以慧皎在基本完成《高僧傳》後應該不斷的補充和修改，其最終完成的時間應該與《斷酒肉文》的發佈相差不多。《比丘尼傳》，梁釋寶唱撰，記事止於梁天監後期，〔註 149〕和《斷酒肉文》的發佈也基本上在同一段時間。所以《高僧傳》和《比丘尼傳》所體現的素食觀念雖然不可能直接受梁武帝《斷酒肉文》影響，但其對素食的觀念應該與梁武帝的素食觀念有著同樣的背景。又據《續高僧傳》慧皎「學通內外」，〔註 150〕寶唱曾「從處士顧道曠、呂僧智等，習聽經史莊易，略通大義。」〔註 151〕可見他們都受過儒家思想影響，具有儒家的價值取向。《續高僧傳》則是唐代僧人道宣所作。

雖然早期僧尼中有不少人不忌肉食，但僧尼傳記中卻很少直接提到僧尼食肉，即使提到，也多帶有神異性。這可以看作是認爲僧尼應該素食的著作者「爲賢者諱」的一種慣例，另一方面作於梁代的兩部僧尼傳記都很突出僧尼素食的行爲，對此我們可以這樣理解：當一種行爲被作爲一種高尚的品德來宣揚時，正說明這種行爲並不普遍。正因爲梁代以前一直堅持素食的僧尼不多，這種行爲纔得到了讚賞和宣揚。

根據筆者對《高僧傳》、《續高僧傳》和《比丘尼傳》的統計（參見附表三），《斷酒肉文》出現之前僧尼素食現象體現出如下特點：

（一）從文獻上看，《高僧傳》中提到的蔬食者有 39 位，《比丘尼傳》中有 18 位，《續高僧傳》中梁代初期以前的只有 3 位。可見慧皎和寶唱都將蔬

〔註 144〕蘇晉仁：《高僧傳》，《中國佛教》（第四冊），知識出版社 1989 年版，第 151 頁。

〔註 145〕曹道衡：《中古文學史料叢考》，中華書局 2003 年版，第 642～643 頁。

〔註 146〕Biography and Hagiography: Hui-chiao Lives of Eminent Monks pp.400。

〔註 147〕黃先炳《〈高僧傳〉研究》，博士論文第 29 頁。

〔註 148〕《高僧傳》卷 13《釋法獻傳》，第 489 頁。

〔註 149〕《比丘尼傳校注》序，第 1 頁。

〔註 150〕《續高僧傳》卷 6《慧皎傳》，第 151 頁中。

〔註 151〕《續高僧傳》卷 1《釋寶唱傳》，第 107 頁中。

食作爲僧尼的一種高尚行爲，給予特別的強調，所以二書中不少僧尼都有蔬食的記載。但《續高僧傳》作於唐代，這時蔬食已經成爲一種基本的規範，已經不值得特別指出，所以《續高僧傳》中很少提到僧人蔬食（《續高僧傳》也記載了梁代以後以及北周、北齊蔬食的僧人，但數量不多，這可以視爲《高僧傳》傳統的一種延續）。

（二）從數量上講，總體而言，僧尼傳記中提到的蔬食僧尼所佔比重並不是很大，〔註152〕這反映了這一時期蔬食並不是必須遵守的佛教戒律。蔬食在中國傳統觀念中往往是一種高尚行爲的表徵，〔註153〕這一時期的僧尼蔬食更多帶有傳統觀念中蔬食的含義，因此蔬食經常與「苦節」、「精進」、「有德行」等詞語連用，這充分表明中國文化對佛教的影響。而慧皎、寶唱都受過儒家思想的影響，他們在僧尼傳記中強調蔬食也體現了儒家的一種價值取向。關於僧尼蔬食是一種高尚行爲，還有一段材料可以作爲輔證，宋孝武帝時沙門僧導因嫉妒釋法願，向孝武帝進言，孝武帝「即敕願還都，帝問願：『何詐菜食？』願答：『菜食已來十餘年。』帝敕直閤沈攸之，強逼以肉。遂折前兩齒，不迴其操。帝大怒，敕罷道。作廣武將軍，直華林佛殿。」〔註154〕孝武帝將「詐菜食」作爲一種罪狀來制裁法願，儘管對法願而言這是一種冤屈，但卻正表明僧尼「詐菜食」這種現象確實存在，也表明僧尼菜食是一種令人尊崇的行爲。從時間上講，南朝之前《高僧傳》和《比丘尼傳》中提到的蔬食的僧尼共有14位（據《高僧傳》和《比丘尼傳》南朝以前僧尼共有185位，提到過蔬食的佔7.5%多），宋至梁初共43位（《高僧傳》和《比丘尼傳》提到的南朝僧尼共381位，蔬食的佔11.5%多）因此，到梁初之前，在傳記中被記載有蔬食行爲的僧尼人數是逐漸增多，在僧尼總數中所佔的比重也逐漸增大。可見蔬食作爲一種僧尼行爲規範正越來越受到重視。

（三）從蔬食僧尼類型上看，主要是那些注重修行的僧尼堅持蔬食。在60位蔬食僧尼中，真正屬於義解類的只有7位。附傳中的4位僧人雖然屬於義解，

〔註152〕當然並不是只有那些傳記中提到過蔬食的僧尼才蔬食，傳記中提到只是特別表彰的意味，但這至少能反映一種概況。

〔註153〕如東漢崔瑗，「居常蔬食菜羹而已」並由此而得到當時人的讚賞，據本傳「當世清之」（《後漢書》卷57《崔瑗傳》，第1724頁。）；顏延之，「居身清約，不營財利，布衣蔬食，獨酌郊野，當其爲適，傍若無人。」（《宋書》卷73《顏延之傳》，第1902頁。）

〔註154〕《高僧傳》卷13《釋法願傳》，第518頁。

但相對而言名氣較小、事蹟較少，而比丘尼則可以看作偏重修行的。這表明直到南朝前半期，中國僧人義理與修行往往是分開的，還沒有很好結合起來。

四、梁武帝《斷酒肉文》提出的世俗背景

梁武帝是一個虔誠的佛教徒，他對於中國佛教的發展做出了重要貢獻，其中一項就是頒佈《斷酒肉文》，使素食成爲漢傳佛教的一個基本特色。《斷酒肉文》的頒佈不是偶然的，它既體現了佛教在中國發展的一種要求，也體現了中國文化對佛教施加的一種影響。

《斷酒肉文》頒佈以前，世俗社會對於與佛教有關的素食已經給予了特別的注意，這主要表現在：

（一）世俗社會提出僧尼應該素食的要求

隨著佛教僧團的擴大，僧尼人數的增多，僧尼僞濫和違背戒律的現象不在少數，僧尼肉食較之印度應該有過之而無不及，因此這也成爲世俗社會批評佛教的一種理由。同時蔬食在中國傳統文化語境中，是一種人格品質的象徵。隨著佛教在中國的發展和大量僧尼進入上層社會，世俗社會也逐漸賦予僧尼一種理想人格，對他們的行爲提出了一些要求。而其中蔬食被認爲是僧尼應該遵守的基本規範。如東晉釋道恒《釋駁論》中有「東京束教君子」指出僧尼「然觸事蔑然無一可採，何栖託之高遠，而業尚之鄙近。至於營求孜汲，無暫寧息，或墾殖田圃與農夫齊流，或商旅博易與眾人競利，或矜恃醫道輕作寒暑，或機巧異端以濟生業，或占相孤虛妄論吉凶，或詭道假權要射時意，或聚畜委積頤養有餘，或抵掌空談坐食百姓。斯皆德不稱服，行多違法。雖暫有一善，亦何足以標高勝之美哉！」認爲僧尼應該：「唯法投足而安蔬食而已。使德行卓然，爲時宗仰；儀容邕肅，爲物軌則。」〔註155〕世俗之人在此文中雖然是以批判佛教的面目出現，但其批判的只是那些違反戒律，行爲不檢的僧尼，對於眞正的高僧他們還是寄予厚望，認爲其應該「爲時宗仰」的，並且認爲僧人能夠「爲時宗仰」的一個基本條件就是能「安蔬食」。

而隨著佛教僧團的僞濫，那些關心佛教發展的士人也試圖通過規定僧人必須蔬食等方式來淨化僧團，提高僧尼的形象。據《宋書‧周朗傳》，宋世祖繼位後，要求百官進言，周朗在上書中說：

〔註155〕《弘明集》卷5，《大正藏》卷52，第35頁中。

自釋氏流教，其來有源，淵檢精測，固非深矣。舒引容潤，既亦廣矣。然習慧者日替其修，束誠者月繁其過，遂至糜散錦帛，侈飾車從。復假精醫術，託雜卜數，延姝滿室，置酒泆堂，寄夫託妻者不無，殺子乞兒者繼有。而猶倚靈假像，背親傲君，欺費疾老，震損宮邑，是酒外刑之所不容戮，內教之所不悔罪，而橫天地之間，莫之糾察。人不得然，豈其鬼歟！今宜申嚴佛律，禪重國令，其疵惡顯著者，悉皆罷遣，餘則隨其藝行，各爲之條，使禪義經誦，人能其一，食不過蔬，衣不出布。若應更度者，則令先習義行，本其神心，必能草腐人天，竦精以往者，雖侯王家子，亦不宜拘。〔註156〕

周朗承認佛教的精深廣博，肯定其存在的價值，同時又指出教團中僞濫犯戒現象的嚴重性，並提出了整治僧團的措施，即一方面加強佛教內部戒律，另一方面借重國家律令。而蔬食正是其整治的重要內容之一。周朗應該是本著促進佛教正常發展的意圖而提出上述建議的。唐代僧人釋神清就這樣看待周朗的行爲：「古者沙汰總有二意：一爲崇重教門惡其渝濫，故澄汰奸冗務令清淨。宋世祖、王度、顏延之、蕭暮之、周朗、虞願、……十四人也。」〔註157〕

此外，沈約也將蔬食與戒行高尚聯繫在一起，他所推崇的僧尼行爲有「或坐臥行立，迹不違眾，禪業定門，造次無爽。安忍與金石同固，戒行與寶珠等色。雖秋禽季至，春鮪時登，而耿介長蔬。忡怛在念，妙迹匪遲，神塗密邇，有悟必通。」〔註158〕

總之，不管是那些信佛士人爲了促進佛教的發展，還是那些反佛士人爲了約束佛教，他們提出僧尼應該蔬食的建議都爲梁武帝《斷酒肉文》的頒行提供了依據。

（二）佛教素食與政治逐漸發生直接的關係

隨著皇室貴族和社會上層的信佛，佛教的齋戒儀式得到更大範圍的推廣，一些佛教儀式和戒律也具有了政治意味。《宋書‧袁粲傳》：「孝建元年，世祖率群臣並於中興寺八關齋，中食竟，愍孫別與黃門郎張淹更進魚肉食。尚書令何尚之奉法素謹，密以白世祖，世祖使御史中丞王謙之糾奏，並免官。」〔註159〕

〔註156〕《宋書》卷82《周朗傳》，第2100頁。
〔註157〕《北山錄》卷10，《大正藏》卷52，第632頁。
〔註158〕沈約：《內典序》，《廣弘明集》卷19，《大正藏》卷52，第231頁下。
〔註159〕《宋書》卷89《袁粲傳》，第2229頁。

八關齋，本來是佛教爲在家弟子制定的出家戒律，要求在家弟子在六齋日的任意一天至僧團中與出家人一齊過出家生活，在這期間要求素食。這本來是在家弟子個人的修行行爲，在南朝卻經常出現帝王帶領群臣一起進行八關齋的場面，這種齋戒逐漸成爲朝廷止惡修善，以致太平的手段。這時大臣在八關齋期間是否素食就不僅是佛教戒律的問題了。上引袁粲因食肉而免官，正表明素食已經與政治結合在一起。如果反對素食還可能會引起信佛的貴族官僚的反感，而可能帶來政治上的損失。南齊時何胤說要斷食生，但還想喫白魚、䱇脯、糖蟹，讓學生討論。一個學生鍾岏說：「䱇之就脯，驟於屈伸；蟹之將糖，躁擾彌甚。仁人用意，深懷如怛。至於車螯蚶蠣，眉目內闕，慚渾沌之奇，礦殼外緘，非金人之慎。不悴不榮，曾草木之不若；無馨無臭，與瓦礫其何算。故宜長充庖廚，永爲口實。」〔註 160〕信奉佛教的竟陵王蕭子良見到這些議論，非常生氣。佛教素食與政治發生聯繫首先發生在世俗社會，但也爲統治者用政治權力干涉僧尼戒律開了先例。

（三）崇佛士人揉合傳統思想和佛教理論來解釋素食的必要

周顒是南齊名士，他既精通儒家的經典，曾任國子博士，又兼善《老》學，精信佛法。當時何點也隱遁信佛，但卻依然食肉。周顒給他寫了一封信，勸他素食。在這封信中他充分運用傳統思想和佛教理論來闡釋素食的必要性和重要性。先將此信引述如下：

> 丈人之所以未極遐蹈，或在不近全菜邪？脱灑離析之討，鼎俎網罟之興，載之簡策，其來實遠，誰敢干議？觀聖人之設膳脩，仍復爲之品節，蓋以茹毛飲血，與生民共始，縱而勿裁，將無厓畔。善爲士者，豈不以恕己爲懷？是以各靜封疆，罔相陵軼。況迺變之大者，莫過死生；生之所重，無逾性命。性命之於彼極切，滋味之在我可賒，而終身朝晡，資之以永歲，彼就冤殘，莫能自列，我業久長，吁哉可畏。且區區微卵，脆薄易矜，歁彼弱麑，顧步宜愍。觀其飲喙飛沈，使人憐悼，況可心心撲褫，加復恣忍吞嚼。至迺野牧盛群，閉豢重圈，量肉揣毛，以俟枝剝，如土委地，僉謂常理，可爲愴息，事豈一塗。若云三世理誣，則幸矣良快。如使此道果然，而受形未息，則一往一來，一生一死，輪迴是常事。雜報如家，人天如客，

〔註 160〕《南齊書》卷 41《周顒傳》，第 732 頁。

> 遇客日尠，在家日多，吾儕信業，未足長免，則傷心之慘，行亦自
> 及。丈人於血氣之類，雖無身踐，至於晨鳧夜鯉，不能不取備屠門。
> 財貝之一經盜手，猶為廉士所棄；生性之一啓鸞刀，寧復慈心所忍！
> 騶虞雖飢，非自死之草不食，聞其風豈不使人多愧！眾生之稟此形
> 質，以畜肌膋，皆由其積纏癡迷，沈流莫反，報受穢濁，歷苦酸長，
> 此甘與肥，皆無明之報聚也。何至復引此滋腴，自汙腸胃。丈人得
> 此有素，聊復寸言發起耳。〔註161〕

這封信實際上可以分為三個層次，第一用儒家聖人雖設膳修，仍為之品節的事實表明儒家雖然沒有要求蔬食，但對食肉是有一定限制和等級的。第二，用道家貴生的思想指出所有動物在有生命這一點上是平等的，人不應輕視他們的生命。第三，用佛教輪迴報應和慈悲為懷的學說來說明肉食不僅會給自己帶來惡報，也違背佛教的基本精神。

《廣弘明集》中收錄了沈約的一篇《究竟慈悲論》，在這篇文章中沈約也是融合儒家和佛家的思想來闡述蔬食的重要性。沈約卒於天監十二年（513），〔註162〕這篇文章肯定寫於《斷酒肉文》頒佈之前。文中有「十數年間，廬阜名僧已有蔬食者矣。」〔註163〕可見在寫這篇文章時僧尼蔬食的情況還不普遍。

總之，梁武帝發佈《斷酒肉文》之前已經有不少士人試圖從理論上對素食進行闡釋。雖然這些士人針對的主要是世俗社會的素食，但既然世俗社會都很有必要素食，那麼，主張慈悲為懷的佛教僧尼更應該把素食作為基本的規範。在此後的論述中我們將會看到這也成為梁武帝《斷酒肉文》中的一種論據。

（四）信佛士人在「釋氏輔教之書」〔註164〕中通過宣揚食肉的惡報來強化蔬食的觀念

「釋氏輔教之書」是一些信佛的士人為了宣揚佛教的因果報應而編纂的志怪小說。這類小說在南朝非常多，據李劍國統計南朝共有 10 種，〔註165〕而這些小說的作者都是崇信佛法的士人，如傅亮、劉義慶、蕭子良等。這些

〔註161〕《南齊書》卷 41《周顒傳》，第 733 頁。《廣弘明集》卷 26（《大正藏》卷 52，第 293 頁中）載有一篇周顒的《與何胤書》，内容與《南齊書》大致相同，只是時間上記為普通年間，信的對象也成了何點的哥哥何胤，此以正史為準。

〔註162〕《梁書》卷 13《沈約傳》，第 242 頁。

〔註163〕《廣弘明集》卷 26，《大正藏》卷 52，第 293 頁。

〔註164〕《魯迅全集》第九卷，人民文學出版社，2005 版第 56 頁。

〔註165〕李劍國：《論南北朝的「釋氏輔教之書」》，《天津師大學報》1985 年第 3 期。

小說大都遺失，其中保存比較多的主要有齊王琰的《冥祥記》。《冥祥記》中涉及到不少僧人因爲食肉而得到報應的故事。如宋代江陵四層寺竺慧熾因爲食肉而轉生到餓狗地獄。〔註166〕又如齊代令才，「嘗在吳之豪士顧需，送客於升平亭坐，見牽一羊，將充廚膳。才以貪網覆心，曾無諫止。俄而羊挽繩斷走入才膝下，穿頭入袈裟下，欲以求救，才然無言。羊即被牽將去。須臾，刳剔既畢，焚炙而行。才先食一臠，始入咽喉。肉遂從上走下沖心以攻腹，絞戾苦痛，不復可堪，起伏呻吟，酸切左右。需即命醫針之。炙猶搖動，酒破皮出之，故臠肉耳。才得病作羊鳴，吐沫還寺，少時便死。遠近聞者，爲之誡肅。」〔註167〕這類故事雖然看似荒謬，但在信仰盛行的年代卻具有很大的勸懲功能。其對於素食的宣揚無疑具有很大的社會功效。

綜上所述，梁武帝發佈《斷酒肉文》之前僧尼蔬食已經成爲一種比較普遍的要求，這種要求，從世俗社會來看，來自於傳統文化中將「品行」與「苦節」聯繫起來的習慣；對佛教界而言，既是對佛教慈悲精神的發揮，也是樹立僧尼崇高形象的一種方式。梁武帝《斷酒肉文》可以說正是對這種要求的一種回應。

五、《斷酒肉文》所反映的本土文化對佛教的影響

普通四年（522），梁武帝廣集高僧大德及一切僧官，頒佈了《斷酒肉文》這一佛教史上具有重要影響的詔書。這道詔書內容龐雜，文字非常多，這裏只介紹詔書的基本內容，這道詔書可以分爲六個層次：（一）指出佛弟子如果飲酒食肉就會同於甚至不及外道與居家人，「凡出家人所以異於外道者，正以信因信果信經。所明信是佛說經言，行十惡者受於惡報，行十善者受於善報。此是經教大意。如是若言，出家人猶嗜飲酒，噉食魚肉，是則爲行同於外道，而復不及。」並從九個方面展開了論述；（二）用《涅槃經》的理論來論證禁酒肉的合理性，「經言：『食肉者斷大慈種。』何謂斷大慈種，凡大慈者皆令一切眾生同得安樂。」（三）重申佛教因果報應之說，一方面食肉的行爲會報應到父母子弟身上，「若使噉食眾生父，眾生亦報噉食其父；若噉食眾生母，眾生亦報噉食其母；若噉食眾生子，眾生亦報噉食其子。如是怨對報相噉食，歷劫長夜無有窮已。」另一方面會報應到自身，導致至親互相噉食，爲自己

〔註166〕《釋門自鏡錄》卷1引《冥祥記》，《大正藏》卷51，第813頁。
〔註167〕《釋門自鏡錄》卷1引《冥祥記》，《大正藏》卷51，第813頁。

的修行製造障礙：「……從無始以來至於此生，經歷六道，備諸果報。一切親緣遍一切處，直以經生歷死，神明隔障，是諸眷屬不復相識。今日眾生或經是父母，或經是師長，或經是兄弟，或經是姊妹，或經是兒孫，或經是朋友。而今日無有道眼，不能分別，還相噉食，不自覺知。噉食之時，此物有靈，即生忿恨，還成怨對。向者至親，還成至怨。如是之事豈可不思？……凡噉食眾生是一切眾生惡知識，是一切眾生怨家。如是怨家遍滿六道，若欲修行，皆為障難。」（四）用蔣帝祭祀以及宗廟祭祀已經用蔬果論證佛弟子更應禁酒肉，「北山蔣帝猶且去殺，若以不殺祈願輒得上教，若以殺祈願輒不得教想。今日大眾已應聞知，弟子已勒諸廟祀及以百姓凡諸群祀，若有祈報者皆不得薦生類，各盡誠心，止修蔬供。蔣帝今日行菩薩道，諸出家人云何反食眾生行諸魔行。一日北山為蔣帝齋，所以皆請菜食僧者，正以幽靈悉能鑒見，若不菜食僧作菜食往，將恐蔣帝惡賤佛法，怪望弟子。」（五）與僧尼誓約禁斷酒肉，否則國家將強制執行，「弟子蕭衍於十方一切諸佛前，於十方一切尊法前，於十方一切聖僧前，與諸僧尼共申約誓。今日僧眾還寺已後，各各檢勒使依佛教。若復飲酒噉肉不如法者，弟子當依王法治問。諸僧尼若被如來衣，不行如來行，是假名僧，與賊盜不異。如是行者，猶是弟子國中編戶一民。今日以王力足相治問。若為外司聽察所得，若為寺家自相糾舉，不問年時老少，不問門徒多少，弟子當令寺官集僧眾，鳴揵槌捨戒還俗，著在家服，依《涅槃經》還俗策使。」（六）從營養的角度進一步申述素食的好處，「凡不能離魚肉者皆云，菜蔬冷，於人虛乏；魚肉溫，於人補益。作如是說，皆是倒見。今試復粗言，其事不爾。若久食菜人，榮衛流通；凡如此人，法多患熱。榮衛流通則能飲食，以飲食故，氣力充滿。是則菜蔬不冷，能有補益。諸苦行人亦皆菜蔬，多悉患熱，類皆堅強，神明清爽少於昏疲。凡魚為性，類皆多冷，血腥為法，增長百疾。所以食魚肉者神明理當昏濁，四體法皆沉重無論。方招後報有三途苦，即時四大交有不及。此豈非惑者，用心各有所執。甘魚肉者便謂為溫為補，此是倒見，事不可信。復有一種人，食菜以為冷，便復解素，此是行者未得菜意。菜與魚肉如水與火，食菜裁欲得力，復噉魚肉。魚肉腥臊，能滅菜力。所以惑者云，菜為性冷。凡數解素人，進不得菜蔬之力，退不得魚肉邪益。法多羸冷，少有堪能。」《斷酒肉文》基本內容提出後，梁武帝又組織了盛大的佛教儀式，要求當時高僧法雲在華林殿前登高座為法師，講《涅槃經》中斷肉食的內容，講完後要求耆闍寺道澄登高

座，唱此斷肉之文。此後由於還有一些高僧強調「律中無斷肉事及懺悔食肉法」，〔註168〕梁武帝又在華林殿組織大規模的辯論。〔註169〕

這道詔書既體現了佛教的基本精神，也反映了傳統文化對佛教的影響。這種影響首先體現在，梁武帝以帝王的權威來約束佛教的戒律，這是中國傳統社會皇權強盛的一種證明，而世俗政權高於宗教也是中國一貫的傳統。對梁武帝而言，頒佈這道詔書，既體現了對佛教發展的關注，也是其加強對佛教控制的一種手段；對佛教而言，在淨化僧團的同時，卻意味著在與王權的較量中棋輸一招。所以，當時佛教界很多高僧反對這一詔書的（當然他們反對的更多的是王權對戒律的干涉），直到梁武帝又召集高僧進行了長時間大規模的辯論，纔憑藉政治權威統一了素食的要求，可見佛教在素食方面服從於王權正體現了傳統文化對佛教的影響。同時，梁武帝作為兼通儒道的佛教徒，在其為「斷酒肉」所提供的論辯中也有儒道等中國傳統文化的影響。如，按照佛教根本教義，每個人根據自己所作的「業」得到相應的報應，在六道中輪迴，個人只對自己的行為承擔責任，而與父母子女很少有關係。但佛教傳入中國後為了適應中國本土重孝倫理的需要，個人行為所受的報應也與父母子女聯繫起來。梁武帝也擺脫不了這一傳統思想的影響，如上引食肉引起的報應中，特別強調了如果食眾生父母肉，眾生也會食自己父母肉。此外文中梁武帝還經常引用一些傳統俗語進行論證。如他曾引用「非知之難，其在行之」一語來引出自己要親自遵行素食這一戒律。《韓非子‧說難》中有「則非知之難也，處之則難也。」〔註170〕體現了法家注重踐行的特點，梁武帝此語可能來源與此，在這裏引用正是想用自己的行動來表明禁斷酒肉的決心。再如引用：「古人云『止沸莫若去薪，息過莫若無言。』」這兩句話在現存的梁武帝以前文獻中沒有，可能是文獻的遺失，也可能是梁武帝根據古人的意思所作的發揮。在古文獻中和這兩句意思大致相同的文句則有不少，如《呂氏春秋‧盡數》：「夫以湯止沸，沸愈不止，去其火則止也。」〔註171〕《淮南子‧

〔註168〕《斷酒肉文》，《廣弘明集》卷26，第303頁。

〔註169〕「又敕請義學僧一百四十一人，義學尼五十七人，於華林華光殿使莊嚴寺法超、奉誠寺僧辯、光宅寺寶度等三律師，升高座御席地施座。餘僧尼亦爾。制旨問法超等三律師。」同上。

〔註170〕王先慎撰《韓非子集解》，中華書局1998年版第93頁。

〔註171〕許維遹：《呂氏春秋集釋》卷3《盡數》，北京中國書店1985年版，第9頁。

精神訓》：「故以湯止沸，沸迺不止，誠知其本，則去火而已矣。」〔註172〕這都可以看作梁武帝在解釋禁斷酒肉的合理性時對傳統文化資源的一種利用。

此外，梁武帝有一篇著名的《淨業賦》，其中提到：

> 朕布衣之時，唯知禮義，不知信向，烹宰眾生以接賓客，隨物肉食，不識菜味。及至南面，富有天下，遠方珍羞貢獻相繼，海內異食莫不必至，方丈滿前百味盈俎。迺方食，輟筯對案流泣，恨不得以及溫清，朝夕供養，何心獨甘此膳，因爾蔬食，不噉魚肉。雖自內行，不使外知。至於禮宴群臣，肴膳按常。菜食未習，體過黃羸，朝中斑斑，始有知者。謝朏、孔彥穎等，屢勸解素。迺是忠至，未達朕心。朕又自念：有天下本非宿志。杜恕有云，刿心擲地，數片肉耳。所賴明達君子亮其本心，誰知我不貪天下？唯當行人所不能行者，令天下有以知我心，復斷房室，不與嬪侍同屋而處，四十餘年矣。……本非精進。既不食眾生，無復殺害障；既不御內，無復欲惡障。除此二障，意識稍明，內外經書，讀便解悟。〔註173〕

《淨業賦》作於梁武帝晚年，其中所言雖難免誇大辯解之詞，但大都有一定依據，如斷絕房室事，《梁書·武帝紀下》有「五十外便斷房室」〔註174〕語，而武帝卒於太清三年（549），年86，則其在天監十二年（413）後開始斷絕房室，其斷絕房室的時間也接近四十年。另外，武帝共八子，第八子蕭紀卒於承聖二年（553），〔註175〕年46，〔註176〕則其生於天監七年（508），如果梁武帝沒有更小的女兒則斷絕房室四十年的說法也可能比較準確。《淨業賦》中其即位後不久便蔬食的說法也應該比較可靠，即便在時間上不一定準確，但其遠在頒佈《斷酒肉文》之前已經在一定範圍內堅持蔬食應該沒有問題，只不過因為種種原因沒有公開，在一些公開場合還不能完全蔬食，所以《斷酒肉文》中他纔堅決表態：「弟子蕭衍雖在居家不持戒，今日當先自為誓，以明本心。弟子蕭衍從今以去，至於道場，若飲酒放逸，起諸淫欲，欺誑妄語，噉食眾生，迺至飲於乳蜜及以蘇酪，願一切有大力鬼神，先當苦治蕭衍身，然後將付地獄閻羅王與種種苦，迺至眾生皆成佛盡，弟子蕭衍，猶在阿鼻地獄

〔註172〕何寧撰《淮南子集釋》卷7《精神訓》，中華書局1998年版，第554頁。
〔註173〕《廣弘明集》卷29，第336頁上。
〔註174〕《梁書》卷3《武帝下》，第97頁。
〔註175〕《梁書》卷5《元帝》，第133頁。
〔註176〕《梁書》卷55《武陵王紀》，第828頁。

中。」〔註177〕並以此要求僧尼。而從上面的材料，我們可以看出梁武帝自己最初蔬食的動機應該根源於儒家的孝道：是爲了表達對父母奉養不夠，而對自己進行的一種身體折磨，與傳統士人父母死後蔬食終身者具有一樣的含義。《淨業賦》中又有「因爾有疾常自爲方」，可見武帝在長期的蔬食過程中對蔬食與營養健康有著豐富的經驗和深刻的體會。應該說，其後來頒佈《斷酒肉文》基本上應該源於佛教戒殺慈悲的教義，但也應該與其早年蔬食的經歷有關，例如上引他在從營養學角度對蔬食進行解釋時，明顯是以自己的經驗爲依據。所以，《斷酒肉文》某種程度上是佛教思想與傳統思想結合的產物。

同時我們還應該看到，梁武帝禁斷酒肉之所以能被佛教界接受，除了皇權強大外，還與佛教自身有關，佛教非常注重方便說法，爲了傳法需要佛教對國主一直給予特別的重視，早在劉宋時期釋慧義等在《答范伯倫書》中就指出「戒律是沙門之秘法，自非國主不得預聞。」〔註178〕在這裏佛教戒律被看作「沙門之秘法」，一般人不能聽聞，但國主卻是例外，這就爲國主干預戒律留下了足夠的餘地。

總之，漢傳佛教僧尼素食是一種特殊的歷史文化現象，它的眞正貫徹普及以《斷酒肉文》的頒佈爲標誌。

《斷酒肉文》並不是偶然出現的，它體現了佛教與中國傳統文化的交鋒和融合，它的頒佈使素食成爲漢傳佛教僧尼必須遵守的一種戒律，對漢傳佛教的發展具有重要意義。當然這項規定能否徹底執行，還要看具體情況，陳代釋眞觀在《與徐僕射述役僧書》中說：「如其禪誦知解、蔬素清虛，或宣唱有功、梵聲可錄，或繕修塔廟、建造經書，救濟在心、聽習爲務，迺至羸老之屬，貧病之流，幸於編戶無所堪用，並許停寺，仍上僧籍。」〔註179〕將是否蔬食作爲保留僧籍的一項標準，可見當時沒有蔬食的僧尼還是不少的，此後，僧傳中也有僧人食肉的記載，如唐代釋亡名〔註180〕等，但那只能是一種違反戒律的行爲，會受到僧團內部的禁止和譴責，也會引起世俗社會的不滿。

關於北朝的情況，記載不多。周武帝滅齊後，巡行鄴都，有釋道林上書請開佛事，其中周武帝責難道林因何不使用御賜酒肉，道林以爲違反佛戒，

〔註177〕《廣弘明集》卷26，第303頁下。
〔註178〕《弘明集》卷12，第78頁上。
〔註179〕《廣弘明集》卷24，第277頁下。
〔註180〕《宋高僧傳》卷24《唐洛陽廣愛寺亡名傳》，《大正藏》卷50，第865頁中。

或者北齊也存在著像梁武帝那樣禁斷酒肉的政治行為，而據《續高僧傳・釋僧稠傳》：「（釋僧稠）因說三界本空，國土亦爾；榮華世相，不可常保。廣說四念處法。帝聞之，毛豎流汗，即受禪道。學周不久，便證深定。爾後彌承清誨，篤敬殷重，因從受菩薩戒法，斷酒禁肉，放捨鷹鷂，去官畋漁，鬱成仁國。又斷天下屠殺。」〔註181〕以及《佛祖統紀》「北齊文宣，受戒不食肉，禁境內屠殺」〔註182〕或許齊文宣也曾像梁武帝一樣要求僧尼素食。總之，帝王要求僧尼素食反映了中國傳統文化的一貫傳統，從這裏正體現出佛教所受中國文化的影響。

〔註181〕《續高僧傳》卷16《釋僧稠》，第233頁。
〔註182〕《佛祖統紀》卷52，《大正藏》卷49，第455頁下。

第六章　僧尼捨身的出現和意義

　　東晉後期以後，中國僧尼中出現了很多極端的宗教行為，如捨身飼虎、燒身燃臂、投崖自盡等等，這些行為可以統稱為捨身。翻閱歷代僧傳，記載有捨身行為的高僧不在少數，梁《高僧傳》卷十二「亡身篇」僧群以下十一人，《續高僧傳》卷二十七「遺身篇」法凝以下正傳十二人、附見二人，《宋高僧傳》卷二十三「遺身篇」僧藏以下正傳二十二人、附見二人等。《高僧傳》記事止於天監十八年（519年），《續高僧傳》止於唐貞觀十九年（645年），《宋高僧傳》止於宋太宗端拱元年（988年），也就是說僧傳中收錄捨身的高僧遍佈於魏晉南北朝隋唐至北宋初期如此長的歷史時段。但是作於明代的《大明高僧傳》（此書集錄南宋初至明神宗萬曆年中約五百年間高僧之事蹟）卻沒有捨身類的高僧。檢閱其他佛教史料，宋以後捨身的高僧也不多見。當然僧傳沒有記載並不表明這種行為不存在，但至少表明北宋以後這種行為逐漸失去合理性。那麼中國傳統文化對身體的態度是什麼，僧尼捨身出現的依據是什麼，其在如此長的歷史時期內興盛的原因有哪些，這種行為對佛教和世俗社會的影響又是什麼，宋以後為什麼這種行為逐漸在主流佛教記載中消失？

第一節　中國傳統的身體觀

　　在中國傳統文化觀念中，身體一直得到較多的重視。一般說來，先秦諸子中儒家傾向於將身體與其基本的倫理觀念「孝」結合在一起，一個人能否保全自己的生命和身體，是評價其是否履行孝道的重要標準。所以《孝經·開宗明義章》強調：「身體髮膚，受之父母，不敢毀傷，孝之始也。」《曾子·

大孝》也說：「身也者，父母之遺體也。行父母之遺體，敢不敬乎？」〔註1〕《禮記‧祭義》言：「父母全而生之，子全而歸之，可謂孝矣。不虧其體，不辱其身，可謂全矣。故君子頃步而弗敢忘孝也。一舉足而不敢忘父母，一出言而不敢忘父母。一舉足而不敢忘父母，是故道而不徑，舟而不遊，不敢以先父母之遺體行殆。……」這就是說自身是父母身體的延繼，保全自己身體就是對父母的尊重和孝敬。這時人們對自己的身體非常重視，《曾子‧大孝》詳細描述了樂正子春弄傷自己腳後的憂慮心情：

> 傷瘳，數月不出，猶有憂色。門弟子問曰：「夫子傷足瘳矣，數月不出，猶有憂色，何也？」樂正子春曰：「善如爾之問也，吾聞之曾子，曾子聞諸夫子曰：『天之所生，地之所養，人為大矣。父母全而生之，子全而歸之，可謂孝矣。不虧其體，可謂全矣。』故君子頃步之不敢忘也。今予忘夫孝之道矣，予是以有憂色。」〔註2〕

樂正子春對身體的謹慎正代表儒家的一般態度。在儒家看來即使父母去世，子女在喪禮時也應該注意保護自己的身體：「居喪之禮，毀瘠不形，視聽不衰……居喪之禮，頭有創則沐，身有傷則浴，有疾則飲酒食肉，疾止復初。不勝喪，迺比於不慈不孝。」居喪時為了保護身體可以變通已有的規定，否則就是不慈不孝，可見孝與身體是緊密聯繫在一起的。

同時儒家倫理裏還有重要的一點就是「君子殺身以成仁，不求生以害仁。」所以為了忠義而捨身在先秦也具有一定的地位，《史記‧刺客傳》記載豫讓為了替智伯報仇，而「漆身為厲，吞炭為啞」，而他這種行為得到了普遍的讚賞，他「死之日，趙國志士聞之，皆為涕泣。」〔註3〕但我們應該看到面對著「忠」、「義」和「孝」的倫理抉擇時，後世雖然更多強調要捨生取義，先秦時期「忠」、「義」卻未必具有絕對的優先性，如《禮記‧曲禮》中規定：「父母存，不許友以死。」〔註4〕

道家從養生的角度對身體也非常重視，《莊子外篇‧在宥》曰：「無視無聽，抱神以靜，形將自正。必靜必清，無勞汝形，無搖汝精，迺可以長生。」〔註5〕

〔註1〕 〔清〕王聘珍撰《大戴禮記解詁》卷4《曾子大孝》，中華書局1983年版，第82頁。
〔註2〕 《大戴禮記》，第85頁。
〔註3〕 《史記》卷86《刺客列傳》，第2520頁。
〔註4〕 〔清〕朱彬撰《禮記訓纂》卷1《曲禮上》，第12頁。
〔註5〕 《南華真經注疏》，中華書局1998年版，第220頁。

《莊子雜篇‧讓王》：「見利輕亡其身，豈不惑哉！」〔註6〕而且道家注重身體也與「孝」有某種聯繫，《莊子‧養生主》：「爲善無近名，爲惡無近刑，緣督以爲經，可以保身，可以全生，可以養親，可以近年。」〔註7〕但道家從總體上來講，更注重精神的解脫，所以很多時候以身體爲負累，如《老子》第十三章：「吾所以有大患者，爲吾有身，及吾無身，吾有何患！」〔註8〕因此強調通過遺忘身體來獲得精神的解脫，《莊子內篇‧大宗師》：「墮肢體，黜聰明，離形去智，同於大通，此謂坐忘。」〔註9〕《莊子外篇‧天地》：「汝方將忘汝神氣，墮汝形骸，而庶幾乎！」〔註10〕

　　總體看來，先秦時期由於離古尚近，身體具有某種神秘性，人們普遍對身體較爲重視，這從《莊子》裏提到的一些人的觀念可以得到證明，如王駘受過刖刑，身體殘廢，從之遊者人數眾多，孔子的弟子季常疑惑不解：「王駘，兀者也，從之遊者，與夫子中分魯……是何人也？」〔註11〕又如申徒嘉，也受過刖刑，鄭子產與其同師而恥與同行，當面告知「我先出則子止，子先出則我止。」〔註12〕這些故事不一定眞實，其代表的也不是莊子本人的看法，但卻反映了當時人對身體較爲普遍的一種看法。

　　秦漢以後，隨著中央集權的建立，「忠義」得到了更多的強調，捨生取義成爲重要的價值標準，司馬遷在《史記》中既對忠臣烈士捨身捐軀給與了充分的肯定，也對遊俠「其言必信，其行必果，已諾必誠，不愛其軀，赴士之厄困」〔註13〕的精神充滿讚賞。此後因忠義而捨身、毀身一直受到讚賞，如兩漢之際「有犍爲費貽，不肯仕（公孫）述，迺漆身爲厲，陽狂以避之，退藏山藪十餘年。述破後，仕至合浦太守。」〔註14〕

　　同時隨著儒家本身的形式化、政治化，特別是西晉政權爲了統治需要提出「以孝治國」的政策，孝行直接與政治聯繫在一起，出現了很多極端的孝行，很多人在「孝」的名義下做出了很多傷毀身體的事情。如很多人在守喪

〔註6〕　《南華眞經注疏》，第550頁。
〔註7〕　《南華眞經注疏》，第67頁。
〔註8〕　《王弼集校釋》，第29頁。
〔註9〕　《南華眞經注疏》，第163頁。
〔註10〕　《南華眞經注疏》，第247頁。
〔註11〕　《南華眞經注疏》，第111頁。
〔註12〕　《南華眞經注疏》，第115頁。
〔註13〕　《史記》卷124《遊俠列傳》，第3181頁。
〔註14〕　《後漢書》卷81《獨行列傳》，第2668頁。

期間「哀毀積骨」，西晉許孜「俄而二親沒，柴毀骨立，杖而能起，建墓於縣之東山，躬自負土，不受鄉人之助。或愍孜羸憊，苦求來助，孜晝助不逆，夜便除之。每一悲號，鳥獸翔集。孜以方營大功，迺棄其妻，鎮宿墓所，列植松柏迄五六里。」〔註15〕晉劉殷，「及（祖母）王氏卒，殷夫婦毀瘠，幾至滅性，」〔註16〕晉王延，「字延元。西河人也。九歲喪母，泣血三年，幾至滅性。每至忌日，則悲啼至旬。」〔註17〕桑虞，「字子深，魏郡黎陽人也。父沖，有深識遠量，惠帝時爲黃門郎。河間王顒執權，引爲司馬。沖知顒必敗，就職一旬，便稱疾求退。虞仁孝自天至，年十四喪父，毀瘠過禮。」何琦，「及丁母憂，居喪泣血，杖而後起，停柩在殯，爲鄰火所逼，煙焰已交，家乏僮使，計無從出，迺匍匐撫棺號哭。俄而風止火息，堂屋一間免燒，其精誠所感如此。」〔註18〕

我們應該看到上面提到的極端行爲只是一些特例，對身體「不敢傷毀」的觀念在傳統文化中一直具有重要地位，東漢周嘉在要被施以宮刑時，長歎曰：「我平王之後，正公玄孫，豈可以刀鋸之餘下見先君？」〔註19〕遂不食而死。而上文提到的桑虞，他的姐姐就對其極端行爲進行勸阻：「汝毀瘠如此，必至滅性，滅性不孝，宜自抑割。」〔註20〕又如《世說新語・德行》所載：「王安豐遭艱，至性過人。裴令往弔之，曰：『若使一慟果能傷人，濬沖必不免滅性之譏。』」直到陳代，這一觀念仍是主流，姚察因母喪羸瘠毀頓，陳後主宣旨誡論曰：「知比哀毀過禮，甚用爲憂。卿迥然一身，宗奠是寄，毀而滅性，聖教所不許。宜微自遣割，以存禮制。」〔註21〕但儒家倫理的多重性，使儒家對身體的觀念有很大的伸縮性，而道家對內容的強調更容易導致對儒家禮制的破壞。可以說，在思想史上，道家所引發的玄學爲佛教哲學的盛行做了思想上的準備；而在社會觀念上，正是魏晉時期對那種不在乎形式的道家因素的重新重視爲中土人士接受僧尼的捨身行爲作了觀念上的鋪墊。

此外，關於燒身，《周禮・秋官司寇・掌戮職》言：「凡殺其親者，焚之。」

〔註15〕《晉書》卷88《孝友傳》，第2279頁。
〔註16〕《晉書》卷88《孝友傳》，第2288頁。
〔註17〕《晉書》卷88《孝友傳》，第2290頁。
〔註18〕《晉書》卷88《孝友傳》，第2292頁。
〔註19〕《後漢書》卷81《獨行列傳》，第2694頁。
〔註20〕《晉書》卷88《孝友傳》，第2291頁。
〔註21〕《陳書》卷27《姚察傳》，第350頁。

又據《漢書‧匈奴傳下》：「（王）莽倣焚如之刑，燒殺陳良等。」〔註22〕可見燒身原是一種極重的刑罰，是統治者對違背孝親之人所作的一種處罰，但在東漢時期卻出現了自焚的現象。《後漢書‧獨行列傳》：「諒輔字漢儒，廣漢新都人也。仕郡爲五官掾。時夏大旱，太守自出祈禱山川，連日而無所降。輔迺自暴庭中，慷慨呪曰：『輔爲股肱，不能進諫納忠，薦賢退惡，和調陰陽，承順天意，至令天地否隔，萬物焦枯，百姓喁喁，無所訴告，咎盡在輔。今郡太守改服責己，爲民祈福，精誠懇到，未有感徹。輔今敢自祈請，若至日中不雨，乞以身塞無狀。』於是積薪柴聚菱茅以自環，構火其旁，將自焚焉。未及日中時，而天雲晦合，須臾澍雨，一郡沾潤，世以此稱其志誠。」〔註23〕這裏燒身成爲地方官吏祈請上天感應的一種自願行爲，與此後僧尼的燒身有著大致相同的思維。

第二節　印度佛經對捨身的看法

在印度，對於捨身問題，不同階段的佛教有不同的看法。原始佛教是在佛陀捨棄苦行後創立的，所以原始佛教非常反對苦行，堅持一種中道。捨身是一種自殺性行爲，而自殺在原始佛教中是被堅決反對的，所以原始佛教也反對捨身，戒律中還明確規定「燒身（捨身之一種）得偷蘭遮，燒臂得突吉羅」〔註24〕部派佛教基本繼承了原始佛教的捨身觀，但在一些本緣故事中部派佛教更多提到捨身問題，如《增一阿含經》卷 32《力品第三十八之二》中講述了過去世中「諸辟支佛即於空中燒身取般涅槃」〔註25〕的故事。《大方便佛報恩經》卷五記載：「（毗婆尸如來）爲其父母作種種神變已，即便燒身取般泥洹。時鹿母夫人收取身骨，於後園中即起四百九十九塔供養。」〔註26〕在一部被認爲是由部派向大乘過渡時期作品的《分別功德論》中記載了佛陀前世爲菩薩時捨身飼虎的故事。〔註27〕但這些故事只是一些本生故事，在部

〔註22〕《漢書》卷 94《匈奴傳下》第 517 頁。

〔註23〕《後漢書》卷 81《獨行列傳》，第 2694 頁。

〔註24〕《法華義疏》卷 11《藥王菩薩本事品第二十三》，《大正藏》卷 34，第 619 頁下。

〔註25〕《大正藏》卷 2，第 723 頁中。

〔註26〕《大方便佛報恩經》卷 5，《大正藏》第 3 卷，第 149 頁中。

〔註27〕《分別功德論》卷 2，《大正藏》卷 25，第 35 頁中。《中華佛教百科全書》認爲：「本書雖屬小乘論，然內容論及六度與十住，又認可大乘戒與小乘戒，在思想上與般若經頗爲類似。日本學者神林隆淨以爲本書一方面代表部派中大

派佛教中並不佔有很大比例，對捨身的描述也非常簡單，而且部派佛教還通過各種故事明確表示反對現實中的捨身行為。《雜寶藏經》有一則故事，講佛在舍衛國時，度化外道，有五百外道因為徒眾散盡，便想「燒身早就後世」，結果被佛陀度化，皈依佛門。〔註28〕《佛說未曾有因緣經》記載了鉢底婆比丘度化提違的故事，提違是婆羅門種，她喪夫守寡，沒有兒女，也沒有父母。婆羅門師便勸她燒身，鉢底婆前去阻止，可見佛教甚至將是否捨身作為與外道區別的一個重要標誌。而鉢底婆的話也體現了這時佛教反對捨身的理由：

> 「汝身罪業，隨逐精神，不與身合。徒苦燒身，安能滅罪？夫人禍福，隨心而起。心念善故，受報亦善；心念惡故，受惡果報；心念苦樂，受報亦爾。如人餓死，則作餓鬼。苦惱死者，受苦惱報。歡喜死者，受歡喜報。安隱快樂，果報亦爾。汝今云何，於苦惱中，求欲滅罪，望善報也。幸可不須，於理不通。」

> 「復次提違，如因病人，為苦所逼。若有惡人，來至其所，呵罵病人，以手搏耳，於意云何。爾時病人，寧有善心，無忿惱不。」提違答言：「其人困病，未見人時，常懷忿惱，況被搏耳，而當無忿。」辯才告曰：「汝今如是，先身罪故，守窮抱厄，常懷憂惱。復欲燒身，欲離憂惱，當可得不？如因病人，得人呵罵，尚增苦惱，百千萬倍。況自燒身，猛炎起時，身體焦爛，氣息未絕，心未壞故。當爾之時，身心被煮，神識未離，故受苦毒，煩悶心惱，從是命終，生地獄中。地獄苦惱，尤轉增劇，百千萬倍。求免甚難，況欲燒身求離苦也。」

> 「復次提違，譬如車牛厭患車故，欲使車壞。前車若壞，續得後車，扼其項領，罪未畢故。人亦如是，假令燒壞百千萬身，罪業因緣相續不滅。如阿鼻獄，燒諸罪人，一日之中，八萬過死，八萬更生，過一劫已，其罪方畢。況復汝今，一過燒身，欲求滅罪，何有得理？」〔註29〕

這段話包含三個方面：一、罪業跟隨精神，與身體沒有關係，燒身不能滅罪，而且禍福隨心而起，心念善就得善報，惡就得惡報，燒身時心念煩惱，不可

> 眾部的思想，另一方面也顯示出由《增一阿含經》轉向初期大乘的般若經思想的跡象。」

〔註28〕《雜寶藏經》卷8，《大正藏》卷4，第488頁中。
〔註29〕《佛說未曾有因緣經》卷1，《大正藏》卷17，第581頁下。

能得到善報；二、燒身本身就很痛苦，而且會生地獄中；三、人的心和身就像牛車中牛和車的關係，即使換身體，罪業也會相續不滅，就像牛換了車，還是不能改變被「扼其項領」的狀況。總之，燒身對於滅罪和解脫是無濟於事的。此外《正法念處經》在解釋燒身所得惡報時也基本持以上看法，〔註30〕並認爲燒身這種行爲是持邪見者所爲。〔註31〕

　　大乘佛教對捨身的看法比較複雜，在有些大乘經中極力宣揚佛陀的前世或菩薩捨身的故事，如《金光明經》卷四《捨身品》就在《分別功德論》的基礎上對佛陀前身摩訶薩埵太子捨身飼虎的故事極力渲染，《正法華經・藥王品》更是詳盡記載了藥王菩薩的燒身供養行爲：「眾生喜見菩薩，從定意起重自思惟，雖用雜物供養於佛，不能暢盡至眞之德，以身供養爾迺無上。尋如所念，斷絕五穀，專食眾香。眾香華汁而以飲之，日使身中內外皆香。如是服香竟十二年，復和眾香以塗其體，香油潤衣，而立誓願以身爲燈，爲一切故，即然其身供養諸佛。以精誠故，其光遍照八十江河沙諸佛世界。應時諸佛同聲贊曰：『善哉善哉，族姓子，精進迺爾，世之稀有，斯眞供養如來經典。迺爲眾生忍苦不勞，超踰天人一切所行。國財妻子施所不及，供養之中，爲尊爲上，爲最爲長，爲無疇匹。以身施者迺成法施。』諸佛世尊歎是德已，則便默然。于時菩薩自然其身，千二百歲，火故不滅。用一心故，無有苦患。於是之後，火焰迺息。勤修精進供養法故，於是終沒還生其世。」〔註32〕這段材料可注意者有二：一、如果說本生故事中捨身是爲了「現實」中利益眾生，如飼虎，藥王菩薩的捨身則純粹是一種對佛的供養；二、這段材料將供養分爲兩類：以物供養和以身供養，並認爲以身供養在供養中最爲尊上。《大智度論》繼承這一思想，並進一步發揮：

> 如釋迦牟尼佛初發心時，作大國王，名曰光明。求索佛道，少多布
> 施。轉受後身作陶師，能以澡浴之具及石蜜漿，布施異釋迦牟尼佛
> 及比丘僧。其後轉身作大長者女，以燈供養憍陳若佛。如是等種種
> 名爲菩薩下布施。如釋迦文尼佛，本身作長者子，以衣布施大音聲
> 佛。佛滅度後起九十塔。後更轉身作大國王，以七寶蓋供養師子佛。

─────────────

〔註30〕　《正法念處經》卷 10：「彼人現世燒身受苦，如是人中人火所燒，身壞命
　　　　終，墮於惡處，饒骨髓蟲地獄處生，受大苦惱。」《大正藏》卷 17，第 58
　　　　頁中。
〔註31〕　《正法念處經》卷 10，《大正藏》卷 17，第 58 頁下。
〔註32〕　《正法華經》卷 9，《大正藏》卷 9，第 125 頁上。

> 後復受身作大長者，供養妙目佛上好房舍及七寶妙華，如是等種種
> 名爲菩薩中布施。如釋迦牟尼佛本身，作仙人見憍陳若佛端政殊妙，
> 便從高山上自投佛前，其身安隱在一面立。又如眾生喜見菩薩，以
> 身爲燈供養日月光德佛，如是等種種不惜身命供養諸佛，是爲菩薩
> 上布施。是名菩薩三種布施。若有初發佛心布施眾生亦復如是，初
> 以飲食布施，施心轉增能以身肉與之；先以種種好漿布施，後心轉
> 增能以身血與之；先以紙墨經書布施，及以衣服飲食四種供養供養
> 法師，後得法身，爲無量眾生說種種法而爲法施。〔註33〕

將捨身作爲菩薩三種布施中的上布施，可見《大智度論》對菩薩捨身是極爲重視的。但是另一方面我們應該看到，這些經論中強調捨身是爲了突出菩薩爲了普渡眾生捨棄自己的精神，因爲身體是最難捨棄的，菩薩能夠捨棄，正表明其「眾生度盡，始能成佛」的決心，並沒有要求一般僧尼去捨身，而且菩薩是佛教修行中更高的階段，是很難達到的修行結果，所以一些大乘經中仍然繼承早期佛教的基本思想，對一些外道的捨身非常反感。《大般涅槃經》云：「復次善男子，菩薩摩訶薩住是地中，知而不見，云何爲知。知自餓法，投淵赴火，自墜高巖，常翹一腳五熱炙身，常臥灰土、棘刺、編椽、樹葉、惡草、牛糞之上，……如是等法能爲無上解脫因者，無有是處。」〔註34〕就是說像捨身這類苦行，不是佛教所主張的「無上解脫因」，佛教並不提倡。

　　總之，對於捨身，原始佛教和部派佛教從個人修行立論，認爲捨身並不能解除業報，是不利於解脫的，同時爲了與外道相區別，堅決反對捨身；大乘佛教從普渡眾生出發，強調菩薩捨身的行爲，但並沒有要求普通僧眾捨身，而且一些大乘經典中也體現了對捨身的反感。從現實來看，「印度大多數佛教徒無論什麼時候都尊奉早期部派，反之大乘自始至終只是一種少數派的運動：只是在印度之外的某些國家（中國和西藏和其他從大乘佛徒引入佛教的國家）中大乘完全取代了較早的佛教。」〔註35〕從現有資料看古代印度佛教徒中也沒有捨身的記載。對此許理和在《佛教征服中國》中也有簡要的論述，他指出：「當然這後一種行爲（嚴重的毀身情況，有時甚至是宗教性的自殺）違背了佛教精神，佛教尤爲反對這種極端的自殘形式。有無數故事講到，菩薩爲了其他的眾生捨

〔註33〕　《大智度論》卷12，《大正藏》卷25，第150頁中。
〔註34〕　《大般涅槃經》（南本）卷15，《大正藏》第12，第704頁中。
〔註35〕　渥德爾：《印度佛教史》，第346頁。

棄自己的肉身。在本生故事中，也有一些最爲著名的例子，它們均被用來讚頌最完美的『忍』的理想以及佛教聖人無量的慈悲精神。在印度佛教中，它們從未被解釋爲要求此岸僧人仿效的既定行爲準則。」〔註36〕

第三節　隋唐以前的僧尼捨身

一、隋唐以前僧尼捨身概況

（一）中土僧尼捨身出現的時間

　　由於現存的佛教史料主要記載僧尼中的上層，我們無法確切知道事實上中國僧尼的捨身行爲是從何開始，〔註37〕只能大致推算這種行爲引起注意的年代。《高僧傳・亡身》記載的第一位高僧是釋僧群，僧傳說他爲了避免傷害折翅鴨而「絕水不飲，數日而終」。僧群在臨終前宣傳說，自己年少時，折一鴨翅，認爲這是現報。〔註38〕這則故事的神異色彩非常濃重，而且這種行爲比較溫和，我們不將其作爲最早的捨身行爲。《高僧傳》接下來記載的高僧是釋曇稱，傳中提到其捨身是在宋初，湯用彤先生應該是據此將釋曇稱之後沒有明確捨身時間的釋僧富、釋法羽也定爲劉宋時期。但這種時間劃分並不可靠，首先《高僧傳》中記載的同類高僧不一定嚴格按照其死亡時間排列，如《義解三》中竺法汰死於晉太元二十年，釋曇冀卒於太元十九年，但法汰卻位於曇冀之前。其次，釋僧富的捨身時間無法確定，但他是在釋道安死後捨身的，據《釋道安傳》，釋道安死於太元十年（385 年）〔註39〕根據釋僧富傳中「還魏郡廷尉寺，下幃潛思。絕事人間。時村中有劫，⋯⋯即自取劫刀劃胸至臍⋯⋯」〔註40〕的語氣，其捨身行爲應該距離道安死後不太長的時間，而不可能發生在道安死後三十五年的劉宋時期。釋法羽捨身的時間則大致可

〔註36〕許理和：《佛教征服中國》，第 351 頁。
〔註37〕東晉成帝時何充等在《三奏不應敬事》表中提到「今沙門之愼戒專專然，及爲其禮一而已矣。至於守戒之篤者，亡身不吝，何敢以形骸而慢禮敬哉？」（《弘明集》卷 12，《大正藏》卷 52，第 80 頁中。）似乎東晉時已有亡身的沙門，但佛教戒律實際上反對亡身，何充之言重在突出僧尼遵守戒律的精神，未必指涉具體事實。
〔註38〕《高僧傳》卷 12《釋僧群傳》，第 445 頁。
〔註39〕《高僧傳》卷 5《釋道安傳》，第 183 頁。
〔註40〕《高僧傳》卷 12《釋僧富傳》，第 448 頁。

考，《高僧傳・釋法羽傳》：

> 釋法羽，冀州人。十五出家，爲慧始弟子。始立行精苦，修頭陀之
> 業。羽操心勇猛，深達其道。常欲仰軌藥王，燒身供養。時僞晉王
> 姚緒鎮蒲坂，羽以事白緒，緒曰：「入道多方，何必燒身？不敢固違，
> 幸願三思。」羽誓志既重，即服香屑，以布纏體，誦《捨身品》竟，
> 以火自燎。道俗觀視，莫不悲慕焉。時年四十有五。〔註41〕

據《晉書・姚興載記》姚緒被封爲晉王是在皇初元年（394年），同書同卷「慕
容永既爲慕容垂所滅，河東太守柳恭等各阻兵自守，興遣姚緒討之。恭等依河
距守，緒不得濟。鎮東薛強先據楊氏壁，引緒從龍門濟河，遂入蒲坂。」〔註42〕
據《資治通鑒・晉紀三十》慕容永被滅是在皇初元年八月，〔註43〕那麼姚緒鎮
蒲坂是在此之後。《晉書・姚興載記》又載：「興以日月薄蝕，災眚屢見，降號
稱王，下書令群公卿士將牧守宰各降一等。……大赦，改元弘始。……姚緒、
姚碩德固讓王爵，許之。」據此弘始元年後姚緒不再是晉王，而成爲晉公，《資
治通鑒・晉紀三十四》也正是稱姚緒爲晉公，〔註44〕可見姚緒爲晉王的時間是
從皇初元年（394年）到弘始元年（399年）。那麼釋僧羽燒身也應該發生在這
一時期內，而這時宋還沒有建立。總之即使這些僧尼不是事實上最早的捨身者，
但在東晉末年捨身行爲已經引起廣泛的注意。著名的佛教居士宗炳在元嘉十年
（433）年寫的《明佛論》〔註45〕中有「問曰：『而於其中有作沙門而燒身者……』」
〔註46〕之語，而此後宗炳《答何衡陽難釋白黑論》中也引用世俗人的觀點：「今
誑以不滅，欺以成佛，使髠首赭衣焚身然指。」〔註47〕可見劉宋以後捨身已經
引起很多人的注意，甚至成爲世俗社會批評佛教的一種理由。

（二）僧尼捨身的兩種主要類型

中國僧尼的捨身行爲也基本仿照佛經中的本緣故事分爲兩類：一類是純
粹宗教性地捨棄生命，在隋唐之前主要是燒身供養；一類是爲了消災或救濟
他人。其中燒身的僧尼佔捨身僧尼中的大多數，我們先來看這類僧尼。僧傳

〔註41〕《高僧傳》卷12《釋法羽傳》，第449頁
〔註42〕《晉書》卷117《姚興載記上》第2976頁。
〔註43〕《資治通鑒》卷108第3416頁。
〔註44〕《資治通鑒》卷112第3544頁。
〔註45〕宗炳作《明佛論》的時間據許理和《佛教征服中國》第266頁。
〔註46〕《弘明集》卷2，《大正藏》卷52，第13頁上。
〔註47〕《弘明集》卷3，《大正藏》卷52，第20頁中。

中最早燒身的僧尼是上文提到的釋法羽，釋法羽燒身的經典依據是藥王燒身的故事，藥王燒身的故事記載於《妙法蓮花經》中，漢譯《妙法蓮華經》有六種，現存者有如下三種：竺法護譯《正法華經》十卷二十七品（286 年）〔註48〕、鳩摩羅什譯《妙法蓮華經》八卷（406 年）、闍那崛多與達磨笈多譯《添品妙法蓮華經》七卷二十七品（601 年）。可見釋法羽所依據的經典是竺法護所譯的《正法華經》中的《藥王品》。到釋法羽的時代，《正法華經》已經被譯出一百多年，而且《正法華經》在早期佛教界也比較受重視，〔註49〕為何只有到這時纔會出現僧尼模仿藥王的行為（或者說這種行為纔引起注意）呢？這首先是佛教發展的結果，佛教傳入後在很長的一段時間內被視為道術，並沒有引起太多的注意，大約是東漢末年，隨著第一批佛經的大量翻譯，佛教纔逐漸被重視，但是直到南北朝之前，由於佛教發展的規模還比較有限，一方面從客觀上講中國僧人按照自己已有的文化心理去理解佛教，難免有很多曲解，另一方面中國僧人從主觀上會儘量模仿印度或西域僧人的行為，所以更多是迎合而很少主動的創造。《正法華經》中有藥王燒身的故事，現實中來華的僧人卻沒有燒身的行為，這時的中國僧人自然不會主動創造。同時從早期中國的佛教文獻《牟子理惑論》〔註50〕中我們可以看出當時人們對佛教的看法。《牟子理惑論》中世俗社會反對佛教的一條重要理由就是僧尼剃頭，不符合儒家「身體髮膚受之父母，不敢毀傷」的教導。〔註51〕在這種輿論的壓力下，僧尼應該不會進行燒身這種極端的宗教行為，即使這種行為存在也不可能是公開的行為。但是經過魏晉時期的發展，到東晉後期佛教已經取得了很大的發展，佛教倫理逐漸取得獨立地位，僧尼可以結合自己的實踐和佛教的經典進行創造，於是燒身便出現了。〔註52〕。

〔註48〕《出三藏記集》卷 2 第 32 頁。
〔註49〕據《高僧傳》卷 4：竺法潛「講《法華》、《大品》」（第 156 頁）、于法開「善《放光》及《法華》」（第 167 頁）、竺法崇「尤長《法華》一教」（第 170 頁）、竺法義「尤善法華」（第 172 頁）等等。
〔註50〕關於《牟子理惑論》的成書年代學術界存在著各種看法，湯用彤先生認為是在漢末（《漢魏兩晉南北朝佛教史》第 85 頁，呂澂先生則認為是此書作於晉宋之間（《中國佛學源流略講》第 27 頁）。
〔註51〕《廣弘明集》卷 1《牟子理惑論》，《大正藏》卷 52，第 2 頁下。
〔註52〕此後一段時間內出現了大量討論佛教倫理的文章，如鄭道子、范伯倫與高僧關於道人踞食問題的爭論、釋慧遠和何承天關於沙門袒服的討論等等，這都表明隨著佛教的發展，僧尼開始有了自己的發揮。這些與僧尼捨身的出現有著同樣的現實基礎。

那麼中國僧尼創造燒身這種極端行為的心理基礎是什麼呢？葛兆光在對道教「塗炭齋」的解釋中指出，「這種自我折磨甚至自我毀傷的懺儀，正如胡適所說的那樣，是一種世界性的宗教現象，它基於一種聯想出來的同情心和憐憫心，宗教徒覺得，神與人一樣對那種用最痛苦的方式向神表達信仰的行為，會因為同情而認可。我相信，在那個時代可能宗教徒還有一種想法，就是凡要學仙長生或投身淨土，希望解除困厄或超越苦海的信仰者，必須付出一定的代價，這種代價並不是用金錢和祭品可以代替的，必須以自己親身經歷痛苦和忍耐，與神靈交換信任，這種心理在各種宗教中間很普遍，道教和佛教兩家，甚至儒家都有，……」〔註53〕這種從宗教心理角度進行的解釋非常精彩，只是對印度佛教而言，就不完全符合歷史事實。印度佛教一開始就是作為反對極端苦行的宗教出現的，雖然對於僧尼有很多戒律，但這些戒律大都是一些生活規範，而沒有那種極端的苦行，只是佛教傳入中國後纔越來越具有苦行的特點。就燒身這個問題，前面已經提到印度僧尼中是基本上不存在這種現象的，即使個別印度僧尼曾經燒身，但僧傳中記載的來華僧尼卻沒有燒身的，所以中國僧尼的燒身應該是一種「創造」。葛兆光的解釋對中國佛教而言是非常適合的。我們知道佛經在中國的翻譯在隋唐之前都不是系統的，不是每一派的經典被系統的翻譯，而是遇到什麼就翻譯什麼，這時中國僧尼接觸的佛經非常混雜，各派理論糾纏在一起，難免矛盾歧義處，對於很多僧尼而言，通過理論在理性的基礎上建立對佛教的信仰是很難實現的。這時佛教戒律還沒有被系統傳譯，僧伽制度還很不完善，僧尼為了信仰的緣故通過製造極端宗教行為為自己樹立明確的可以實現的目標，就可以緩解心理的壓力。對外界而言，由於人們通常認為那些一般人無法做出的行為具有神聖性。燒身以及在燒身過程中僧尼通過某種宗教技術所體現出來的「神異」可以增強佛教的神秘性，激發民眾的宗教熱情，促進其對佛教的信仰，從而為佛教的發展創造良好的條件。這從釋法羽燒身時「道俗觀視，莫不悲慕」可以得到很好的證明，此後僧尼燒身時，這種功效也一直保持，如釋慧益燒身時，「貴賤哀嗟，響振幽谷，莫不彈指稱佛，惆悵淚下。」〔註54〕釋僧瑜，「道俗知者奔赴彌山，並稽首作禮，願結因緣。」〔註55〕道綜尼，「道

〔註53〕葛兆光：《屈服史及其它：六朝隋唐道教的思想史研究》，第48頁。
〔註54〕《高僧傳》卷12《釋慧益傳》，第453頁。
〔註55〕《高僧傳》卷12《釋僧瑜傳》，第451頁

俗咨嗟，魔正同駭，率土聞風，皆發菩提心。」〔註56〕釋法凝，「時俗男女有號哭自捶者，又有頂禮讚歎者。」〔註57〕南北朝時期最能激發人們宗教情緒的一次燒身應該算梁代傅大士的燒身了，據《續高僧傳・慧雲傳》「東陽郡烏傷縣雙林大士傅弘者，……且知梁運將盡。救愍兵災。迺然臂爲炬，冀攘來禍。」〔註58〕陳徐陵《東陽雙林寺傅大士碑》對傅大士燒身的場景有比較詳細的描述：「於是學眾悲號，山門踴叫，弟子居士徐普拔、潘普成等九人，求輸己命，願代宗師，其中或耳而刊鼻，或焚臂而燒手。……大士迺延其教化，更住閻浮……於是弟子居士范難陀、弟子比丘法曠，弟子優婆夷嚴比丘，各在山林，燒身現滅。次有比丘寶月等二人，窮身繫索，掛錠爲鐙，次有比丘慧海菩提等八人，燒指供養，次有比丘尼覃展，慧光法纖等四十九人，行不食齋法，次有比丘僧拔慧品等六十二人，割耳出血，用和名香，奉依師教。……」〔註59〕可見燒身所具有的感染力。

　　釋法羽在燒身前曾告知後秦晉王姚緒，姚緒並不贊同燒身，但卻沒有堅決反對，而是說「入道多方，何必燒身。不敢固違，幸願三思。」而釋法羽也仍然堅持自己的主張，堅決燒身。這段簡短的史料也許包含著僧尼燒身的良苦用心，姚緒是後秦主姚興的叔父，位高權重，他也非常崇奉佛法，曾邀請釋道安的同學釋法和前往蒲坂講經。〔註60〕釋法羽將自己燒身的計畫告訴姚緒，可能是出於姚緒與釋法羽的個人交往，但將自己的計畫告訴一位統治者，至少還可以包含以下含義：一、引起統治者的注意，擴大宣傳效果；二、試探統治者的意向，以求徵得統治者的同意，以避免引起政教衝突。即使釋法羽不是事實上中國第一個燒身的僧尼，但只有他的燒身行爲纔引起了人們的重視，成爲僧傳中最早的燒身僧尼，而之所以這樣與他對燒身的宣傳是分不開的，可以說他通過崇尙佛教的姚緒對自己的燒身進行了很好的宣傳，使這種極端的宗教行爲沒有受到很大的阻力就成爲中國僧尼的一種宗教行爲。將燒身計畫通過各種方式告知統治者，也被以後很多高僧所遵循。如果說釋法羽這種行爲的目的性還不是很明確的話，劉宋時期釋慧益燒身時告知統治者就有著明確的目的，他燒身前「以帝王是兆民所憑，又三寶所寄，迺自力入臺。至雲龍門，不能步下。令

〔註56〕　《比丘尼傳校注》卷2《江陵三層寺道綜尼傳》，第105頁。
〔註57〕　《續高僧傳》卷29《釋法凝傳》，第353頁下。。
〔註58〕　《續高僧傳》卷25《釋慧雲傳》，第327頁中。
〔註59〕　《全陳文》卷11《東陽雙林寺傅大士碑》第3464頁下。
〔註60〕　《高僧傳》卷5《釋法和傳》，第189頁。

人啓聞：慧益道人今捨身，詣門奏辭，深以佛法仰累。帝聞改容，即躬出雲龍門。益既見帝，重以佛法憑囑，於是辭去。」〔註61〕

東晉南朝僧尼燒身時往往有大量道俗人士觀看，這對宣揚佛教具有一定的效果，同時僧尼燒身也爲佛教僧團積聚了大量的布施。佛教一開始沒有固定的收入來源，僧尼取得布施並不容易，這種情況直到東晉中期仍然很嚴重。《高僧傳・釋慧受傳》：

> 釋慧受，安樂人。晉興寧中，來遊京師。蔬食苦行，常修福業。嘗行過王坦之園，夜輒夢於園中立寺，如此數過。受欲就王乞立一間屋處，未敢發言，且向守園客松期説之。期云：「王家之園，恐非所圖也。」受曰：「若令誠感，何憂不得？」即詣王陳之，王大喜，即以許焉。初立一小屋，每夕復夢見一青龍從南方來，化爲刹柱。受將沙彌試至新亭江尋覓，迺見一長木隨流來下。受曰：「必是吾所見者也。」於是雇人牽上，豎立爲刹，架以一層。道俗競集，咸歎神異。坦之即捨園爲寺，以受本鄉爲名，號曰安樂寺。東有丹陽尹王雅宅，西有東燕太守劉闢宅，南有豫章太守范寧宅，並施以成寺。〔註62〕

這段材料曲折反映了僧尼獲得布施的艱難，釋慧受想要王坦之施捨一間屋，竟然都「未敢發言」，還要通過一些神異故事向王坦之的守園客松期徵詢意見，而松期認爲「王家之園，恐非所圖也」，雖然最後慧受還是通過神異宣傳徵得了王坦之的同意，但王開始也只是立一小屋，後來慧受又通過進一步的神異纔使王坦之捨園爲寺。南朝初期這種情況並沒有太多改善，善妙尼，「有妹婿亡孀居，無所依託，攜一稚子，寄其房內，常聞妙自慨生不值佛，每一言此，流涕歔欷，悲不能已。同住四年、五年，未曾見其食。妹作食熟，呼妙共食，妙云：『適於某處食竟。』或云：『四大不好，未能食。』如此積年，妹甚恨愧，白言：『無福婿亡，更無親屬，攜兒依姊，多所穢亂，姊當見厭，故不與共食耳。』流淚而言，言已欲去。妙執其手喻之曰：『汝不解我意，我幸於外得他供養，何須自損家中食。』」〔註63〕可見早期僧尼要想獲得布施並不容易，而且他們獲得布施的手段也往往通過一些神異宣傳。燒身作爲一種極端的宗教行爲具有神異的性質，而且如上所述，僧尼燒身大都進行廣泛的宣傳，因此

〔註61〕《高僧傳》卷12《釋慧益傳》，第453頁。
〔註62〕《高僧傳》卷13《釋慧受傳》，第481頁。
〔註63〕《比丘尼傳校注》卷2《蜀郡善妙尼傳》，第84頁。

燒身之時道俗參加者往往很多，財物施捨也很豐富，釋僧瑜燒身時，「道俗知者，奔赴彌山。」〔註64〕釋僧慶燒身，「道俗僑舊，觀者傾邑。」〔註65〕布施財物也成了一項基本內容，上引釋慧益燒身時，「諸王妃后，道俗士庶，填滿山谷，投衣棄寶，不可勝計。」〔註66〕釋僧崖燒身時，「于時人物喧擾，施財山積。」〔註67〕

　　另一種類型的捨身是為了拯救其他人或眾生性命而捨棄自己。如釋曇稱：

> 宋初彭城駕山下虎災，村人遇害，日有一兩。稱迺謂村人曰：「虎若食我，災必當消。」村人苦諫不從，即於是夜，獨坐草中，呪願曰：「以我此身，充汝饑渴，令汝從今息怨害意。未來當得無上法食。」村人知其意正，各泣拜而還。至四更中，聞虎取稱，村人逐至南山，嘬身都盡，唯有頭在，因葬而起塔，爾後虎災遂息。〔註68〕

又如釋法進：

> （沮渠安）周既事進，進屢從求乞，以賑貧餓，國蓄稍竭，進不復求。迺淨洗浴，取刀鹽，至深窮窟餓人所聚之處，次第授以三歸。便掛衣鉢著樹，投身餓者前云：「施汝共食。」眾雖饑困，猶義不忍受。進即自割肉，和鹽以嘬之。兩股肉盡，心悶不能自割，因語餓人云：「汝取我皮肉，猶足數日，若王使來，必當將去，但取藏之。」餓者悲悼，無能取者。須臾弟子來至，王人復看。舉國奔赴，號叫相屬，因輿之還宮。周敕以三百斛麥以施餓者，別發倉廩以賑貧民。至明晨迺絕，出城北闍維之。煙炎衝天，七日迺歇。屍骸都盡，唯舌不爛。即於其處起塔三層，樹碑于右。〔註69〕

再如釋僧富：

> 時村中有劫，劫得一小兒，欲取心肝以解神。富逍遙路口，遇見劫，具問其意，因脫衣以易小兒，群劫不許。富曰：「大人五藏亦可用不？」劫謂富不能亡身，妄言亦好。富迺念曰：「我幻炎之軀，會有一死，以死濟人，雖死猶生。」即自取劫刀劃胸至臍，群劫更相咎責，四

〔註64〕《高僧傳》卷12《釋僧瑜傳》，第451頁。
〔註65〕《高僧傳》卷12《釋僧慶傳》，第454頁。
〔註66〕《高僧傳》卷12《釋慧益傳》，第452頁。
〔註67〕《續高僧傳》卷29《釋僧崖傳》，第354頁下。
〔註68〕《高僧傳》卷12《釋曇稱傳》，第446頁。
〔註69〕《高僧傳》卷12《釋法進傳》，第447頁。

　　　　散奔走，即送小兒還家。〔註70〕

這種類型的捨身，更多是現實考慮，是爲了拯救別人而進行，嚴格算來並不能算純粹的宗教行爲。但由於其違背一般社會倫理，也可以看作極端的宗教行爲，特別是這些高僧捨己爲人的精神也可以很好的宣揚佛教，有時甚至可以促使統治者改善現實政策，如上引沮渠安周因釋法進的捨身而發倉賑民。

　　此外我們還應該看到捨身的僧尼大都注重苦行，在義理上並沒有太多的造詣，如釋法進，「幼而精苦習誦」，〔註71〕釋法羽，「十五出家，爲慧始弟子。始立行精苦，修頭陀之業。羽操心勇猛，深達其要。」〔註72〕釋慧紹，「精勤懷勵，苦行標節。」〔註73〕釋慧益，「精勤苦行」〔註74〕釋僧慶，「淨修梵行」〔註75〕釋法光，「苦行頭陀」〔註76〕等等。苦行是通過對身體的折磨去除對身體的貪戀，這與捨身有著同樣的邏輯，甚至可以將捨身看成一種極端的苦行，而由重視苦行的僧尼創造捨身這種極端的宗教行爲也在情理之中。

二、佛教界對捨身的態度

　　東晉南朝時期佛教界對第二種類型的捨身基本持讚賞態度，如釋慧皎「夫有形之所貴者身也，情識之所珍者命也。是故餐脂飲血，乘肥衣輕，欲其怡懌也。餌朮含丹，防生養性，欲其壽考也。至如析一毛以利天下，則吝而弗爲，徹一餐以續餘命，則惜而不與。此其弊過矣。自有宏知達見，遺己瞻人。體三界爲長夜之宅，悟四生爲夢幻之境。精神逸乎蜚羽，形骸滯於瓶穀。是故摩頂至足，曾不介心。國城妻子，捨若草芥。今之所論，蓋其人也。僧群心爲一鴨，而絕水以亡身。僧富止救一童，而劃腹以全命。法進割肉以噉人。曇稱自餧於災虎。斯皆尚乎兼濟之道，忘我利物者也。昔王子投身，功踰九劫；剋肌貿鳥，駭震三千。惟夫若人，固以超邁高絕矣。」〔註77〕

　　而對於燒身，佛教界的態度並不一致，一方面這時很多涉及到燒身的佛教

〔註70〕《高僧傳》卷 12《釋僧富傳》，第 448 頁。
〔註71〕《高僧傳》卷 12《釋法進傳》，第 447 頁。
〔註72〕《高僧傳》卷 12《釋法羽傳》，第 449 頁。
〔註73〕《高僧傳》卷 12《釋慧要傳》，第 450 頁。
〔註74〕《高僧傳》卷 12《釋慧益傳》，第 452 頁。
〔註75〕《高僧傳》卷 12《釋僧慶傳》，第 454 頁。
〔註76〕《高僧傳》卷 12《釋法光傳》，第 455 頁。
〔註77〕《高僧傳》卷 12《亡身論》第 456 頁。

經典被翻譯成漢文，如上文提到的《大智度論》，鳩摩羅什弘始七年（405 年）譯出，《金光明經》北涼曇無讖玄始六年（425 年）譯出。北魏延興二年（472 年）西域沙門吉迦夜與釋曇曜合譯《雜寶藏經》。〔註78〕此外，北涼沙門法眾翻譯的《大方等陀羅尼經》也有佛陀前世為王子時燒身的故事，〔註79〕南朝僧尼編寫或撰述的佛學著作也多有涉及燒身者，如梁釋寶唱在天監十五年（516）編成的《經律異相》就選編了「曇摩紺（太子）為法燒身火坑變為花池」〔註80〕和「提韋婆羅門女無子自焚遇辯才沙門聞法悟解」〔註81〕的故事。《出三藏記集》還收錄有專門的《燒身臂指緣記》（出《法華經》）。〔註82〕另一方面佛教戒律也逐漸被翻譯過來，而戒律中明確規定僧尼不得自殺，〔註83〕所以這時佛教界對燒身的態度比較矛盾，一方面有很多僧尼燒身，另一方面主流佛教界對燒身採取很謹慎的態度。劉宋時期的高僧竺道生對《法華經》進行注疏，其中必然要涉及到如何看待燒身問題，在解釋為什麼經中說燒身是「真法供養」時他進行了巧妙的回答：「但自悟道不同。要燒身得解，大乘為通大法故便捨身，故言真法供養之耳。如似香積因聞香故得解大乘也。」〔註84〕就是說燒身供養的前提必須要通解大乘義理，燒身是佛陀的一種方便說法，不是對任何人都適用。

　　《高僧傳》的作者釋慧皎在《高僧傳‧亡身》最後的論中對燒身基本上持反對態度：

> 爰次法羽，至於曇弘，皆灰燼形骸，棄捨珍愛。或以情祈安養，或以願生知足。故雙梧表於房裏，一館顯自空中。符瑞彪炳，與時間出。然聖教不同，開遮亦異。若是大權為物，適時而動，利現萬端，非教所制。故經云：能然手足一指，迺勝國城布施。若是出家凡僧，本以威儀攝物。而今殘毀形骸，壞福田相。考而為談，有得有失。

〔註78〕《歷代三寶紀》卷9，《大正藏》卷49，第85頁中。

〔註79〕《大方等陀羅尼經》卷1「大方等陀羅尼經初分餘卷第二」，《大正藏》卷21，第646頁下。

〔註80〕《經律異相》卷31，《大正藏》卷53，第162頁下。

〔註81〕《經律異相》卷38，《大正藏》卷53，第204頁上。

〔註82〕《出三藏記集》卷12，《大正藏》卷55，第90頁下。

〔註83〕盛行於南北朝的《十誦律》就規定「若比丘，若人若人類，故自奪命，若持刀與教死歎死，作如是言：人用惡活為，寧死勝生，隨彼心樂死，種種因緣教死歎死，死者是比丘波羅夷不應共住。」（《十誦律》卷2，《大正藏》卷23，第8頁中。

〔註84〕《法華經疏》卷1，《大正藏》卷85，第195頁中。

得在忘身，失在違戒。故龍樹云：新行菩薩，不能一時備行諸度。
或滿檀而乖孝，如王子投虎；或滿慧而乖慈，如檢他斷食等。皆由
行未全美，不無盈缺。又佛說身有八萬戶蟲，與人同氣。人命既盡，
蟲亦俱逝。是故羅漢死後，佛許燒身。而今未死便燒，或於蟲命有
失。說者或言，羅漢尚入火光，夫復何怪？有言入火光者，先已捨
命。用神智力，後迺自燒。然性地菩薩，亦未免報軀。或時投形火
聚，或時裂骸分人。當知殺蟲之論，其究竟詳焉。夫三毒四倒，迺
生死之根栽；七覺八道，實涅槃之要路。豈必燔炙形骸，然後離苦。
若其位鄰得忍，俯迹同凡，或時爲物捨身，此非言論所及。至如凡
夫之徒，鑒察無廣，竟不知盡壽行道，何如棄捨身命？或欲邀譽一
時，或欲流名萬代。及臨火就薪，悔怖交切。彰言既廣，恥奪其操。
於是儡俛從事，空嬰萬苦。若然，非所謂也。〔註85〕

慧皎對待燒身的態度非常謹慎，他指出「聖教不同，開遮亦異」，就是說佛教
說法是有不同層次的，如果是「大權」（應指佛陀或修行很高的菩薩）爲了宣
揚佛法，適時而動，這就是一種方便顯現，對此慧皎並不反對（這應該看作
是慧校對大乘經中大量存在的燒身現象的一種理解）。但對於一般出家凡僧來
說，慧皎認爲，燒身有得有失，「得在忘身，失在違戒。」通過慧皎接下來的
分析，我們可以看出實際上他是反對燒身的，他的理由主要有三點：一、燒
身會導致身體內的戶蟲死亡；二、生死輪迴的根本原因是「三毒四倒」〔註86〕
而解脫的途徑在於「七覺八道」而不一定在於燒身；三、有一些凡夫之徒不
是眞心想燒身，或者「欲邀譽一時」或「欲流名萬代」，等到「臨火就薪，悔
怖交切。彰言既廣，恥奪其操。於是儡俯從事，空嬰萬苦」。慧皎的態度比較
中肯，也反映了東晉南朝時期，佛教界對待燒身的一種基本態度，事實上這
時很多僧尼也是反對燒身行爲的，釋慧紹燒身時，「迺還寺辭（其師僧）要，
要苦諫不從。〔註87〕釋曇弘「密往積中，以火自燒。弟子追及，抱持將還。」

〔註85〕《高僧傳》卷12《亡身》第457頁。
〔註86〕三毒指貪欲、嗔恚、愚癡（又稱貪嗔癡、淫怒癡、欲嗔無明）三種煩惱。四
　　　　倒指四種顛倒之妄見也。此有二種：一於生死之無常無樂無我無淨，而執常
　　　　樂我淨，爲凡夫四倒。一於涅槃之常樂我淨，而執無常無樂無我無淨，爲二
　　　　乘四倒。初云有爲之四倒，後云無爲之四倒。斷有爲之四倒爲二乘，斷有無
　　　　爲之八倒爲菩薩。見《大乘義章五》末。
〔註87〕《高僧傳》卷12《釋慧紹傳》，第450頁。

〔註88〕釋法凝，「後年至七十，於佛像前置座而坐，初燒一指，晝夜不動。火然及臂，諸人與弟子欲往撲滅，及有叫喚者，復有禁止不聽者。」〔註89〕

但是總體而言東晉南朝時期佛教界對燒身的態度還是比較平和，沒有絕對讚揚和堅決反對的情況，燒身在很大程度上還是一種個人自願的行爲。

三、世俗社會對僧尼捨身的態度

對於燒身，世俗社會的態度也比較複雜。世俗社會是相對於佛教界而言，既包括統治者，也包括一般民眾。東晉南朝時期的統治者對僧尼燒身的態度很有意思，一般說來統治者都不贊成燒身，但他們也不堅決反對，如上文提到的姚緒。上引《高僧傳‧釋慧益傳》中這方面的材料更爲豐富：

> （釋慧益）精勤苦行，誓欲燒身，眾人聞者，或毀或讚。至大明四年（460 年）始就却粒，唯餌麻麥。到六年又絕麥等，但食蘇油。有頃又斷蘇油，唯服香丸。雖四大綿微，而神情警正。孝武深加敬異，致問殷勤，遣太宰江夏王義恭，詣寺諫益，益誓志無改。至大明七年（463 年）四月八日，將就焚燒，迺於鍾山之南，置鑊辦油。其日朝乘牛車，而以人牽，自寺之山。以帝王是兆民所憑，又三寶所寄，迺自力入臺。至雲龍門，不能步下，令人啓聞：慧益道人今捨身，詣門奏辭，深以佛法仰累。帝聞改容，即躬出雲龍門。益既見帝，重以佛法憑囑，於是辭去。帝亦續至，諸王妃后，道俗士庶，塡滿山谷，投衣棄寶，不可勝計。益迺入鑊，據一小床，以衣具自纏，上加一長帽，以油灌之，將就著火。帝令太宰至鑊所請喻曰：「道行多方，何必殞命？幸願三思，更就異途。」益雅志確然，曾無悔念。迺答曰：「微軀賤命，何足上留。天心聖慈閔已者，願度二十人出家。」降敕即許。〔註90〕

釋慧益想燒身，爲此他準備了很長的時間，從他打算燒身到眞正執行至少經過了三年。而且他有燒身打算後就有很多人聞知，甚至傳到了孝武帝耳中，而他眞正燒身前又專門到皇宮求見孝武帝，以佛法相託，可見他燒身是經過精心準備的，不僅在技術上由食麻麥、蘇油、香丸等過程，輿論上也作了充

〔註88〕《高僧傳》卷 12《釋曇弘傳》，第 456 頁。
〔註89〕《續高僧傳》卷 29《釋法凝傳》，第 353 頁下。
〔註90〕《高僧傳》卷 12《釋慧益傳》，第 453 頁。

分的宣傳。他的目的也很明確，通過燒身，引起人們對佛法的重視，尤其希望通過自己的宗教熱情引起帝王對佛法進一步的支持。孝武帝的態度非常有意思，一方面他反對燒身，不僅在慧益燒身前派太宰江夏王義恭詣寺諫益，而且在慧益馬上燒身時「令太宰至鑊所請喻曰：『道行多方，何必殞命？幸願三思，更就異途。』」另一方面他對燒身的慧益又禮敬有加，不僅親自出宮門接見，還親自帶領諸王妃后前去觀看慧益燒身，並在勸阻無效後，答應慧益度二十人出家。即便是梁武帝這樣虔誠的佛教信奉者對燒身也沒有特別贊成，《弘贊法華傳・釋道度傳》：

> 天監十七年（518 年），禪師自造《法花經》一百部，曉夜誦持《藥王》一品。後於花林寺覺殿，啓梁武曰：「身為毒樹，實宜焚滅，厭此形骸，為日已久，願同喜見供養諸佛。」敕旨答云：「必欲利益蒼生，自可隨緣修道，若身命無常，棄屍陀林，施以鳥獸，於檀度成滿，亦為善業。八萬戶蟲，不容燒爐，非所勸也。」又奉答云：「道度此心不可奪，既蒙令敕，且當奉持。」普通七年（526 年）八月三日，迺入東州。……至（十一月）二十九日旦，寺主全等數人，共登禪室，遙見龕中，紫光外照。其日將暮，忽有群鳥五六百頭，同集一樹，俄頃而飛。是夜二更初，竟寺有雜色光，映燭房宇。至五更中，聞山頂火聲振烈，驚走往觀，見禪師合掌火中。春秋六十有六。刺史武陵王，迺遣灑掃收斂，於其處而建塔焉。後時聞山頂有石磬之聲，聲甚清徹。先燒身之處，有大柿樹，枯死十有餘年，禪師入山，恒坐樹下，後春遂生枝葉。禪師東行之始，告弟子道隱曰：「吾千載有幸，逢值法王，今為身遠遊，奉見無日，有受持鐵鉢，別當獻奉。」弟子道隱，具以狀聞，並獻鐵鉢。迺有敕曰：「禪師心力決壯，能行難行，猶冀廣為化道，利益四生，便爾異世，良可歎惜。追蹤喜見，必當面覯淨明，以此而言，更為可欣也。」〔註91〕

釋道度上啓梁武帝欲燒身，梁武帝表示反對，並提出兩點理由：一、要利益眾生，可以隨緣修道，不一定非要燒身；二、如果燒身就會燒爐體內的八萬戶蟲。梁武帝對道度燒身只是從理論上進行說服，並沒有堅決制止。但梁武帝的觀點畢竟對道度產生了一定約束力，道度雖然表明「此心不可奪」，堅持燒身，但還是表示了妥協，一方面推遲了燒身的時間（從上啓到燒身中間有

〔註91〕 《弘贊法華傳》卷5，《大正藏》卷51，第24頁下。

八年時間），另一方面燒身時並沒有通告道俗。而且道度燒身前還精心安排，讓其弟子道隱在其死後獻奉受持鐵鉢。道隱不負師命，最終將鐵鉢以及道度對梁武宏法的讚揚獻於武帝，這纔使道度的燒身，取得了梁武帝的認可，下敕追認其燒身行爲「更爲可欣」。

雖然統治者一般不贊成燒身，但僧尼燒身時往往有統治者前去觀看，如前引宋孝武帝，又如釋僧慶燒身，「刺史張悅躬出臨視」。〔註 92〕而且僧尼燒身後往往會有一些統治者會爲燒身僧尼建塔，如天水太守裴方明，爲釋僧慶收灰起塔，〔註 93〕又如南齊時「永明末，始豐縣有比丘法存，亦燒身供養。郡守蕭緬，遣沙門慧深，爲起灰塔。」〔註 94〕梁代，釋道度燒身後，「刺史武陵王，迺遣灑掃收斂，於其處而建塔焉。」〔註 95〕也有一些統治者曾利用行政手段干涉僧尼燒身，如劉宋慧耀尼「少出家，常誓燒身，供養三寶。泰始末言於刺史劉亮，亮初許之。有趙處思妾王氏甓塔，耀請塔上燒身。王氏許諾。正月十五日夜將諸弟子，齎持油布，往至塔所。裝束未訖，劉亮遣信語諸尼云；若耀尼果燒身者，永康一寺並與重罪。耀不得已，於此便停。」但這種情況都限於地方統治者在某一地方採取的措施，往往與這些統治者的個人信仰有關，而不能代表整體統治者的態度。

總之，南朝統治者對待燒身雖然大都不贊成，但並沒有堅決反對，而且他們不贊成往往是爲了表明對僧尼的重視，希望留住他們繼續弘法，他們的反對也往往僅限於理論上而不會運用行政手段去干涉，一般說來，他們認爲修行的方式很多，可以不必燒身，而具有較高佛學修養的統治者，如梁武帝則更注意從佛教理論上反對燒身。南齊竟陵王在《淨住子淨行法》中也從理論上反對燒身，認爲燒身不能得到解脫，「捨身（根據語義，這裏捨身不是指那些爲救濟他人而進行的捨身，所以主要是指燒身）命財，所以不得解脫生死者，皆緣耽著果報，不能捨離。若能不執其心，修行攝度，隨有微福，迴施群生，向於佛道者，則於果報不復生著，便於生死蕭然解脫。」〔註 96〕但僧尼燒身後，統治者往往給予認可和讚揚，如爲燒身高僧建塔立碑等。

〔註92〕《高僧傳》卷 12《釋僧慶傳》，第 454 頁。
〔註93〕《高僧傳》卷 12《釋僧慶傳》，第 454 頁。
〔註94〕《高僧傳》卷 12《釋法光傳》，第 455 頁。
〔註95〕《弘贊法華傳》卷 5，《大正藏》卷 51，第 24 頁下。
〔註96〕《淨住子淨行法》「迴向佛道門第三十」，《廣弘明集》卷 27，《大正藏》卷 52，第 320 頁中。

　　士人對燒身又是一種什麼態度呢？有的士人對燒身極力讚揚，如吳郡張辨親自目覩釋僧瑜之燒身，並爲之作轉贊：「悠悠玄機，茫茫至道。出入生死，孰爲妙寶？（其一）　自昔藥王，殊化絕倫。往聞其說，今覩斯人。（其二）英英沙門，慧定心固。凝神紫氣，表迹雙樹。（其三）　其德可樂，其操可貴。文之作矣，式飄髣髴（其四）。」〔註97〕而對於一些不信佛的士人而言，燒身違背傳統社會「身體髮膚，受之父母，不敢傷毀」的倫理規範，往往成爲他們反佛的一種理由，上引宗炳之文可以得到一些證明，而信佛人士對這種言論的反駁往往是從佛教的最終追求，來說明燒身的合理性，「夫道在練神，不由存形，是以沙門祝形燒身，屬身絕往。」〔註98〕而這種反駁是對已經存在的僧尼極端行爲的一種解釋，不見得反駁者對燒身本身有多大的支援。不過這也應該算是士人對燒身的一種理論解釋。

　　那麼社會上一般民眾的態度又如何呢，燒身所具有的強烈的視覺效果和產生的宗教神秘感，對一般民眾具有較大的吸引力，容易使他們對佛教產生信仰，如釋法羽燒身，「道俗觀視，莫不悲慕焉。」〔註99〕釋僧瑜燒身，「道俗知者，奔赴彌山，並稽首作禮，願結因緣。」〔註100〕釋慧益，「貴賤哀嗟，響振幽谷。莫不彈指稱佛，惆悵淚下。」〔註101〕釋法凝燒身，「時俗男女有號哭自捶者，又有頂禮贊歎者。」〔註102〕而燒身畢竟不是容易做到的事情，所以在一般民眾看來僧尼燒身可以極大提高僧尼的聲譽。《比丘尼傳‧慧耀尼傳》：「慧耀，本姓周，西平人也。少出家，常誓燒身，供養三寶。泰始末，言於刺史劉亮，亮初許之。有趙處思妾王氏甓塔，耀請塔上燒身，王氏許諾。正月十五日夜，將諸弟子，齎持油布，往至塔所，裝束未訖，劉亮遣信語諸尼云：『若耀尼果燒身者，永康一寺並與重罪。』耀不得已，於此便停。王氏大瞋云：『尼要名利，詐現奇特，密貨內人，作如此事。不爾，夜半城內那知。』耀曰：『新婦勿橫生煩惱，捨身關我，傍人豈知？』於是還寺，斷穀，服香油，至昇明元年，於寺燒身。」〔註103〕慧耀尼準備燒身，被刺史阻止，王氏卻認

〔註97〕《高僧傳》卷12《釋僧瑜傳》，第452頁。
〔註98〕《弘明集》卷2，《大正藏》卷52，第14頁上。
〔註99〕《高僧傳》卷12《釋法羽傳》，第449頁。
〔註100〕《高僧傳》卷12《釋僧瑜傳》，第451頁。
〔註101〕《高僧傳》卷12《釋慧益傳》，第453頁。
〔註102〕《續高僧傳》卷29《釋法凝傳》，第353頁下。
〔註103〕《比丘尼傳校注》卷2《蜀郡永康寺慧耀尼傳》，第115頁。

為慧耀為了名利，假意安排燒身。反過來正表明，僧尼燒身可以獲得名利，提高僧尼在民眾中的聲譽。

　　對於第二種類型的捨身，世俗社會一般都表示讚賞和敬佩，如上文提到的釋曇稱，「村人知其意正，各泣拜而還。……（他被虎喫後）因葬而起塔，爾後虎災遂息」〔註104〕又如釋法進，「王人復看，舉國奔赴，號叫相屬，因輿之還宮。周敕以三百斛麥以施餓者，別發倉廩以賑貧民。至明晨迺絕，出城北閣維之。煙炎沖天，七日迺歇。屍骸都盡，唯舌不爛。即於其處起塔三層，樹碑於右」。〔註105〕釋僧富，「路口時行路一人，見富如此，因問其故，富雖復頓悶，口猶能言，迺具答以事。此人悲悼傷心，還家取針，縫其腹皮，塗以驗藥。輿還寺將息，少時而差。」〔註106〕

　　關於北朝僧尼捨身的情況，由於僧傳中提到的北朝捨身僧尼很少，我們很難具體探討，但南北朝以前的捨身僧尼不少就是在北方，所以北朝應該延續這一傳統，基本上與南朝沒有太大的區別。這裏僅引用幾段材料，以作說明，《弘贊法華傳·釋僧崖傳》：〔註107〕「出家以後，篤志精勤。身無長衣，鉢無餘食。每讀《法花經》，至《藥王菩薩品》，聞燒身供佛，焚指弘經。覃思斯言，內興誓願，遂燒一指。造《法花經》。當燒之日，觀者填咽，賙物委積。後營殿塔，爰及房廊。剋日燒身，擬營斯福。時周趙王，襄帷益郡，撫政臨民，除煩去苛，加以敬愛三寶，匡護四依。崖以此事諮王，王即許諾。克日傍告，遠近咸知。薪柴累積，香油豐溢。其日，王親率官僚，同來觀禮。崖於是手執香燒，足躡柴積，端坐其上。告四眾云：『崖心存利物，意靡貪求。今捨穢軀，建立淨剎。若斯言不爽，要當示以肉心。』誓已，因令縱火。端坐誦經，音聲清亮。火至其面，聲迺絕焉。於是，上天雨花，下遍城邑。遠近悲哭，老少咨嗟。賙施填委，珍賄山積，並以入寺，用興殿塔。燒身既盡，肉心獨存。此豈非位階不退，故得言誓不差乎？王視肉心，撫而慟哭：『菩薩聖人，於焉永往。嗚呼痛矣，失蔭如何？』時人皆號為「僧崖菩薩」。王奉肉心。起一大塔。朝夕虔禮。供養無闕焉。」〔註108〕可見釋僧崖從燒身前徵詢

〔註104〕《高僧傳》卷12《釋曇稱傳》，第446頁。
〔註105〕《高僧傳》卷12《釋法進傳》，第447頁。
〔註106〕《高僧傳》卷12《釋僧富傳》，第448頁。
〔註107〕《續高僧傳》卷29有《釋僧崖傳》（第354頁。）但其敘述比較分散，而且有更多神異色彩，這裏用《弘贊法華傳》的材料。
〔註108〕《弘贊法華傳》卷5《釋僧崖傳》，《大正藏》卷51，第24頁下。

統治者意見，到燒身時的規模場景，都與南朝基本相同。《續高僧傳》卷 29
《釋普圓傳》〔註109〕「常以頭陀爲志，樂行慈救，利益爲先。……又有惡人
從圓乞頭，將斬與之。又不肯取，又復乞眼，即欲剜施，便從索手，遂以繩
繫腕著樹，齊肘斬而與之。心悶委地，村人明酒聞知，因斯卒於郊南樊川也。」
這種不問施與對象善惡，即爲捨身的行爲，是爲了徹底體現佛教慈悲的精神，
比較少見。《續高僧傳》卷 29《釋普濟傳》：「自佛法淪廢，便投太白諸山，行
不裹糧，依時噉草，咀嚼嚨飲，都不爲患。願像教一興，捨身供養，修普賢
行，生賢首國。開皇之始，大闡法門。思願既滿，即事捐捨，引眾集於炭谷
之西崖，廣發弘誓自投而殞。遠方填赴，充於巖谷，爲建白塔於高峯焉。」
這是爲了復興佛法而捨身。普濟是普圓的弟子，據魏道儒先生所言，二人都
是接受《華嚴經》的下層僧人，他們都是依據《華嚴經》來修行。〔註110〕可
見北朝僧人的捨身與《華嚴經》的流行也有一定關係。

應該說在捨身問題上沒有太多地域的區別，但北朝卻基本上沒有對捨身的
理論解釋，這正反映了北朝佛教不重義理的現實。另外關於第二種類型的捨身
此後並沒有太大的變化，我們在下面的章節中主要討論第一種類型的捨身。

第四節 隋唐以後的僧尼捨身

一、隋唐以後僧尼捨身的特點

隋唐以後僧尼的捨身行爲逐漸呈現出一些新的特點，首先僧尼捨身的方
式更加多樣，有燒身燃臂者，有捨身飼虎者、有投崖投江者、有以身飼蟲者、
刺血寫經者等等，而燒身在捨身中的比重明顯下降，《續高僧傳・遺身》正傳
記載隋唐時期高僧共 9 人，其中燒身者只有 2 人（其中之一還是僅僅燒臂）《宋
高僧傳・遺身》共記載唐至宋初捨身高僧 22 人，其中眞正燒身者只有 5 人（還
有 5 人或燒指或燃臂，兩人欲燒身卻沒有實現）。

其次，僧尼捨身時的規模已經遠遠不能與南朝時期相比。就燒身而言，這
時很多僧尼燒身已經不再通知道俗，而是秘密進行，南朝時也有僧尼燒身時秘
密進行，如釋曇弘，「誦《無量壽》及《觀經》，誓心安養。以孝建二年（455

〔註109〕《續高僧傳》卷 29《釋普圓傳》，第 355 頁下。
〔註110〕魏道儒《中國華嚴宗通史》，鳳凰出版社 2008 年版，第 83～86 頁。

年）於山上聚薪，密往藉中，以火自燒。」〔註111〕但這畢竟是少數，僧傳中提
到的隋唐時期僧尼燒身卻有很多是秘密進行的，唐太宗時釋會通，「讀《法花經》
至《藥王品》，便欣厭捨，私集柴木，誓必行之。以貞觀末年，靜夜林中積薪爲
窟，誦至《藥王》，便令下火。風驚焰發，煙火俱盛。卓爾加坐，聲誦如故。尋
爾西南有大白光流入火聚，身方偃僕。至曉身火俱滅。」〔註112〕唐順宗時期釋
無染，「遂命季氏趙華將蠟布兩端、粗麻一束、香汁一斗於中臺頂，從旦至暮，
禮拜焚香，略無暫憩，都不飲食。念佛虔誠，聲無間斷。已至深更，趙氏怪其
所以，陟彼崔嵬，見染不移舊止，轉更精專。染謂趙曰：『吾有密願，汝與吾助
緣，不得相阻。爲取蠟布、麻油將來，纏裹吾身，於夜半子時，要然身供養諸
佛。吾若得道，相度汝也。』趙氏諫之，苦勸不止。」〔註113〕當然也有僧尼燒
身時周告道俗，如《續高僧傳・釋會通傳》「貞觀之初，荊州有比丘尼姊妹，同
誦《法花》，深厭形器，俱欲捨身。節約衣食，欽崇苦行，服諸香油，漸斷粒食。
後頓絕穀，惟噉香蜜。精力所被，神志鮮爽。周告道俗，剋日燒身。以貞觀三
年二月八日，於荊州大街置二高座，洒以蠟布纏身至頂，惟出面目。眾聚如山，
歌贊雲會。誦至燒處，其姊先以火柱妹頂，請妹又以火柱姊頂。清夜兩炬一時
同耀，焰下至眼，聲相轉明。漸下鼻口，方迺歇滅。恰至明晨合坐洞舉，一時
火花，骸骨摧朽，二舌俱存。合眾欣嗟，爲起高塔。」〔註114〕但這種情況已經
是少數。這時僧尼燒身時的宏大場面已經很少，而且往往是燒身後纔得到僧俗
的宣揚頂禮。《弘贊法華傳・釋曇猷傳》：

> 以乾封元年，行至像所，祈誠弘誓，願無緣障。遂聞殿前彈指之聲。
> 于時，屯雲驟雨，已積旬日。傍人止之，恐或成礙。猷曰：「此有善
> 相，必果不疑。」恰至二月十五日夜，天大晴明，月光流照。猷以
> 蠟布自手頂雙爇，願得久燒久供養，不願早終。火及兩腕，色貌無
> 改。火至眉額，說法如初。怡然一心，目矚瑞像。以光明供養，願
> 見日月淨明德佛。人問苦不？心如金剛，無有退轉，甚大涼樂，無
> 有苦也。俄而猛焰騰赫，上下洞然。又於火中，告言念佛。初火勢
> 將盛，僧徒咸懼，恐無遺骸，莫知燒相，請留一驗，以示含識。及

〔註111〕《高僧傳》卷12《釋曇弘傳》，第456頁。
〔註112〕《續高僧傳》卷29《釋會通傳》，第359頁上。
〔註113〕《宋高僧傳》卷23《無染傳》，第528頁上。
〔註114〕《續高僧傳》卷29《釋慧通傳》，第359頁上。

> 後總成灰燼，唯餘髑骨。明旦，合州奔赴，官僚咸萃，頂禮圍繞，
> 歡恩而還。」〔註115〕

可見其燒身時只有僧徒在場，而且僧徒的耽憂也表明他們對燒身的宣示效果有了懷疑，所以直到燒身後，纔進行宣傳，使「合州奔赴，官僚咸萃」。又如釋束草師，也是在燒身後，纔「眾皆稱歎，民多觀禮焉」。〔註116〕

　　對此我們可以這樣理解，燒身行為相對於其他的捨身行為具有更強的感官刺激，因而也具有更大的宣傳效果。從時間上講燒身是一個較長的過程，而燒身者在這一過程中承受的肉體痛苦，顯然也會更加強烈。僧尼在這一過程中表現出來的鎮定自若以及他們對《藥王品》的誦讀更增強了佛教的神異色彩，更能打動觀看者的內心，更容易激發他們的宗教熱情。因而從統治者的角度看，燒身時大量道俗人員的參加就隱含著更多危險因素。唐代以後專制集權進一步加強，而帝王個人對佛教缺乏真正的信仰，必然會對佛教更多防範，在這種背景下僧尼為了減少統治者的猜忌，不再將燒身作為主要的捨身方式，燒身時也大都不會再通知統治者和世俗社會。

　　其他捨身方式除了那些為了救助他人或其他眾生的外，也大都秘密進行，如唐代釋玄覽，「密去至京東渭陰洪陂坊側，且臨渭水稱念禮訖，投身澄中。眾人接出，覽告眾曰：『吾誓捨身命久矣，意欲仰學大士，難捨能捨，諸經正行。幸勿固遮，兩妨其業。』眾悟意，故洒從之。即又入水，合掌稱十方佛。廣發弘願已，投於漩渦中。」〔註117〕後晉釋志通，「（投崖）初通去不白眾，遂分人各路尋覓。」〔註118〕

　　總之，隋唐以後捨身這種極端的宗教行為規模逐漸縮小，影響也不斷減退，當然由於歷史的慣性，唐代前半期捨身行為還是比較盛行，慧習禪師在教導義淨時特別強調：「燒指燒身，不應為也。」〔註119〕表明這種行為在佛教界還有很大的影響力。宋中期以後甚至退出主流佛教，或者成為一種近似邪闢的行為，或者在密教中得到一定的保存。那麼這種變化是如何實現的，這種變化對於佛教和中國社會又有什麼意義呢？我們試從佛教界和世俗社會對捨身的態度來解釋其中的關鍵。

〔註115〕《弘贊法華傳》卷5，《大正藏傳》卷51，第24頁下。
〔註116〕《宋高僧傳》卷23《唐京兆菩提寺束草師傳》，第529頁中。
〔註117〕《續高僧傳》卷29《釋玄覽傳》，第358頁中。
〔註118〕《宋高僧傳》卷23《釋志通傳》，第530頁下。
〔註119〕王邦維校注《南海寄歸內法傳校注》，第237頁。

二、佛教界對捨身的看法

　　南北朝時期一方面是捨身現象大量存在，另一方面對這種行爲是否合理佛教界在理論上並沒有進行過多探討。隋唐以後佛教進一步發展，又有一些新的佛經被翻譯，在這些佛經中有反對燒身的，如唐代般若三藏於貞元四年（788）四月據梵本翻譯的《大乘理趣六波羅蜜多經》就將捨身作爲外道的行爲：「或有外道以火燒身；或投水中，自溺而死；或利戟上，宛轉而終；或修狗行，以口食糞，而求生天；或修牛戒，如牛行李，飲水噉草，裸露而行，不辨六親而作淫亂。」〔註120〕中國僧人自己的著述中也收錄了反對捨身的內容，唐代僧人道世著的《法苑珠林》中就收錄了提韋婆羅門女無子自焚遇辯才沙門聞法悟解的故事，〔註121〕這也表明作者對捨身的一種態度。同時隨著佛教理論的進一步發展，中土佛教界對捨身問題在理論上進行了更多的探討。據隋代高僧吉藏（549～623）所撰的《法華義疏·藥王菩薩本事品第二十三》：

　　　　問：依毗尼結戒，燒身得偷蘭遮，燒臂得突吉羅。此菩薩將不犯罪
　　　　　　耶？

　　　　答：此或可在家菩薩，不預犯戒之例。設令出家適時而化，如身子
　　　　　　（舍利弗）與須達（舍衛國給孤獨長者之本名，祇園精舍之施
　　　　　　主也。）共載一車，而不犯罪也。〔註122〕

吉藏試圖通過區分在家菩薩與出家僧尼來解決小乘戒律與大乘經文之間的矛盾，認爲在家菩薩可以捨身而不犯戒，而出家僧尼如果是爲了「適時而化」也不犯戒。唐義寂所著的《梵網經菩薩戒本疏》中對《梵網經》一段經文「若佛子，應好心先學大乘威儀經律，廣開解義味。見後新學菩薩有從百里、千里來求大乘經律，應如法爲說一切苦行，若燒身燒臂燒指。若不燒身臂指供養諸佛，非出家菩薩。迺至餓虎狼師子一切餓鬼，悉應捨身肉手足而供養之。後一一次第爲說正法，使心開意解。」〔註123〕進行了如下解釋：「文中應以好心先學大乘威儀經律廣開解義味者，爲無倒教他，先當自正學。如此經及《善戒經》、《決定毗尼》、《菩薩》、《地持》等，即是大乘威儀經律也。見後新學

〔註120〕《大乘理趣六波羅蜜多經》卷3，《大正藏》卷8，第881頁上。
〔註121〕《法苑珠林校注》卷89「懺悔部第二」，第2551頁。
〔註122〕《法華義疏》卷11「藥王菩薩本事品第二十三」，《大正藏》卷34，第619頁下。
〔註123〕《梵網經》卷2，《大正藏》卷24，第1006頁上。

菩薩下，正辨為他無倒說法。於中有二：初說苦事以試其心，後說正法以開其解。為欲知其大志，故說苦事。以試心為欲發其大行，故說正法以開解。說苦事中以二事試之：一燒身以供諸佛，二捨形以救餓苦。說法中亦二：一次第說法，二令開神解。次第為說者，粗淺易悟者先說，深隱難解者後說。又三學行中次第說也。……」〔註124〕吉藏將《梵網經》中為新來菩薩先說捨身諸苦行，解釋為是為了試探其心，並不是最終的說教，而且認為捨身是「粗淺易悟者」，可見他實際上並不特別贊成僧尼實踐捨身的行為。

　　唐代南山律宗的創始人釋道宣（596～667）雖然對捨身者給予極高的評價，認為「輕生徇節，自古為難。苟免無恥，當今為易。」「自非懷安曠濟，行杜我人，觀色相為聚塵，達性命如風燭，故能追蹤前聖。誠宗像末之寄乎？」「捨生而存大義，用開懷道。全身碎身之相，權行實行之方，顯妙化之知機，通大聖之宏略也。」但又指出「聖教包羅，義含知量。自有力分虛劣，妄敢思齊。或呻噑而就終，或激激而赴難，前傳所評何世無耶？又有未明教跡，淫惱纏封。恐漏初篇，割從闍隸。矜誕為德，輕侮僧倫。聖教科治，必有深旨。良以愛之所起者，妄也。知妄則愛無從焉。不曉返檢內心，而迷削於外色。故根色雖削，染愛逾增，深為道障，現充戒難。尚須加之擯罪，寧敢依之起福。」〔註125〕也就是說捨身雖然可能是捨身者對「空」的一種理解，也是一種宣揚佛教的方式，但並不是一般人能夠做到的，對一般僧尼來講遵守戒律更為重要。應該說道宣對捨身也不提倡。唐代義淨（635～713）則明確表示反對捨身，他所著的《南海寄歸內法傳》卷四中有「燒身不合」條：

> 諸出家眾內，頗有一途。初學之流，情存猛利。未閑聖典，取信先人。將燒指作精勤，用然肌為大福。隨情即作，斷在自心。然經中所明，事存通俗，己身尚勸供養，何況諸餘外財？是故經中但言若人發心，不道出家之眾。意者出家之人，局乎律藏，戒中無犯，方得通經。於戒有違，未見其可。縱使香臺草茂，豈損一莖；曠野獨饑，寧餐半粒。然眾生喜見，斯迺俗流，燒臂供養，誠其宜矣。可以菩薩捨男捨女，遂遣苾芻求男女以捨之；大士捐目捐身，即令乞士將身目而行施。仙預斷命，豈律者所為；慈力捨身，非僧徒應作。

〔註124〕唐義寂撰《梵網經菩薩戒本疏》卷2「第六無倒說法戒」，《大正藏》卷40，第675頁下。
〔註125〕《續高僧傳》卷27《遺身論》，第359頁下。

比聞少年之輩，勇猛發心，意謂燒身便登正覺，遂相踵習，輕棄其軀。何則？十劫百劫，難得人身，千生萬生，雖人罕智。稀聞七覺，不遇三尊。今旣托體勝場，投心妙法，纔持一頌，棄眇肌而尚輕；暫想無常，舍塵供而寧重。理應堅修戒品，酬惠四恩，固想定門，冀拔三有。小愆大懼，若越深海之護浮囊；行惠堅防，等履薄冰而策奔駿。然後憑善友力，臨終助不心驚；正念翹懷，當來願見慈氏。若希小果，即八聖可求；如學大因，則三祇斯剋。始匆匆自斷軀命，實亦未聞其理。自殺之罪，事亞初篇矣。檢尋律藏，不見遣爲。滅愛親說要方，斷惑豈由燒己？房中打勢，佛障不聽。池記憶體生，尊自稱善。破重戒而隨自意，金口遮而不從。以此歸心，誠非聖教。必有行菩薩行，不受律儀，亡己濟生，固在言外耳。

義淨指出，經中所說捨身之事只是「事存通俗」，是爲了勸導人們：如果身體都可以捨棄，對其他東西也不會執著，而不是對出家人的要求；出家人首先應該遵守戒律，《藥王品》中的眾生喜見菩薩也不是出家人，他捨身可以，僧徒卻不應該捨身；人身難得，應該在一生之中勤修善業，不應匆匆結束生命。但義淨也指出「必有行菩薩行，不受律儀。亡己濟生，固在言外耳」，爲捨身留下了餘地。義淨還指出勸其他人捨身也是一種獲罪行爲，同書同卷「傍人獲罪」條：「凡燒身之類各表中誠。或三人兩人，同心結契，誘諸初學，詳爲勸死。在前亡者自獲偷蘭，末後命終定招夷罪。不肯持禁而存欲得，破戒求死固守專心曾不窺教。儻有傍人勸作，即犯針穴之言。若道何不授火，便招折石之過。嗚呼此事，誠可慎哉！俗云：殺身不如報德，滅名不如立節。然而投體餓虎，是菩薩之濟苦。割身代鴿，非沙門之所爲。以此同科，實非其況。聊准三藏，略陳可不。進退之宜，智者詳察。然恒河之內，日殺幾人。伽耶山邊，自殞非一。或餓而不食，或上樹投身。斯等迷途，世尊判爲外道。復有自刑斷勢，深乖律典。設有將爲非者，恐罪不敢相諫。若其緣斯致命，便誤一生大事。佛因斯理，制而不許。上人通識，自不肯爲。古德相傳述之如後。」〔註126〕

唐代天台宗第九祖荊溪湛然（711～782），卻將燒身抬高到很高的地位，並運用佛教義理進行解釋，其《法華文句記‧釋藥王品》：

所以燒身名眞法者，由內觀故。所觀者何？即此生身。由惑因故，

〔註126〕王邦維校注《南海寄歸內法傳校注》卷4，第222頁。

惑斯惑果。皆用之言，顯因果俱蕩。又觀若身、若火等者，於中先明法空，次誰燒下，辯生空。初法空者，既即實相。實相無燒，身火能所安得有燒有能所耶？次生空者，非但身等皆是實相。身等宰主一切皆無，故名爲誰。燒者，能燒火也。然者，所然身也。身火并是能供事也，佛法即是所供田也。宰主即是能觀觀者，身火能所觀境也。境智不二，能所斯亡。以不二觀觀不二境，成不二行會不二空。作是觀時，苦爲法界，見聞者益，故曰乘乘。若不爾者，成無益苦行。佛有誠誡，實可先思。所以投巖無招外行之論，赴火不爲內眾之譏。良由內有理觀，外曉期心。故勝熱息善財之疑，尼幹生嚴熾之解。篤論其道，行方有克。心正行正，智邪事邪。行不可廢，智不可亡。後學之徒，無失法利。有人問云：律制燒身得蘭，燒指得吉。此中贊燒，其事如何？今爲答之。大小開制，教法不同。小制結過，大制令燒。故《梵網》中若不燒者，非出家菩薩。豈獨令俗而不制道？故知順小行易，不燒何難。從大誡難，燒迺不易。世以不持爲大，則大小俱傾。信此土機緣，咸迷大小。不知先小後大，依何夏次。先大後小，何心而受。先小後大，開小乘遮不？先大後小，遮菩薩開不？一界之內，兩眾如何。一身之中，二體同異。大乘於小，取益從何。小誦於大，招損誰測。勤勤甄別，用爲來種。所乘之乘，皆妙法故。以依一實，立因果故。乘其所乘，以利物故。但自揣己德，歷境觀心。與心相應，當順開制。今藥王久證，並出開制之方。重法亡懷，起神通之願。爲軌凡下，思之可知。〔註127〕

湛然認爲燒身是「眞法」，但必須要通過一種「內觀」法，認識到身火皆空、身火不二，這樣纔算是眞正的燒身，纔不會招致教外和教內的反對。對於小乘戒律中禁止燒身，湛然的解釋是大小乘教法不同，大乘燒身不僅針對在家人，出家人也可以實行，只是每個人應該依據自己修行階段、心體感悟自由選擇。天台宗有自己的理論體系，其經典依據就是《法華經》，所以湛然對《法華經》進行詳細的解釋，對燒身問題也更注重從大乘義理方面進行解釋。

宋代佛教界對捨身問題則基本上採取了一種讚賞的態度。《宋高僧傳》的作者贊寧對捨身給予很高評價，認爲「須知三世諸佛同贊此門，是眞實修，

〔註127〕《法華文句記》卷10，《大正藏》卷34，第354頁上。

是第一施。」〔註128〕「小乘教以自殺犯重戒前諸方便罪，是以無敢操炬就燎者。然自殺二例：一畏殺，須結蘭吉；二願往生，強猛之心，命終身往。蘭吉可能作礙邪？復次大心一發，百年暗室一燈能破，何罪之有。是故行人無以小道而拘大根者乎。」〔註129〕而且這時的佛教界沿著湛然的思路，進一步在理論上對捨身加以解釋，體現四明知禮（法智）（960～1028）思想的《四明尊者教行錄》中有一篇「楊文公三問並法智答」，其中楊文公認為「燒身臂指，迺是出家菩薩。捨身命財，方名真法供養。此語出《梵網》、《法華》二經，然並是魔王所說，且非正教。」法智的回答是「佛之與魔，相去幾何？邪之與正，有何欠剩？良由本理具魔，佛性不二而一，二而不二。隨緣發現，成佛成魔。性既本融，修豈能異？故圓實教，稱性而談。魔界如佛界，如一如無二如。故得云魔外無佛，佛外無魔，亦是一魔。」〔註130〕用佛魔圓融不二的觀點解釋捨身存在的合理性。元照（1048～1116）《四分律行事鈔資持記》在分析義淨和湛然觀點的基礎上，提出自己的看法：「今以義判，且為三例：一若本白衣，不在言限。或全不受戒，此依經中，足指供養勝施國城。若依《梵網》直受大戒，順體奉持，然之彌善。二若單受小戒，位局比丘。不燒則順本成持，燒則依篇結犯。三若兼受大戒，名出家菩薩。燒則成持，不燒成犯。或先小後大，或先大後小。並從大判，不犯律儀。若此以明粗分進否，豈得雷同，一概頓斥為非。然有勇暴之夫，情存矯詆，邀人利養。規世聲名，故壞法門，迺佛教之大賊。自殘形體，實儒宗之逆人。直是惡因，終無善報。今時頗盛，聲俗豈知。則義淨之誡亦有取矣。」〔註131〕延壽著的《萬善同歸集》對捨身問題進行了詳細的解釋，分三個層次：第一關於小乘與大乘的矛盾，他指出「小乘執相，制而不開。大教圓通，本無定法。……祇可歎大褒圓，自他兼利。豈容執權滯小，本迹雙迷。」第二、關於捨身與外道的區別，他從佛教畢竟空道（真諦）和分別好惡道（俗諦）兩個層次上解釋，指出佛教捨身與外道捨身不同，佛教徒以「我法皆空」之心對待捨身，不求果報。而外道則執著於捨身，並渴求現在和後世的利益。第三、關於捨身作為一種布施，在佛教修行中的地位，他指出各種修行方式沒有本質區別，不能執著於區

〔註128〕《宋高僧傳》卷23，第533頁上。
〔註129〕《宋高僧傳》卷23《宋天台山文輦傳》，第532頁下。
〔註130〕《四明尊者教行錄》卷5，《大正藏》卷46，第900頁中。
〔註131〕《四分律行事鈔資持記》卷7，《大正藏》卷40，第285頁上。

分，而且眾生根性不同，適合的纔是好的，所以「權實雙行，正宗方顯。住無所住，佛事所以兼修。」〔註132〕南宋宗曉（1151～1214）編《樂邦文類》也對捨身極力讚揚「故（知禮）今以三觀攻心，五悔助道，仍恐淨因未備，故以畢命自要。庶憑最後之強緣，以作往生之定業。而又若不燒身臂指，非出家菩薩。《梵網》之誡明然。捨身命財，是眞法供養，《法華》之文煥矣。楞嚴然香一炷，宿債俱酬。輪王剜身千燈，妙果斯克。故知，初心後位，上聖下凡，皆可遵修，並彰至教。但存正解，自免邪修。以知性火眞空，豈有能燒之相，所燒自忘也。又知佛體圓妙，豈存所供之人，則能供亦寂矣。兩重能所既泯，一切功德斯成，是名苦行法門。所謂火光正受，四土淨境，頓現此心。諸佛道場，咸彰此處。但隨所願，必遂往生。」〔註133〕

　　總之隋唐以後隨著大乘佛教在中國的進一步發展，佛教界需要對《法華經》、《梵網經》等大乘經典中提到的捨身問題給出理論上的解釋，同時，雖然大乘佛教在這時中國佔據主流，但就戒律來講，僧尼依據的主要還是小乘戒律，如何解決戒律與大乘經的矛盾也是佛教界的重要任務。所以佛教界對捨身問題開始進行理論上的探討，如果說隋唐時期佛教界對這一問題還有很多爭議的話，到宋代他們對這一問題已經基本達成共識，佛教界通過佛教的方便說法、眞俗二諦等方法在理論上解決了捨身問題，爲捨身的存在提供了義理上的依據。這時一些精通佛教義理的僧人也有了燒身的想法，如四明知禮法師就曾想燒身供養。〔註134〕但我們前面已經論述過隋唐以後現實中無論是僧尼捨身的規模還是人數比例都有所下降，甚至北宋中期以後佛教史料中很少見到捨身的僧尼，這又該如何解釋呢？

三、世俗社會對捨身的看法

　　這裏的世俗社會主要指統治者，這是因爲筆者對隋唐以後材料並不熟悉，關於士人和普通民眾對僧尼燒身的態度筆者不敢妄加論述，也因爲只有統治者的態度與本文論點直接相關。

　　隋唐時期佛教繼續發展，這時佛教雖然在很多方面受到了政府的控制，如僧官體系的完善、僧籍制度的建立等等，但由於統治者很多信仰佛教，而

〔註132〕《萬善同歸集》卷2，《大正藏》卷48，第969頁中。
〔註133〕《樂邦文類》卷4，《大正藏》卷47，第203頁上。
〔註134〕《佛祖統紀》卷44，《大正藏》卷49，第406頁上。

且佛教已經具有很大勢力，僧尼行為還有很大的自由，統治者對僧尼燒身還沒有太多的行政干涉，直到唐晚期，統治者勸阻僧尼捨身的主要理由仍然是希望留住高僧的性命，如釋定蘭想要燒身時，「帝（唐宣宗）累勸勉，年耆且務久長修煉。蘭不奉詔，遂焚焉而絕。」〔註 135〕但隋唐時期，僧尼捨身也出現了一些新情況，捨身有時成為僧尼要求統治者興復佛教的手段。《續高僧傳·釋大志傳》：

> 會大業屏除，流徙隱逸。慨法陵遲，一至於此。迺變服毀形，頭擐孝服，粗布為衣，在佛堂中高聲慟哭。三日三夕，初不斷絕。寺僧慰喻。志曰：「余歎惡業，迺如此耶。要盡此形骸，伸明正教耳。」遂往東都上表曰：「願陛下興顯三寶，當然一臂於嵩岳，用報國恩。」帝許之，敕設大齋，七眾通集。志不食三日，登大棚上。燒鐵赫然，用烙其臂，並令焦黑。以刀截斷，肉裂骨現。又烙其骨，令焦黑已。布裹蠟灌，下火然之。光耀巖岫。于時大眾見其行苦，皆痛心貫髓，不安其足。而志雖加燒烙，詞色不變，言笑如初。時誦法句，或歎佛德。為眾說法，聲聲不絕。臂燒既盡，如先下棚。七日入定，加坐而卒。〔註 136〕

釋大志為了興復佛教，向帝王請求燒身，帝王贊同，並為之設大齋，召集佛教七眾，可見這時帝王對僧尼燒身還沒有特意防範。《續高僧傳·釋住力傳》：「武德六年，江表賊帥輔公祐，負阻繕兵戈，潛圖反叛。凡百寺觀，撤送江南。力迺致書再請，願在閣前燒身，以留寺宇。祐僞號尊稱，志在傾殄。雖得其書，全不顧遇。力謂弟子曰：『吾無量劫來，積習貪愛，不能捐捨形命，以報法恩。今欲自於佛前取盡，決不忍見像濟江。可積乾薪，自燒供養。吾滅之後，像必南渡。衣資什物，並入尊像。泣服施靈，理宜改革。』便以香湯沐浴，加跌面西，引火自焚，卒於炭聚。」〔註 137〕釋住力為了表示對輔公祐干涉佛教的抗議而燒身。在這兩種情況下統治者雖然對僧尼燒身沒有干涉，但僧尼燒身的意義已經有所變化，已經不單純是主動宣揚佛法的行為，而有了抗衡統治者的意味。因而統治者的態度就可以很不相同，既可以像隋煬帝一樣極力支援，也可以像輔公祐那樣置之不理。總之隋唐時期統治者對僧尼捨

〔註 135〕《宋高僧傳》卷 23《唐成都府福感寺定蘭傳》，第 528 頁下。
〔註 136〕《續高僧傳》卷 29《釋大志傳》，第 357 頁下。
〔註 137〕《續高僧傳》卷 30《釋住力傳》，第 370 頁上。

身的態度，材料中涉及的並不多，也沒有統治者直接干涉僧尼捨身的記載，但透過他們不斷加強對佛教控制的各種政策，我們可以推想，他們對於捨身這種極端的宗教行為，不會給予太多的支持。

五代時期，也有統治者支持僧尼燒身，如釋普靜，「晉天福癸卯歲，心之懷土，還復故鄉。遂斷食發願，願捨千身，速登正覺。至周顯德二年，遇請真身入寺，遂陳狀於州牧楊君，願焚軀供養。楊君允其意，迺往廣勝寺。傾州民人，或獻之香果，或引以旛華，或泣淚相隨，或唄聲前導。至四月八日，真身塔前，廣發大願曰：『願焚千身，今千中之一也。』徐入柴菴，自分火炬。時則煙飛慘色，香靄愁雲，舉眾歎嗟，群黎悲泣。享壽六十有九。弟子等收合餘燼供養焉。」〔註138〕

但這時一些統治者已經開始從政治的角度明確禁止捨身。《宋高僧傳·洪真傳》：「釋洪真……誦《法華經》約一萬部，詣朝門，表乞焚全軀供養佛塔。（後漢）帝命弗俞時，政出多門。或譖云惑眾，或言不利國家。下敕嚴阻。真歎曰：『善根殖淺，魔障尤強，莫余敢止。』遂退廣愛寺罄捨衣盂作非時施，願畢當年，無疾坐滅。經數日顏貌如生，遷就茶毗。唯舌根不壞，益更鮮紅。時眾觀之，歎稀有事。」〔註139〕釋洪真上表帝王請求燒身供養佛塔，是為了擴大佛教的影響，也是繼承南北朝隋唐僧尼的一貫做法，但這時朝臣卻認為這種行為「惑眾」不利於國家，帝王也下敕堅決制止，這種制止已經不再是為了挽留僧尼，而是為了政治安全，而釋洪真也確實不敢違抗政令，表明佛教與政治之間的矛盾已經達到了一定程度。如果說後漢帝王對釋洪真燒身的制止還是針對個別僧尼的話，後周世宗的限佛政策則是針對僧團整體，《舊五代史·世宗紀》：「（顯德二年五月）甲戌，詔曰：……僧尼俗士，自前多有捨身、燒臂、煉指、釘截手足、帶鈴掛燈、諸般毀壞身體、戲弄道具、符禁左道、妄稱變現還魂坐化、聖水聖燈妖幻之類，皆是聚眾眩惑流俗，今後一切止絕。如有此色人，仰所在嚴斷，遞配邊遠，仍勒歸俗，其所犯罪重者，准格律處分。」〔註140〕可見燒身成為周世宗限制佛教的一個重要藉口，並加以嚴格的限制，雖然周世宗去世後，後周很快被宋替代，王朝的更替導致了政策的不延續性，但周世宗滅佛作為佛教史上著名的「三五一宗」滅佛之一，

〔註138〕《宋高僧傳》卷23《周晉州慈雲寺普靜傳》，第531頁下。
〔註139〕《宋高僧傳》卷23《漢洛京廣愛寺洪真傳》，第531頁中。
〔註140〕《舊五代史》卷115《世宗紀》，第1529頁。

對佛教造成了很大影響，此後對於容易引起統治者反對的燒身，僧尼也更加謹慎。雖然仍有僧尼燒身，但如果統治者反對，他們一般就會停止，如《釋氏稽古略》卷四：「天禧元年（1017年）……明州大法師知禮，自丙辰春偕十僧，誓修法華三昧。三年滿，如藥王故事燒身供養《妙法蓮華經》以生淨土。翰林學士楊億聞知，郵置長書，堅請住世。仍委郡守李夷庚保護。天禧四年宰相寇準、翰林楊億以知禮行業及遺身事奏聞。帝曰：『但傳朕意，請留住世。』特賜師號『法智大師』。」〔註141〕四明知禮是北宋著名的佛教大師，他對燒身問題有自己的見解（見前文），其燒身是依據自己對佛教理解而進行的宗教行為，但由於統治者的反對，他還是不得不放棄。

宋徽宗政和七年（1116），再次提到了僧尼捨身問題，《續資治通鑒》卷九二云：

> 夏，四月，庚申，帝諷道錄院曰：「朕迺昊天上帝元子，為大霄帝君，覩中華被金狄之教，焚指煉臂，捨身以求正覺，朕甚閔焉。遂哀懇上帝，願為人主，令天下歸于正道。帝允所請，令弟青華帝君權朕大霄之府。朕夙昔驚懼，尚慮我教所訂未周，卿等可上表章，冊朕為教主道君皇帝。」于是群臣及道錄院上表冊之，然止用于教門章疏，而不施于政事也。〔註142〕

徽宗以道教為正道，其所指的「金狄之教」自然是指佛教，在他看來這是一種邪道，而他認為佛教的標誌正是「焚指煉臂，捨身以求正覺」。可見捨身已經成為政治的大忌，也成為道教攻擊佛教的藉口。葛兆光曾經指出道教經過南北朝隋唐時期自己對祭祀和授度儀式的整理，與世俗道德倫理相違背的過度儀也消失了，通過苦行來超越世俗、求得神聖的塗炭齋也消失了。在唐代這些可能與世俗皇權、主流倫理和傳統生活習慣衝突的道教活動，漸漸在上層視野中淡出，成為邊緣的、秘密的和下層的。〔註143〕那麼佛教中僧尼捨身這種極端的宗教行為自然成為道教攻擊佛教的藉口。

總之，隋唐以後統治者對僧尼捨身的態度也經歷了一個不斷變化的過程。隋唐時期，統治者對佛教的控制加強，但由於佛教發展的慣性，對僧尼的捨身行為，統治者還沒有太多的干涉，基本上是不支持也不反對的態度。

〔註141〕《釋氏稽古略》卷4，《大正藏》卷49，第863頁下。
〔註142〕《續資治通鑒》卷92，政和七年，第2386頁。
〔註143〕葛兆光：《屈服史及其它：六朝隋唐道教的思想史研究》，第117頁。

但僧尼將捨身作爲要求統治者發展佛教的手段，表明捨身與政治逐漸聯繫在一起。五代以後，一方面是專制集權的加強，一方面是佛教的逐漸衰落，僧尼捨身逐漸不再被統治者所容忍，一些統治者甚至公開下令反對捨身。

綜上所述，雖然佛教界從大乘的立場逐漸爲捨身提供了完備的理論依據，但由於佛教發展與政權之間的矛盾逐漸增加，佛教越來越受到政權的限制，而捨身這種違背主流倫理的極端宗教行爲往往成爲世俗政權控制和打擊佛教的藉口，因此宋以後僧尼捨身就逐漸退出主流佛教界，同道教的塗炭齋、過度儀一樣成爲一種邊緣的行爲，不僅僧傳中不再有捨身類的僧尼傳記，佛教界也逐漸認同世俗社會的主流倫理，對捨身採取了現實的態度，明代袾宏撰的《往生集・智欽傳》：「贊曰：燒身燒臂，大乘經中屢開。然此得忍大士所爲，非初心境界也。求西方者，當學欽公之習禪禮佛，不必效其燃臂。若能用燃臂之精虔勇猛，以治其惡習，則所燃亦多矣。古云：善學柳下惠。不其然歟。」〔註144〕這正表明在專制政權下，一種宗教或文化的發展形態不是主要取決於自身理論的發展，而更多是依賴統治者對其採取的態度。

第五節　世俗社會的捨身行爲

僧尼捨身雖然最終退居邊緣，但對世俗社會卻曾經產生了一定的影響，或者說由於佛教的影響，南北朝隋唐時期世俗社會也出現了類似於僧尼捨身的行爲。

世俗社會的捨身可以有兩類：一種是模仿僧尼的捨身行爲，獻出自己的部分身體或生命（這裏主要是燒身）；另一類則是捨身齋。

一、世俗社會的燒身行爲

早在劉宋時期，世俗社會就有人將燒身與崇佛聯繫在一起，《宋書・張邵傳附暢子淹傳》：「逼郡吏燒臂照佛，百姓有罪，使禮佛贖刑，動至數千拜。」〔註145〕但南北朝史料中卻很少世俗人進行燒身的記載，只是唐代釋慧祥撰的《古清涼傳》卷一中有：「大孚寺北四里，有王子燒身寺。其處，先有育王古塔。至北齊初年，第三王子，於此求文殊師利，竟不得見。迺於塔前，燒身

〔註144〕《往生集》卷1，《大正藏》卷51，第130頁下。
〔註145〕《宋書》卷46《張邵傳附暢子淹傳》，第1400頁。

供養，因此置寺焉。」〔註146〕隋唐時期這種情況卻比較盛行，隋文帝在泰州岱嶽寺起塔，並送舍利至州。「有童子能誦《法華經》，來禮舍利，遂燒身於野，以供養焉。」〔註147〕唐代蔣王家一部曲，「從八九歲，即受持《法花經》。晝夜念誦，忘寢與食。王時任箕州刺史，部曲遂情願燒身。有女事王，王極寵遇。女以狀啓王，王從之。部曲迺於山中，澡浴清淨，並潔壇場，遂自焚身。經月，其女令人收父灰燼。形骨都盡，迺於灰中，唯得一舌，肉色鮮澤，猶若生時。王女婿韋徵，見之嗟歎，因遂啓王。王親視之，施加欽異。後經數歲，亦復如常。」〔註148〕唐代並州城西有一書生，「年二十四五，誦《法華經》，誓燒供養。迺集數束蒿幹籠之。人問其故，密而不述。後於中夜，放火自燒。及人往救，火盛已死。迺就加柴薪，盡其形蔭。」〔註149〕燒身的人既有王子、又有書生，還有處於社會下層的部曲，可見這種觀念影響深遠，這時甚至有人想通過燒身來報父德，《續高僧傳·釋靜之傳》：「性樂出家。既有一子，誓而不許。隨父任蜀，不久崩亡，意欲爲父焚身報德。有一賢人引《金剛般若》云：『燒身不如持經。』迺回心剃剪，用伸罔極。」〔註150〕釋靜之在出家前想爲父報德而燒身，就是想通過自己的燒身行爲爲父親求得好報。最後他雖然被阻止，並因此出家，但表明這種觀念在世俗社會是有一定市場的。〔註151〕

　　世俗社會的燒身行爲之所以在僧尼燒身盛行的南北朝時期，並不多見，反而是在僧尼燒身規模已經縮小的隋唐時期盛行，這與佛教的發展密切相

〔註146〕《古清涼傳》卷1，《大正藏》卷51，第1094下。
〔註147〕《廣弘明集》卷17，《大正藏》卷52，第215頁中。
〔註148〕《弘贊法華傳》卷5，《大正藏》卷51，第24頁下。
〔註149〕《續高僧傳》卷29《釋會通附傳》，第359頁上。
〔註150〕《續高僧傳》卷21《釋靜之傳》。第279頁中。
〔註151〕南朝後期開始出現了刺血寫佛經爲父母乞福去罪的事例，如《陳書》卷36《始興王叔陵傳》：「（母）初喪之日，偽爲哀毀，自稱刺血寫《涅槃經》，未及十日，迺令庖廚擊鮮，日進甘膳。」唐代更爲盛行，《舊唐書》卷11《肅宗紀》：「甲午，上不康，皇后張氏刺血寫佛經。」《舊唐書》卷166《韋綬傳》：「少有至性，喪父，刺血寫佛經。」《舊唐書》卷200《元德秀傳》：「登第後，母亡，廬於墓所，食無鹽酪，藉無茵席，刺血畫像寫佛經。」這些行爲與燒身報父母之德雖有程度上的差異，但其基本精神是一致的。這些行爲被編修於五代以前的正史所記載，說明在當時社會這種行爲具有代表性，並得到主流社會的認可。宋代以後的正史（包括《新唐書》）中不再有刺血寫佛經的記載表明這種行爲在社會上已經失去重要性，或者說不再被正統社會所認可。

關，因為南北朝佛教雖然興盛，但與社會的結合程度還不高，而隋唐時期佛教卻逐漸滲入社會內部。這種極端行為被世俗社會實踐需要一個歷史過程，而且相對於僧尼，世俗社會個人燒身具有更大的自由，沒有來自統治者的猜忌。特別是隋唐時期隨著天台宗的興起，《法華經》得到廣泛的流傳，其所宣揚的藥王菩薩燒身的故事深入人心，而且上文已經提到，隋唐佛教界在對燒身進行解釋時，大都限制出家僧尼的燒身，但對世俗社會的燒身卻是認可的。

二、南朝社會的捨身齋

關於捨身齋，細分可以有兩種情況，一是捨身資服用，一是捨自身到寺院服役。

捨身資服用者，如沈約《捨身願疏》：「兼捨身資服用百有一十七種，微自捐撤，以奉現前眾僧。」〔註152〕又如《南齊南郡王捨身疏》云：「敬捨肌膚之外，凡百十八種。」捨身資服用較捨自身為奴，程度較輕。但身資服用既是平時所用之物，在傳統社會，也具有特殊意義，而不同於單純的金錢財物，更具有宗教象徵意味，所以捨身資服用也被稱為捨身。當然更有特點的捨身要算是捨自身為僧尼執役了。南朝時期上到帝王，下到一般民眾有很多人都曾捨身到寺院為奴，普通人捨身者，如劉宋時期滎陽高荀，「年已五十，為人殺被收。鎖項他牢，分必受死。同牢人云：『努力共誦觀世音。』荀云：『我罪甚重耳，受死何由可免。』同禁勸之。因如始發心，誓當捨惡行善。專念觀音，不蘭造次。若得免脫，願起五層佛圖，捨身作奴，供養眾僧。旬日用心，鉗鎖自解。監司驚怪，語高荀云：『若佛神憐汝，暫應不死。』臨刑之日，舉刀未下，刀折刃斷。奏得原免矣。」〔註153〕可見捨身寺院為奴，就可以免除罪惡，這種觀念在民間應該比較流行。貴族捨身者也不在少數，齊武帝為太子時，「（建元四年）暨七月既望，迺敬捨寶軀，爰及輿冕，自纓以降凡九十九物。」〔註154〕竟陵王，「敬捨軀服以充供施。」〔註155〕齊建平王景素也曾在南澗寺捨身齋。〔註156〕。當然最有影響的要算梁陳帝王的捨身齋了。

〔註152〕《捨身願疏》，《廣弘明集》卷28，《大正藏》卷52，第323頁中。
〔註153〕《三寶感應要略錄》卷1「第四十五級未就刑利刃斷感應（出《宣驗記》）」，《大正藏》卷51，第834頁下。
〔註154〕沈約《南齊皇太子解講疏》，《廣弘明集》卷19，《大正藏》卷52，第232頁中。
〔註155〕沈約《竟陵王解講疏一首》，《廣弘明集》卷19，《大正藏》卷52，第232頁下。
〔註156〕據《南齊書》卷31《荀伯玉傳》，第573頁。

《梁書·武帝紀下》：

　　（大通元年 527 年）輿駕幸同泰寺捨身。甲戌，還宮，赦天下，改元。

　　（中大通元年 529 年）（九月）癸巳，輿駕幸同泰寺，設四部無遮大

　　會，因捨身，公卿以下，以錢一億萬奉贖。冬十月己酉，輿駕還宮，

　　大赦，改元。

　　（太清元年 547 年）三月庚子，高祖幸同泰寺，設無遮大會，捨身，

　　公卿等以錢一億萬奉贖。〔註 157〕

《陳書·本紀第二》：

　　（永定二年）五月乙未，京師地震。癸丑，齊廣陵南城主張顯和、

　　長史張僧那各率其所部入附。辛酉，輿駕幸大莊嚴寺捨身。壬戌，

　　群臣表請還宮。〔註 158〕

《陳書·後主紀》：

　　（至德元年）九月丙午，設無玼大會於太極殿，捨身及乘輿御服，

　　大赦天下。〔註 159〕

帝王捨身是重大的政治事件，帝王本身非常重視，將其作為重大的政治行為，往往與其他重要政治行為聯繫在一起，如梁武帝三次捨身都與改元有關，陳高祖捨身則是在發生地震以及政治上取得一些勝利後，陳後主捨身也是在即位之初。梁武帝還令大臣為捨身撰定專門的禮儀，《陳書·杜之偉傳》：「中大通元年，梁武帝幸同泰寺捨身，敕勉撰定儀注，勉以臺閣先無此禮，召（杜）之偉草具其儀。」〔註 160〕同時為了增加捨身的影響，梁陳帝王還往往將無遮大會與捨身聯繫在一起。無遮，就是指寬容而無遮現。無遮會就是指不分賢聖道俗貴賤上下，平等行財施及法施之法會。無遮會一般規模很大，據佛教史料記載梁武帝中大通元年（529）設四部無遮大會時道俗參加者有五萬人。〔註 161〕這種記載也許有誇大的成分，但無遮大會規模很大卻是真實的。此外帝王還請僧尼代替捨身，《續高僧傳·釋寶唱傳》「頻代二皇，捨身為僧給使。洗濯煩穢，仰資冥福。每一捨時，地為之震。相繼齋講，不斷法輪。」〔註 162〕

〔註 157〕《梁書》卷 3《武帝紀下》第 71、第 73、第 91 頁。
〔註 158〕《陳書》卷 2《本紀第二》第 37 頁。
〔註 159〕《陳書》卷 6《後主紀》第 108 頁。
〔註 160〕《陳書》卷 34《杜之偉傳》，第 454 頁。
〔註 161〕《佛祖統紀》卷 51，《大正藏》卷 49，第 450 頁下。
〔註 162〕《續高僧傳》卷 1《釋寶唱傳》，《大正藏》卷 50，第 427 頁上。

那麼，捨身齋是如何被創造的，南朝時期世俗人士捨身這種行為有何目的，這種行為又是如何消失的呢？捨身資服用在印度佛教中就存在，捨自身為僧尼役使也有一定的經典依據，特別是帝王捨身。我們曾經提到梁武帝對阿育王的模仿，而在阿育王的故事中，阿育王曾經捨身給眾僧，並用金錢贖身。但阿育王的捨身不僅捨自身，而且將所有土地、人民、大臣都捨給僧人，實際上是一種象徵性行為，目的是為了向僧人布施錢財，而不是真正到僧團中去，所以南朝帝王的捨身雖然有一定經典依據，〔註163〕卻也是一種按照中國傳統思維的創造，即使不是僧尼極端宗教行為直接影響下的產物，也與前者有著共同的邏輯方式。按照佛教要求，僧尼要供養佛，而僧尼捨身是被認為是最好的供養，而世俗社會對佛教的供養，是指供養佛、法、僧三寶，既然中國僧尼能夠捨身供佛，世俗社會也可以捨身供佛，而對於那些不想捨身供佛的人，也可以捨身供養僧，那就是捨身到寺院為僧尼執役，按照邏輯這應該也是對僧尼的供養中最好的方式。這樣為僧尼服役這種捨身齋便出現了。

那麼捨身齋的具體目的有哪些呢？我們先來看高荀的例子，他因為殺人而入獄，同獄人勸他念誦觀音，可以免禍，他便專念觀音，並發願「若得免脫，願起五層佛圖，捨身作奴，供養眾僧。」看來在一般人心目中，捨身寺院為奴是供養三寶的一種行為，可以消禍免災，增長福業。再來看士人捨身的主要目的，沈約《捨身願疏》中在陳述自己對佛教「空」理論的一番解釋後，宣佈自己要捨身：

> 以大梁天監之八年，歲次玄枵日殷鳥度夾鍾紀月十八日，在於新所
> 創蔣陵皇宅，請佛及僧髣髴祇樹，息心上士凡一百人。雖果謝菴園，
> 飯非香國。而野粒山蔬，可同屬饜。兼捨身資服用，百有一十七種，
> 微自捐撤，以奉現前眾僧。夫室家患苦，刀俎非切。剃除蕭散，形
> 質超然。蠢彼群生，咸有佛性。不因剪削，此路莫由。緣業夅互，

〔註163〕湯用彤先生曾道：「按帝王捨身後，又由群臣奉贖，事頗可怪。但據《法顯傳》謂竭叉羅國王作五年大會，供養都畢。王迺以種種財寶，沙門所須之物，共諸群臣，發願布施。布施僧已，還從僧贖。可知捨身還贖，事源西方。此迺開大會之通則，而非中國帝王之所創。中華法事威儀，應大都有所本。不出經傳，必得自西來僧之口說。」（《漢魏兩晉南北朝佛教史》第317頁。）竭叉羅國王之行為蓋亦為模仿阿育王，其行為更能證明中國帝王捨身有所從來，但同阿育王捨身一樣，竭叉羅國王的行為也沒有像中國帝王那樣極端，所以，中國帝王雖有所本，但在某種程度上也是一種創造，而這正體現了佛教中國化的過程。

世諦煩記。變形改飾，即事爲難。故開以八支，導彼清信。一日一
夜，同佛出家。本弘外教，事非僧法。而世情乖舛，同迷斯路。招
屈名僧，實置之虛室。主人高臥，取逸閒堂。呼爲八關，去之實遠。
雖有供施之緣，而非斷漏之業。約今謹自即朝至于明旦，排遣俗累，
一同善來。分留上德，勖成微志。藉此輕因，庶證來果。功德之言，
非所敢及。〔註164〕

在這裏沈約指出自己捨身的理由，即對世俗人而言出家並不容易，而行八關齋
又容易流於形式，並指出捨身的目的，是「排遣俗累，一同善來」，善來是對受
具足戒比丘的稱謂，也就是說沈約捨身資服用給僧尼，並在一天一夜按照出家
比丘的要求行事，是爲了在一定時期內排遣俗累，像比丘一樣，斷「漏業」證
「來果」，體會佛教徒的一種修行境界，而不是爲了積聚功德。帝王皇室的捨身，
目的比較多樣，既有積功德祈福報的願望，又有對佛教義理的某種體悟，更具
有濃厚的政治色彩。齊竟陵王捨身是爲死去的皇太后祈福，「仰惟先后稟靈娥
德，叶景軒度，道載華岳，化洽汾陰。早棄蘭宮，夙違椒掖。千乘不追，萬鍾
靡及。終天之慕，不續於短年。欲報之誠，思隆於永劫。敬捨軀服，以充供施。
藉此幽通控情妙覺，仰願聖靈速登寶位，越四天之表，記十號之尊。惟茲三世，
咸證於此。敢誓丹衷，庶符皎日。」〔註165〕上文提到的齊武帝爲太子時捨身是
爲了祈求國泰民安：「願以此力，普被幽明。帝室有嵩華之固，蒼黔享仁壽之福。
若有淪形苦海，得隨理悟。墜體翻塗，不遠斯復。十方三世，咸證伊言。茲誓
或襄，無取正覺」〔註166〕沈約《南齊南郡王捨身疏》曰：

弟子蕭王，上白諸佛世尊道德僧眾，夫色固無象，觸必歸空。三世
若假，八微終散。雖復迴天震地之威，窮於寂滅。齊冠楚組之麗，
靡救埃壤。而嗜欲易繁，每疚心術。捨施難弘，用迷假照。弟子樹
因曠劫，嚮報茲生。托景中璇，聯華日采，玉組夙紆，蕃麾早建。
蘭池紫燕之乘，擾於外閒。繡帳翠帷之飾，光於中寢。徒以心源承
滯，情路未昭。識謝兼忘，理慚獨悟。不能叶調五氣，綏御六神。
霜暑或襄，風露時舛。是以敷襟上寶，栖誠妙覺。敬捨肌膚之外凡
百一十八種，當令經衛夙理，府給時順。萬祉雲翔，百妖霧滌。望

〔註164〕沈約《捨身願疏》《廣弘明集》卷28，《大正藏》卷52，第323頁中。
〔註165〕沈約《竟陵王解講疏一首》，《廣弘明集》卷19，第232頁下。
〔註166〕沈約《南齊皇太子解講疏》，《廣弘明集》卷19，第232頁中。

北極而有恒，瞻南山而同永。又願宸居納祐，則天均慶。少陽分福，
儷日承休。儲妃闡膺祥之符，皇支廣惟祺之祚。敬飾薎崇，嚴置寶
幄。仰延息心，旁旅清信。勖茲弘誓，證其幽疑。庶可以感降禎和，
招對靈應。玄塗匪昧，要之無爽。〔註167〕

這裏捨身既有對佛教「一切皆空」這一理論的理解，更是為了「叶調五氣，綏
御六神」，也就是為國家祈福，以「感降禎和，招對靈應」，保祐皇室興旺，
太下太平。而陳文帝的《無礙會捨身懺文》更能體現帝王捨身的政治色彩：

竊觀雅誥奧義，皇王興在予之言；禮經令典，聖人揚罪己之說。故
亡身濟物，仁者之恒心。克己利人，君子之常德。況復菩薩大士，
法本行處。應訐三界，攝受四生。運無量之四心，修平等之六度，
國城妻子，僶俛哀荒。承祖宗之大業，扶曳喘息。當天下之重任，
黎民弗乂，庶績未熙。御朽履冰，無忌兢業。又以世相泡影，有為
露電。愛河奔迅，欲海飛騰。稟識同焚，含靈共溺。垂瑱憑玉，還
覺萬乘非尊。當寧負扆，翻以萬機成累。夕惕若厲，思弘汲引，每
日丕顯。奉為七廟聖靈，奉為皇大后聖御，奉為天龍鬼神幽冥空有
三界四生五道六趣若色若想若怨若親若非怨親遍虛空滿法界窮過去
盡未來無量名識一切種類平等大捨。捨弟子自身及乘輿法服，五服
鑾輅六冕龍章，玉几玄裘，金輪紺馬，珠交瓔珞，寶飾莊嚴。給用
之所資待，生平之所玩好，并而檀那，咸施三寶。今謹於前殿設無
礙大會，奉行所願。并諸功德，具列于前。願諸佛菩薩冥空幽顯，
俱到證明。開智慧日，映慈悲雲。樹寶幢於大千，擊法鼓於百億。
震動世界，覺悟群生。放三昧之淨光，流一味之法雨。引愚癡於火
宅，拔煩惱於棘林。出輪轉河，到無生岸。〔註168〕

這段文字分為兩層：一、指出捨身的意義，國家沒有實現太平，帝王應該承
擔責任，捨身類似於一種罪己的行為，表明帝王一種態度；捨身是體悟佛教
一切皆空後，想要進行的一種體驗；捨身是為祖先和眾生祈福的方式。二、
捨身的願望，「願諸佛菩薩冥空幽顯，俱到證明。」也就是希望能普度眾生。
　　總之南朝時期雖然捨身齋在各個階層中都有人實踐，但其實踐的目的卻各
有側重。南朝以後，捨身齋逐漸消失，特別是帝王捨身的現象，再也沒有出現

〔註167〕《廣弘明集》卷28，第324頁上。
〔註168〕《廣弘明集》卷28，第335頁上。

過，這可以從後世人對帝王捨身的看法中得到解釋。最早對帝王捨身發表看法的是荀濟，他譴責梁武帝「違黃屋之尊，就蒼頭之役。朝夕敬妖怪之胡鬼，曲躬供貪淫之賊禿。耽信邪胡，諂祭淫祀。恐非聰明正直而可以福祐陛下者也。」〔註169〕其所謂「就蒼頭之役」應該就是指梁武帝捨身爲僧尼執役事。此後侯景在太清二年（548 年）向東魏主的上書中提到「臣進取壽春，暫欲停憩。而蕭衍識此運終，自辭寶位；臣軍未入其國，已投同泰捨身。」〔註170〕將捨身作爲梁亡的徵兆。隋代的高勱，在請求隋文帝伐陳的上表中指出：「陳氏數年已來，荒悖滋甚，天厭亂德，妖實人興。或空裏時有大聲，或行路共傳鬼怪，或剒人肝以祠天狗，或自捨身以厭妖訛。人神怨憤，怪異薦發。臣以庸才，猥蒙朝寄，頻歷蕃守，與其鄰接。密邇仇仇，知其動靜。天討有罪，此即其時。若戎車雷動，戈船電邁，臣雖駑怯，請效鷹犬。」〔註171〕南北朝隋唐帝王大都崇佛，高勱的先祖北齊帝王也崇奉佛教，所以高勱並沒有指責陳後主崇佛，只是將捨身這種極端的宗教行爲作爲批評的對象，認爲捨身是南陳荒亂的重要表現之一。唐人更是將南朝帝王捨身與災異亡國等聯繫在一起。唐人所作的《隋書》中就有多處提到這種觀點，如《隋書・五行志上》：「普通二年五月，琬琰殿火，延燒後宮三千餘間。中大通元年，朱雀航華表災。明年，同泰寺災。大同三年，朱雀門災。水沴火也。是時帝崇尙佛道，宗廟牲牷，皆以麵代之，又委萬乘之重，數詣同泰寺，捨身爲奴，令王公已下贖之。初陽爲不許，後爲默許，方始還宮。天誠若曰，梁武爲國主，不遵先王之法，而淫於佛道，橫多糜費，將使其社稷不得血食也。天數見變而帝不悟，後竟以亡。及江陵之敗，闔城爲賤隸焉，即捨身爲奴之應也。……梁中大通元年四月，大雨雹。《洪範五行傳》曰：『雹，陰脅陽之象也。』時帝數捨身爲奴，拘信佛法，爲沙門所制。」〔註172〕《隋書・五行志下》：「梁大同元年，天雨土。二年，天雨灰，其色黃。近黃祥也。京房《易飛候》曰：『聞善不及，茲謂有知。厥異黃，厥咎龍，厥災不嗣。蔽賢絕道之咎也。』時帝自以爲聰明博達，惡人勝己。又篤信佛法，捨身爲奴，絕道蔽賢之罰也。」〔註173〕《隋書》是官修史書，其觀點正代表著官方的態度，可見唐統治者在總結北方滅亡南方的經驗教訓時，將帝王極端的宗教行爲捨身

〔註169〕《廣弘明集》卷7，第129頁上。
〔註170〕《資治通鑒》卷161《梁紀十七》，第4992頁。
〔註171〕《北史》卷51《清河王子高勱傳》，第1850頁。
〔註172〕《隋書》卷22《五行志上》，第620頁。
〔註173〕《隋書》卷23《五行志下》，第659頁。

作為其滅亡的重要原因。而唐代士人也對南朝帝王捨身表示批評，唐中宗時期盛興佛寺，辛替否上疏勸諫，其中提到「梁主以捨身搆隙」，〔註174〕看來他也將梁武帝捨身作為梁滅亡的重要原因。韓愈在《諫迎佛骨表》中也提到「漢明帝時始有佛法，明帝在位，纔十八年耳。其後亂亡相繼，運祚不長。宋、齊、梁、陳、元魏已下，事佛漸謹，年代尤促。唯梁武帝在位四十八年，前後三度捨身施佛，宗廟之祭，不用牲牢，晝日一食，止於菜果。其後竟為侯景所逼，餓死臺城，國亦尋滅。事佛求福，迺更得禍。由此觀之，佛不足信，亦可知矣。」〔註175〕宋太宗也認為：「梁武捨身為寺家奴，此真大惑！」〔註176〕

宋代高僧契嵩對梁武非常推崇，他極力為梁武帝的捨身辯護，認為「其發志固不同庸凡之所為，未可以奴視之也」，但同時他也不得不承認其捨身行為「於俗則過」〔註177〕。而世俗社會以及後世統治者評判的標準正是「俗」，在他們看來梁、陳帝王的捨身行為有損於帝王的尊嚴，不利於國家的穩定，也會縱容佛教勢力的擴大，從而製造政權的潛在敵人。隨著專制王權的加強，這種行為自然不能被允許存在，而帝王和士人不斷在各種場合將捨身與國家滅亡聯繫在一起，就會形成一種話語權利，使後世統治者不敢逾越。

本章結語

中國傳統文化中對身體一直比較重視，而且往往將保全身體與孝聯繫在一起，認為「身體髮膚，受之父母，不敢傷毀」。但傳統文化包含不同的文化系統，有很大的靈活性，儒家的「捨生取義」思想以及道家反形式主義的傳統中為傷毀甚至捨棄身體留下了一定的空間。這也是東晉南朝後僧尼捨身這種行為能在中國社會出現的一種基本文化條件。

印度佛經中有對捨身故事的宣揚，但卻沒有要求普通僧尼在現實中去實踐。僧尼捨身這種行為可以說在很大程度上是中國僧尼根據佛教經典進行的一種創造，這種極端的宗教行為在東晉末年出現後，直到宋初在主流佛教界一直被允許，雖然佛教界的態度隨著歷史的發展有一些不同，但總體而言在這幾百年的歷史時期內，佛教界並沒有禁止其存在，甚至可以說佛教界越來

〔註174〕《舊唐書》卷105《辛替否傳》，第3157頁。
〔註175〕《舊唐書》卷164《韓愈傳》，第4155頁。
〔註176〕《續資治通鑑》卷12，第285頁。
〔註177〕宋代契嵩（1007～1072）：《鐔津文集》卷14，《大正藏》卷52，第724頁中。

越能在理論上爲捨身行爲找到一種依據，所以在宋代以前的僧傳中捨身也被作爲一類獨立並被表彰的行爲。但世俗社會對僧尼捨身的態度卻經歷了一個不斷變化的過程，南朝時期統治者大都信奉佛教，對僧尼燒身他們雖然並不贊成，也不堅決反對，更不會運用行政手段加以干涉。一般民眾在觀看僧尼燒身時會增加對佛教的信奉。所以南北朝時期的僧尼燒身一般公開進行，通知道俗，很多帝王或者地方長官都會參加，規模很大，獲得的施捨也很多。但是隋唐時期，中央集權進一步加強，帝王對佛教的態度也變化不定，所以僧尼燒身的規模已經逐漸縮小，這時由於佛教仍然處在上升時期，佛教的勢力不斷擴大，帝王對僧尼燒身還沒有直接的限制。五代以後，佛教發展的高峰已經過去，各個政權在制度上更加集權化，對於佛教這種異己力量防範更加嚴密，僧尼捨身逐漸被世俗政權所不容，由於世俗政權所具有的話語權力，捨身行爲逐漸退出主流佛教界，退居邊緣。從這種變化我們可以尋繹僧尼捨身這種行爲出現和消失的過程，也可以瞭解佛教與政治發展的一種關係。

僧尼捨身雖然最終退居邊緣，但在中國歷史上也曾經留下深刻的影響。特別是在南朝隋唐時期，僧尼捨身一方面使世俗社會模仿僧尼行爲，出現了捨棄自身的現象，另一方面也促成了南朝捨身齋的盛行。普通人可以通過捨身齋尋求心靈的寧靜或安慰，帝王的捨身爲奴，則不僅擴大了佛教的影響，也對現實政治產生了深遠影響。

結　語

　　南朝是佛教發展的關鍵時期，雖然從數量或者是從滲入中國社會的程度上看，南朝佛教都遠遠比不上隋唐時期。但南朝佛教所具有的獨立姿態，南朝僧尼在國家權力機構中的地位卻遠非後世所能比。可以說，南朝時期，正是佛教方面與中國傳統文化衝突磨合最激烈的時期，此前佛教的發展還比較有限，還不足以引起傳統文化各方面的反應，此後，佛教與傳統文化逐漸融合無礙，也不會再引起較大的衝突。正是從這個意義上，我們將南朝作爲佛教中國化進程中最有特色的時期，並選取這一時期作爲我們的研究對象。

　　南朝佛教與傳統文化的衝突最集中地體現在南朝僧尼的觀念和行爲中。南朝僧尼特別是那些知識僧尼既是佛教文化的承載者和傳播者，又是在中國傳統文化薰陶下成長和生活的「士人」，他們的觀念和行爲最能體現佛教文化與傳統文化的衝突與調和，本文正是試圖從這個角度來展現佛教與傳統文化的關係。

　　本文分爲三篇，分別從三個側面展現了南朝僧尼在佛教中國化進程中的觀念和活動。上篇側重於探討南朝僧尼對傳統地方社會的調適。本文認爲，地方社會是佛教進入中國社會最先接觸的層面，僧尼必須在地方社會站穩腳跟，纔能將佛教發揚廣大。反過來說佛教是否融入中國社會，一個重要的標誌也是看其能否得到地方社會的認可和支援。僧尼能否適應地方社會，關鍵在於其能否協調佛教倫理與傳統倫理。佛教在中國發生重要影響之前，中國社會有著一貫的倫理形態，雖然不同的歷史時期，傳統倫理不斷發生變化，但其基本的思路和關注的基本問題卻具有相對的穩定性。應該說，對血緣和地緣的關注是中國傳統倫理的基本特色，因此，本文選取了孝親問題和鄉邑

問題來展現南朝僧尼調和佛教倫理與傳統倫理的努力。在孝親問題上，雖然從根本上說，南朝僧尼在理論上並沒有超過印度佛教，但他們卻通過自己的行動與傳統倫理取得了妥協。在鄉邑問題上，由於各種現實的原因，南朝僧尼與鄉邑的關係也越來越密切。由於倫理問題最容易被感知的特點，由於南北朝的共時性，在這個問題上南北雙方的相同性遠遠大於相異性。

中篇主要探討南朝僧尼與南朝政權的關係。秦漢以後，中國社會就建立了官僚制的帝國體系，在這種體制下，一方面統治者需要不斷尋求超人間的力量來論證其統治的合理性，另一方面又決不允許獨立的異己力量存在。佛教既可以在一定範圍內為統治者的統治提供神聖性論證，又是一種有組織的宗教團體。因此統治者對佛教雖然不乏真誠的信仰，但首先還是一種利用和控制的態度，既利用其中可以為其提供神學論證和現實服務的部分，又嚴格地將佛教控制在一定範圍內，這是統治者對佛教的一貫原則。南朝以前佛教的發展畢竟有限，這些方面體現的還不是很明顯，南朝以後，隨著佛教的發展，統治者對佛教的態度也越來越明顯。佛教僧團在印度是獨立的宗教組織，雖然他們對政治有系統的理念，雖然在現實中他們也需要依靠統治者的布施和供養來維持修行生活，但印度僧尼與政權的關係還是比較疏遠和獨立的。佛教傳入中國後，面對著中國社會特殊的政治形態，佛教方面必須不斷調整對統治者的態度，對此僧尼作出了多方面的努力，一方面，他們利用統治者來弘揚佛法，另一方面也要注意保持佛教的獨立姿態。這是僧尼整體對待政權的基本態度。但由於僧團內部的不統一性，也有一些僧尼利用統治者謀取個人權勢或參與到統治者內部鬥爭中去。這些情況雖然屢見不鮮，但並不是主流佛教所提倡的，也會引起統治者對佛教的猜忌，從根本上是不利於佛教發展的。從歷史的發展來看，僧尼對統治者的態度也是在南朝時期日益複雜和明確，這時一方面是僧尼在政治上取得更多的權力，越來越多的僧尼與政權發生聯繫；另一方面也有不少僧尼有意表現對政治的疏離和清高，這是一個問題的兩個方面，都是僧尼滲入政治所帶來的結果。

下篇主要探討了南朝僧尼與文化信仰方面的關係。首先探討了佛教宗教方面的問題。佛教作為一種宗教，一開始傳入中國就與中國本土宗教發生了關係，中國本土宗教包括不同的層次，既包括納入國家正典的宗法性宗教，又包括廣泛存在於民間，卻又經常受到政權控制的民間宗教，還包括同樣具有較強組織性的道教。佛教與三種類型的本土宗教的關係各有特點，而這正

是通過僧尼對這些宗教的態度體現的。對於宗法性宗教，僧尼主要採取一種利用的態度，利用佛教與宗法性宗教某些方面的相似性，主動靠近宗法性宗教，甚至在某些方面使佛教被納入宗法性宗教，以爭取統治者的認可；對於民間宗教，僧尼的態度比較複雜，一方面他們既要通過對民間宗教的靠近和收容爭取廣大的民間信眾，另一方面，由於統治者對民間宗教的態度，僧尼也要不時表明自己與民間宗教的不同，以避免引起統治者的猜忌；對於同樣是組織性宗教的道教，僧尼既要借鑒道教的某些技術手段，又要通過與道士的激烈鬥爭標明佛教的優越性。在與傳統宗教的較量中雙方互相吸收，互相融合，在很多方面都具有了對方的某些特徵。

接著本文以僧尼素食和捨身這兩個具體問題來展現宗教規範或神異性的行爲所包含的文化資訊。隨著佛教對中國社會的不斷滲入，中國傳統的一些觀念和禮制與佛教也發生了衝突和融合。本文選取蔬食這一問題來展現這種衝突與融合。蔬食在中國傳統文化中具有特殊的意義，與儒家的孝和仁聯繫在一起，也與道家的養生有一定的關係。素食在佛教中是慈悲精神的一種體現，南朝時期，這兩種意義的素食觀互相影響，逐漸融合，一方面是南朝士人的蔬食行爲中越來越多佛教的影響，中國傳統的祭祀禮制也在佛教的影響下發生一定的變化；另一方面佛教在傳統文化的影響下並最終通過國家政權的命令確立了僧尼必須素食的規範。

僧尼捨身是佛教宗教神秘性的一種體現，但這個問題上，我們卻可以看到傳統社會宗教與政權的一種較量。印度佛經中有對捨身故事的宣揚，但卻沒有要求普通僧尼在現實中去實踐。僧尼捨身這種行爲可以說在很大程度上是中國僧尼根據佛教經典進行的一種創造。這種行爲在晉末出現，曾經在幾百年的歷史時期內比較盛行，但北宋以後卻逐漸退居邊緣。主流佛教界對這種行爲一開始並沒有特別贊成，但隋唐以後卻越來越從理論上對捨身進行完善的論證。因此捨身在主流佛教界的的消失與佛教本身無關。在中國文化傳統中，人們對身體非常關注，並將其與孝聯繫在一起，但儒家「捨生取義」的觀念和道家對形式主義的反對都爲捨棄或傷毀身體的行爲留下了存在的空間，佛教傳入之前，中國社會也確實存在著這類行爲。所以本土文化對身體的傳統觀念並不是捨身最終退居歷史邊緣的主要原因。統治者對於捨身的態度不斷變化，南朝時期統治者大都信奉佛教，對僧尼捨身他們雖然並不贊成，也不堅決反對，更不會運用行政手段加以干涉。隋唐時期，中央集權進一步

加強，帝王對佛教的態度也變化不定，這時由於佛教仍然處在上升時期，佛教的勢力不斷擴大，帝王對僧尼燒身倒還沒有直接的限制。五代以後，佛教發展的高峰已經過去，各個政權在制度上更加集權化，對於佛教這種異己力量防範更加嚴密，僧尼捨身逐漸被世俗政權所不容，由於世俗政權所具有的話語權力，捨身行爲逐漸退出主流佛教界，退居邊緣。可以說這纔是佛教捨身退出歷史主流的主要原因。

本文給人印象是整體框架設計得似乎比較鬆散，但實際上這是筆者有意爲之。我們不可能面面俱到，拾人遺唾，重復別人已有的成果。這裏的上、中、下三篇有重點地展現了南朝佛教中國化過程中的幾個重要方面。通過這種研究，我們可以具體的瞭解兩種文化之間的衝突和融合，並能眞切地體會僧尼在其中發揮的作用。

附　表

一、南北朝返回鄉邑的高僧統計表

人　名	類別	鄉　邑	生活時期	還鄉目的（或原因）
釋曇斌	義解	南陽	宋	弘法
釋法願	唱導	吳興長城	齊	奔喪
釋僧鏡	義解	吳	宋	弘法
釋智林	義解	高昌	魏	不詳
釋慧基	義解	吳國錢塘	齊	弘法
釋曇斐	義解	會稽剡	梁	弘法
釋曇始	神異	關中	魏	弘法
釋法琳	明律	晉原臨邛	齊	弘法
釋智稱	義解	京口	齊	同鄉高僧邀請
釋慧澄	義解	番禺高要	梁	省親鄉邑邀請
釋僧若	義解	吳興虎丘	梁	歸隱
釋僧旻	義解	吳郡富春	梁	鄉邑邀請
釋智藏	義解	吳郡吾人	梁	不詳
釋慧約	義解	東陽烏塲	梁	省親
釋法開	義解	吳興餘杭	梁	弘法
釋寶淵	義解	巴西閬中	梁	弘法
釋慧超	義解	襄陽	梁	省親
釋眞玉	義解	青州益都	北齊	奔喪

釋寶瓊	義解	毗陵曲阿	陳	不詳
釋警韶	義解	會稽上虞	陳	受戒
釋惠順	義解	齊	北齊	弘法
釋法上	義解	朝歌	北齊	省親
釋僧妙	義解	河東蒲坂	周	弘法
釋寶象	義解	安漢	周	弘法
釋惠榮	義解	會稽山陰	陳	弘法
釋慧遠	義解	高都	周	弘法
釋寶海	義解	巴西闐中（返蜀）	周	弘法
釋智方	義解	蜀川資中人	周	弘法
釋羅雲	義解	南郡松滋	陳、隋	弘法
釋法安	義解	荊州枝江	陳、隋	歸隱
釋慧哲	義解	襄陽	陳、隋	弘法
釋惠暅	義解	義興陽羨	陳、隋	政治變故報地恩
釋慧弼	義解	常州義興	陳、隋	政治變故報地恩
釋彥琮	譯經	趙郡	北齊、隋	弘法
釋靈裕	義解	定州鉅鹿	北齊、隋	受戒
釋僧粲	義解	汴州陳留	北齊、隋	帝王派送
釋智閏	義解	襄陽	北周、隋	弘法
釋智聚	義解	蘇州虎丘	陳、隋	奔喪
釋慧曠	義解	襄陽	陳、隋	政治變遷報地恩
釋智琳	義解	高平防輿	陳、隋	政治變遷報地恩
釋智念	義解	冀州信都	北齊、隋	弘法
釋慧遷	義解	瀛州	北齊、陳、隋	政治變故
釋道慶	義解	無錫	陳、隋	政治變故
釋寶襲	義解	貝州	北齊、周、隋	政治變故避難
釋智琰	義解	吳郡吳	陳、隋、唐	省親
釋法恭	義解	吳郡吳	陳、隋、唐	歸隱
釋慧睿	義解	襄州	周、陳、隋、唐	政治變故
釋慧成	習禪	澧陽	陳	弘法
釋僧瑋	習禪	汝南	陳、周	奔喪
釋慧意	習禪	臨原	周、梁、隋	不詳

釋智凱	習禪	荊州華容	陳、隋	報生地恩
釋僧淵	習禪	廣漢郪	周、隋	政治變故（周滅法）避難
釋智通	習禪	河東猗氏	周、隋	政治變故離鄉後返回
釋智周	習禪	婁縣	陳、隋、唐	政治變故（陳滅）返鄉
釋惠光	明律	定州盧	北齊	受具足戒
釋通幽	明律	河東蒲坂	周、陳、隋	政治變故南下後隋統一返鄉
釋慧主	明律	始州永歸縣	周、隋、唐	政治變故（周滅法）避難
釋僧旻	明律	江東	陳、隋、唐	弘法
釋尚圓	感通	廣漢	梁	政治變故（梁滅）
釋寶安	感通	兗州	北齊、陳、隋	政治變故（齊滅）後返鄉
釋辯寂	感通	徐州	北齊、陳、隋	政治變故（齊滅）後返鄉
釋法楷	感通	曹州	北齊、陳、隋	政治變故（齊滅）後返鄉
釋慧恭	讀誦	益州成都	周、陳、隋	政治變故（周滅法）後返鄉弘法
釋法韻	雜科聲德	蘇州	陳、隋	不詳
超明尼		錢塘	齊	不詳
僧猛尼		鹽官縣	齊	省親（母病）
曇暉尼		成都	梁	省親（思母）

註：本表材料依據《高僧傳》、《續高僧傳》以及《比丘尼傳》。本表只涉及高僧在
　　南北朝時期和隋初的行爲。南北朝時主要生活在北方因某種原因南下，隋統
　　一後又北上的仍屬於北朝。屬於南朝的即使後來北上也屬於南朝。由於《續
　　高僧傳》中一些高僧主要生活在隋唐，其生活在南北朝時間很短，或者當時
　　還沒有名氣，所以本文的資料不是很精確，只能大致看出一種傾向。

二、南朝以前正史中士人蔬食（不包括居喪蔬食者）表

大致生活時代	人名	史書記載	史料來源
西漢末年其疏食在王莽攝政時期	王崇	自吉至崇，世名清廉，然材器名稱稍不能及父，而祿位彌隆。皆好車馬衣服，其自奉養極爲鮮明，……去位家居，亦布衣疏食。	《漢書》卷七二《王吉附崇傳》
西漢末、東漢光武帝	宣秉	遷司隸校尉……秉性節約，常服布被，蔬食瓦器。	《後漢書》卷二七《宣秉傳》
東漢初期	朱暉	暉剛於爲吏，見忌於上，所在多被劾。自去臨淮，屏居野澤，布衣蔬食，不與邑里通，鄉黨譏其介。	《後漢書》卷四三《朱暉傳》

東漢中期(震死於延光三年)	楊震	性公廉，不受私謁。子孫常蔬食步行。	《後漢書》卷五四《楊震傳》
東漢中期	竇章	永初中，三輔遭羌寇，章避難東國，家於外黃。居貧，蓬戶蔬食，躬勤孝養，然講然不輟。	《後漢書》卷二三《竇融附章傳》
東漢中期	崔瑗	瑗愛士，好賓客，盛修肴膳，單極滋味，不問餘產。居常蔬食菜羹而已。家無擔石儲，當世清之。	《後漢書》卷五七《崔瑗》
漢末	國淵	居列卿位，布衣蔬食，祿賜散之舊故宗族，以恭儉自守，卒官。	《三國志·魏書》卷一一《國淵傳》
漢末	王烈	會董卓作亂，避地遼東，躬秉農器，編於四民，布衣蔬食，不改其樂。東域之人，奉之若君。	《三國志·魏書》卷一一《王烈傳》注引《先賢行狀》
漢末	毛玠	居顯位，常布衣蔬食，撫育孤兄子甚篤，賞賜以振施貧族，家無所餘。	《三國志·魏書》卷一二《毛玠傳》
漢末魏	華歆	素清貧，祿賜以振施親戚故人，家無擔石之儲。……帝歎息，下詔曰：『司徒，國之俊老，所與和陰陽理庶事也。今大官重膳，而司徒蔬食，甚無謂也。	《三國志·魏書》卷一三《華歆傳》
漢末、蜀	董和	和躬率以儉，惡衣蔬食，防遏逾僭，爲之軌制，所在皆移風變善，畏而不犯。	《三國志·蜀書》卷三九《董和傳》
漢末、蜀	費禕	禕別傳曰：禕雅性謙素，家不積財。兒子皆令布衣素食，出入不從車騎，無異凡人。	《三國志·蜀書》卷四四《傳費禕》注引《費禕別傳》
東晉初	王彬	爲人樸素方直，乏風味之好，雖居顯貴，常布衣蔬食。	《晉書》卷七六《王廙附彬傳》
東晉初	孫晷	雖侯家豐厚，而晷常布衣蔬食，躬親壟畝，誦詠不廢，欣然獨得。	《晉書》卷八八《孝友傳》
西晉末、東晉初	華恒	清恪儉素，雖居顯列，常布衣蔬食，年老彌篤。死之日，家無餘財，唯有書數百卷，時人以此貴之。	《晉書》卷四四《華表附恒傳》
東晉前中期	何琦	琦善養性，老而不衰，布褐蔬食。	《晉書》卷八八《孝友傳》
西晉末東晉初	鄧攸	蔬食弊衣，周急振乏。性謙和，善與人交，賓無貴賤，待之若一，而頗敬媚權貴。	《晉書》卷九○《良吏傳》
東晉前中期	羅含	以廨舍喧擾，於城西池小洲上立茅屋，伐木爲材，織葦爲席而居，布衣蔬食，晏如也。	《晉書》九二《文苑傳》

東晉	孟陋	少而貞立，清操絕倫，布衣蔬食，以文籍自娛。口不及世事，未曾交遊，時或弋釣，孤興獨往，雖家人亦不知其所之也。	《晉書》九四《隱逸傳》
東晉	韓績	績少好文學，以潛退爲操，布衣蔬食，不交當世，由是東土並宗敬焉。	《晉書》九四《隱逸傳》

三、僧傳中僧尼素食表

主要生活時代	人　名	材　料	類型	材　料　來　源
西晉	竺僧朗	朗常蔬食布衣。志耽人外。	義解	《高僧傳》卷五
晉	釋僧群	清貧守節蔬食誦經。	亡身	《高僧傳》卷十二
晉	竺僧顯	貞苦善戒，蔬食誦經業禪爲務。	神異	《高僧傳》卷十
東晉	支道林	由是蔬食終身。	義解	《高僧傳》卷四
晉	釋曇邃	少出家止河陰白馬寺，蔬食布衣。	誦經	《高僧傳》卷十二
東晉（西平）	釋曇霍	蔬食苦行	神異	《高僧傳》卷十
東晉	道馨尼	具戒後研求理味蔬食苦節。		《比丘尼傳》卷一
東晉	支曇蘭	蔬食樂禪。誦經三十萬言。	習禪	《高僧傳》卷十一
332～414	釋慧永	蔬食布衣率以終歲。	義解	《高僧傳》卷六
346～417	釋道恒	於是竄影巖壑畢命幽藪。蔬食味禪緬跡人外。	義解	《高僧傳》卷六
東晉	支曇鑰	少出家清苦蔬食。	唱導	《高僧傳》卷十三
東晉	釋慧受	蔬食苦行常修福業。	興福	《高僧傳》卷十三
東晉	釋法緒	高昌人。德行清謹蔬食修禪。	習禪	《高僧傳》卷十一
宋	釋曇鑒	蔬食布衣律行精苦。	義解	《高僧傳》卷七
宋	釋慧猷	幼而蔬食履操至性方直。	明律	《高僧傳》卷十一
375～458	釋慧詢	少而蔬食苦行。	明律	《高僧傳》卷十一
宋	釋慧安	蔬食精苦。學通經義兼能善說。又以專戒見稱。	義解	《高僧傳》卷七
宋	釋僧隱	至十二蔬食。及受具戒執操彌堅。	明律	《高僧傳》卷十一
424～451	釋慧紹	小兒時母哺魚肉輒吐。噉菜不疑。於是便蔬食。至八歲出家爲僧要弟子。	亡身	《高僧傳》卷十二

宋	僧遵	善《十誦律》，蔬食節行。	亡身	《高僧傳》卷十二
宋	釋智嚴	納衣宴坐蔬食永歲。	譯經	《高僧傳》卷三
宋	釋慧通	少止長安太后寺，蔬食持呪。	習禪	《高僧傳》卷十一
宋	釋淨度	出家蔬食，誦經三十餘萬言。常獨處山澤，坐禪習誦。	習禪	《高僧傳》卷十一
宋	釋普明	少出家，稟性清純，蔬食布衣，以懺誦為業。	誦經	《高僧傳》卷一二
宋	釋普明	蔬食誦經苦節通感。	附傳	《高僧傳》卷七
宋	釋法業	蔬食節己	附傳	《高僧傳》卷七
宋	釋慧生	蔬食善眾經	附傳	《高僧傳》卷六
宋	曇順	蔬食有德行	附傳	《高僧傳》卷六
宋泰始末卒	釋僧覆	學通諸經，蔬食持呪。	誦經	《高僧傳》卷一二
401～485	釋慧進	蔬食素衣，誓誦《法華》，用心勞苦。	誦經	《高僧傳》卷一二
與慧進同時	釋僧念	蔬食避世。	誦經	《高僧傳》卷一二
409～482	釋曇超	蔬食布衣，一中而已。	習禪	《高僧傳》卷一一
411～495	釋法慧	蔬食布衣，志耽人外。居閣不下三十餘年。	誦經	《高僧傳》卷一二
414～484	釋僧遠	遠蔬食五十餘年，澗飲二十餘載。遊心法苑，緬想人外，高步山門，蕭然物表。	義解	《高僧傳》卷八
412～500	釋僧侯	年十八便蔬食禮懺，及具戒之後，遊方觀化。	誦經	《高僧傳》卷一二
與僧侯大致同時代	釋慧溫	蔬苦並有高節。	誦經	《高僧傳》卷一二（釋僧侯附傳）
410～490	釋道儒	出家之後蔬食讀誦。	唱導	《高僧傳》卷一三
381～450	釋僧翼	蔬食澗飲三十餘年。	興福	《高僧傳》卷一三
470 年卒	寶英尼	蔬食精進。		《比丘尼傳》卷二附傳
392～464	慧濬尼	旦輒燒香運想禮敬移時。中則茱蔬一飯鮮肥不食。雖在居家有如出俗。父母不能割其志。及年十八許之從道。（出家前）		《比丘尼傳》卷二
431～499	慧緒尼	七歲便蔬食持齋，志節勇猛。十八出家，住荊州三層寺，戒業具足，道俗所美。（出家前）		《比丘尼傳》卷三

415～504	僧念尼	蔬食禮懺老而彌篤。		《比丘尼傳》卷四
418～506	淨秀尼	七歲自然持齋。家中請僧轉《涅槃經》，聞斷魚肉，即便蔬食。（出家前已蔬食）		《比丘尼傳》卷四
432～515	僧述尼	八歲蔬食。及年十九，以宋元嘉二十四年從禪林寺淨秀尼出家。（出家前）		《比丘尼傳》卷四
434～516	法宣尼	年始七歲而蔬食苦節，及至十八誦《法華經》。（出家前）		《比丘尼傳》卷四
436～506	淨淵尼	蔬食長齋，戒忍精苦，不由課勵，師友嗟敬，遠近稱譽。		《比丘尼傳》卷四
天監初卒，年36	釋僧喬	少秉高操，慕安、汰之風規。而弊衣蔬食，終身不改。		《續高僧傳》卷六
458～527	釋道禪	加復蔬食弊衣，華無布口。		《續高僧傳》卷二一

參考文獻

一、正史、古籍類

1. 《史記》，〔西漢〕司馬遷撰，中華書局，1959 年點校本。
2. 《漢書》，〔東漢〕班固撰，中華書局，1962 年點校本。
3. 《後漢書》，〔劉宋〕范曄撰，中華書局，1965 年點校本。
4. 《三國志》，〔晉〕陳壽撰，中華書局，1959 年點校本。
5. 《晉書》，〔唐〕房玄齡等撰，中華書局，1974 年點校本。
6. 《宋書》，〔梁〕沈約撰，中華書局，1974 年點校本。
7. 《南齊書》，〔梁〕蕭子顯撰，中華書局，1972 年點校本。
8. 《梁書》，〔唐〕姚思廉撰，中華書局，1973 年點校本。
9. 《魏書》，（北齊），魏收撰，中華書局，1974 年點校本。
10. 《陳書》，〔唐〕姚思廉撰，中華書局，1972 年點校本。
11. 《南史》，〔唐〕李延壽撰，中華書局，1975 年點校本。
12. 《北史》，〔唐〕李延壽撰，中華書局，1974 年點校本。
13. 《隋書》，〔唐〕魏徵等撰，中華書局，1975 年點校本。
14. 《舊唐書》，〔後晉〕劉昫等撰，中華書局，1975 年點校本。
15. 《新唐書》，〔宋〕歐陽修、宋祁撰，中華書局，1975 年點校本。
16. 《舊五代史》，〔宋〕薛居正等，中華書局，1976 年點校本。
17. 《資治通鑒》，〔北宋〕司馬光撰，中華書局，1956 年點校本。
18. 《續資治通鑒》，中華書局，1959 年點校本。
19. 《禮記訓纂》，〔清〕朱彬撰，中華書局，1996 年版。
20. 《大戴禮記解詁》，〔清〕王聘珍撰，王文錦點校，中華書局，1983 年版。

21. 《孝經》，《十三經注疏》本，中華書局，1979 年版。

22. 《周禮正義》，孫詒讓撰，中華書局，1987 年版。

23. 《韓非子集解》，〔清〕王先慎撰，中華書局，1998 年版。

24. 《淮南子集釋》，何寧撰，中華書局，1998 年版。

25. 《王弼集校釋》，〔魏〕王弼著，樓宇烈校釋，中華書局，1980 年版。

26. 《南華眞經注疏》，〔晉〕郭象注，〔唐〕成玄英疏，中華書局，1998 年版。

27. 《嵇康集校注》，戴明揚校注，人民文學出版社，1962 年版。

28. 《顏氏家訓集解》，（北齊）顏之推著，王利器集解，中華書局，1993 年版。

29. 《世說新語箋疏》，〔宋〕劉義慶著，余嘉錫箋疏，上海古籍出版社，1993 年版。

30. 《文選》，〔梁〕蕭統撰，中華書局影印李善注本。

31. 《鍾嶸〈詩品〉校釋》，呂德申撰，北京大學出版社，2000 年版。

32. 《史通》，〔唐〕劉知幾撰，江蘇廣陵古籍刻印社，1987 年影印本。

33. 《藝文類聚》，〔唐〕歐陽詢等撰，中華書局上海編輯所，1965 年版。

34. 《建康實錄》，〔唐〕許嵩撰，張忱石點校，中華書局，1984 年版。

35. 《太平廣記》，〔宋〕李昉等編，中華書局，1961 年版。

36. 《冊府元龜》，〔宋〕王欽若等編，中華書局，1960 年版。

37. 《太平御覽》，〔宋〕李昉，上海古籍出版社，1990 年版。

38. 《歷代詩話》，何文煥輯，中華書局，1981 年版。

39. 《全上古三代秦漢三國六朝文》，嚴可均輯，中華書局，1958 年版。

40. 《全漢三國晉南北朝詩》，丁福保輯，中華書局，1959 年版。

41. 《先秦漢魏晉南北朝詩》，逯欽立輯校，中華書局，1983 年版。

42. 《筆記小說大觀》（第一冊），江蘇廣陵古籍刻印社，1983 年版。

43. 《漢魏六朝百三家集》，上海古籍出版社，1994 年版。

44. 《文獻通考》，〔元〕馬端臨著，中華書局，1986 年版。

45. 《白虎通疏證》，〔清〕陳立撰，中華書局，1994 年版。

46. 《呂氏春秋集釋》，許維遹著，中國書店，1985 年版。

47. 《廿二史箚記校證》，〔清〕趙翼著，王樹民校證，中華書局，1984 年版。

48. 《朱子文集》，陳俊民校訂，臺北：財團法人德富文教基金會，2000 年版。

二、佛教、道教類

1. 《高僧傳》，〔梁〕慧皎撰，湯用彤校注，中華書局，1992 年版。

2. 《高僧傳合集》，上海古籍出版社，1991 年版影印本。

3. 《比丘尼傳校注》，〔梁〕釋寶唱撰，王孺童校注，中華書局，2006 年版。

4. 《出三藏記集》，〔梁〕釋僧祐撰，中華書局，1995 年版。

5. 《法苑珠林校注》，周叔迦、蘇晉仁校注，中華書局，2003 年版。

6. 《南海寄歸內法傳校注》，王邦維校注，中華書局，1995 年版。

7. 《大正新修大藏經》，臺北佛陀教育基金會出版部，1990 年版。

8. 《新編卍續藏經》，臺北：新文豐出版有限股份公司，1982 年版。

9. 《南朝佛寺志》，〔清〕孫文川、陳作霖撰，江蘇廣陵古籍刻印社本。

10. 《南朝寺考》，〔清〕劉世珩，江蘇廣陵古籍刻印社，1996 年版。

11. 《道藏》（明正統修，萬曆續修）文物出版社等三家出版社影印本。

12. 《雲笈七籤》，中華書局 2003 年版。

三、金石考古類

1. 《古刻叢鈔》，〔明〕陶宗儀撰，清乾隆間至清末清匯印。

2. 《金石萃編》，〔清〕王昶輯，中國書店，1985 年版。

3. 《八瓊室金石補正》，〔清〕陸增祥撰，文物出版社，1985 年版。

4. 《北京圖書館藏中國歷代石刻彙編》，北京圖書館金石組編，中州古籍出版社，1989 年版。

5. 《巴蜀佛教碑文集成》，龍顯昭主編，巴蜀書社，2004 年版。

6. 《四川歷代碑刻》，高文、高成剛編，四川大學出版社，1990 年版。

四、專著、譯著類

1. 《釋氏疑年錄》，陳垣著，中華書局，1964 年版。

2. 《中國佛學源流略講》，呂澂著，中華書局，1979 年版。

3. 《魏晉南北朝佛教論叢》，方立天著，中華書局，1982 年版。

4. 《佛學大辭典》，丁福保編，文物出版社，1984 年版。

5. 《中國佛教史》，任繼愈著，中國社會科學出版社，1985 年版。

6. 《佛教史》，杜繼文主編，江蘇人民出版社，2008 年版。

7. 《中國五——十世紀的寺院經濟》（法）謝和耐著，甘肅人民出版社，1986 年版。

8. 《中國無神論史論集》，王友三著，中國社會科學出版社，1987 年版。

9. 《印度佛教史》，〔英〕渥德爾著，商務印書館，1987 年版。

10. 《佛教與中國文學》，孫昌武著，上海人民出版社，1988 年版。

11. 《東晉門閥政治》，田餘慶著，北京大學出版社，1989 版。

12. 《高僧傳》，蘇晉仁，《中國佛教》（第四冊），知識出版社，1989 年版。

13. 《士與中國文化》，余英時著，上海人民出版社，1990 年版。

14. 《中國僧官制度史》，謝重光、白文固著，青海人民出版社，1990 年版。

15. 《漢唐佛教社會史研究》，謝重光著，臺北國際文化事業有限公司，1990 年版。

16. 《中國佛教文化論稿》，魏承思著，上海人民出版社，1991 年版。

17. 《神靈與祭祀》，詹鄞鑫著，江蘇古籍出版社，1992 年版。

18. 《佛性與般若》，牟宗三著，臺灣學生書局，1993 年修訂版。

19. 《先秦兩漢的隱逸》，王仁祥著，國立臺灣大學出版社，1994 年版。

20. 《人生佛學的說明》，太虛著，中國社會科學出版社，1995 年版。

21. 《尼姑譚》，蔡鴻生，中山大學出版社，1995 年版。

22. 《漢魏兩晉南北朝佛教史》，湯用彤著，北京大學出版社，1997 年版。

23. 《魏晉南北朝史論集》，周一良著，北京大學出版社，1997 年版。

24. 《寺院與僧人》，白化文，大象出版社，1997 年版。

25. 《中國古代僧人生活》，李富華，臺北：臺灣商務印書館股份有限公司，1998 年版。

26. 《五、六世紀北方民眾佛教信仰》，侯旭東著，中國社會科學出版社，1998 年版。

27. 《中國思想史》，葛兆光著，復旦大學出版社，1998 年版。

28. 《佛教戒律學》，勞政武著，宗教文化出版社，1999 年版。

29. 《秦漢魏晉喪葬制度研究》，韓國河著，陝西人民出版社，1999 年版。

30. 《梁武帝》，顏尚文著，海嘯出版事業有限公司，1999 年版。

31. 《中國佛教倫理研究》，王月清，南京大學出版社，1999 年版。

32. 《江南佛教史》，嚴耀中著，上海人民出版社，2000 年版。

33. 《中國佛教倫理思想》，業露華著，上海社會科學院出版社，2000 年版。

34. 《佛教教理研究》，〔日〕水野弘元著，〔釋〕惠敏譯，臺北：法鼓文化事業公司，2000 年版。

35. 《歷史三調——作為時間、經歷和神話的義和團》，〔美〕柯文，江蘇人民出版社 2000 年版。

36. 《中國漢傳佛教禮儀》，聖凱，宗教文化出版社，2001 年版。

37. 《魏晉南北朝時期佛教與神話》，王青，中國社會科學出版版，2001 年版。

38. 《佛學與隋唐社會》，張國剛，河北人民出版社，2002 年版。

39. 《南朝佛教與文學》，普慧著，中華書局，2002 年版。

40. 《中國佛教僧團發展及其管理研究》，王永會著，巴蜀書社，2003 年版。

41. 《佛教征服中國》〔荷〕許理和著，江蘇人民出版社，2003 年版。

42. 《從天王傳統到佛王傳統》，古正美著，商周出版社，2003 年版。

43. 《中古文學史料叢考》，曹道衡著，中華書局，2003 年版。

44. 《宗教社會學》，孫尚揚著，北京大學出版社，2003 年版。

45. 《屈服史及其它：六朝隋唐道教的思想史研究》，葛兆光著，三聯出版社，2003 年版。

46. 《〈弘明集〉〈廣弘明集〉述論稿》，李小榮著，巴蜀書社，2005 年版。

47. 《魯迅全集》，第九卷，人民文學出版社，2005 年版。

48. 《禮俗與宗教》（臺灣學者中國史研究論叢），林富士主編，中國大百科全書出版社，2005 年版。

49. 《印度佛學源流略講》，呂澂著，上海人民出版社，2005 年版。

50. 《佛教與中國思想及社會》，張曼濤主編，北京圖書館出版社，1978 年版。

51. 《中國宗教通史》，牟鍾鑒、張踐著，社會科學文獻出版社。

52. 《印度的宗教》，馬克斯·韋伯著，臺北：遠流出版事業公司，1996 年版。

53. Arthur F.Wright ,Buddhism in Chinese History,1959 by the Board of Trustees of the Laland Stanford Junior University.

54. Biography and Hagiography: Hui-chiao Lives of Eminent Monks.

五、論文類

1. 方立天：《梁武帝蕭衍與佛教》，《世界宗教研究》，1981 年第 4 期。

2. 中村元：《儒教思想對佛典漢譯帶來的影響》，《世界宗教研究》，1982 年第 2 期。

3. 杜鬥城：《魏晉南北朝時代河西僧人的西行與南下》，《西北民族學院學報》，1982 年第 4 期。

4. 蕭黎：《論梁武帝》，《史學月刊》，1983 年第 3 期。

5. 白固文：《南北朝隋唐僧官制度探究》，《世界宗教研究》，1984 年第 1 期。

6. 谷一介：《佛教與魏晉南北朝時期的封建政治》，《中州學刊》，1985 年第 5 期。

7. 楊曾文：《梁武帝與佛教綜論》《中國哲學史研究》，1986 年第 2 期。

8. 方立天：《佛教與中國政治》，《社會科學戰線》，1987 年第 2 期。

9. 〔美〕華倫萊：《論昭明太子的佛學思想》，《中國哲學史研究》，1987 年第 2 期。

10. 謝重光：《魏晉隋唐佛教特權的盛衰》，《歷史研究》，1987 年第 6 期。

11. 華方田：《關於梁武帝奉佛事跡的兩個問題》，《五臺山研究》，1988 年第 2

期。

12. 洪修平《佛教的中國化與僧肇的哲學思想》，《復旦學報》，1988 年第 4 期。

13. 謝重光：《中古佛教寺院爲社會文化中心說》，《北朝研究》，1990 年第 1 期。

14. 陳標：《關於梁武帝捨身同泰寺的幾個問題》，《北京大學研究生學刊》，1990 年第 2 期。

15. 趙世瑜：《也説佛教的中國化》，《光明日報》，1990 年 12 月 19 日。

16. 牛貴琥：《論梁武帝之亡國並非由於佞佛》，《五臺山研究》，1990 年的 4 期。

17. 趙克堯：《從觀音的變性看佛教的中國化》，《東南文化》，1990 年第 4 期。

18. 謝重光：《晉至唐中葉門閥士族與佛教寺院的關係：從〈開業寺碑〉說起》，《北京師範大學學報》，1991 年第 4 期。

19. 白萬榮：《梁武帝與水陸緣起》，《青海社會科學》，1991 年第 6 期。

20. 謝路軍：《梁武帝之"神明觀"初探》（北京大學碩士論文，1993 年）。

21. 嚴耀中：《陳朝崇佛與般若三論的復興》，《歷史研究》，1994 年的 4 期。

22. 孫修身：《從觀音造型談佛教的中國化》，《敦煌研究》，1995 年 1 月。

23. 屈小強：《試論佛教中國化的世俗基礎》，《天府新論》，1995 年第 4 期。

24. 鍾仕倫：《論南下高僧以及對美學、文學發展的影響》，《社會科學研究》，1995 年第 6 期。

25. 方立天：《佛教倫理中國化的方式與特點》，《哲學研究》，1996 年第 6 期。

26. 方廣錩：《簡論中國佛教的特點》，《世界宗教文化》，1996 年第 6 期。

27. 歐陽鎮：《試述梁武帝力促佛教僧制的中國化》，《江西社會科學》，1996 年第 11 期。

28. 王青：《東漢魏晉南北朝時期職業教徒的階層分析》，《中國史研究》，1997 年第 1 期。

29. 楊耀坤：《劉宋初期的皇權政治與佛教》，《四川大學學報（哲學社會科學版）》，1997 年第 1 期。

30. 寧國良，李鷺：《古代中國寺院的俗講》，《華夏文化》，1997 年的 2 期。

31. 楊孝蓉：《從〈比丘尼傳〉看劉宋時期尼僧概況》，《宗教學研究》，1997 年第 3 期。

32. 王榮才：《選擇與重構：佛教與中國傳統文化融合的內在機制》，《江蘇社會科學》，1997 年 4 月。

33. 何錫光：《慧遠同隱士的交遊和他的山水詩文》，《西南師範大學學報（哲學社會科學版）》，1997 年第 6 期。

34. 瞿明安：《中國古代宗教祭祀飲食文化略論》，《中國史研究》1998 年第 3 期。

35. 熊清元：《梁武帝天監三年「舍事李老道法」事證偽》，《黃岡師專學報》，1998 年 5 月。

36. 吳悼：《漢代人焚香爲佛家禮儀說——兼論佛教在中國南方的早期傳播》，《西北第二民族學院學報（哲社版）》，1999 年第 3 期。

37. 成都市文物考古工作隊：《成都市西安路南朝石刻造像清理簡報》，《文物》，1998 年第 11 期。

38. 洪修平：《文化互動之果：中國佛教》，《探索與爭鳴》，1999 年第 2 期。

39. 劉曙東：《佛教中國化的原因及意義》，《常德師範學院學報》，1999 年第 4 期。

40. 趙以武：《關於梁武帝「捨道事佛」的時間及其原因》，《嘉應大學學報》，1999 年第 10 期。

41. 岳輝：《從魏晉南北朝時「沙門不敬王者」的爭論看佛教的中國化》，《宗教學研究》，2000 年第 2 期。

42. 王小明：《「尼傳」與「尼史」——《比丘尼傳》淺論》，《法音》，2000 年第 2 期。

43. 趙以武：《關於梁武帝「捨道」與「事佛」》，《嘉應大學學報》，2000 年第 2 期。

44. 王永會：《佛教政治哲學簡論》，《社會科學研究》，2000 年第 3 期。

45. 劉立夫：《論夷夏之爭對中國佛教的影響》，《宗教學研究》，2000 年第 4 期。

46. 李文才：《《高僧傳》所見部分東晉南朝巴蜀地區僧人事蹟及推論》，《河北大學學報》，2002 年第 2 期。

47. 宋仁桃：《淺議魏晉南北朝時期女性出家之現象》，《江南社會學院學報》，2002 年 9 月。

48. 宋玉波：《略論佛教中國化與中國傳統文化的發展》，《西北大學學報（哲學社會科學版）》，2004 年 11 月。

49. 楊維中：《論佛教的中國化與佛教制度的中國化》，《安徽大學學報（哲學社會科學版）》，2004 年 7 月。

50. 徐清祥：《東晉出家士族考》，《世界宗教研究》，2005 年第 3 期。

51. 諏訪義純：《中國佛教における菜食主義思想の形成に關する管見——周顒、沈約、梁武帝》，《愛知學院大學文學部紀要》，第 12 號。

52. 黃先炳《《高僧傳》研究》，博士論文（藏國家圖書館）。

後　記

　　2001 年，當我踏入北師大的校門，曾躊躇滿志，發誓要以學問作為自己一生的志業。時至今日，第一個踏進宿舍，收拾房間，擺放書籍時的興奮和激動依然清晰。此後的六年中雖備嘗艱辛，但在導師曹文柱先生的關心教導下，在同學好友的交流砥礪中，也能夠感覺到自己一點點的積累和成長。我雖深知做學問是極需天賦的事情，不可強求，但每一點小小的進步，都會無限歡欣。可是畢業後我卻成了公務員，從此畢業論文被束之高閣，學問成為自己業餘的愛好，大部分時間要用來適應完全不同的生活。

　　2010 年 1 月 22 日，我可愛的孩子來到這個世界，經歷了孕育新生命的喜悅和辛苦，我突然覺得：什麼事情都可以做。我重新審視周圍的世界，發現機關裏也有一些人在認真踏實地做事，他們的態度給了我很多教育和激勵，於是我去掉那些消極的情緒，重新以充滿陽光的心態去面對工作，這才發現幾年機關工作其實對自己很有幫助，經過實踐的磨礪我才知道理論與實際的距離，知道處理一件事情錯綜複雜的關係，才會對學術問題有更多現世的關懷，才知道「山還是山，水還是水」畢竟是另一種境界，於是我告訴自己要做好分內的工作，也不能放棄對學問的追求。2011 年 9 月機緣巧合，在杜繼文先生介紹下，我到中國社會科學院世界宗教研究所跟隨魏道儒先生做在職博士後，雖然一身三用（讀書、工作、看孩子），經常會應接不暇，但正如聖嚴法師所言「忙人時間多」，在這忙碌的半年裏，我覺得自己更有精神，更有收穫。

　　今年 11 月，曹老師突然給我打電話，說臺灣一出版公司想要出版我們的論文。沒想到自己的論文可以出版，更沒想到重病在身的曹老師還這麼關心著我們的論文。我急切地來到曹老師家，曹老師趁著自己清醒的時間趕緊向

我說明情況，介紹了事情的起因，介紹了花木蘭文化出版社的情況，並要我與其他師兄弟聯繫，最後，曹老師還特別叮囑說某一位師兄，雖畢業後就沒有和他聯繫，但文章寫得不錯，他人太老實，估計生活不是很如意，出版論文也不會很容易，讓我一定找到他，這樣對他會有幫助。說完不久，曹老師身體就不能行動了。我強忍著淚水，離開曹老師家，心情卻久久不能平靜，以曹老師的才華勤奮，正該是成績斐然的時候，卻深陷重病，怎能不令人惋惜！想想這些年，曹老師對我們不僅在學術上教導，在生活上關心，在做人的方面更為我們樹立了榜樣，使我們這些身在異鄉的學子感受了多少溫暖。

與出版社簽訂了合同，我立即請曹老師寫序，曹老師說自己寫不了，讓我請魏老師寫。我把這些情況告訴了魏老師，魏老師欣然應允。與魏老師認識剛剛半年，但其平易隨和，其對學問的認真、嚴格給我留下了深刻的印象，希望在魏老師的指導下，自己能夠繼續對學術的夢想。

雖然我知道自己的論文水準還很有限，但能夠出版，也算是對自己一段時間學習的紀念，所以我要特別感謝花木蘭文化出版社為學術事業所作的無私貢獻；感謝父母多年的養育，特別是母親在父親去世後，為養大我們所付出的艱辛；感謝所有親人給予的援助；感謝所有老師給予的教導；所有同學朋友給予的幫助；感謝愛人給予的支持；感謝孩子帶來的快樂；感謝領導、同事在工作上給予的指導；感謝人生路上所有的助緣和逆緣。

夏德美

2011 年 12 月 20 日